行政訴訟第2次改革の論点

阿部泰隆　斎藤　浩　編

行政訴訟第2次改革の論点

信山社ブックス
5

信 山 社

はしがき

　行政事件訴訟法改正法が平成2005（平成17）年に施行されてから、すでに8年が過ぎた。同法附則により5年後に見直しをすることになっているが、見直し作業は進んでいない。むしろ、法務省の「改正行政事件訴訟法施行状況検証検討会」の報告（2012年11月）は見直しに消極的である。

　しかし、我々が行政訴訟の現場と理論から「検証」すると、改正の成果はまだまだ限られており、司法改革の基本である利用者の視点からは、きわめて不備であることが明らかになった。実態は行政訴訟最貧国である。そこで、我々は日弁連行政事件訴訟センターを中心に2度のシンポジウムを行い、この認識を深め、改善策を練っている。また、日弁連は改正法案を作成している。そこで、我々は広く社会の各層の理解を得て、行政訴訟の第2次改正への道筋をつけたいと願っている。

　ここでは、日弁連の2度のシンポジウムの他、さらに、同じ趣旨で行った高木光・斎藤浩・阿部泰隆の鼎談を入れた。なお、肩書きは、本書校了時（2013年11月現在）のものである。

　また、日弁連の「行政事件訴訟法第2次改正法案」（2012年6月15日）も掲載した。

　政府におかれては、行政訴訟最貧国である我が国の現状を認識されて、早急に改正のための組織を作り、世界に誇れる行政訴訟制度を創設されることを求める次第である。

　最後に、収録したシンポジウム記録や座談会記録について、発言者の方々に、字句などにつき最小限の補正をお願いしたところ、たいへんお忙しい方々ばかりにもかかわらず、快く応じていただいた。

　特に、新堂幸司先生、小早川光郎先生、高木光先生、中川丈久先生のご協力に感謝申し上げる。もちろん各発言者の発言内容は多様であるが、編者等弁護士側も含め、全体として我が国の行政訴訟制度にはなお改革すべき点が多いとの問題意識は共有できていると考える。ここにご協力に感謝し、本書が改革のために活用されることを心から祈るものである。

　2013年8月

阿 部 泰 隆
斎 藤 　 浩

目　　次

はしがき（阿部泰隆・斎藤浩）

第一部　「改正行政事件訴訟法施行状況検証研究会報告書」の検証 …………………………………………………………………… 1

◇　「法務省検証報告書を検証する――改正行政事件訴訟法施行状況検証研究会報告書（平成24年11月）の問題点を徹底検証する――」　(1)

（2013年1月21日：日弁連行政訴訟シンポジウム）

■開会挨拶（司会・松澤陽明／市丸信敏副会長）　(1)
■基調報告（行政訴訟センター委員・弁護士／阿部泰隆）　(2)
一　行政事件訴訟法の施行状況の検証に当たってのスタンス　(3)
　1　訴訟要件等、行訴法の制度設計のあり方　(3)
　2　検証研究会のスタンスへの疑問　(5)
　3　行政訴訟発展途上国（行政訴訟最貧国）からの脱却を目指して　(6)

二　義務付け訴訟（検証報告書4頁）　(8)
　1　申請型の評価　(8)
　2　処分の相手方が原告となる非申請型の問題　(9)
　3　第三者が提起する非申請型　(10)
　4　「一定の処分」　(14)
　5　義務付け判決の第三者への効力　(14)

三　差止め訴訟（検証報告書17頁）　(15)
　1　侵害行為の差止め　(15)
　2　第三者に対する処分の差止め　(17)
　3　処分の特定　(18)
　4　差止訴訟中に処分がなされた場合と不服申立前置の扱い　(18)
　5　裁決主義と差止訴訟との関係　(18)

四　当事者訴訟（検証報告書28頁）　(19)

目　次

　　1　確認の利益　(19)
　　2　公法上の当事者訴訟と民事仮処分　(23)
　　3　立担保規定の活用　(24)
五　執行停止（検証報告書43頁）　(25)
　　1　要件緩和　(25)
　　2　三要件の関係　(26)
　　3　第三者の利益の考慮の仕方　(26)
　　4　第三者が処分の執行停止を申し立てた場合における処分の名宛人の手続関与　(27)
　　5　執行停止と本案訴訟の係属の関係　(27)
六　仮の義務付けについて（検証報告書58頁）　(29)
七　仮の差止めについて（検証報告書65頁）　(30)
八　原告適格について（検証報告書75頁）　(32)
　　1　原告適格判例の混迷　(32)
　　2　法改正の視点　(33)
　　3　原告適格と実体法の関係　(34)
　　4　面倒な議論のしすぎ　(34)
　　5　線引き論議の無駄　(34)
　　6　集団訴訟における「早すぎる、遅すぎる」への適切な対応　(34)
　　7　一般廃棄物処理業者が新規参入業者の許可の取消を求める利益　(35)
　　8　行訴法10条1項　(36)
九　被告適格について（検証報告書93頁）　(36)
一〇　管轄について（検証報告書95頁）　(37)
一一　出訴期間について（検証報告書99頁）　(40)
一二　釈明処分の特則（検証報告書102頁）　(42)
一三　教　示（検証報告書103頁）　(43)
一四　行政計画・行政立法について（検証報告書105頁）　(43)
一五　裁量に関する司法審査について、今日の裁量統制のあり方（検証報告書107頁）　(43)

目　次

　　1　裁量は、法治国家の例外ではなく、立法者の信託の誠実な実現を
　　　（44）
　　2　行政の説明責任と具体的な司法審査方法　（44）
　　3　行訴法30条は廃止せよ　（46）
一六　団体訴訟について（検証報告書110頁）　（46）
一七　最後に、取り上げられなかった論点のいくつか　（47）
　　〈行政訴訟の審理に関する法律案要綱と説明〉　（48）

■弁護団報告（八木倫夫・海渡雄一）　（56）

◇パネルディスカッション　報告書生成の経過と問題点、行訴法改正の
　　　　　　　　　　　　　方向　（71）
　　　◆パネリスト　水野武夫（元行政訴訟検討会委員・弁護士）
　　　　　　　　　　岩本安昭（改正行政事件訴訟法施行状況検証研究会委員・弁護士）
　　　◆コーディネーター　斎藤　浩（行政訴訟センター事務局長・弁護士）
一　検証研究会の由来と報告書生成の問題点　（72）
二　非申請型義務付け訴訟　（75）
三　差止め訴訟　（81）
四　原告適格　（86）
五　裁　量　（90）

◇改正行政事件訴訟法施行状況検証研究会報告書（平成24年11月）……99

目　次

第二部　行政事件訴訟法第２次改正シンポジウム ……………… 219

（2012年（平成24年）2月13日：
日本弁護士連合会行政訴訟センター・シンポジウム）

　　　　◆パネリスト：阿部泰隆・小早川光郎・中川丈久
　　　　　会場発言：新堂幸司
　　　　　コーディネーター：斎藤　浩・岩本安昭
　　　　◆挨拶　宮﨑浩二

　一　本シンポの趣旨、ねらい　　（219）

　二　目　的　規　定　　（221）

　三　裁　　　量　　（227）

　四　原　告　適　格　　（237）

　五　団　体　訴　訟　　（249）

　六　義務付け訴訟　　（254）

　七　差止め訴訟　　（262）

　八　確　認　訴　訟　　（266）

　九　仮　の　救　済　　（271）

　一〇　ま　と　め　　（274）

◇レジュメ「行政事件訴訟法の再改正について」（2012年2月13日）
　　………………………………………………………………中川丈久 …… （277）

第三部　さらなる行政訴訟制度の改革について ……………… 283

（2005年12月15日鼎談）

　　　　斎藤　浩（弁護士、立命館大学教授）
　　　　高木　光（京都大学教授）
　　　　阿部泰隆（弁護士）

　は　じ　め　に　　（283）

目　次

一　行政訴訟第2次改革の構想　(284)
　　1　行政訴訟改革で積み残されたもの　(284)
　　2　法治国家の視点での改正がほしかったが　(286)

二　行政裁量について　(288)
　　3　「行政裁量」と行訴法　(288)
　　4　「もんじゅ」最高裁判決の裁量論　(291)
　　5　行政裁量の濫用、原告適格、処分性　(296)
　　6　リスクアセスメント　(299)

三　行政立法・行政計画に対する行政手続・争訟手続の整備　(301)
　　7　計画に対する救済手続と確認訴訟の活用可能性　(301)
　　8　通達と確認訴訟の可能性　(305)
　　9　処分性の肯定と公定力、違法性の承継　(308)
　　10　計画と行政手続法　(310)
　　11　制度を整備する方が行政にも得　(311)

四　団体訴訟　(314)
　　12　ちりも積もれば主観訴訟　(314)
　　13　消費者団体訴訟　(316)
　　14　団体独自の訴訟適格　(318)
　　15　裁判管轄の問題　(319)
　　16　団体訴訟の設計　(320)

五　公金検査請求訴訟制度　(322)
　　17　国民訴訟創設の提唱と住民訴訟の問題点　(322)
　　18　弁護士報酬の問題　(325)
　　19　監査委員の問題点　(325)
　　20　日弁連提案の経緯と論点　(326)
　　21　国民訴訟の対象　(329)

六　訴え提起の手数料　(333)
　　22　訴訟の印紙代　(333)
　　23　複数の原告が争う場合の訴額　(336)
　　24　提訴手数料のものの考え方　(336)

七　弁護士費用の敗訴者負担　(337)
　　25　弁護士費用敗訴者負担原則導入断念への追込み　(337)

　　　　　　　　　　　　目　　次

　　　26　行政側敗訴の場合の片面的負担原則の提唱　(338)
　　　27　被告敗訴の片面的負担の根拠　(340)
　　　28　刑事訴訟の場合　(340)
　　　29　行政訴訟勝訴報奨金制度　(342)

　八　不服申立期間　(343)

　　　30　行政不服審査法の改正作業　(343)
　　　31　不服申立前置主義は必要か　(344)
　　　32　行政審判庁と行政裁判所　(348)

　九　その他の残された課題　(349)

　おわりに　(352)

第四部　行政事件訴訟法第 2 次改正法案（日弁連案）……………355

　一　日弁連・行政事件訴訟法第 2 次改正法案
　　　（2012 年〔平成 24 年〕6 月 15 日）　(355)

　二-1　環境及び文化財保護のための団体による訴訟等に
　　　　関する法律案（略称「環境団体訴訟法案」）(2012 年 6 月)　(393)

　二-2　環境及び文化財保護のための団体による訴訟等に
　　　　関する法律案（略称「環境団体訴訟法案」）　(395)

―― 初出一覧 ――

第一部 「改正行政事件訴訟法施行状況検証研究会報告書の検証」
〔判例時報2182号, 2183号（2013年6月11, 21日）〕

第二部 「行政事件訴訟法第2次改正シンポジウム」
（斎藤 浩・阿部泰隆・小早川光郎、中川丈久）
〔(判例時報2159号、2012年10月21日)〕

第三部 「さらなる行政訴訟制度の改革について（上・下）」
（斎藤浩、髙木光、阿部泰隆の鼎談）
〔自治研82巻3, 4号（2006年3, 4月号）〕

第四部 行政事件訴訟法第2次改正法案（日弁連）
一 日弁連「行政事件訴訟法第2次改正法案」(2012年6月15日)
二 日弁連「環境及び文化財保護のための団体による訴訟等に関する法律案」(2012年6月15日)

行政訴訟第 2 次改革の論点

第一部 「改正行政事件訴訟法施行状況検証研究会報告書」の検証

◇ 「法務省検証報告書を検証する──改正行政事件訴訟法施行状況検証研究会報告書（平成24年11月）の問題点を徹底検証する──」（2013年1月21日シンポジウム）

■ 開会挨拶

司会・松澤陽明 定刻でございますので始めさせていただきます。きょうは「法務省検証報告書を検証する」というシンポジウムにお集まりいただきありがとうございます。私は司会を仰せつかりました行政訴訟センター副委員長の松澤といいます。よろしくお願いします。

それでは本シンポジウムの主催者であります日本弁護士連合会の市丸日本弁護士連合会副会長からご挨拶を申し上げます。よろしくお願いします。

市丸信敏副会長 皆様、こんにちは。ただいまご紹介にあずかりました日弁連副会長の市丸です。どうぞよろしくお願いします。

司法による行政のチェックあるいは国民の権利救済ということから行政事件訴訟というのは非常に大事なテーマであります。このたびの司法改革におきましても、日弁連は非常に積極的にいろいろとコミットしてまいりました。2003年にはいわゆる改正訴訟法案を発表し、2005年4月に改正行訴法が施行され、その5年後見直しに対応する形で2010年11月には行政事件訴訟法5年後見直しに関する改正案骨子を発表いたしました。その骨子を受ける形で昨年6月には行政事件訴訟法の第2次改正法案並びに環境団体訴訟法案を発表してきたなどあります。

この間、本日のテーマであります検証研究会におきましても日弁連推薦の弁護士委員はユーザーである国民の立場・目線に立って種々積極的・具体的な提言を繰り広げてまいりましたけれども、大変残念ながら多くの論点で取りまとめは消極的な方向に傾いてしまったということです。

その結果、昨年の11月に公表された本日の検証対象である検証報告書におきましては、非常に残念な形になりました。その報告書を踏まえて昨年の11月22日に法務省はホームページにおきまして、直ちに見直しを実施する必要があるという判断はできないとの見解を提示しました。ただ今後とも注視していくという

ことで，つまり当面は何もしないということになりまして、日弁連としてはこれには非常に失望し、あるいは怒りの思いを強くしているということであります。

そこで日弁連は、昨年の11月29日に直ちに会長声明を発表いたした。今回の改正法には厳格過ぎる訴訟要件など数々の問題点がある。今、何の改正もしないで済ますことは極めて不当である。また第1次改正で積み残されていた4課題についても何ら手をつけずに放棄することは許せないということで、第2次改正に向けた検討組織を内閣府に設置することを強く求める，といった趣旨です。

日弁連は幅広くいろいろなテーマについて立法提言などをしてきています。これまでもそうであったと思いますが、これからはこのテーマにおきましても、いろいろな改正に向けた主張や提言をするだけにとどまらず、その実現のための行動を起こすことが大事であるという認識を強くいたしているところであります。

この行政訴訟分野の改革は、ほかの民事裁判、家事事件、あるいは裁判所のそもそもの人的・物的基盤の整備という課題ともども、民事司法改革の大きな残された課題であるということで、日弁連は民事司法改革に関するグランドデザインを昨年2月に発表し、そしてその実現の母体として、まずは民事司法を利用しやすくする懇談会を立ち上げ、そこで国民各界各層の声を糾合し、そして立法事実を集め、それを起爆剤として改革を実現したいと考えています。

この行政訴訟改革もまさにその大きな課題の一つであります。山岸執行部におきましても行政事件訴訟法の改革というのは最重要課題の1つであると位置づけております。本日のシンポジウムが実り多きものとなりまして、この運動の大きな起爆剤になりますことを祈念しております。そして大きな大きなうねりをもってこの霞が関を包み込み、所期の目的を達するという方向を皆さんと一緒に目指していきたいと思います。本日はどうぞよろしくお願いします。（拍手）

　司会　それでは早速基調報告に移ります。基調報告は当行政訴訟センターの委員であります阿部泰隆委員からお願いいたします。

■ 基調報告

阿部泰隆委員　皆さん、こんにちは。
「改正行政事件訴訟法施行状況検証研究会報告書」（http://www.shojihomu.or.jp/gyoso/houkokusyo.pdf）が平成24年11月に公になりました。

本日は研究者というよりも弁護士会の行政訴訟センターの委員としてご報告させていただきますので、ここに弁護士バッジをつけております。といっても、世間では弁護士となると、一方当事者の味方だから偏った発言をするのではないか

と思われているかもしれませんが、私の場合は、事件を受ける場合も、勝つべき事件しかやらないという原則のもとに正しい法理論しか展開しないというつもりでおります。多少ブレがあるかもしれませんが、基本的にはブレないということでやっておりますので、「真摯な研究者」兼「真摯な弁護士」の発言として聞いていただければありがたいと思います（なお、口頭報告は30分であったが、ここではその原稿を提出する）。

一　行政事件訴訟法の施行状況の検証に当たってのスタンス

1　訴訟要件等、行訴法の制度設計のあり方

　行政事件訴訟法は、基本的には訴訟要件と審理のしかた、判決の効力などを定めている。実体法に関係することは裁量審理のあり方に関する30条だけである。
　そのうち特に訴訟要件は、原告にだけ課されるものである。つまり、原告の訴えから被告行政側を守る防波堤なり（生活保護で言われる）水際作戦の役割を果たしている。そこで、これを厳格に考えれば、「行政救済法」は、違法行政に対する庶民の権利救済の制度ではなくて、逆に庶民のまっとうな訴えに対して、違法行政を行った行政機関を救済する法という皮肉な結果になる。実際にもそのように運用されることが多く。それは裁判を受ける権利を定める憲法32条にも、権利救済の実効性を基本とする改正行政事件訴訟法の考え方にも正面から抵触する。したがって、訴訟要件は無茶な訴えを排除するだけで、できるだけ速やかに本案の論争に入れるように柔軟なものであるべきであり、またその判断のために原告に大きな負担と時間を要求するものであってはならない。そのためには救済ルールを合理的かつ明確にすることが不可欠である。そして、難しい理論や事実の調査をすることなく、できるだけ速やかに本案に入れるようにしなければならない。学者が難しい理論を構成すればするほど、それが権利救済を意図しているとしても、現実には権利救済を妨害する結果になるのである。裁判所が、理論的には一見もっともな説示をしても、原告の負担を軽減するとは限らない。むしろ、訴訟要件の審理自体が自己目的化しているように見える。裁判の現場では，訴訟要件だけで数年かかって審理が空転している例が少なくない。原告適格に関するサテライト裁判などまさにそうである。もんじゅ訴訟は最終的には20年もかかった。
　今筆者が代理人の1人である北総鉄道運賃値下げ義務付け訴訟（東京地裁民事38部平成25年3月26日判決予定）では、原告17名、そのうち誰から原告適格を認めないか、線引きが必要だ、1人ひとりについて判断するには数年かかる、も

んじゅ訴訟で最高裁が58キロという線を引いたとき、放射能がどこまで及ぶか、検討したのだと言われた。しかし、どんな事故か、風がどっちから吹くか、どのぐらい吹くかによって全然違うので、58キロから先は原発被害はないなんてことはおよそ想定できない。えいやっと、思い切って線を引かなければいけない。ちなみに、筆者が最初に研究したフランス行政訴訟（『フランス行政訴訟論』有斐閣、1971年）の判例は、原告適格や処分性を広く認めるが、ほとんど理由を付けていないので、学問的に学ぶ価値がないと思った。それがフランス法の研究をやめた一つの理由であるが、今よく考えると、いちいち面倒な理由を付けずにさっさと広く認めるのは立派な見識である。しかし、北総鉄道訴訟では、訴訟要件のところで1年間完全に無駄な審理をした。原告も代理人もそれでくたびれたし、救済も遅れる。本末転倒だと思う。

　筆者の論文（「行政訴訟における訴訟要件に関する発想の転換」判時2137号2-27頁）では、行政訴訟の訴訟要件の発想の転換が大事だと主張している。こんなことを厳格に考えているのは、そもそも権利救済の実効性に反する。水野武夫先生なんかも言われている（本書第四部参照）と思うが、こんな行政法なら要らないし、こんな行政事件訴訟法なら要らないという感じである（棟居快行「行政訴訟の憲法的位置」『憲法学の可能性』（信山社、2012年）143頁以下もこれに近い）。

　審理の仕方においても、原告に過大な負担を課すことがないように、両当事者の対等性と中立性を基本として運用されるべきである。司法改革においては「司法の行政に対するチェック機能の強化」が求められた（最近のものとして、佐藤幸治「司法改革の経緯、成果、そして課題」判時2167号3頁以下）。行訴法の制度設計においては、このようにして、権利救済の実効性、両当事者の対等性、救済ルールの明確性という視点が不可欠なのである。このことを行訴法の冒頭に規定すれば、まっとうな裁判が増えるであろう。なお、前回のシンポジウム（本書第二部。「行政事件訴訟法第二次改正シンポジウム」）で、目的規定を入れることを提唱したが、小早川、中川教授は賛成されなかった。問題を理解していないと思う。訴訟法には目的規定がないといった反論もあるようであるが、刑訴法にはあるし、民訴法も2条で裁判は公正で迅速で、当事者も信義誠実の原則を守れと書いてある。行政訴訟でも目的規定をおくことに何ら支障がなく、反対説は、まっとうな行政訴訟をやりたくないからではないかと勘ぐりたくなるところである。

　訴訟が増えると行政の適法な活動が妨げられるといった反論がありうるが、それは、訴訟要件の段階の問題ではなく、実体法の解釈、裁量審理の問題である。裁量のコントロールが、適切に行われる限り、司法審査の行きすぎという事態は生じない。

一　行政事件訴訟法の施行状況の検証に当たってのスタンス

2　検証研究会のスタンスへの疑問

　今回公表された、改正行政事件訴訟法施行状況検証研究会報告書を見ると、そのメンバーは、このような行政訴訟の基本的な仕組みの問題について必ずしも理解しているように思われない。この研究会はできあがった判例を見るだけで、その判例の生成過程、要する時間と苦難、さらにはこのような判例のためにそもそも訴訟を断念せざるを得ない者に思いを寄せているようには思えない。むしろ、お上の立場からの発想が多く、権利救済の実効性を求める憲法32条と改正行訴法の立場、さらに、権利救済を求める原告の立場に立った発想が少ないように見える。解釈論で争いの生ずることは、もっぱら被告を利し、原告に苦難の道を歩ませるので、救済ルール明確性の要請を主張しているが、理解されていないようである。

　判例の積み重ねに待つということ（この報告書にしばしば出てくる姿勢）は、法の明確性の原則に反して、原告にだけ多大なエネルギーを浪費させ、理由のある訴訟でも、提起をしない方向へと萎縮させ、法治行政に違反する事態を放置し、裁判を受ける権利を阻害することを理解すべきである。

　権利救済を拡張しようとする意見を抑える根拠として、行政と司法の関係、行政権の尊重、専門裁判官の不足などという観念論が幅をきかせている。こういう議論は、行政権の第一次的判断権とか行政の優位とか支配関係という田中二郎説あたりの昔の亡霊を引き継いでいるが、現実の訴訟では、行政権が直々判断するものは希であり、実際の違法事例は、普通の公務員が短時間に限られた資料に基づいて杜撰に判断しているものか、組織を守るためにやっているか、政治家の横やりで歪められたものであるのに対し、裁判では両当事者の主張立証を踏まえて相当の時間をかけるものであるから、行政権の尊重などというべきものではないし、行政に関する専門性がなくても簡単に判断できる。少なくとも、医療過誤や建築、交通事故、まして特許よりははるかに簡単である。行政法など、法律による行政の原理をしっかり理解すれば十分わかる。行政権とか行政の専門性といったものは、司法審査の前では亡霊である。前記の佐藤幸治司法制度改革審議会会長によれば、司法制度改革推進本部事務局長であった山崎潮判事は、「行政の公益性・独自性に関する従来の過度の強調を、できるだけ訴訟一般の枠組に引き戻し、救済をより実効的なものにしよう」ということであったが、その精神は何処に消えたのか。

　そして、両論併記が多いが、なぜもっと議論を詰めないのか。中途半端な検証に思える。文献はどれだけ見ているのか、皆目見当が付かない。日弁連の行訴法

第2次改正案（本書第五部。2012年6月15日）も参照されているのか、心許ない。
　前記のように、両当事者が対等で、不明確なルールに惑わされることなく、スムーズに、勝つべき事件は速やかに勝つよう、せめて障害物をなくす仕組みを作ることを目指すという姿勢であれば、もっと掘り下げた議論ができるはずである。
　判例ばかり見ているようであるが、裁判例がなくても、むしろなければなぜか、障害物があるのではないかという観点から検証すべきである。
　改正否定論の根拠として、実際に問題になった例がないといったことがあげられる（たとえば、義務付け判決の第三者に対する効力、後述二5。当事者訴訟の裁判管轄、後述一〇）が、問題が起きてから考えるというのでは、解決までは死屍累々で、当事者はみんな苦労する。それは立法者のあるべき姿勢ではない。それよりも、理論的に考えて問題がありそうであればあらかじめ解決するのが立法である。立法者がちょっと条文を直せば、無数の当事者が助かることに思いを致してほしい。
　そもそも、解釈学しかやっていない者には適切な立法はできない。解釈学をやっている人は今の制度の運用しかしていないから、今の制度がおかしいから変えようという発想にはなかなかならない。特に裁判所は、自分たちの判例は、キリスト教かどこかの教典あるいは不磨の大典と思っているのではないか。調査官も先例しか調査しない傾向にある（大阪サテライト訴訟に関する清野正彦調査官解説・法曹時報62巻11号3052頁以下は、原告適格の理論として学説などは無視して、基本的には裁判官の書いた中込秀樹外の『改訂　行政事件訴訟の一般的問題に関する実務的研究』（法曹会、2000年）84頁以下に依拠している。杉浦一輝・判タ1335号45頁以下、1336号20頁以下は、学説は我関せず、判例だけ整理している）。これでは、裁判所の理論は永久に修正されない。裁判官は先例病に罹っている。しかし、立法者は先例を変えることができる。それなのに先例に縛られてこんな議論をしているというのは、基本的にスタンスが間違っている。
　本来は、裁判の現場で、被告と裁判所からきりきり舞いさせられている原告代理人と立法論のセンスのある者をもっと多数入れなければ、本当の意味での施行状況の検証にはならないのではないだろうか。

3　行政訴訟発展途上国（行政訴訟最貧国）からの脱却を目指して

　日本はもともと経済一流、政治何流と言われたけれども、司法は五流である。そこがわかっていない人がものすごく多い。行政事件が数百倍もあるドイツはともかく、台湾、韓国と比較しても、人口比で、行政訴訟の数が数十分の一という日本の現実は、多少の制度の違いはあるとしても、異常である。裁判も滅多に起

一 行政事件訴訟法の施行状況の検証に当たってのスタンス

きないし、起きても負けることがないとばかり、行政機関は恒常的に違法行為をしていることが多い。私は、弁護士になって吃驚仰天した。裁判所が証拠を誤魔化し、事実を歪め、屁理屈をこねて役所を勝たせるのである。中東の笛と言うそうである（濱秀和「行政事件訴訟の過去と現在──行政手続の規制について」自由と正義 60 巻 10 号 103 頁以下、2009 年。阿部泰隆「司法改革の本当の課題(1)〜(3)」自治研究 86 巻 4 号、5 号、6 号、2010 年。同「組織の腐敗・組織的違法（特に行政のそれ）をなくす法システム創造の提案(1)(2)」自治研究 86 巻 9 号、10 号、2010 年)。

　それでも裁判所の判断だというので、お客さんからは「弁護士のやり方が悪い」といじめられる。そこで、私は、お客さんに、「正しいことだが、勝つべき事件でも、裁判官が役所寄りで歪めるから負けるかもしれません」なんて言ってしまうので、お客さんは引いてしまう。だから、行政事件は少ない、違法行政が図に乗って氾濫しているという悪循環が起きているというのが筆者の仮説である。マーク・ラムザイヤーが「国税庁はなぜ勝つか──法と経済学から見た勝敗率」（ジュリ 934 号 130 頁以下、1989 年）という経済学的な論文を書いたが、あれは裁判所が正しくやっているという仮説のもとでなければ成り立たない議論である。現実は経済的合理性とは無縁の社会である。

　これでは信用されないので、濱秀和先生に続いて、信山社から『最高裁不受理事件の諸相Ⅱ』（2011 年）という本を出版していただいた。詳しく書いているので、負けた弁護士の言い分だというなら、やっぱり阿部が負けるのは当たり前だというご指摘をいただけると助かる。高裁判事のやり放題。高裁判事は上がないと思ってメチャクチャな事実認定をして、弁論主義違反、釈明義務違反、その上、聞いたことのない法理論。しかし、最高裁では、みんな門前払い、手が出ない。

　ついでに伺いたいが、最高裁の判決には上告受理申立の理由書はついているが、答弁書はついていない。答弁書をしっかり書き、口頭弁論もしたのに、最高裁は答弁書は見ていないんじゃないかという疑いを持つ。実際に判決文を見ても答弁書を無視して肝心なところに理由が書いてないことがある（地方議会の権利放棄議決を有効とした最判平成 24 年 4 月 20 日判決がその例で、「権利放棄議決有効最高裁判決の検証と敗訴弁護士の弁明」自治研究 89 巻 4〜6 号で説明した）。

　今でも、ある法律に基づく通達で、ある営業が禁止されているが、その法律では禁止の根拠がない。しかし、業者は、裁判所が正しく判断して、勝たせてもらえる保証がなく、お上と争うのは大変、あるいはかえって悪い評判を立てられないかと消極的である。処分聴聞の席で、処分に理由がないことを明らかにしたのに、規定方針通りであろうが、理由をまともに付けずに処分され、訴訟を起こすと、天下に誤解が伝わるからと、訴訟断念する会社もある。ある相談では、役所

から徹底的に妨害され、会社が破産するので、闘う資力さえなくなっている。遺失物を保管している警察に取りに行ったら間違って捨てられ、賠償を請求したら、中身の価格を証明せよと、なくなった物の価格の証明を要求され、警察と交渉しているときのちょっとしたことで、公務執行妨害罪、公用文書毀棄罪に問われ、拘留されて、交渉もできなくなった例もある。

　権利救済の実効性の点からすれば、現状は隣国と比較しても恥ずかしい、行政訴訟発展途上国（後進国、むしろ、行政訴訟最貧国）である。大久保規子阪大教授が調べた限りでは、世界で日本ほど環境法分野の原告適格が狭い国はないそうである。法治国家ではない、違法行政放置国家である。私は外国（ドイツ、韓国、台湾）で講演したとき、日本の法制度を自慢できないのが本当に恥ずかしかった。中途半端な議論で止めないで、大至急大改正をすべきである。そのために、内閣に行訴法改正検討会を至急設置すべきである。世界に冠たる行政訴訟制度を作って輸出したい。これが私の夢である。この検討は、法務省は適任ではない。法務省は行訴訟の被告代理人になるものだから、行政訴訟を起こされたくないというインセンティブが働いている。そういう組織にやらせることは、「泥棒に刑法をつくらせる愚」「まな板の鯉に包丁を握らせる愚」と一緒である。これは完全に別に内閣府につくらせ、その構成員も部外から集めなければならない。

　しかし、本当は、法務省は、行政訴訟をわざと増加するようにしたほうが長期的には仕事もポストも増加してうれしいはずであろう。なぜ自分で自分の首を絞めるのか。目先のことしか考えていない。住民訴訟も平成14年改悪で、やりにくくしたけれども、住民訴訟はどんどん受理したほうが被告代理人は儲かって仕方がないのではないか。私は住民訴訟をたくさん代理したので、被告代理人にボロ儲けさせてしまった。訴訟を制限するなんて、本当にわざわざ損を招いているというのが私の感想である。

　以下、この報告書（引用頁は報告書のそれである。なお本書99頁〜217頁に、原文のまま（頁数も）掲載した。）に沿って個別に問題点を指摘したい。

二　義務付け訴訟（検証報告書4頁）

1　申請型の評価

　申請型の義務付け訴訟と仮の義務付けは、かなり活用されており、改正の効果が上がったと見ることに賛成である。筆者は、ドイツ留学中、義務付け訴訟を作ったバッホフ（Bachof）先生の元で勉強して、恩師の田中二郎先生とは違う意見をその論文集（古稀、追悼）において清水の舞台から飛び降りる覚悟で丁寧に検討

二　義務付け訴訟（検証報告書４頁）

し（『行政訴訟改革論』所収）、義務付け訴訟の導入を持論としてきた筆者としては、感無量な面がある。

2　処分の相手方が原告となる非申請型の問題

　しかし、非申請型においても、処分の相手方が原告となる紛争類型においては問題点が生じているとの指摘はなかったということであるが、それは裁判の結果だけ見ているもので、実際には出入国管理及び難民認定法に基づく在留許可の義務付け訴訟などにおいても、それが申請型なのか、拒否処分としては何を捉えるのか、非申請型とすると、重大な損害の発生のおそれという要件について争う必要が生じ、原告代理人には大変な負担となるのである。

　『義務16』（東京高判平成21年3月5日最高裁HP）は、在留許可の義務付け訴訟を非申請型と解して、入管法第49条第1項の異議の申出に理由がない旨の裁決の取消しを求める訴えにより在留資格を取得することができるから、重大な損害を生ずるおそれがあり、かつ、損害を避けるため他に適当な方法がないときに当たらないとして却下した。もし、これが裁決の取消訴訟を提起していない事案であれば、義務付け訴訟よりも、裁決の取消訴訟で目的を達するからといって、わざわざ訴えを提起し直させる理由があろうか。両方の訴えを提起しているなら、裁決の取消訴訟で目的を達するなら、義務付け訴訟は不要だが、それは給付訴訟と確認訴訟の関係のようなもので、重大な損害要件の問題ではない。その原審［義務28］（東京地判平成20年2月29日判時2013号61頁）が、この案件を申請型と理解して、しかも義務付け訴訟を認容しているのであるから、重大な損害要件は権利救済阻害要件であることは明らかである。

　前記の鉄道運賃の争いも、運賃認可取消訴訟なら原告適格が当然あるという場合であっても、運賃値下げ義務付け訴訟となったら同じ訴えを起こすのに申請権がないからといって重大な損害という余計なバリアをつける必要性があるのか。原告適格もある程度損害がなければ認められない。値下げしなければならないと義務付ける（裁量がゼロに収縮する）には重大な損害が要るのであるから、そのほかにわざわざ重大な損害なんていう障害物をわざと訴訟要件につける必要はない。この訴訟でも、被告は、運賃は経済的な問題だから、損害賠償で回復でき、重大な損害ではないという趣旨の主張をしている。そんな損害賠償請求訴訟は被告の過失と損害額の立証で頓挫することは明白であるが、被告のそのような屁理屈に裁判所が乗せられるかも分からない。

　申請型か非申請型かは、申請権が解釈上導かれるか否かによるが、実定法の申

請権の定めは不合理な場合もあり（立法の偶然）、法の体系的解釈と憲法から導かなければならないが、いわゆる制定法準拠主義に依拠する裁判実務では、容易には認められない。条文上申請権がないのに、申請権ありと解釈されうる例は在留特別許可であるが、そのほか、災害弔慰金法に基づく災害弔慰金の支給、農振法に基づく農業振興地域における農用地からの除外を挙げよう。これらについては条文上申請権がないが、前者は要件を満たしていれば平等に支給すべきであり、後者は、財産権の制限を個別に解除する制度であるから、申請権が認められなければならない。しかし、この解釈論争をするのは原告にとって過大で無用な負担であり、訴訟の障害物を除去するためにも、非申請型というカテゴリーをなくすべきである。また、申請権がないとしても「重大な損害」があるなどと論争せざるをえないのは、原告にだけ負担を課す仕組みであるから適切でない。タクシーの運賃認可申請において、これまで1年期限で500円の認可を得ていて、さらに同じ申請をしたら、590円の査定を受け、これに応じないと、500円の認可も期限切れで、会社は潰れると脅されたので、やむなく500円の申請を取り下げ、590円の申請をしたら、満額の認可があった。これに対して500円認可をせよという訴訟を提起したが、これは、実質、500円の申請に対して590円の認可がなされたので、申請型と解すべきである。しかし、これも非申請型との反論があり、訴訟の論点となっている。

　そして、被告は、「重大な損害」要件について、経済的損害であるから、賠償請求で回復できるという主張をしている。しかし、これも、違法な行政処分による損害は刑事補償法のように無過失でも補償するという制度がない以上は、過失の有無で頓挫するし、損害も、違法な規制がなければ得られたであろうという想定の利益分であるから、証明も容易ではない。損害賠償請求訴訟で勝訴しなければ損害を回復できないこと自体重大な損害と理解すべきである。

　こんな問題が起きるのは、行訴法の制度設計において原告の無用な負担を軽減するという視点が欠けていたためである。なお、公取への独禁法違反の申告のような例（独禁法45条）は、申請権がないので義務付け訴訟は許されないというのではなく、そもそも原告適格もないし、違反を除去する義務が申請人との関係で存在しないということではないか。

3　第三者が提起する非申請型

　処分の名宛人以外の第三者が原告となる典型的な非申請型義務づけ訴訟は、活用例が非常に少ない。本来義務付け訴訟の有用性が発揮されるのは第三者に対す

二　義務付け訴訟（検証報告書４頁）

る処分の義務付けであるのに、こ「重大な損害発生のおそれ」などの余分な要件を導入したため、常に争点となって、しかも、厳しく解釈する判例も少なくないことから、せっかく導入した義務付け訴訟を殺したに等しく、政策的に誤りであったというべきである。

　たとえば、検証報告書７頁の［義務13］（東京地判平成21年(行ウ)第173号平成21年11月26日、裁判長岩井伸晃）は、隣の建物が道路にはみ出していて、車が通れなくなっており（最狭部分は１メートル84センチ）、火災の際も避難が困難であるとして、是正命令を求める義務付け訴訟を提起したら、反対側からも裏からも逃げられるから重大な損害ではないという趣旨である。しかし、そこまで一生懸命認定した上で、義務付け訴訟を制限して違法行政を放置しなければならないのか。義務付け訴訟が導入されたとして期待した原告は、いわば偽の司法改革に騙されたと感じたのである。

　［義務３］の福岡地判・高判は、「重大な損害要件」の充足について、産業廃棄物の周辺住民の受ける被害が生命、健康に被害を生ずるなら認めるが、そうでなければ認めないという趣旨であり、それなら原告適格の判断とどれだけ違うであろうか。むしろ、それは原告適格要件で判断すればすむことではないか。

　非申請型について「重大な損害」といった要件を加重した理由は、行政と司法の関係とか、申請権に代わるものが必要（11頁）ということであるが、一体、義務付け訴訟の提起を認めたからといって、司法権が行政権に過剰に介入するなどという大げさなことが普通にあるのだろうか。行政権なるものは亡霊である。大臣自身が直々きちんと判断したことを変えろなどという訴訟は滅多になく、たいていは役所の課長クラスの判断を争っているのである。

　前記［義務13］の違反建築物是正命令事件で、重大な損害なしに、違反を是正しないのは裁量濫用であるとして、是正せよという義務付け判決を下したとすると、司法と行政のバランスがどのように大きく崩れるのか。この程度の処分は自治体の土木事務所の出先の仕事であり、行政権が揺らぐような問題ではない。

　『義務14』（京都地判平成19年11月７日判タ1282号75頁）によれば、違法な建物に対しても、危険が現実化していなければ争えないということになるが、それでは危険すれすれのものが多数存在することになり、本当の危険が現実化するとき間に合わない。このような狭い解釈を許容するのが「重大な損害のおそれ」要件であるから、百害あって一利なしである。危険が現実化する直前で是正命令を出すと、司法権が行政権に不当に介入することにされる理由があるのか。

　『義務15』（横浜地判平成23年３月９日判例集未登載）も、これが仮に違法であれば是正させればよいので、なぜわざわざ重大な損害がないと一生懸命認定して、

訴えを却下する必要があるのか、理解に苦しむ。

　しかも、筆者が代理するようなケースでは、役所が組織病にかかって、違法行為を是正する自浄能力を欠くものが多いのである。

　申請権といっても、第三者に対する許可の取消訴訟は、申請権がなくても許されるのに、第三者に対する改善命令の義務付けは、申請権が規定されていないという理由で、厳しい要件を課される理由があるのか。第三者に対する許可の取消を求めるときは申請権を要せず、規制の義務づけを求めるときは申請権を要するとすることは、例えば鉄道会社に対する運賃認可の取消訴訟と運賃値下げ命令とを異質と考えるものであるが、両者の実態に変わりはなく、後者の場合だけ、行政と司法のバランスが変容するという理解は適切でないのではないか。また、申請権がないことが問題なら、申請権に代わる要件を課すべきだが、重大な損害というのは全く別次元の要件である。

　そもそも、義務付け訴訟の母国であるドイツ法では申請型・非申請型の区別をしておらず、第三者も原告適格があれば、義務付け訴訟を提起でき、また、そのために行政権へ司法権が過剰に介入しているとの問題意識はない。

　原告適格があれば義務付け訴訟が認められるという私見に立っても、そのために行政機関への申請権が創設されるわけではなく、実体法のあり方そのものが変わるといったことが起きるわけではない。仮に申請権の有無により実体法のあり方が変わるとしても、適切な司法救済を妨げなければならないほどの大きな問題なのか。

　このように、検証研究会の主流派は、行政と司法の関係とか申請権などという観念論にばかり囚われ、権利救済の実効性という視点が欠けている。

　そもそも、行政訴訟の要件とは一体何かということかわかっているのだろうか。訴訟要件をつくることはわざと障害物をつくることである。だから筆者は昔から、行政訴訟は障害物競走だと言っている。障害物でコケている人がものすごく多い。死屍累々である。私は死なないよと一生懸命、弁護活動をやっているわけであるが、本当にくだらない立法のために余計な苦労をしている。さっさと本案で対等に闘うという仕組みでなければいけない。

　行訴法の立法過程でも、この点がきちんと議論されてはいなかったようであるし、これを事前に論じた小早川光郎「行政の第一次的判断権・覚え書き」『法治国家と行政訴訟　原田尚彦先生古稀記念』（有斐閣、2004年）244頁注(51)を見ても曖昧である。前回のシンポジウム（判時2159号19頁以下参照）でも、小早川教授がきちんと根拠を付けたようには思えなかった。

　「重大な損害」は、本案で義務付け請求を認容する場合も、実際上考慮される

二　義務付け訴訟（検証報告書４頁）

ので、わざわざ訴訟要件に入れる必要はない。もっとも、重大な損害要件を削除すれば、本案の認容判断に際し、重大な損害がなくても、行政の不作為を放置することを違法とする判断は可能である。それでも、行政権への過剰な介入というほどだろうか。

　本案における審理が確保されることこそが違法行政の撲滅と裁判を受ける権利の実質的な保障になるのである。訴訟要件を厳しく設定するのはこの制度の趣旨に反する。この観点からの検証が不可欠である。検証報告書12頁イ　「重大な損害」の要件については「当然に生命・身体に限定される硬直的な要件ではないのであるから、法律の趣旨に則り、実効的な救済の観点から拡張的に解釈するのが望まれるとの点について異論はなかった」のであれば、運用に委ねるのでは、硬直的に解釈され、原告に過大な負担を課すのであるから、趣旨を明確にするように条文の見直しを検討すべきであった。検証報告書12頁　イの４段目なお書きで、指摘があったということであるが、これも指摘があったにとどめるべきではない。「この要件のために、現に硬直的に解釈され原告に過大な負担が課されていることに鑑みれば、運用に委ねるのではなく、重大な損害」要件を厳格に解釈すべきではないというメッセージを出すべきであり、さらに重大な損害要件について見直しが必要であると指摘すべきであった。

　検証報告書13頁(2)「そして、……結局は、第三者の利益を本人の利益と同視すべきか否かの判断が厳格に過ぎ、国民の権利の実効的な救済が阻害されているとすれば問題であるので、第三者の利益を本人の利益とは異なるとして図式的に排斥するのではなく、それがひいては本人自身の利益といえないかについて検討するという運用が望まれるとの点では、多くのメンバーの合意が得られた。」ということであれば、なぜ明文化する工夫をしないのか。原告代理人と原告がどんな苦労をしているのか、理解しているのだろうか。

　前記［義務13］は、違反建築物のために狭められた隣人の利益も他人の利益だから考慮しないという。［義務12］も、同旨。抗告訴訟を民事訴訟と同じ主観訴訟と捉えている。しかし、出訴するのは大変な負担だから、火災の時に逃げ場を失う者は誰かを厳格に分析して、その者だけが出訴するというふうに隣人間で話をまとめるのも容易ではない。しかも、行政側は、周辺住民全体の利益を考慮して規制するかどうかを考えるのであるから、原告側も、周辺住民の利益を合算したものを基準に争えなければ均衡が取れない。これをみんな合わせれば重大な不利益である。そして、この義務付け判決は、近隣住民に有利に作用するのであるから、その第三者の利益を考慮するのが行政訴訟の体系というべきである。

　一般用医薬品ネット販売禁止違憲訴訟でも、当事者訴訟ではあるが、原告の利

益だけではなく、その背後にいるネットで買いたいという消費者の利益を考慮してほしかった。

4 「一定の処分」

検証報告書15頁の「一定の処分」の特定性について、請求の趣旨において現地復元性のある形での特定までが必要であるとは考え難いとの点では異論はなかったということは結構である。

ただ、原状回復の方法は、効果さえ同じく達成できれば、被告の選択に任せるべきであることを明示すべきである。さもないと、被告のつまらない主張のため裁判は時間がかかり、原告の苦労は絶えない。また、是正命令の内容を過度に特定するのはかえって被告の選択の自由を害する。検証報告書15頁「一定の処分」として幅のある処分の義務付けを命ずるという方策以外にも、裁判所の判断により、行政に再検討を命じることを可能とし、その結論が出るまでの間は訴訟手続を中断して義務付け判決は留保するという方策も考えられるのではないかとの指摘がされたが、技術的な問題は除くとしても、申請型以外にそのようなニーズがあるかは検討を要するのではないかとの指摘もあった。

しかし、ドイツではそのようないわゆる指令判決的な義務付け判決が認められている。取消判決では、判決の趣旨に従った再処分をせよとの拘束力が発生する。非申請型義務付け判決でも、一定の視点からの検討を踏まえて、原発や廃棄物処分場の改善命令を発せよという義務付け判決でも良いはずである。鉄道運賃値下げ義務付け訴訟でも、適正原価・適正利潤の基準に照らし、収入を適正に算定し、かつ距離に比例した運賃を算定し直せという義務付け判決を許すべきである。

5 義務付け判決の第三者への効力

検証報告書15頁の(4)義務付け判決の既判力について

たとえば、原発の改善命令、違反建築物の取壊し命令等の義務付け訴訟であれば、効力を及ぼすべき第三者は明確である。及ぼすべき効力として、既判力が論じられている。しかし、取消判決が第三者に及ぼす効力は既判力と考える必要はない。形成力と思えばよい（行訴法32条）。このように、原発の許可取消判決が電力会社に効力を及ぼすのに、改善命令の義務付け判決だけでは改善命令に従わなければならないという効力を持たず、わざわざ補助参加させて参加的効力を及ぼすだけと考えるのは、取消訴訟と比較して、およそ一貫しない。それに、参加的効力は、告知が遅れれば（しばしばこのようなことがある。取消訴訟であるが、い

三　差止め訴訟（検証報告書17頁）

わゆる狸の森事件―最判平成21年12月17日民集63巻10号2631頁では最後まで訴訟告知がなかった）、形成力のようにはいかない。制限がある（民訴46条）。混乱するだけである。

　むしろ、第三者についても統一的に規律されるべき場合には、ドイツ流（行政裁判所法65条2項）に、第三者を、補助参加（共同訴訟的補助参加）人ではなく、当事者として必要的に参加させて、一挙に解決する方が合理的である。検証研究会のメンバーは重要文献を見ているのであろうか。新山一雄「義務付け・差止訴訟における第三者効と参加的効力――問題点の分析と法改正への提言」（自治研究85巻8号35頁以下、2009年）を見てほしい。そして、義務付け判決に従わない第三者には一定の課徴金を課すなど、間接強制制度をおいて、実効性を確保すべきである。「第三者への拡張については、既判力の拡張を受ける第三者の範囲の確定が難しい事案もあり得ることから、手続保障をどう仕組むかが難しいのではないかとの指摘があった。」ということであるが、どんな例を念頭に置いているのか。義務付けられる第三者の範囲であるから、訴状と判決主文においてその範囲は確定している。

　現時点において問題が生じた例も少ないからといって、立法的対応の必要性を否定する論拠にはならない。そもそも第三者に対する義務付け訴訟で原告の勝訴確定例が少ないためでもあれば、当事者が苦労して、問題を表面化しないようにしているためでもあろうから、立法者としては問題が生ずる前に解決すべきである。

三　差止め訴訟（検証報告書17頁）

1　侵害行為の差止め

　差止訴訟も結構本案審理に入り、一部は認容されているので、行訴法改正の成果とも言えるが、なお、厳しすぎると感ずる。

　検証報告書23頁：国歌斉唱義務不存在確認などの最高裁判決は、国民の権利利益の実効的な救済及び司法と行政の権能の適切な均衡の双方の観点から、「重大な損害」の要件が認められるためには、「処分がされることにより生ずるおそれのある損害が、処分がされた後に取消訴訟等を提起して執行停止の決定を受けることなどにより容易に救済を受けることができるものではなく、処分がされる前に差止めを命ずる方法によるのでなければ救済を受けることが困難なものであることを要する」としている。そして、「執行停止により「容易に救済を受けることができる」か否かをどの程度のハードルと理解して運用するかが重要である

との指摘がされた。」ということである。

　そうすると、その運用をどのようにして確保するかが肝心である。そして、最高裁判決は、懲戒処分が反復継続的かつ累積加重的にされていくと事後的な損害の回復が著しく困難になることを重視しているので、一般化できるか、不明であり、明文で緩和すべきであると思う。

　差止訴訟の要件を厳格にするかどうかの論争は、行政と司法の関係という点に重点を置くか、権利救済の実効性の観点を重視するかによるものであるが、前者の見解は完全に観念的である。処分後、執行停止の段階で重大な損害なくして救済されるなら、差止訴訟は不適法という見解は、一旦処分がなされてから、その執行停止を得るまで原告がどれだけ苦労するか、後に賠償を取ることがいかに至難かということを全く理解していない。会社なら、一旦処分されると、執行停止をとるために本案訴訟を提起し、多くの立証が必要で、3カ月や半年は当然にかかる。その間、営業できず、信用を失墜し、顧客が逃げる。しかも、今は処分されたことが官庁のホームページで公表され、このネット社会ではすぐ伝播するので、顧客は逃げ、銀行融資も止まり、信販会社から利用を拒絶され、会社は潰れかねない。弁護士なら、単位会で一カ月以上の業務停止処分を受けたら、依頼者との契約を全て解除しなければならないので、着手金などを返還しなければならず、顧問先とは縁が切れ、成功報酬は、返上となる。そして、単位会の処分には出訴できず、日弁連に審査請求するが、その段階では執行停止はしてくれない。したがって、執行停止は機能していない。事務所経費はかかるから、それだけで倒産状態である。そして、処分がなされる前であれ、争点が煮詰まっているなら、その点で司法が判断しても、行政の裁量権を侵害するものではないので、それによって、行政権への侵犯という問題は起きない。そうすると、このように救済を遅らす理由がない。行政の第一次的判断の尊重などといって、一旦処分させ、事後に争わせるシステムは、一旦腕を切らせてくれ、間違っていて、かつ過失があり、かつ損害があることを証明してくれたら後に賠償するといっているようなものである。**しかも、公務員は国家賠償訴訟で個人責任を追及されないため組織的に違法行為を犯しやすい傾向にある。**それほど、行政権なるものの判断を尊重しなければならないのか。

　しかも、差止訴訟・仮の差止は迅速性が生命なのに、その訴訟要件を厳格にして、その判断のために時間を要していては処分されてしまって、意味がなくなる。訴訟要件の審理に時間を要しないように定めるべきである。

　違法行政は、争点が煮詰まっている段階で全て阻止すべきである。判例に出てくる例も、原告が無理に差止訴訟を提起しているものばかりではないのである。

三 差止め訴訟（検証報告書 17 頁）

本来なら、処分を執行しなければ公共の福祉に重大な影響が具体的に予見される場合の外は、執行停止原則に変えるどころか、出訴を待たず執行力も発生しないとすべきである。さもなければ無過失責任の賠償を導入すべきである。

2 第三者に対する処分の差止め

検証報告書 25 頁：〔差止 14〕の事案については、「任意買収の進捗の程度が事業認定の適法性の判断に与える影響はどれほどのものなのかといった疑問に加え、仮に差止訴訟の提起を認めても任意買収を止めることはできず、結局、任意買収が進んだとの事情を前提とした処分がされれば、その状態を前提に再度取消訴訟を提起するほかないのではないかとの指摘」があるが、これは、制度の運用実態だけではなく法システムを知らない見解である。事業認定が差し止められてもなお任意買収は行われるかもしれないが、最終的に収用できなくなるのであれば、買収も無駄になる可能性が高いから、任意買収を抑制する効果がある。任意買収が進まない段階よりも、周辺の任意買収が進み原告の土地だけが残った段階では、事業認定の是非について、計画路線を変更すると膨大な土地買収費と時間が無駄になるとの理解が生じ、利益衡量の中で原告の利益保護が困難となり、結局、事業認定を覆すことは至難になる。したがって、任意買収が進んで既成事実が発生する前に、事業認定の差止めを求めて、路線変更を求める訴訟を実効ならしめることがやはり不可欠なのである。このように、違法な事業は、争点が煮詰まる限り、審理して差し止める方が妥当なのである。また、たとえ適法性の判断に影響がないとしても、少なくとも事情判決がされる恐れが高まるのであり、差止訴訟の活用を認めることが適切な事案である。

このほか、〔差止 14〕のような事案における上記の問題は、「計画行政に固有の問題を含むものであり、その解決を一般法たる行政事件訴訟法の差止訴訟の活用のみによって図ろうとすることに無理があるのではないかという指摘があった」が、無理があろうと、現在の紛争は現行法で解決すべきで、計画訴訟の立法的導入まで司法救済を拒否することは正当化し得ない。

任意買収を抑制する効果について事実上の効果だという批判的な見解もあるようであるが、事業認定における利益衡量を左右するから、法制度と連結した効果である。たとえば、土地区画整理事業計画の段階で取消訴訟を提起できないと、仮換地処分段階で訴えることになり、その結果事業が進んで事情判決のおそれがある（遅すぎる）ことが処分性拡大の理由の一つである（最大判平成 20 年 9 月 10 日民集 62 巻 8 号 2029 頁）。同様に考えるべきである。

3　処分の特定

○〔差止17〕東京地判平成20年1月29日（判時2000号27頁）は「鉄道施設変更後の高架鉄道施設上を（鉄道運送事業者が）鉄道を複々線で走行させることを許す一切の処分」の差止めを求めた事案につき、鉄道事業法及び同法施行規則上列車の走行に直接関係すると考えられる処分だけでも複数あるが、原告はこれ以上特定できないと主張するのみとして却下したが、これは、鉄道を複々線で走行させることを許す一切の処分としてどのようなものがあるかを被告に釈明して、その上で原告がそのどれかを選択すればよいのではないか。

4　差止訴訟中に処分がなされた場合と不服申立前置の扱い

検証報告書26頁(3)：「不服申立前置が定められている処分についての差止訴訟の審理中に現実に処分がされ、新たに取消訴訟を提起することとなった場合につき、改めて不服申立てを前置する必要があるとすれば問題があるとの指摘があ」り、行訴法8条2項を適用して、不服申立前置を省略するべきだと指摘されている。そして、「これを法文上明確化することができれば、よりクリアになる」とされている。

私見では、差止訴訟中に既に行政庁の見解が示されているならば、不服申立で行政庁の判断を求めるのは無駄であるから、不服審査を省略する正当な理由があるし、そうでなくても、緊急であれば、不服申立て前置を省略すべきであるから、同意見である。

5　裁決主義と差止訴訟との関係

検証報告書27頁(4)：裁決主義と差止訴訟との関係については、〔差止15〕の例は、電波法上の許可の差止めを求めた例であるが、それは電波監理審議会が準司法手続を経て行うという制度を潜脱するので、認められないとすることは正当と思われる。

しかし、弁護士の懲戒処分では、単位会の処分に対して日弁連に審査請求しても、すでに、処分は効力を発生して、前記のような重大な損害が発生する。実際上は、執行停止も働かない。しかも、その懲戒手続は、単位会でも日弁連でも、およそ準司法手続ではなく、一方的な糾問手続である（その上、筆者が代理したら発言を3分に制限された）。本来、裁決主義を取るべきではない。弁護士会は、懲戒処分となれば、権利救済の実効性の視点は全く持ち合わせず、支配者の立場で

制度を作っている。弁護士自治の濫用である。

これは個別法の問題でもあるが、個別法を全て精査してここで是正させることも困難であるから、裁決主義であっても、単位会の処分の差止訴訟を工夫すべきである。

四　当事者訴訟（検証報告書28頁）

1　確認の利益

確認訴訟は実質的には、処分の差止めを求めるものや処分性がないとされる場合の救済方法として活用されており、行訴法改正の成果と言える。しかし、個別に見ると、疑問も生ずる。［確認17］の東京高裁平成19年4月25日判決は、従来の法令では許可を要しないミニ処分場が法改正により許可を要するようになった事案で、許可を要しないことの確認訴訟につき、これは具体的な公法上の地位なり権利義務を対象とするものではなく、また事後の刑事事件で争うことができるから予め許可の要否を確認しなければ回復しがたい重大な損害はないとした。

しかし、旧薬事法に基づき薬局開設の登録を受けていた原告は、新薬事法附則第4条により同法5条による許可または許可の更新を受けないかぎり薬局の開設ができないことになった事件で、一審（東京地判昭和31・10・24）は右請求の趣旨を、「右許可又は許可の更新を受けなくても昭和38年1月1日以降も薬局の開設ができる権利のあることの確認」を求める点にあると善解した。そして、「一般に行政庁のなんらかの処分をまつまでもなく、法令自体が直接国民の権利義務に影響を及ぼすような場合には、その法令により権利義務に直接の影響を受ける国民は国に対しその法令の無効確認あるいは当該無効法令に基づく権利義務の存在、不存在等の確認を求めて裁判所に提訴することは、許されるものと解すべきところ、原告は右薬事法の規定により新たに薬局開設の許可又はその更新を得ない限り昭和38年1月1日以降薬局の開設をなしえないことになったというのであるから、（その主張によれば）その権利に直接の影響をうけたものというべく、かかる場合には右規定が無効であることを理由として」右に善解した訴えを提起しうるものと解されるとした。

そして、「この点については被告は本訴のごとき請求は行政処分がされる前に行政庁を事前に拘束することを目的とするものであって、許されないと主張するが、本件の場合は原告の申請のない限り行政庁の薬局開設の許可又はその更新の行政処分はありえないのであり原告は申請に基づく許可又は更新の適否を争うものでなく、その前の許可の制度自体を定めた法律による権利侵害の適否を争って

いるのであるから、本訴のような請求は行政庁の処分をまって初めて司法審査をすべきものとはいえないものであり、従って行政庁を事前に拘束することを目的とする許すべからざるものということはできない（原告が右薬事法の規定に反して薬局を開設した場合には罰則の適用、薬剤師法第8条第2項による薬剤師の免許の取消処分等がありうることが考えられるが、これらの処分は、個別の立場から考慮される事項であって、それら処分のあるまで、本訴のような請求による権利救済を待つべきものとすることはできない）」。

　この事件の最高裁大法廷判決（昭和41年7月20日民集20巻6号1217頁）は専ら実体法上の憲法論を取り上げて上告を棄却したので、この訴訟類型は適法視されたことになる。これは行訴法改正において確認訴訟が実は前から認められていたとして確認訴訟の活用というメッセージを出す契機となった判例である（阿部『行政訴訟改革論』402頁の紹介が改正過程で参考にされたようである）。

　この［確認17］高裁は確認の利益を認めた地裁判決（［確認18］）千葉地判平成18年9月29日をなぜわざわざ覆したのであろうか。

　［確認22］東京高判平成21年1月28日（最高裁判所HP）は、このような法改正前の地位の確認訴訟を適法としている。

　［確認20］東京地判平成20年12月19日（判タ1296号155頁、最高裁判所HP）は、都市計画法に基づく地区計画の変更決定及び第1種市街地再開発事業の都市計画の決定の違法確認を求める訴えを当該地区計画の区域内に不動産を所有する者が提起したところ、①これらの決定は直ちに第1種市街地再開発事業の手続の現実的かつ具体的な進行を開始させるものではなく、原告らの権利又は法的地位に具体的な変動を与えるという法律上の効果が生ずるものではなく、原告らの法的地位に係る不安が現に存在するとまではいえないこと、②本件訴えは、過去の法律関係の確認を求めるものであって、原告らの現在の権利又は法的地位の確認を求める訴えではないことなどに照らすと、確認の利益を認めることができないとして、当該確認の訴えは不適法とした。

　確かに、都市計画決定段階では処分性がないことは判例であり、事業開始前に、市街地再開発組合の設立認可の取消訴訟を提起できるから十分であるとも言える。ただ、この都市計画決定は現在生きているのであるから、過去の法律関係ではないと思う。仮にこの論法を使えば行政処分取消訴訟、無効確認訴訟は過去の法律関係の取り消し、確認を求めることになり、成り立たないことになる。

　［確認21］名古屋地判平成21年1月29日判例自治320号62頁は、土地区画整理事業の施行地区内の土地所有者が土地区画整理組合を被告として事業計画における区画道路の位置の定めが違法であることの確認を求める訴えを提起したと

四　当事者訴訟（検証報告書28頁）

ころ、当該区画道路の位置の定めを争うには県を被告として県知事のした土地区画整理組合の設立の認可について取消訴訟等で争うべきであり、公法上の当事者訴訟によってその違法性を確認することは許されないものというべきであるとして、当該確認の訴えは不適法とした。

　たしかに、事業計画は、土地区画整理組合の設立認可事項である（土地区画整理法14条）から、その認可を取り消すことなく、公法上の当事者訴訟によってその違法を確認することはできないとも言えそうである。ただ、設立認可は、事業計画を許容しただけで、設立認可の取消しを得ずに事業計画を違法とする訴訟を許容しないような、いわゆる抗告訴訟の排他性を生ずる行為であろうか。原発の設置許可、建築確認などは、その取消しを経ずに民事訴訟で争えるのであるが、それに近いというべきではないか。

　［確認25］大阪地判平成19年8月10日（最高裁判所HP）は、座席ベルト装着義務違反に基づき道路交通法施行令の定める違反行為に付する点数1点が付された者が、違反行為の事実はないなどと主張して、違反行為がないことを前提とする現在の累積点数の確認を求める訴えを提起したところ、義務付けの訴え及び差止めの訴えの規定の文言及びその趣旨に照らせば、公法上の法律関係に関する確認の訴えにおいて確認の利益を肯定するためには、行政の活動、作用（不作為を含む。）によって重大な損害が生じるおそれがあり、かつ、その損害を避けるために他に適当な方法がないことが必要であり、他に適当な方法がないか否かについては、当該紛争の実態に鑑み、当該確認訴訟が原告の法的地位に生じている不安、危険を除去するために直截的で有効、適切な訴訟形態か否かという観点から判断すべきであるとした上で、原告は、現時点において、本件違反に係る基礎点数1点が付加されることにより、法令により免許の効力の停止の要件として規定された累積点数に達するものでもなく、また、今後免許証の更新を受ける地位（優良運転者、一般運転者又は違反運転者等の区分）に直ちに影響を及ぼすものでもなく、このほか、原告が一般乗用旅客自動車運送事業の許可を申請しているなどといった事情もないから、本件違反に係る点数付加行為がされることにより重大な損害が生ずるおそれがあるということはできず、当該点数付加行為によって原告の法的地位に生じている不安、危険を除去すべき現実的必要性を欠くものといわざるを得ないから、確認の利益を欠くものというべきであるとして、当該確認の訴えは不適法とした）。

　しかし、公法上の当事者訴訟としての確認の訴えは、処分性の拡大の代わりに活用が期待されたものであるから、「義務付けの訴え及び差止めの訴えの規定の文言及びその趣旨に照らせば」という観点から「公法上の法律関係に関する確認

第一部 「改正行政事件訴訟法施行状況検証研究会報告書」の検証

の訴えにおいて確認の利益を肯定するためには、行政の活動、作用（不作為を含む。）によって重大な損害が生じるおそれがあり、かつ、その損害を避けるために他に適当な方法がないことが必要であり」と限定するのは、その活用の目を摘むもので、立法趣旨に反する。また、点数が増えて将来免許停止などの処分を受けるときに、それぞれの点数付加行為を違法として争うとすると、証拠が散逸する（筆者が代理したネズミ捕り訴訟で、前歴となっている駐車違反等が違法な取り締まりであると主張したが、警察は単に点数を取ったというだけでどんな取り締まりだから適法だという証拠は出してこない。それでも、裁判所はすべて適法に取り締まったと認定してしまった）から、点数付加行為の時点で警察に処分理由をきちんと開示させる必要があるのではないか。

　そこで、[確認24] 大阪地判平成21年10月2日（最高裁判所HP）は、違反行為の事実はないにもかかわらず点数付加のため原告が地方運輸局長が定めた法令遵守基準を満たさないこととなり、個人タクシー事業の許可を受けられないなどと主張して、点数付加がないことの確認を求める訴えを提起したところ、①違反点数の付加は抗告訴訟の対象となる行政処分には当たらず、法令遵守基準を満たさないことを理由として申請却下処分がされることを承知の上で個人タクシー事業の許可の申請を行った上で、その申請却下処分の取消しを求める訴えを提起することは可能であるが、そのような方法に合理性を見出すことは困難であり、迂遠でもある、法令遵守基準は、法律上の処分要件とされているものではないから、点数付加が違法であっても直ちに申請拒否処分が違法になるという保障もないことから、端的に本件点数付加がないことの確認を求める訴えを認めることが、紛争の直接かつ抜本的な解決のため有効かつ適切である、②違反点数の付加は、通常の行政処分と同様、行政庁の第一次的判断は明確に示されているのであるから、司法と行政の役割分担を考慮するに当たり、行政庁の第一次的判断が示されているとは限らない義務付けの訴えや差止めの訴えと平仄を合わせる必要は必ずしもなく、重大な損害等の厳格な訴訟要件は要しないというべきであるなどとして、当該確認の訴えは適法とした（本案については棄却）。こちらの判決の方が全く正当であると思う。

　次に、[確認6] 福岡地判平成18年12月19日（判タ1241号66頁）は、国営諫早湾土地改良事業が行われ、潮受堤防の締切後に赤潮による漁業被害が発生したことから、被害の原因について、潮受堤防の各排水門を開門して、潮汐、潮流、水質、底質等の調査を行う義務が国に発生したとして、付近沿岸の海について漁業権を有する漁業組合連合会が、上記の調査義務を国が負うことの確認を求める訴えを提起したところ、実質的当事者訴訟として、被告に開門調査義務が存在す

四　当事者訴訟（検証報告書28頁）

ることの確認を求めるものであるから、正に、開門調査義務の存否という当事者間の具体的な公法上の権利義務の存否に関する紛争であって、かつ、法令の適用により終局的に解決することができる性質のものであり、法律上の争訟といえるとした上で、公法上の法律関係に関する確認を求めている場合においては、その有無は正に本案の対象になるのであり、確認を求められた公法上の法律関係が存在しない場合は請求棄却判決がされるべきであるとして、当該確認の訴えは適法とした（本案については棄却）。

これについては、検証検討会報告書（41頁）では、確認の利益の存否について踏み込んだ検討がされていないが、原告適格におけるような法律上保護された利益が存するか否かの検討をするのが裁判例の基本的な方向性であり、全ての裁判例が［確認6］のように緩やかに確認の利益を認めているわけではないのではないか、とのコメントがなされている。

この判決は、有明海再生特措法は、一般的な行政上の責務としての調査義務を定めたに過ぎず、原告らに調査を求める権利義務が発生するものではないとしているので、確認の利益なしとして却下することも可能な例であり、確認の利益を特に緩やかに認めたわけではないと思う。

［確認26］横浜地判平成19年9月5日（判例自治303号51頁）は、県が新たなごみ焼却施設の建設を内容とする事業の実施に先立って県環境影響評価条例に基づく環境アセスメントの手続を実施2すること等を求めた事案につき、原告らと被告との関係は公法上の法律関係に属するものというべきであり、行政事件訴訟法第4条後段の当事者訴訟の要件に該当し、適法としたと紹介されている。

これについては検証報告書（41頁）では、「これを確認訴訟の形式で提起していた場合には法律上保護された利益が存するか否かの検討の結果、確認の利益は認められないのではないかとの指摘がされた」ということであるが、給付訴訟の形式でも当事者訴訟の利益は同じではないか。それよりも、この判決は、住民にはアセスに参加する権利はあるが、アセスの実施を求める権利はないとしたものであって、当事者訴訟の適法性は実質的な争点ではない。

2　公法上の当事者訴訟と民事仮処分（検証報告書41頁）

私と関葉子弁護士は、厚労省令によるネット販売禁止違憲を理由として販売できる地位を確認した東京高裁平成24年4月26日判決（判タ1381号106頁）を踏まえて、仮に販売できる地位の確認を求める仮処分を申請したところ、省令という公権力を妨げるなどとして、不適法とされた（東京高裁平成24年(行タ)第111

号 仮処分命令申立事件平成24年7月25日決定、判時2182号49頁)。最高裁に許可抗告・特別抗告をしたが、返事はなく、原告は最終的には最高裁で本案で助けてもらった(最判平成25年1月11日判時2177号35頁)が、主力商品の販売を3年半も禁止されて、大変な苦労をしている。仮の救済を欠く本案訴訟(当事者訴訟)はつばさを切られた鳥のようなもので、実効的権利救済手段とは言いがたい。

したがって、仮処分ができることは既に明確だという、検証研究会の主流の議論は、完全に実態を知らないものである。反対の見解が東京高裁という、裁判官のエリートから下されており、最高裁は、仮処分却下決定への許可抗告・特別抗告に対して、基本事項終了による終了という連絡をしてきた。せっかくの判断の機会を無駄にしたので、この次又公法上の当事者訴訟における仮処分の許否がどこかの裁判所で争われることになる。原告にまたまた無駄な努力を強要する結果となった。公権力の行使に当たるかどうかを個別に規定するのは現実に不可能だといった議論もなされているが、行訴法44条は、行政訴訟における仮の救済が実効的に適用される場合の外、公権力に関係する場合でも、民事保全法の定める仮処分の規定を適用すると明示的に改正すればすむことである(阿部泰隆『行政法解釈学Ⅱ』322頁)。

3 立担保規定の活用

検証報告書42頁イが指摘するように、立担保規定について、ケース・バイ・ケースといわざるを得ない部分があることはその通りであるが、当事者訴訟と民事訴訟の区別、あるいは担保の必要な事案とそうではない事案の区別をもう少し検討して、整理すべきであった。これは当事者訴訟で確認を求める地位次第の面がある。

担保とは、仮処分が逆転したときに、被告が損害賠償請求するためであるが、被告行政主体は普通は金銭的損害を受けることがないので、担保の意味がない。たとえば、仮に在外邦人の選挙権を確認したが、選挙後に逆転したら、害されるのは、選挙の公正という公益である。ネット販売禁止は違憲として販売できる地位を仮に確認したが、逆転したら、誰の利益が害されるのか。副作用があれば、その賠償責任の問題になる。便利として買った者は何ら損害を受けない。混合診療を求める地位確認の訴えにおいて仮処分が認められたが、逆転したとしても、国の損害はない。

これに対して、公営住宅の家賃が値上げ条例にかかわらず現状通りであることを確認する訴えは、賃料請求に対して反論すればよいのだから、確認の利益がな

いかも知れないが、かりに一挙解決のために確認の利益があるとして、その仮処分では、値上げ家賃を払って貰えるように担保が必要かも知れない。これは金銭にかかわることだからである。

　そうすると、仮処分が取り消されるなどにより、仮処分中に被告に生じた金銭的損害を担保することが必要と認められる限りにおいて、担保の提供を命ずる規定を活用すれば済むことではないか。

五　執行停止（検証報告書43頁）

1　要件緩和

　検証報告書43頁以下を見れば、財産的損害や社会的信用の毀損も執行停止認容事由になる例が多く、「回復の困難な損害」から「重大な損害」へと執行停止の要件を緩和した行訴法改正の効果はかなりあるようであるが、なお、事後の金銭賠償で済むという判例（［執停44］福岡地決平成17年5月12日、［執停41］東京高決平成18年1月19日）が残っている。

　思うに、後に金銭賠償を求めれば救済できるはずだという理論は空理空論である。営業停止や許可取消し、あるいは公表を伴う指示や勧告などを争っても、訴訟中に、損害が拡大して、経営が困難になり、訴訟を続ける体力がなくなる、その訴訟に勝って、もう一度国家賠償訴訟を提起する体力がない、国会賠償訴訟でも、公務員の過失を証明するのは簡単ではない、損害額も、営業が許されていればこれだけの利益が上がったというのは、仮定の計算なので、適正な算定は容易ではなく、裁判では控えめに見積もられる。倒産せずとも、買収に抵抗する体力がなく、会社を乗っ取られることもある。ひどい例だと、当事者訴訟、抗告訴訟で、事実上和解がなされ、国家賠償請求はしないという約束が持ち込まれることもある。そこで、後の金銭賠償は実効的な救済ではないという前提で考えるべきである。［執停39］広島高裁岡山支決平成20年4月25日最高裁HPは、このような観点を十分に考慮しているもので、筆者から見れば賞賛すべき判例である。

　執行停止原則をおいて、行政処分を原則として直ちに執行する理由は、私人の違法な行為を防ぐ公益であろうが、それは公益上の損害が発生する具体的危険を基準とすべきであり、本来はドイツ法のように、執行停止原則をおき、公益上の理由があれば、即時執行命令を出すこととすべきである。

　そうなっていない現行法でも、処分を即時に執行しなければならない公益上の強い理由がないのに即時に執行することは、かつての公定力論の亡霊であり、行政の行為は適法であるとの、根拠のない前提の下に、裁判を受ける権利を侵害し

ていると理解すべきである。

　そこで、せっかく回復困難から重大と緩和方針が示されたのであるから、経営に大きな影響が及べば、将来の国家賠償による損害の回復可能性を考慮せずに、重大と見るべきである。

2　三要件の関係

　検証報告書52頁において執行停止の三要件の関係が議論されているが、それは建前としては別個に規定されているから、それを融合させて考慮することは、裁判官の内心の問題もあることで、外部からなかなかわかりにくいことは確かであるが、損害が重大で公共の福祉への具体的な影響がない事案では、本案についての理由の有無を問題とせずに執行停止するべきである。その趣旨の条文は、本来なら作らなくても、本案の理由は消極要件として規定されているのであるから十分のはずであり、その旨を指摘していくべきである。

3　第三者の利益の考慮の仕方

　検証報告書53頁における第三者の利益も、その第三者が独立して訴訟を提起すべき場合はともかく、そうでなければ、考慮対象とすべきである。ネット販売禁止違憲訴訟でも、原告の営業上の損害の外、ネットで購入するのでなければ必要な医薬品を適切に入手できない消費者の利益を原告の利益に追加して考慮すべきである。あるいは公共の福祉要件について、公共の福祉増加要因と理解すべきである。消費者の利益は反射的利益として排斥するのではなく、考慮対象とする工夫が要る。裁判所は、第三者の利益を考慮しているという言い分かもしれない（[執停27、30]）が、現実には必ずしもそうではない。

　車いす付きの車で母親を介護していたが、免許を取り消されたので、執行停止を申し立てる利益の中に、母親の利益を考慮して入れるべきであると主張したが、執行停止却下決定を受けた（東京高決平成18年11月30日）。阿部『最高裁不受理事件の諸相Ⅱ』135頁（末尾掲載）。ではどうすればよいか。母親はこの訴訟に参加すればよいというなら、それは参加的利益の有無が争点になるし、また、その旨明示の釈明があるべきで、それがなかったので、原告は想定外に敗訴したのである。裁判官は何という親不孝者かと、筆者は裁判官の親の顔を見たいと思っている。もっとも、その後[執停27]（京都地判平成21年4月28日最高裁HP）は介護を要する祖母の利益を考慮しており、私見が裁判所において完全に否定されているわけではないことは分かる。

五　執行停止（検証報告書43頁）

　隣の違反建築物の是正命令とか、建築確認の取消訴訟においては、原告の他、原告と同じ状況にある住民の利益は考慮すべきである。前記［義務13］東京地判平成21年(行ウ)第173号平成21年11月26日はこれを否定した。主観訴訟だから、原告以外は救済しないというのであるが、原告となることにいかに負担がかかるかを理解しないもので、同じ状況がたくさんあれば、全体の不利益は非常に大きいと理解すべきである。**しかも、取消判決（本来は義務付け判決も）は第三者にも有利に効力を及ぼすのであるから、その訴訟において第三者の受ける利益を考慮するのが筋である。**鉄道運賃値下げ義務付け訴訟でも、原告個人の負担が問題とされるが、それでは、原告は卒業したり失職したりと、北総線の利用状況が変わるが、同じ状況にある住民は無数に残っている。地域住民みんなの不利益の集合を基準とすべきである。消費者訴訟でも小さい不利益を合算して訴訟を提起する集合訴訟が法制度化の時期に来ている。行政活動によって生ずる小さな不利益も合算すれば巨額になるので、同様に無視してはならないのである。

　検証報告書（53頁）では「当該第三者の不利益を本人の不利益と同視して考慮することが……望ましいとの点には異論はなかった」ということであるので、もっと徹底してほしい。

4　第三者が処分の執行停止を申し立てた場合における処分の名宛人の手続関与

　検証研究会（54頁）では「どの程度の手続保障を行うべきかについても事案によることに鑑みれば、名あて人への告知の義務付けといった手当てをすることは適切ではないが、一定の事案について第三者に参加の機会を付与するのが適切な場合があるところであり、実務においては、必要に応じて、補助参加の規定等が活用されるべきであるとの意見が大勢を占めた。」ということである。しかし、第三者は執行停止決定の効力を受ける（行訴法32条2項）のであるから、参加すれば良いのだという杜撰な扱いではなく、本来は当事者と同じ立場で（共同訴訟的）補助参加ができるはずであるから、その者の裁判を受ける権利を侵害しないように告知をすることとすべきである。

5　執行停止と本案訴訟の係属の関係

　これは検証報告書55頁で論じられているが、実際には、行政を敗訴させることに慎重な裁判所に対して、本案訴訟を提起せずに、執行停止の申請だけで、本案について理由がないと見えるかどうかについて自信のある判断を求めることは

第一部　「改正行政事件訴訟法施行状況検証研究会報告書」の検証

容易ではない。本案の提起が不要というように制度改正されても、原告代理人は、普通は本案訴訟を提起するであろうし、それどころか、すぐには執行停止申請せず、本案審理における裁判所の心証を窺いつつ、良さそうだとなって初めて執行停止を申請するのが普通であろう。ただ、例外的に、緊急に執行停止を求めたい事態においては、本案の訴状を作成する余裕もないであろうから、制度としては、本案訴訟の提起を必要としないように改めるべきである。

　検証報告書56頁では本案訴訟の提起が求められると、印紙代の負担が（算定可能の場合）重いが、これについては訴訟費用制度全般の中で検討されるべき問題などといわれるが、印紙代軽減をここで提案すべきで、問題を先送りしてはならない（末尾）。

　検証報告書56頁では「地方公共団体などでは裁判所の示した判断に従うことも予想され、労働審判のように、本案訴訟の提起に至らない簡易な暫定的判断を求めるものがあってよいのではないかとの指摘がされたが、それは行政不服審査が担うべきものではないかとの指摘もあった。」ということである。しかし、これは行政不服審査は機能していないことを無視する建前論である。

　検証報告書57頁においては、仮の執行停止について消極的な議論がなされているが、そんな面倒なことではない。緊急の場合には、明らかに理由がない場合を除き、簡単な疎明でとりあえず1カ月執行停止し、その間に十分な書面の提出を求めるといった運用で、違法行政により実際上救済できなくなる事態を防止すべきである。たとえば、営業許可の停止について本案訴訟を提起してしっかりした執行停止の申立てをするには、弁護士が他の仕事をしつつも、特急で処理しても、1、2カ月はかかる。それでは店は潰れる。弁護士の場合業務停止1カ月以上なら全ての事件を辞任し、着手金も返還しなければならないので、再起が困難になる。違法行為をくり返す具体的な危険がない限り、いったん仮に執行停止すべきである。そして、その間に当事者に書面を出させて判断すればよい。裁判所が判断できる状態でなければさらに期間を延長すればよい。当事者訴訟においては民事保全法のルールにより仮の救済が許される（前記）ので、本案提起が不要となるが、処分性の有無につき紙一重の事案も少なくないことを考え合わせると、アンバランスとなることなどから、民事仮処分と同様に、本案訴訟の適法な係属を要件としないようにした上で、緊急性のある事案では、とりあえず執行停止した上で本案訴訟の提起を求めるとか、緊急性が乏しい事案では執行停止をせずに本案の提起を求めるとかいった考えのもとに、起訴命令の制度（民事保全法第37条）などを整備すべきである。

　日弁連行政事件訴訟法改正案では、「裁判所は、執行停止の申立てがあった場

合において、公共の福祉に重大な影響を及ぼすおそれがないと判断するときは、職権で、当該申立に対する決定までの間、仮に処分の効力、処分の執行又は手続の続行の全部又は一部の停止（以下「一時執行停止」という。）をすることができる。」と規定している。

六　仮の義務付けについて（検証報告書58頁）

　仮の義務づけのうち申請型は障害児の幼稚園・保育所・学校への入園・入学や公的給付の分野で活用されており、立法時に期待された成果が上がりつつあるとの指摘に同意できる。［仮義10］は権利救済の実効性を確保する点で優れたものであろう。

　しかし、第三者が提起する非申請型仮の義務付けの活用は乏しい。現場の弁護士の感覚では、そもそも、非申請型の義務付け訴訟では、本案審理の上、認容に至るのが一般に至難であるので、仮の義務づけはなおさら至難で、これを申請して却下されると、本案訴訟に悪影響が及ぶとの懸念から、仮の義務付けの申立てを躊躇するなど、十分に活用することが難しい状況であると思う。

　公害を発生させると思われる工場や廃棄物処分場について、許可の執行停止と、改善命令の仮の発給を求めるものと、果たして、いずれが行政や企業に対して大きな干渉かといえば、前者であり、後者の裁判の要件を類型的に厳しくする理由がない。また、行政の不作為へ介入するのは、何もない行政過程への介入だから、大きな干渉だという意見があるようであるが、行政への干渉が大きいのは、訴訟の窓口に入れられることによるのではなく、本案で、いずれとも言える行政の裁量権行使について裁判所が自らの見解と置き換えた場合である。論点を混同させてはならない。

　検証報告書63頁では「償うことのできない損害を避けるため緊急の必要があ」るとの要件の緩和に関する消極説は、本案について理由がある場合、つまり違法処分を受けている可能性が高くても、償うことができない損害と言えなければ、行政権尊重のために受忍せよというものであるが、保育所入園が一旦許可されたが取り消されたのと、最初から不許可になったので、そんなに違うか。その説は、新しい地位を求める場合、不許可なら現状のままだからというのであるが、現状のままなら重大な不利益を被っているのである。何はともあれ、このように要件を厳格に絞ると、この点の審理だけで相当に時間がかかり、緊急の必要に間に合わない。

　そして、それほど行政権を尊重するなら、国家賠償の点では、あとで本案について理由があると判明した場合には、無過失でも自動的に賠償・補償する制度が

不可欠である。なぜなら、原告は行政権尊重という公益のための犠牲者であるからである。そうなっていない以上は、行政権の尊重も、強調すべきではない。

さらに、これについても、ちょっと待てと、仮に1、2カ月義務付ける制度が必要である。

七　仮の差止めについて（検証報告書65頁）

申請型の仮の義務付けと異なり、仮の差止めでは認容例が少ない以上、十分に活用されているとはいいがたい。「研究会においては、「償うことのできない損害を避けるため緊急の必要があ」るとの要件に関し、実際に処分がなされた後に、その取消しの訴えを提起するとともにその執行停止を求めるといった方法によっても損害の発生を避ける上で時機を失するとはいえない場合には、要件該当性がないとの判断が示されているところ、このように判断されては仮の差止めの制度を設けた意味がなく、特に処分の名あて人以外の第三者が申立てをする事案においては常に却下されることになるから、実際の認容例が少ないことも踏まえ、要件を緩和すべきであるとの指摘がされた。」（検証報告書71頁）ところである。こうして、厳しすぎ、排斥することに熱心な判断が多い。検証報告書（72頁）でさえ、「個別的には、〔仮差10〕、〔仮差11〕、〔仮差13〕等について、これらの事案において上記の要件を具備しないと判断するのは厳しすぎるのではないかとの指摘が大勢を占めた。」と指摘するところである。

本案である差止訴訟は、処分されたら償うことができない損害が発生するとして訴えているのであり、仮の救済が認められないなら、裁判中に処分がなされるので、差止訴訟の実効性を欠く。なお、「もっとも、これに対しては、現実的損害だけを見るのか、処分が引き起こす観念的な不利益、将来巻き起こしかねない不利益まで見るのかに関する立場の相違であり、「償うことのできない」という損害の内容部分の問題ではないのではないかといった指摘や、むしろ、「緊急の必要」という要件との兼ね合いで現実に生じ、又は生じようとしている損害のみをみることとされているが、これは現実に生ずべき損害から国民を仮に救済するという仮の救済制度の目的に沿っているのではないかといった指摘がされた。」ということであるが、差止訴訟、仮の差止を、画餅に陥らせないためには、、「償うことのできない損害を避けるため緊急の必要があるとき」という要件を緩和し、違法かどうかの争点が判断に熟していれば、差止と仮の差止を認める方向で考えるべきであろう。

〔仮差9〕広島地決平成20年2月29日（最高裁判所HP）の例は、地域住民らが、公有水面の埋立免許付与申請に対する免許付与処分の仮の差止めを求めた事案に

七　仮の差止めについて（検証報告書65頁）

つき、景観利益については、本件埋立てが着工されれば、焚場の埋立てなどが行われ、直ちに景観が害され、しかも、いったん害された景観を原状に回復することは著しく困難であるといえるが、本案訴訟は、既に当裁判所に係属し、弁論期日が重ねられ、景観利益に関する当事者の主張及び書証による立証はほぼ尽くされていることなどを考慮すると、埋立免許がなされた場合、直ちに差止訴訟を取消訴訟に変更し、それと同時に執行停止の申立てをし、本件埋立てが着工される前に執行停止の申立てに対する許否の決定を受けることが十分可能であるといえるなどとして、償うことのできない損害を避けるための緊急の必要があるとはいえないとして、仮の差止めの申立てを却下した。しかし、（仮）差止訴訟でも判断に熟するくらいに審理が進んだのであるから、わざわざ処分をさせてその取消訴訟と執行停止を求めさせる必要があるのか。行政権の第一次的判断権なるものの亡霊に過ぎないと思う。

〔仮差8〕大阪地決平成18年8月10日（最高裁判所HP）においては、風営法5条に基づきぱちんこ遊技場の営業の許可の申請がされたところ、近隣の歯科医院の管理者が、周辺の静穏が回復できないほど破壊されるとともに、本件診療所が環境変化を嫌った顧客を失い、回復不可能な経営上の損害を被るなどと主張して、その許可の仮の差止めを求めた事案につき、仮に本件申請について許可処分がされ、それが違法なものであったとしても、それによって直ちに本件診療所周辺の環境が不可逆的に著しく悪化するとはいえず、営業許可がされ、本件営業所の営業が開始された後においても、その後取消訴訟によって営業許可が取り消され、あるいは執行停止によって営業許可の効力が停止されれば、その時点で本件営業所は営業ができなくなり、当該許可処分以前の環境を回復することは可能である、診療所の運営基盤に金銭賠償によっては償い得ないほどの深刻な影響を及ぼすおそれがあることを窺わせるに足る疎明もないなどとして、償うことのできない損害を避けるため緊急の必要があると認めることはできないとし、仮の差止めの申立てを却下した。

しかし、これはパチンコ店にとっては余計なお世話であった。このパチンコ店の許可が違法であることが建築前に分かればなおさら、開業前でも、分かればそこで営業を控えるから、損害はまだましであるが、開業してから許可を取り消されては損害が拡大する。争点が判断に熟しているのであれば、裁判所の判断を後に延ばすほど迷惑であるから、差止訴訟の段階で決着付けるべきなのである。

次に、「仮の差止めは、行政庁がまだ処分をしていない段階で裁判所が判断するものであり、かつ、裁判所が処分の差止めという原告の請求を満足させる判断を示すものであることから、法律は、償うことのできない損害というハードルを

要求しているものであり、処分の名あて人以外の第三者が申立てをする事案についてのみ特に要件を加重していることはないとの指摘がされた。」ということであるが、実効性ある制度という視点からは、行政と司法の関係、事前訴訟としての制約などを強調しない法制度を作らなければならない。そのためにも裁判を受ける権利の実効性を冒頭に規定すべきである。さらには、執行停止でも述べたように、執行されないように、ちょっと待てと仮に差し止める必要性がある。

八　原告適格について（検証報告書75頁）

1　原告適格判例の混迷

　原告適格は小田急最判で広がったかと思えたし、多数の下級審判例も検証報告書76頁以下で紹介されているように、これに応じたが、サテライト最判（最判平成21年10月15日最判平成21年10月15日民集63巻8号1711頁）は時計の針を逆戻りさせたと見られる。それは、生活環境の利益は、個々人の生活上のものであり、それを集めれば極めて大きな私益であるのに、これを無視して公益とし、医療機関は実は不利益がない（それが争えるなら、八百屋でも魚屋でも争えなければ不合理である）のに、法律上保護されているという不合理な判断をしているし、偶然に存在する下位法令が上位法の解釈をするという下克上解釈である（下位法令を整備すると原告適格が認められるなら、実質的立法者である行政官は、法律を曖昧にして、下位法令を整備しないで、なるべく通達などで決めるという、訴訟回避作戦に出る）。また、何が個別的利益として保護されているのか、「法令を個別に検討する」（検証報告書86頁）という方法は、立法の偶然に左右され、客観的な基準がなく、裁判官の恣意にゆだねられており、実質的にも合理的な結果は得られない。生活環境上の利益も原告適格の根拠とした小田急最判との関係も判然としない。検証報告書88頁において、「同質のものとみられるような利益の侵害があることがうかがわれるにもかかわらず、処分あるいはその根拠法規が異なるものにつき、原告適格の判断が大きく異なるものについては疑義を呈する意見が少なくなかった。」というのは正当である。そこで、こうした不明確な状況で、原告適格の壁を克服する原告の負担は異常に重い。そして、原告適格について、厳密な議論をすればするほど、原告の負担が重くなる。被告の負担は一つも重くならない。

　検証報告書で挙げられている判例を見ても、判断基準がはっきりしない。生命健康に関わること以外は原告適格なしとする判例が多そうであるが、それは行訴法9条2項の趣旨に反する。この状況は、検証報告書91頁では「司法資源の浪費」

八　原告適格について（検証報告書75頁）

と指摘されているが、裁判所の資源のというよりも、原告の労力の浪費に注目してほしい。裁判所が職権で判断するとされているので、裁判所の訴訟指揮次第で、原告はきりきり舞いである。北総線運賃値下げ義務付け訴訟でも、原告の中で誰か絞ってチャンピオンを出せといわれて、1年を空費した。これも司法資源の浪費である。あれこれ議論している者には、この原告の立場への配慮がない。

2　法改正の視点

大きな不利益が存在するらしいと分かれば、速やかに本案に入れるように、なるべく簡単に判断できる条文が必要である（阿部泰隆・末尾の判例評論621号＝判時2087号参照）。

現在の9条の枠組みもそれほど明確な基準ではなく、混乱と原告の負担増を生じている。裁判所が訴訟の洪水に見舞われない程度に、被告が杜撰な訴えに応接する負担が重くならない程度にすればよいのである。そうすると、法律の保護範囲内に入っていて、相当の不利益を受ければ、原告適格を認めることとして、無用な原告適格論議を避け、柔軟に判断し、迅速に本案に入るべきである。条文を変えて運用が変わると考えるのはナイーブだという意見があるらしいが、行訴法9条2項はオープンスペースなどといったから、裁判所はでは従前通りでよいと誤解した。そこで、もっと裁判官を縛る条文にすれば、運用も変わるはずである。

この相当の不利益の判定に際しては、行政の規制においては多数の人の利益を考慮して行うのであるから、原告の方も、実質的には取消判決の効力を受ける住民の代表として出訴しているのであり、多数の人の利益を合計したものを基準に原告適格の有無を判定する制度にすべきである（民事訴訟では1円訴訟も認められており、地域の環境悪化による個人の被害は優に1円を超えるであろうから、原告適格があると判断してもおかしくはない）。これを第三者の利益として無視すべきではない。

これに対しても、基準が不明確との批判はあるが、基準を明確にする代わりに硬直的にしては元も子もない。およそ無関係な訴えを排除するだけで、早急に本案に入るように運用するという発想に立てば、厳密な明確化を求める必要もない。

日弁連原告適格改正案には私見も引用されている。私見は次の通りである。

　第9条　処分の取消しの訴え及び裁決の取消しの訴え（以下「取消訴訟」という。）は、当該処分又は裁決の取消しを求めるにつき法律上保護に値する利益を有する者に限り、提起することができる。

　2　処分又は裁決の効果が期間の経過その他の理由によりなくなつた後にお

いてもなお処分又は裁決の取消しによつて回復すべき法律上保護に値する利益を有する者についても同様とする。

　3　前2項にいう「法律上保護に値する利益」は、処分の根拠となる法令（関連法規を含む）が原告の利益を一般的に保護しており、原告がその処分によって相当な不利益を被ると想定される場合には認められるものとする。

　4　前項にいう「相当な不利益」は、原告が複数であるときはその不利益を合算し、さらに、同様の事情にある者が被る不利益を合算して考慮することとする。

　5　原告がその処分によって相当な不利益を被ると想定される事実は、原告が疎明しなければならない。ただし、その証明手段は、本案のそれと同じとする、

3　原告適格と実体法の関係

検証報告書91頁で、個別の行政実体法の改正による手続参加の拡充を待つのは、実際上百年河清を待つに等しいとするのは正しい。原告適格を拡大すると、裁量権行使に当たって、第三者の利益を考慮することになるので、実体法が変わるという指摘もあるが、それは原告適格の拡大とは無関係に行うべきことである。

4　面倒な議論のしすぎ

検証報告書91頁であれこれ議論しているが、頭が良すぎて、余分な議論をしすぎである。どうすれば、裁判所で取り上げるべき利益侵害を面倒な論争なしにすみやかに判定できるのかという視点がない。

5　線引き論議の無駄

さらに、多数の者が原告となる集団訴訟においては、原告の誰かに原告適格があれば、本案に入れるのであるから、その原告のうちだれが原告適格を有するかといった線引き論議に労力を費消するのは無駄であり、これをなくすためにも、簡明な基準とすべきであるし、また、誰かが原告適格を有すれば、それ以上原告適格論議は不要との規定を置くべきではないか。

6　集団訴訟における「早すぎる、遅すぎる」への適切な対応

それに、原告適格論議では、時間の経過、状況の変化への対応がない。たとえ

八　原告適格について（検証報告書 75 頁）

ば、北総鉄道の運賃値下げ義務付け訴訟において、ある学生をチャンピオンとして原告適格ありとして一審判決が出ても、その学生が後に卒業して、当該路線を利用しなくなれば原告適格がなくなり、これから新しい原告が一審から始めるのでは解決できない。こうした集団訴訟では、原告適格を有する者は入れ替わり立ち替わり必ずいるのであるから、最初に誰かがいれば十分と考えるべきである。保育園、学校の廃止反対訴訟でも、在学者がいなくなれば、争えなくなるというのは不合理であり、これから生まれる子供のためにも、地域の共同施設であり、潜在的原告も原告適格ありと考えるべきである。

そのために、原告適格については、主観訴訟性を多少弱め、住民共同の利益なら住民誰にでも原告適格あり、また原告の追加も許容するとの条文を作るべきである。

7　一般廃棄物処理業者が新規参入業者の許可の取消を求める利益

「競業者の原告適格が問題となった［原告 55・56］については、一般廃棄物の適正な収集及び運搬を継続的かつ安定的に実施させることが一般廃棄物処理計画の目的とされていることを踏まえれば、既存業者の安定は根拠法規の保護範囲に含まれていると解釈することができ、原告適格を肯定する余地があるのではないかとの指摘がされ、これに賛同する意見が多かった。」（検証報告書 87 頁）ということである。筆者はこの事件の代理をして、信じがたい負け方をしたものである。この一審［原告 56］（鹿児島地判平成 22 年 5 月 25 日）は、原告適格が最大の争点だとする阿久根市長の主張を踏まえて、中間判決を下すといって結審し、既存業者の原告適格を認めると、新規業者の営業の自由が害されるという、被告も言わない理屈で終局の却下判決を下したものであるが、それは公衆浴場の新規許可に対して既存業者の原告適格を認めた最高裁判例（昭和 37 年 1 月 19 日民集 16 巻 1 号 57 頁）に反するし、原告適格という訴訟要件と営業の自由という本案は別のレベルである。［原告 55］高裁（福岡高裁宮崎支判平成 22 年 11 月 24 日）はこの筆者の反論を無視した（阿部泰隆「自治体訴訟法務と裁判」北村喜宣他『自治体政策法務』（有斐閣、2011 年）317 頁）。別件で、筆者が提出している意見書（「競争業者の原告適格──新たな需要がない状況で第三者に与えられた、一般廃棄物処理業の新規許可に対して、既存処理業者が提起する取消訴訟を例として」（自治研究 88 巻 4、5 号、2,012 年）として公表）が、この検証報告書を踏まえて、最高裁で採用されることを期待している。

8 行訴法10条1項（検証報告書92頁）

　検証報告書92頁は、「下級審においては、［原告32］と異なり、東京高判平成13年7月4日判時1754号35頁のように、専ら他の者の利益等を保護するという観点から定められたにすぎない処分要件については、その要件に違反しているとの理由では処分の取消しを求めることができないとしたにとどまり、一般的公益の保護という観点から設けられた処分要件であっても、それが原告らの権利利益の保護という観点とも関連する側面があるようなものについては、その処分要件の違背を当該処分の取消理由として主張することは妨げられないと判示するものもあるところ、抗告訴訟が主観訴訟であることを前提としたとしてもこの裁判例のように解釈することは可能であり、国民の権利の実効的な救済の観点からはこのような解釈が落ち着きがよいのではないかとの指摘がされ、改正の要否はともかく、この指摘について特に異論はなかった」ということである。この東京高判は東海原発訴訟の控訴審であるが、この議論の仕方も、裁判の現場では、被告がこの規定を持ち出し、裁判所が関心を持つので、原告がこれを突破するのは大変な苦労をしたことを何ら想像することなく、原告がしっかり頑張って裁判所が納得した成果だけを見て、落ち着きの良い判決だ等と評価するのは、訴訟の現場を検証したことにはならない。「［原告32］のように、原告適格を拡大しながらも、行政事件訴訟法第10条第1項による違法理由の主張制限が厳格に行われ、棄却判決がされるとすれば問題があり、同項を廃止すべきであるとの指摘があった。」通りである。

　このように解釈に争いのある規定は、立法論で整理すべきである。もともと、行政処分は、法令に適合しなければならないのであるから、原告適格を有する者が、自分の利益固有のものだけではなく、もう少し広く主張しても、排斥する理由がなく、原告らの利益に何ら関係のない主張をすることができないと規定すれば、被告の利益が害されることもなく、十分である（文献を含め、『行政法解釈学Ⅱ』240頁）。

九　被告適格について（検証報告書93頁）

　たとえば都道府県知事の処分の取消訴訟においては、被告適格を有するのは都道府県であり、知事はその代表者であるが、さらに知事を処分庁として表示する。しかし、行政機関を代表者と表示する例外があるので混乱する。たとえば、都道府県公安委員会の行った運転免許取消処分の取消訴訟では、被告は都道府県であるが、代表者は知事ではなく、公安委員会である（警察法80条など）。しかも、

一〇　管轄について（検証報告書95頁）

　放置違反金賦課処分取消訴訟で、さらに、徴収された金員の利子つき返還と損害賠償を求めると、代表者は知事となる。そして、訴状の送達先は、県知事と公安委員会の双方となるので、副本を2通用意しなければならない。被告代理人は両方から出てくるので、審理も複雑になる。

　都道府県を被告とすれば、代表者が県知事か公安委員会かは内部の問題とすべきだったのではないか。

　被告適格の誤りが「重大な過失」であれば権利救済は水際で瓦解する（行訴法15条）。そこで、重大な過失かどうかが判例の課題となる。検証報告書93頁の［被告1、2］はなんとか重過失なしとして救済した例であるが、そもそも、行政機関の中でどれが被告かは重大な問題ではなく、官庁間の協力で解決付くのであるから、被告の特定を原告の責任として、「重大な過失」で誤れば訴訟をも前払いにするのではなく、原告が間違えても、適切な行政機関を被告とするようにいわば移送する制度をおけば良かったのである。また、抗告訴訟と民事訴訟などの訴えの変更に際しても、被告の変更は随意とすれば良かったのである。

　なお、原告が間違えると訴えを却下し、被告が間違えても、無責任（後述のように勧告を処分として教示しても何らの責任もない）とする現行制度は、およそ両当事者の対等性という発想に立つものではなく、お上無謬論という基本的な欠陥を内包している。

一〇　管轄について（検証報告書95頁）

　原告の住所地を管轄する裁判所で裁判することに消極的な見解は、お上の立場からしか考えない、権利救済の実効性を無視する見解である。司法改革の意義を無視している。行政訴訟では行政法規について専門的知見を要するというなら、裁判官をしっかり教育すべきことであるが、行政事件専門の弁護士並みの能力は不要である。裁判官は、自分からゼロから考える必要はなく、弁護士がしっかり主張すれば理解できる程度の学力を付ければよいのである。行政訴訟においては、法治行政の原理に則り、行政法規の趣旨を、条文の文言とその法制度全体のシステムを憲法に照らして理解すれば済むし、事実認定もやっかいなものは少ないので、少なくとも、建築紛争や医療過誤紛争、特許訴訟よりは、はるかに簡単である。行政法など簡単で、まじめに勉強すればすぐ分かる。国家賠償訴訟は、行政法規の運用を争うものであるのに、形式上民事事件となっているため地裁支部でも管轄している。これが行政法規について専門的知見を有しない裁判官によって審理されているのであれば、裁判官の裁判を受ける権利を保障した憲法32、76条に違反する。まさか、裁判所は、どんなに無能でも、裁判官の肩書きさえあれ

第一部 「改正行政事件訴訟法施行状況検証研究会報告書」の検証

ば、裁判を受ける権利の保障は満たされるとまではいうまい。

　被告の応訴負担は、税金によるから国民全体に分散される。しかも、被告国は全国に出先機関を持っているから、その負担は重くない。原告の負担は個人の負担であり、訴訟を遂行することを断念させるほどに重い。沖縄から大臣の処分を争うには福岡地裁が管轄し、当事者訴訟なら東京地裁が管轄するのは、裁判を禁止することとあまり変わりはない。また、北海道は広大であり、行政事件となれば根室や稚内・網走・知床からでも札幌地裁に出訴しなければならない負担は小さくなく、兵庫県でも、豊岡から神戸地裁本庁まで出てくるのは、時間距離では神戸から上京するようなものである。また、北九州市の処分であれば最寄りの小倉支部ではなく、原被告とも福岡地裁本庁に行くのも無駄である。裁判所は、警察や消防と同じ公共インフラである。司法改革により弁護士ゼロワン地域を解消したが、行政裁判ゼロ地域が全国に無数に残っている。裁判ゼロ地域の解消こそが司法改革の最大の課題だったのである。本来なら、地裁どころか、簡裁でも簡単な行政事件を処理できるようになれば（せめて支部に本庁から月に1回でも行政事件が分かる裁判官が出張すれば）、田舎の町とのもめ事も、法治国家の原理で解決されるのである。検証研究会のメンバーのかなりが、なぜこのようにお上の都合しか考えないのか。上記のように明らかに実例は無限にあるのであって、なぜ、「適切な実例がないと議論しにくい」（検証報告書98頁）ということになるのだろうか。

　それに問題の根本として、行政処分は、行政機関が適法なものを被処分者に持参すべきであると考えれば、持参債務に関する裁判管轄は、義務履行地である債権者の住所地にある（民訴5条1号）から、行政処分に関する裁判管轄は全て被処分者の住所地を基準にすると決めるべきなのである。そのためには、行政処分とかの特権的地位を払拭して、対等関係を基準とする常識的な発想に切り替えるべきなのである。現行法やその仕組みを国体護持する多くの発想は、民が恐れながらとお上に「抗告」（抗告訴訟の由来）するという発想に囚われているのである（もっとも、地方公共団体の処分の出訴先は、たまたま被処分者が全国に散在していても、その地方公共団体を管轄する裁判所とすべきである）。

　検証報告書96頁「事案の処理に当たった」下級行政機関の所在地などに管轄が認められる（行訴法12条3項）ことで、原告の便宜となるが、これも、実際に管轄を認められるような、単なる書類経由ではなく「実質的に関与」した下級行政機関に当たるかどうかが裁判の最初の争点になる（最判平成13年2月27日民集55巻1号149頁）。それだけで無用な時間がかかる。原告にそのような負担をかけない訴訟制度を作らなければならないのである。

一〇　管轄について（検証報告書95頁）

　さらには、検証報告書97頁では、電話会議システムの利用による訴訟審理が一般化する中で、原告の住所に近い裁判所で裁判を行わなければならない実質的な意味はどのような点にあるのか、といった指摘もあったということであるが、これが実務家の発言とは信じがたい、ひどい誤りである。私のような「ひよこ」弁護士でも分かる。電話会議は弁論準備手続で、しかも、一方当事者が出廷した場合に限られる（民訴170条3項）。被告が出廷しない場合には原告が出廷しないと開廷されない。原告は、被告しか出廷しないと不利になるのではないかと大金をかけて出廷せざるを得ない。

　そして、第一回期日は、弁論準備手続ではないので、電話会議の適用がない。被告は単に請求を棄却するという答弁書を提出するだけで、実質的な反論をしないことが多いので、原告が費用と時間をかけて出廷する意味がない。そこで、筆者は、第一回期日は、訴状陳述扱いにしてほしいと頼んでいるが、そうしてくれるとは限らない（民訴158条）。原本照合や証人尋問は公開法廷で行うしかない。結審の時も、公開法廷で行うため出廷の必要があるが、すでに弁論準備手続で論争が終わっているので、単に終結の儀式をするだけである。このために出廷するのは原告にとって大変な負担であるが、電話会議の適用はない。

　検証報告書96頁では、行政法に習熟した裁判官を増やすのが課題というような言い方であるが、単に行政訴訟に習熟しているというだけでは、公平で権利救済に厚く、かつ行政の適正な運営も保障する裁判官にはなれない。お上意識を持っている古い行政法や制定法準拠主義の判例理論ではなく、実質的法治国家にふさわしい、憲法を踏まえた合理的な法解釈を行い、公正で対等な訴訟運営を行う裁判官を強力に養成すべきである。そのためには、今の裁判所のやり方を伝承する裁判所内部の教育システムを見直すべきである。裁判所のバイブルと言われる『改訂　行政訴訟の一般的問題に関する実務的研究』（法曹会）で教育してはならない（その批判は、阿部『行政訴訟要件論』198頁以下）。

　検証報告書97頁の(注)では、「支部の存在等を前提とした管轄規定を法律に設けることが適当かという議論があり得る」という指摘があったようであるが、それだけで、否定的な議論をするのは、とにかく権利救済を実効化することを妨げる屁理屈を探すという姿勢にしか見えない。種々の論点をきちんとした視点から整理するという、法律家に要求される姿勢が足りない。

　最高裁の規則で支部を決めているなら、同じ規則で、行政事件を担当させることができるはずだし、毎年裁判官会議で決めるなら、そのような運用に変えればよい。先にも述べたが、支部において裁判官の専門性を確保することが困難なら、行政事件において控訴するとき高裁支部が管轄するのをどう考えるのか、国家賠

第一部　「改正行政事件訴訟法施行状況検証研究会報告書」の検証

償事件は地裁支部管轄であるのをどう考えるのか。鹿児島地裁で、原告適格なしとされ、福岡高裁宮崎支部で相手にされなかった前記の八7の例も、これで合点は行ったが、専門性のない裁判官の裁判を受けざるをえないのは、憲法違反であろう。裁判官は独占企業で、弁護士と異なって、当事者は選べないのであるから、扱う事件は全て適切に判断できる能力がなければならないのである。

　検証報告書97頁、(2)当事者訴訟についても特定管轄裁判所の制度を設けることの当否については、当事者訴訟の管轄について、権力関係かどうか（検証報告書98頁）でなぜこのように違うという議論がなされるのか、全く理解できないし、これもお上の立場での議論をもて遊んでいるようである。検討が必要だと指摘するだけでは、「検証報告書」として無責任である。当事者訴訟に様々なものがあり（検証報告書98頁）というのであれば、それを具体的に管轄との関係で、このように違うと説明すべきである。

　たとえば、ネットによる医薬品販売禁止を違憲として、販売できる地位確認訴訟を提起するのと、禁止規定に違反して販売を開始し、薬局の許可を取り消されて取消訴訟を提起したり、取り消されそうなので差止訴訟を提起するのとでは、管轄を考えるのに、どこが違うのか。地方の会社が国を被告とする当事者訴訟を遂行することは実際上不可能である。混合診療禁止違憲を主張して、混合診療を受ける地位の確認を求めるのも、地方の患者には不可能である。在外邦人選挙権確認訴訟（最大判平成17年9月14日民集59巻7号2087頁）、国籍確認訴訟（最大判平成20年6月4日民集62巻6号1367頁）等でも同じ問題が起きる。このほかにも、法令により権利を侵害された場合には、当事者訴訟がふさわしく、そのような例はたくさん出てくるはずである。

　東京地裁が管轄するとなれば、地方の原告には本人訴訟は実際上不可能であり、東京の弁護士に委任するとしても、弁護士報酬の他、弁護士との打ち合わせに相当の旅費がかかる。

　管轄を定める場合には、裁判所の都合ではなく、これらの者の裁判を受ける権利の実効性こそが基準でなければならない。検証報告書は、この種の例がたくさんなければ法改正しないというスタンスにも見えるが、管轄が制限されているため適例が表に出てこない面もある。たくさんなければ裁判所も忙しくならないので、問題はなく、むしろ、1人でも実効的な救済を得られない者が泣くということがないようにすることこそ、司法改革の基本的な視点でなければならない。

一一　出訴期間について（検証報告書99頁）

　第三者の地位の安定が求められるような処分ならともかく、被処分者との関係

一一　出訴期間について（検証報告書99頁）

が問題となる二面関係では、出訴期間の根拠とされる行政上の法律関係の安定という考えは「神話」である。このことに思い至らないのは、行政法学が神学である証拠である。これを根幹的な考えとしている行政法学は要らない。諸外国でも同じ神学に蝕まれているのであるから、それを基準に制度改正をしないのではなく、諸外国に神学をやめろと、科学を輸出すべきである。

しかも、正当な理由の緩和的解釈で救済されるかどうかは、裁判官次第。およそ法的安定性も当事者の予測可能性もない。〔出訴1〕（横浜地判平成22年1月27日判例自治337号41頁）は話合いをして、解決しないから出訴したもので、不合理な行動ではない。被告は、出訴を妨害するためにわざと話し合いに応ずるふりをして、時間を稼ぎ、期間徒過に追い込む行動をする。この訴えを却下するのは不正義である。

また、6カ月は長いように見えるが、実際には処分と分かっていて、争うべきだとなれば、6カ月以内に出訴できるであろうが、処分かどうかが不明なために取消訴訟を起こすのが遅れた場合とか、処分が変更されるたびに訴えの変更をしなかったといった場合が少なくなく、期間徒過は正当な理由があるのが普通なのである。

たとえば、タクシーの運賃認可に1年の期限が付いていて、期限で失効するといわれて、そうかと思っていたが、よく考えると、それは職権取消処分であると気がついたときは6カ月たっていた（丁度6カ月経ったのが12月末なら、1月4日に裁判所に駆け込まなければならない）とか、区画整理の換地処分で、一筆の土地を、いくつかの共有地に分割して換地された（信じがたい換地処分）ので、そのうちの一つを争ったら、全体として争うべきだと一審で却下されたので、高裁で全体を争ったら、出訴期間徒過とされた例がある（本人訴訟の相談事例：千葉地裁平成21年(行ウ)38号平成22年10月8日裁判長多見谷寿郎、東京高裁平成22年(行コ)360号平成23年5月19日、裁判長設楽隆一）。以下、阿部の入門書の一節である。行政処分には法的安定性が重要でありとして、行政処分を争うには出訴期間（現在6カ月、しかも、不服申立前置の場合には60日）が定められている。この期間を徒過するともはや争えないとして、行政処分には不可争力があるとされる。しかし、たとえば、営業許可取消処分、不許可処分に対して取消訴訟が提起され、3年後に取り消された場合と、2年後に取消訴訟が提起され、4年半後に取り消された場合で、いったい法的安定性が害される程度に違いはあるのか。係争中にさらに処分が変更された場合（課税処分、更正処分、再更正処分など）もいちいち期間を守って出訴し直すのが原則であるなど、原告にだけ負担を課す。しかも、原告が苦労して期間を守っても、裁判所が訴状を被告に送達し、被告が実質的に本

案について答弁する期限が定められていないため、筆者の経験では、訴状送達に3カ月、答弁に半年、判決も結審後1年かかっている例がある。法的安定性は何ら確保されていないのである。

住民訴訟でも、監査の結果が出てから30日以内に出訴しなければならないので、大変な苦労をして出訴したら、訴状の送達に3カ月かかり、それから被告が実質的に答弁するのに又数カ月かかっている例がある。原告にだけ厳しい期間制限を付ける理由がないのである。

したがって、原告にだけ出訴期間の制限を付す意味がない。出訴期間では、期間徒過でもう訴えが起きないと、行政官の心の安定が保たれるというだけである。なお、アメリカ法でも出訴期間はあるが、個別法で定められており、一般的な制度ではない。

1億円の課税処分を争うのに、1日遅れても争えない（しかし、税務当局は最長7年も増額更正ができる）というのは、およそ比例原則に反する。この制度は、期間を守りにくい場合には裁判を受ける権利を阻害する違憲の制度である。しかも、行訴法改正では処分性を拡充しない代わりに、地位確認の訴えなどの当事者訴訟の活用が期待された。そうすると、長年の訴訟の後で行政活動の違法が確認される。こちらには法的安定性の要請は妥当していない。処分の形式を取るときだけ行政の安定性が不可欠というのは間違いである。したがって、出訴期間は、第三者にかかわる場合、一律に決める場合（たとえば、用途地域の決定を処分とする場合）などを除き、基本的には不要であり、せいぜい原則として5年の時効と同様にすべきである。

法律（学）を学ぶには論理的な思考が大事で、リーガルマインドには数学が必要だと言われてきたが、法律学者少なくとも行政法学者に論理的な思考が十分あるとは思えない。

一二　釈明処分の特則（検証報告書102頁）

この制度を活用してほしいと何度も上申しても、督促しても、筆者の経験では無視されることが多い。特段問題がないとするのは「検証」不足である。

こんないい加減な制度ではなく、裁判所は、第1回期日において、被告に、訴訟要件のみならず、本案についても、全ての論点について反論することを命じなければならないという規定をおくべきである。原告は、行政の実情を知らないのに、訴状で全ての論点について論じているのであるから、専門家であり処分をした行政庁がこれに反論するのは朝飯前でなければならないのである。現実には被告は五月雨式に反論し、稟議が必要だからと、時間を取り、文書送付嘱託につい

てはわざと関係のない文書を提出して、肝心の文書が出るまで数カ月かかる。こんないい加減な訴訟運営をしているから、司法は国民から見放され、裁判官への尊敬の念は消え、弁護士の仕事も減り、弁護士過剰問題が起きるのである。マクロに見れば、自殺行為をしている。

一三　教　示（検証報告書103頁）

　教示が訴訟にも適用されたので、だいぶ前進したが、なお不十分である（晴山一穂「教示制度」福家俊朗＝本多滝夫『行政不服審査制度の改革』（日本評論社、2008年）172頁以下参照）。さらに、被告が勧告を処分として教示したので、取消訴訟を提起したら、処分ではないとして却下された例がある（東京地判平成20年3月14日、阿部泰隆『行政法解釈学Ⅱ』141頁）。こんなことで権利救済を惑わすべきではない。被告の教示通りにしたのに、原告の間違いとするのは不正義である。不服申立前置の制度がある場合に、これを省略する正当な理由があるかどうかについて個別の判断だとか3カ月待てとかいう議論がなされている（検証報告書104頁）が、処分が変更されるといった場合には、すでに行政庁側の意思は示されているのであり、そのたびに被処分者に審査請求をするという負担を課す理由はない。審査請求前置主義が必要だとしても、最初の処分だけに限定すべきである。

一四　行政計画・行政立法について（検証報告書105頁）

　「検討会とりまとめでは、それぞれ「訴訟参加、判決の効力等の訴訟手続上の問題点を検討する必要がある」、「訴えの利益、原告適格、出訴期間、判決の効力等の訴訟手続上の問題点を検討する必要があると考えられる。」とされていたのであるから、本研究会でもそれらに着手すべきであったが、少なくとも今後、早急な検討体制の組織が必要と判断すべきであった。まだ問題がある、検討を要するなどと、すでに分かっていることをくり返すべきではなかった。直ちに立法に向けた政府の会議を内閣に設置すべきだと提言すべきであった。

一五　裁量に関する司法審査について、今日の裁量統制のあり方　　（検証報告書107頁）

　検証研究会は種々議論して、不可知論に陥っている。裁量は実体法の決め方に左右されるが、第三者である裁判所としては、行政機関が法律により与えられた裁量権を、誠実に行使したかどうかを、きちんと主張立証させ、原告の反論を踏まえて判断すれば済むことである。以下、拙著入門の一節である。

第一部　「改正行政事件訴訟法施行状況検証研究会報告書」の検証

1　裁量は、法治国家の例外ではなく、立法者の信託の誠実な実現を

　そもそも、裁量という用語は適切であろうか。ちなみに従来、お医者さんには、治療方法の選択や時期の裁量があると言われていたが、今は言わない。医療過誤事件では、医者のほうが「裁量の範囲だったから適法です」と主張するのではなくて、診療契約上負っている最大限の診断と治療をする義務を果たしたかどうかというのが争点になっている。

　思うに、行政の裁量というのは、立法者が将来のすべての場合を規律できないため、具体的な事案において最も適切な処置をとるようにと行政に命じているので、診療契約と同じであろう。言い換えれば、行政機関は立法者からの委託を個別の事案において誠実に処理する義務を負うのである。法治行政の例外との一部学説の見解は妥当ではなく、これは法治行政の一環であって、ただ法の羈束度が緩いだけである。したがって、裁量という概念は、行政の恣意を招来するもので、本来不適切である。

2　行政の説明責任と具体的な司法審査方法

　行政機関は私人と異なり、法律に基づいて行政を行っているのであるから、自分のしたことの根拠をきちんと説明する責任を負っているはずである。行政手続法でも、理由の提示が原則であり、審査基準、処分基準を策定するはずである。そして、処分の理由を付す場合には、いかなる理由に基づいてどのような処分基準の適用によって免許取消処分が選択されたのかがわかるようにすべきであり、一級建築士免許取消処分における理由付記が公にされている処分基準の適用関係を示さなければ違法であるとされている（最判平成23年6月7日民集65巻4号2081頁、判時2121号38頁）。

　仮に行政手続法の適用がなくても、広い裁量がある場合には、恣意的にならないように、合理的な審査基準・処分基準を設定し、さらにそれに対して筋の通った適用をすべきである。処分基準は努力義務であるが、事前に一般的には作らなくても、具体的な事案においては処分の考え方は筋道立てて説明できなければならない。これはいわゆる裁量処分でも同じである。ちなみに、ドイツの連邦行政手続法（1976年成立）39条は「裁量決定の理由づけにおいてはさらに、行政庁がその裁量の行使に当たって基礎とした観点を明らかにするものとする。」とされている。こうした考え方こそ法治国家における説明責任に合致するのである。

　行政裁量を尊重する考え方は、行政官は専門家だとか行政権への礼譲だ、裁判

一五　裁量に関する司法審査について、今日の裁量統制のあり方（検証報告書107頁）

官は専門家ではないというような発想によるが、現実には、行政権なるものが判断している（内閣総理大臣、少なくとも大臣の直々の判断）ことは滅多になく、下級官僚が時間と専門知識のない中で、おおざっぱに判断しているか、政治的に歪められたり、組織の利益を図る判断をしていることが少なくない（しかも、訴訟の段階では後付けで、考えられない理屈が展開される）ので、裁判所は、遠慮することはない。司法審査では裁判所がその行政活動をみずから行うという立場にはないが、行政がその委託された職務を誠実に果たしたかどうか、第三者の目から見て筋が通っているかどうかをじっくりとみればよいのである。

そうすると、訴状において原告が訴訟の対象となる処分とその違法事由をそれなりに主張していれば、被告・参加行政庁は、最初の期日から、その判断の根拠となった事実を立証し、結論に至る理由が合理的なものであることを説明しなければならないとすべきである。今日の運用では、被告は期日が指定されても、実質的な反論は数カ月先とすることが多いが、専門家であり責任者として処分した以上は、速やかに反論できるはずであるから、裁判所は、被告行政機関が原則として１カ月以内、簡単な事案なり緊急を要する事案では２週間内にきちんと反論するように訴訟指揮をすべきである。

今日の運用では、原告は処分の違法を立証するために膨大な資料を用意しなければならないが、これは逆であって、原告がそれなりの主張をしているならば、被告が、処分を適法とする事実と法的な説明を率先して丁寧に行うべきである。原告がさらに疑問点をあげれば、裁判所が争点整理して、被告に釈明することで、進行するようにすべきである。

裁判所としては、法律の趣旨を、その法体系、個別条文のしくみ、憲法の要請などを検討して、それをできるだけ実現するような解決策が採られているかどうかを吟味すべきである。最終的に責任を負うのは行政であるから、法律の趣旨とシステムの枠内で、合理的な判断が行われたと納得できれば、代案があっても、それは行政の責任で対処すべきことである。

そして、その事実と説明に結論を左右する可能性がある瑕疵がある場合には、処分は違法であるとするべきである。

さらに、この審理の結果、他の選択肢がなく、処分すべきことが判明すれば、行訴法改正（37条の２、第５項、37条の３第５項）により明文化された義務付け訴訟と仮命令の制度が発動されることになる。

3 行訴法30条は廃止せよ

しかし、最近でも、判例の審理手法は明確ではなく、「社会通念上著しく不合理」、「全く事実の根拠を欠く場合」などと、全くありえない基準を設定して、行政裁量を幅広く認めるものがなお少なくない。たとえば、ネズミ捕り裁判では、高速道路以上に非常に立派な片側二車線のほぼまっすぐの道路なので、速度制限が60キロは当然だし、警察庁の基準で計算すると60キロなので、50キロとするのは裁量濫用だの主張に対し、裁判所は、一見明白に60キロにしなくてはいけないわけではないから、裁量濫用ではないという（阿部泰隆『最高裁不受理事件の諸相Ⅱ』第4章）。そして、原告側は行政処分の違法を立証させられて重い負担を負っている。これでは、裁量の名の下における行政の治外法権化を許容するものである。

行訴法30条は、現在では、このように、最近の判例の趨勢に反し、古い型の判例を正当化し、司法審査の範囲を制限する機能を持つ時代錯誤的な文言であるから廃止して、新しい判例を取り込んで、新しい審理ルールを作るべきである。

たとえば、行政機関は憲法と当該関係法令の趣旨・仕組みを正しく理解し、適切な事実認定の下に行政処分を行わなければならないという条文をつくって、そして特に次のような場合は違法になるとして、法文が抽象的なら、裁量基準及びその基準の適用の合理性を行政庁に主張立証させて、行政庁の判断過程を明確にし、その判断の方法又は過程に、結論を左右する可能性がある誤りがある場合には処分が違法になるとすること、その判断過程において重視すべきこととして、比例原則や平等原則、考慮事項の考慮、考慮すべきではない事項の考慮除外、例外事項の適切な考慮などを幾つか例示して、その他にも違法になる場合があり得るということがわかるようにしておくべきである。そして、処分を根拠づける事実の立証責任は行政機関にあること、その事実から処分を根拠づける法的な説明も、行政機関の責任であるとする規定を置くことが重要である。

一六 団体訴訟について（検証報告書110頁）

団体訴訟は、狭く解釈されている主観訴訟の枠では放置されている違法行政の是正手段として重要であるから、それを主観訴訟として構成するかなどという議論をしたり、また、その適格団体の要件をあれこれ決めると、これまた門前払いの論点が増えるので、できるだけ明確に、かつ広範に決めるべきである。主観訴訟が狭いこの国では、前記サテライト事件に見るように、アドホックに結成された団体でも適格ありとすべきである。団体訴訟制度の創設には賛成する意見が多

かったというのであるから、この検討・立法化組織の設置を提言すべきであった。

一七　最後に、取り上げられなかった論点のいくつか

1　行政側は、訴訟を裏道で排斥する裏マニュアルを持っているらしい。筆者もつくったが、マル秘である。それを否定する運用が必要である。

2　印紙代は、訴訟を提起せざるを得ない原告負担となっている。しかし、行政処分をする行政機関が請求すべきところ、被処分者が訴えを提起する形式を取ったところで、そのことから、原告が印紙代を負担させられるのは不合理である。たとえば、一億円の課税処分では、原告は最高裁までで144万円の印紙代を負担しなければならない。国家が過大な課税処分をしたと訴えたらなぜ国家に又巨費を取られるのか。本来は税務官庁が一億円を請求するのであるから、税務官庁が印紙代を負担すべきである。仮に原告負担としても、勝訴率3％と考えると、到底高すぎる負担である。少なくとも、台湾のように行政訴訟の印紙代はすべて算定不能に、住民訴訟並みにすべきである（阿部「基本科目としての行政法・行政救済法の意義(5)」自治研究77巻9号、2000年）。

区画整理、土地収用の訴訟でも、土地代が訴額算定の基準となっているが、区画整理訴訟では割り当てられた換地は従前地に照合しないとして別個の土地を求めているのであるから、その差額は算定できず、土地収用訴訟では、補償金は返す（要らない）から土地を返せと主張しているのであるから、差額はほとんどないのであって、算定不能である。訴訟費用は、勝ったら取り返せる建前とはいえ、負ければ大損であるから、裁判を萎縮させる額である。使いやすい訴訟制度の整備は法治国家の最低のインフラであることを理解しなければならない。

3　判決の効力、勝訴原告の功労に報いよ

インターネットによる一般用医薬品の販売禁止省令は最高裁平成25年1月11日判決で違法となった。これは、原告二社のネット販売することができる地位確認判決であるので、その効力は原告にしか及ばないはずであるが、その理由中の判断である省令の違法無効は一般的なものであるので、原告以外の会社がネット販売に踏み切った時に薬事法違反として取り締まる事は不可能である。したがって原告以外に無数の会社が続々ネット販売に参入した。

これでは原告は自らの地位を守るための戦いの成果をフリーライダーに横取りされる結果になる。現実にも、原告は訴え提起時に他の会社を誘ったが、どこも負担と厚労省ににらまれるのをいやがり、訴えに参加しなかった．結果が出れば

それを横取りするのは不正義である。

　神奈川県臨時企業税でも、最高裁で敗訴した神奈川県は、原告以外にも徴収した税金どころか利息までつけて返還した（疑問がある。阿部泰隆「特集　神奈川県臨時特例企業税事件　最高裁判決を考える。憲法無視の制定法準拠主義」税 2013 年 7 月号 23〜31 頁）。

　法令の違法違憲を勝ち取った場合にはこのようなことがよく起きている（サラ金の過払い返還はその典型例）が、それは社会公共のために寄与したものであるから、公益訴訟勝訴報奨金という制度を作って、原告には相応の報奨金を与えるべきである（阿部『行政法解釈学Ⅱ』277 頁）。あるいは、原告の勝訴をいわば特許権とみなし、少なくとも 1 年間は、原告にだけ郵便等販売を認めるとして、その功労に報いる制度を作るべきである。

4　審理の在り方、立証責任その他

　裁判の実態は、筆者の驚くべき経験では、司法改革の目的とする権利救済の実効性、両当事者の対等性、救済ルールの明確性に反するので、「検証」していただきたかった。その対策案をまとめたので、添付する。

―― 行政訴訟の審理に関する法律案要綱と説明 ――

　下記は基本的には民事訴訟にも妥当するので、民訴法改正が必要である。具体的な条文は民訴法と行訴法との調整がいる。

① 　行政訴訟の審理は、権利救済の実効性、両当事者の対等性、救済ルールの明確性を基本に行わなければならない。

　説明：行政訴訟の基本原則である。この自明の原則が訴訟の現場では守られていないため、原告の救済が著しく妨げられている。

② 　裁判長は、訴状が提起されたときは、民事訴訟法 137 条の定めるところにより不備補正を命ずる場合を除き、訴状を被告に速やかに送達しなければならない。

　説明：これは当たり前である。民訴法 1 条には、「裁判所は、民事訴訟が公正かつ迅速に行われるように努め」と規定しているが、ある住民訴訟では、徳島地裁に提起してから何度も書記官に催促したが、裁判官が審査中と言って送達が遅れ、ついに 3 カ月近くもかかった（平成 24 年行（ウ）第 7 号）。原告は、監査委員の監査が終わってから 30 日以内に出訴しなけれ

ばならない。これは、監査結果を見て、不服を言えば済むものではなく、財務会計行為の流れをきちんと証拠で整理して、被告、請求の相手方を理論的に整理し、財務会計行為の違法、過失、損害をきちんと書かなければならないので、非常に厳しい。しかも、原告が多数の場合、その意思を確認して委任状を取るというのも、相互の日程の都合で簡単ではない。原告代理人は、まともな着手金ももらわずに（住民訴訟ではこれが普通である）、大変な苦労をしている。

他方、裁判長は、訴状の審査においては、訴訟要件や請求の当否は一切審査すべきではない（新堂幸司『民事訴訟法第四版』（弘文堂、平成20年）211頁）。それにも拘わらず、なぜこのように時間がかかるのか。原告は30日を過ぎれば却下されるが、裁判官がこのように理由もなく時間をかけても、何ら処分を受けない。およそ不合理であるから、民事訴訟法も改正すべきである。

③　被告は、処分要件を充足する事実に関して立証し、それが法規を適合することを主張しなければならない。

説明：主張・立証責任については種々の説があるが、行政処分は、専門家であるべき行政機関が法令に基づいて責任を持って行う以上は、自ら処分が適法であることを主張、立証しなければならないというべきである。これは法律による行政の原理から導かれる。反対説はあるが、自分のしたことは自分が立証するのが当然である。

課税処分における必要経費の立証については、納税者が必要経費と思う経費を示さなければならないのは当然であるが、納税者が示した必要経費が必要経費と評価しえないというのであれば、税務官庁が主張立証しなければならないと考える。

これは不利益処分だけではなく、各種の給付金や生活保護など、受益処分でも同じである。申請による処分については、申請者が、申請の内容が処分要件を満たすことを立証しなければならないという説も多いが、それは民訴的な思考であり、行政機関が法令に基づいて判断しているのであるから、申請者の申請内容に照らして拒否することができることは、行政機関が立証すべきである。

④　第一回期日は、訴状送達後、遅くとも2カ月以内に、原告、被告の日程を調整の上、定めなければならない。

被告は、第一回期日の10日前までに、訴訟要件のみならず本案につ

いても、丁寧に反論する書面を提出しなければならない。

説明：現在の運用では、第一回期日は裁判所が一方的に指定するので、被告は請求を棄却するという答弁書を提出するだけで、出廷しないことが多い。

しかも、第二回期日はだいぶ先に指定される。そこで、全てについて反論するのかと思うと、五月雨式に反論する。訴訟要件については、簡単な理由で却下を申立て、本案については全部反論せず、少しずつ反論することが少なくない。

処分後、異議申立てをして、棄却されてから取消訴訟を起こしたあるケースでは、被告は、本案については、6カ月先にやっと反論した。

これでは第一回目期日は原告がわざわざ出廷するのは無駄である。遠方からなら多大な費用と時間をかけなければならず、負担が重い。訴状を提出しているのであるから、上記のような運用を変更せずに、被告が請求棄却を求める答弁書を提出するだけなら、擬制陳述扱いすべきである（民訴法158条の義務的活用の提案）。

今のやり方では審理に時間がかかる。仮の救済を求めても、本案の審理が進まないので、裁判所に本案が違法であるという心証を抱かせるのが難しい。その間、原告は処分を受けているので、営業が困難になり、破産しそうになる。

被告は処分をしているどころか、異議申立てを棄却しているのであるから、訴訟を提起されたら、直ちに反論できるはずである。それをしないのは、引き延ばして原告が倒産することを期待していることと、処分に理由がないので、理由を後付けでねつ造するために時間がかかるためとしか、理解できない。

ところが、裁判所は、原告が被告に直ちに反論できるはずだから、すぐ反論させよと主張しても、被告は、稟議をして決裁を得る必要もあるし、やむなしと、被告の方にだけ理解を示すのが普通である。原告代理人も、多数の業務を抱え、多数の原告、相代理人との調整のために時間がかかるのであるし、証拠などが被告側にあるので、書面作成にも苦労するのである。

被告は訴訟要件が満たされなければ本案の審理は無駄であるから先に訴訟要件の審理をするべきだと主張して、裁判所も、訴訟要件の審理を長々とやっている例がある。これでは訴訟要件は権利救済妨害規定であるし、行政事件訴訟法は権利救済を妨害している。訴訟要件は柔軟に解釈すべき

一七　最後に、取り上げられなかった論点のいくつか

である（阿部泰隆「行政訴訟における訴訟要件に関する発想の転換」判時2137号2-27頁）。
　訴訟要件の審理に時間をかけるべきではない。早急に本案に入るべきである。

⑤　**裁判所は、釈明は、原告のために行う。**
　　原告の請求を却下、棄却する場合には、事実問題、法律問題ともに、原告に十分に釈明の上、必要な主張立証をさせなければならない。
　説明：行訴法の釈明の特則、職権証拠調べは生きていない。
　しかも、裁判所は、被告の主張の不備について釈明してさらに立証させ、原告の方には判決釈明をすることがある。
　被告側は自ら専門家として行ったことであるから、裁判所から釈明されなくても適切に答えるべきで、それができなければ、職務能力に欠けているのであるから、担当者を配置転換すべきであり、また弁護士を解任すべきである。
　原告の方は、生まれて初めて受けた処分ということが普通であるから、必ずしても適切に訴訟を追行できない。
　被告は、処分の違法性の根拠となる証拠は隠して、提出しない．悪しき当事者である。
　したがって、釈明は、原告のためにだけ行うとすべきである。むしろ、被告に対して、処分の違法性を証明できる証拠でも、あると考えられるならば、提出を求めるべきである。
　原告が種々主張しても、争点になっていない理由、被告も主張しない理由で原告を敗訴させる判決が少なくない。事実認定でも、原告側の証人は全て信用せず、被告側の証人は全て信用できると、理由もなく断定して負かされた例がある。このことは事実問題だけではなく、法解釈も同じである。
　法理論も、考えられない理論で敗訴することがある。宝塚市の行政上の義務の民事執行に関する最判平成14年7月9日（民集56巻6号1134頁）（阿部『行政訴訟要件論』143頁以下）のほか、最近の典型例は、日の丸君が代の予防訴訟で、通達を処分とする新理論（しかも最高裁でも否定された）のもとに、無名抗告訴訟としての公的義務不存在確認の訴え及び差止訴訟をいずれも不適法とした東京高判平成23年1月28日（民集66巻2号587頁、判時2113号30頁、判タ1364号94頁、判例自治342号51頁）をあげよう。

行政財産の使用許可についていた1年期限を理由に明け渡しを求められた事案で、1年期限は、当事者の意思からも行政財産の使用目的からも、不動文字で記載してあるだけで無効であると主張したら、被告は、1年期限で満了するとの文書を原告に通知したという証拠を裁判所に提出した。裁判所は、それを見て直ちに結審した。直前に提出されたのであるから、反論する機会を与えないと違法だと主張したら、裁判所は、法律問題だから職権で判断するといって結審して、1年期限を有効とした。原告は不法占拠していたことになる。控訴審では、裁判長は控訴理由書を読まずに（と推定される）、出ろといわれたら半年で出られるはずだという。そこで、控訴理由書に基づいて45分も、12時15分まで裁判長相手に口頭弁論したら、理解され、被告に反論せよといい、その次も同じく45分の口頭弁論を経て、最後に2年前に2年間の定期借家契約を締結したこととして、不法占拠ではなく、期間満了で出るという和解となった事案がある。

　法理論でも裁判官しか分からないものではなく当事者の主張を踏まえれば適切に判断できるのである。したがって、法解釈は裁判官の専権だと、当事者に主張させないで判断することを禁止すべきである（阿部泰隆『行政法解釈学Ⅱ』（有斐閣、2009年）218頁）。そこで、きちんと釈明し、このような不意打ち判決を禁止するような規定が必要なのである。

⑥　**裁判所は、当事者の意見を聴いて訴訟の審理方針を定める。事態の変化、その他の合理的な理由がなければ、当事者の不利益にこれを変更してはならない。**

　説明：今提起している鉄道運賃値下げ義務付け訴訟の原告適格について、前裁判長は、原告適格については十分に主張されたから、被告は本案について反論せよと指示した。ところが、後任の裁判長は、これに拘束されない、自分は原告適格について命をかけて審理するとして、原告適格を厳密に判断することとした。そして、原告が17名もいては、それぞれについて審理すると数年かかる。早く本案に入るか、決着を付けるためにとチャンピオン方式を提唱した。原告がチャンピオンを絞れば原告適格の有無はそれにより判断するというのである。そして、他の原告については、最高裁の判断があるまで審理を中断するということであった。原告団はやむなくこれを了承したら、今度は、残りの原告の訴えはこの一審で取り下げよという指示をしてきた。これには原告団も困ったが、これもやむなく了承するしかなかった。しかし、こんなことで審理が1年は空転した。被告は

一七　最後に、取り上げられなかった論点のいくつか

何ら痛痒を感じない。原告だけが重い負担を負っている。

　民事訴訟法第2条には、「裁判所は、民事訴訟が公正かつ迅速に行われるように努め、当事者は、信義に従い誠実に民事訴訟を追行しなければならない。」と規定しているが、裁判所にも信義誠実の原則を適用すべきである。

　審理遅延は裁判所の責任なのである。このようなことで原告に負担をかけてはならない。

⑦　裁判所は、当事者の主張・立証を整理の上審理に臨まなければならない。

　説明：当事者の主張をまじめに読まずに審理に臨んでいるとしか思えないことが時々ある。控訴理由書を読んでいるとも思えない例もある。

⑧　裁判所は当事者に審理の方針、終結の見込みを説明しなければならない。

　説明：裁判所は審理の方針を示して、どれだけすれば結審になるか、結審に向けてどれだけのことをせよと指示すべきである。

　突然結審され、待ってといっても、もう遅いといわれたことがある。又、審理の経過からは予想外の判決を受けることがある。

⑨　裁判所は、口頭弁論を主宰した裁判官が判決を言い渡すことができるように、計画的に迅速に審理することとする。

　説明：計画審理が言われているが、なかなか実現しない。転勤も減らすべきである。

⑩　判決は、結審後2カ月以内に行う。仮処分の判断は速やかに行う。

　説明：結審後判決まで1年もかかったケースがある（東京高裁。平成23年4月に結審したのに、判決は24年4月26日、インターネットによる一般用医薬品販売禁止違憲訴訟。勝たせてもらえたからいいようなものの。）。その間に原告会社は重大な不利益を受けて、経営が困難になった。仮に販売できる地位の確認を求めた仮処分申請も高裁で却下され、最高裁に許可抗告・特別抗告を申立てたが、半年間返事はなく、本案で勝訴ということで終わった（平成25年1月11日判決）。

『追記1』　本文で述べた北総鉄道運賃値下げ訴訟の東京地裁民事38部平成25

年 3 月 26 日判決は、原告適格については、鉄道事業法は利用者を保護しており、通勤通学に反復継続的に日常的に鉄道を利用している者の利益は個別具体的に保護されておりとして、肯定した。利用者の原告適格を否定した近鉄特急料金訴訟最高裁判決の適用はないとしている。一歩前進であるが、しかし、こんな判断をするために 2 年近く審理を空転させた。そのためか、本案の審理は杜撰であり、簡単に敗訴した。それはなぜか。

この事件は、千葉県千葉ニュータウンの住民が、北総鉄道の運賃は同じ距離で他の鉄道と比較して数倍高く生活が苦しい、同じ路線を京成スカイライナーが走るようになったので、線路使用料を北総鉄道にまともに払ってくれれば（そうなっていないのは、京成電鉄が親会社として、子会社の北総鉄道を支配して、支払うべき線路使用料を払っていないからである）、北総鉄道の収入が大幅に増加して、運賃を値下げできるとして、京成と北総の間の線路使用料認可の取消し、それを前提として、北総鉄道の運賃認可取消し、値下げ義務付けを求めたものである。この判決は、線路使用料の認可は私企業間の契約の認可で、原告らに直接の影響はないので争えないとしつつ、それは有効に存在するから、鉄道運賃の認可においては、それを前提として査定して良いとした。取り消されるまでは線路使用料の契約とその認可は有効であるということで、まさに公定力理論を適用したかに見える。しかし、取り消されるまで有効とは、取り消す手段があることを前提とする。線路使用料の認可を争えないとするならば、その違法は、後続の運賃認可処分に承継されなければならない。この判決は違法な線路使用料認可を治外法権化するもので、まさに放置国家である。

原告適格など、1、2 回の期日でさっさと認めて本案に入れば（前裁判長はそのような訴訟指揮をした）本案についてもきちんと審理できたのに、簡単に乗り越えられない原告適格が行政を守る防波堤になった典型例の一つとも言える。

『追記 2』 本稿が対象とした『検証報告書』は高橋滋編『改正行訴法の施行状況の検証』（商事法務、2013 年）として公刊された。そこには、検証委員会の学者メンバーである高橋滋、神橋一彦、山本隆司、太田匡彦の座談会と、深澤龍一郎のコメントが付されている。照らし合わせてご覧頂きたい。

『追記 3』 一〇 管轄で述べた電話会議について、その後、1 万 5000 円の放置違反金賦課処分取消訴訟（横浜地裁平成 24 年 (行ウ) 第 89 号）において弁論準備手続、電話会議をお願いしたが、裁判長は、長引く訴訟ならともかく、このくらいでは、書面の交換で 5 分や 10 分で終わろうと、だめという判断をされ、このわずかな金額を取り戻す訴訟で、新大阪からの新幹線代を負担させることを意に

一七　最後に、取り上げられなかった論点のいくつか

介さない。もし口頭弁論主義だからというなら、まっとうな口頭弁論を行うべきである。したがって、電話会議が一般化するとの検証報告書の中での認識は間違いである。

『追記4』　本文で述べたネット販売禁止違憲訴訟について判例時報2177号36頁の匿名コメント（調査官の執筆と推定されている）は、新薬事法では店舗販売業の許可権を有するのは都道府県知事であって、厚生大臣ではないから、紛争の実効的解決、確認の利益の点からは、国を被告とすることに疑問がないではないと述べている。しかし、ではその立場では、被告の誤りを理由に訴えを却下すべきだというのか。それこそ紛争の実効的解決の観点から疑問である。現に国を被告とするこの当事者訴訟で原告はネット販売をする地位の確認を得たので、なんら支障なくネット販売をすることができている。

しかも、この原告ケンコーコム㈱は、悪法でもとりあえず従うとして、ネット販売を中止していたので、薬事法に基づく処分を受ける可能性がなかったから、許可権を有する知事の属する都道府県を被告とする店舗販売業の許可の撤回・不更新の差止訴訟はありえない。

〈参考文献〉

阿部泰隆『行政法解釈学Ⅱ』（有斐閣、2009年）

阿部　『行政救済の実効性』（弘文堂、1985年）

阿部　『行政訴訟改革論』（有斐閣、1993年）

阿部　『行政訴訟要件論』（弘文堂、2003年）

阿部　『最高裁不受理事件の諸相Ⅱ』（信山社、2011年）（『最高裁不受理事件の諸相Ⅰ』は、濵秀和先生著）

阿部　「行政訴訟における訴訟要件に関する発想の転換」判時2137号（2011年）

阿部　「場外車券発売施設設置許可処分取消訴訟における周辺住民・医療機関の原告適格」（最一判平成21.10.15）（判例評論（第621号＝判時2087号164～170頁（2010年）

阿部　「競争業者の原告適格（1・2・完）——新たな需要がない状況で第三者に与えられた、一般廃棄物処理業の新規許可に対して、既存処理業者が提起する取消訴訟を例として」　自治研究88巻4、5号（2012年）

阿部　「鉄道運賃値下げ命令義務付け訴訟における鉄道利用者の原告適格」自治研究87巻6号、7号（2011年）

阿部　「期間制限の不合理性——法の利用者の立場を無視した制度の改善を」『小島武司先生古稀祝賀　民事司法の法理と政策　下巻』（商事法務、2008年）1～45頁。

阿部 「基本科目としての行政法・行政救済法の意義(5)」（印紙代に関するもの）自治研究77巻9号（2000年）

「行政事件訴訟法第2次改正シンポジウム」（斎藤浩・阿部泰隆・小早川光郎・中川丈久氏との共同）（判例時報2159号、2012年）（本書第二部）

「さらなる行政訴訟制度の改革について（上・下）」（斉藤浩・高木光との鼎談）自治研究82巻3、4号（2006年）（本書第三部）

阿部の著書論文一覧他掲載　http://www.eonet.ne.jp/~greatdragon/

■弁護団報告（八木倫夫・海渡雄一）

　司会　それでは少し具体的な事件の中から法務省の検証報告書の問題点を探ってみようということで、最初に「サテライト大阪」設置許可処分取消請求事件で原告適格の問題がありましたが、弁護団の八木倫夫弁護士からご報告いただきたいと思います。よろしくお願いします。

　八木　大阪の八木倫夫でございます。よろしくお願いします。

　一応基本的な「サテライトとは一体何なのか」というところからご説明いたします。また一部の方には差戻後の裁判において意見書の作成等にご協力いただきましてありがとうございました。

　「サテライトと3病院」の位置。これが最後まで生き残ったといいますか、最終的に原告適格を認められた3つの医師が経営する病院とサテライトの位置関係。南北方向に広い道、これがサテライトに面している堺筋という大阪でも有数の広い通りです。日本橋一丁目とに地下鉄と近鉄の駅がありまして、サテライト大阪から駅のほうに向かって周りは繁華街ですから、サテライト客の多くが地区のいろいろなところに出て行きますし、いろいろなところから歩いてくるんですが、多くのサテライトのお客さんが通過するルートです。

　サテライト大阪から3つの病院の距離。原田病院が道頓堀の向こう側、原田病院とサテライトの間には道頓堀の小さい川があります。原田病院が約120メーター。それからサテライトのすぐ近くにあるのが福辻歯科で、ここは目と鼻の先で見えるぐらいの距離、57メーター。それと宇都宮先生の病院があります。

　最終的にこの3つが残りましたが、私たちは別にお医者さんだけを助けるために裁判をやったという気持ちは全くありませんで、当初、原告49名のほとんどが、周辺の住民の方と、それから周辺で一般商店がたくさんありますので、一般の事業を営んでおられる方などがほとんどです。そのうちの一部がたまたまお医者さんだった。むしろ医師だけ原告適格が認められると思っていませんでしたので、

たまたまお医者さんだった。もし医師の原告適格だけ認められるとわかっておれば、サテライトの隣にも病院がありますし、地区内にも病院があるので、そちらも原告にすればよかったんですが、出訴期間の問題で、わかってきたころにはもうできなかったという事情があった。

　裁判を起こしたころから最近までのサテライトの前あたりには、覚せい剤なんかが、サテライトのそばに落ちていた。時々こういう光景が見られるようになりました。覚せい剤の注射器と思われる注射器。

　このサテライトというのができて、住民の方がなぜ嫌なのか。いろいろな理由があるんですが、一番わかりやすいのは、競輪あるいは競馬も同じですが、競輪のお客さんとわかるような平均年齢60歳ぐらいの――いろいろなインターネットを見ていますと、どこの競馬場も競輪場も同じようですが、同じような年格好の方が来て、非常に雰囲気が悪くなった。これは差別かもしれませんけれども、ほんとに嫌なものは仕方がない。

　この人たちが競輪の新聞とか、外れ車券とか、あちこちに捨てていきますし、この人たちがたくさん出てくる時間帯はこのようにこの人たちが歩道を大挙し、さらに堺筋の前の4車線の道路を信号もないところで渡って行くので、車の通行にも支障がある。もちろん一般の歩行者の方の通行にも支障が出てきます。ここが一番ひどいところですが、その周辺も似たような状況になるので、近所の人にとっては非常に嫌である。

　環境被害、ゴミを捨てるとか、因果関係の立証は難しいんですが、これができるころから次々と風俗店ができていった。風俗店というのは具体的にはホテヘルとかデリヘルとか言われている非店舗型性風俗特殊営業のお店の事務所とか待合所、無料案内所と呼ばれるものがものすごい勢いでふえていった。あるいは治安が悪化する。治安の悪化も立証するのが難しいですが、近所のコンビニの店主が万引きして逃げていった人を追いかけて捕まえたらサテライト客だったとか、そういうことからある程度、立証できるんですね。

　そういうふうに周辺環境の悪化が非常に周辺の方にとっては嫌だと。病院の先生にとっても医師にとっても嫌だ。先ほど阿部先生は病院は関係ないとおっしゃいましたが、実は関係がありました。だから、医師とか病院施設を保護する規定というのは意味はあるのかなと思ったんですが。

　次に事実経過を簡単にご説明します。平成17年に設置許可処分が出まして、前からずっと周辺住民のほとんどは反対しておりました。原告約50名の中心は、サテライト大阪というものが立地する地域の町会員の方です。2つの町会がありまして、その2つの町会の方の多くが原告になりました。福辻歯科という一番サ

テライトに近い病院の医師、原告適格が認められて原告になった医師の中で一番サテライトに近い病院の歯科医院の医師の福辻先生が実は町会長だった、今でも町会長です。

平成 18 年、サテライトの設置許可が認められた翌年の 18 年に行政訴訟、その前に仮処分とか民事の差止訴訟もやっておりますが、次々と敗訴していきました。

1 年後の平成 19 年 3 月に大阪地裁判決が出て、これまでと同じような裁判で行われたのと同じような訴え却下の判決で敗訴して、その同日にサテライト大阪が開業しました。

平成 20 年 3 月に大阪高裁判決で全員、もちろん亡くなった方は除きまして全員の原告適格が認められて破棄差戻しになりました。それに対して上告受理申立てをされて、ご存じのように最高裁の破棄差戻しの判決が出て、原告のうち、医師 3 名については原告適格を認める余地があるけれども、ほかの者については控訴棄却する。

その後、どうなったかということですが、平成 24 年 2 月（去年の 2 月）に大阪地裁判決が出まして、ここまでは公刊物に登載されています。医師 3 名の原告適格を認めて、処分の取り消しは認められませんでした。

この前、24 年 10 月に高裁でも全く同じ判断がなされまして、いま最高裁に上告受理申立申立中です。

次に原告適格を認める根拠はどのようなものがあるのかということですが、これも多くの方がご存じのように、手掛かりはほとんどありません。法令には競輪場の設置許可についての基準とかいろいろありますけれども、原告適格の手掛かりとなるという規定、明文はありません。規則はここにありますように、「学校その他の文教施設及び病院その他の医療施設から相当の距離を有し、文教上又は保健衛生上著しい支障を来すおそれがないこと」。「相当の距離」というのがほとんど唯一の根拠です。

あと 2 つの手掛かりは何かといいますと、この点の趣旨についての国会答弁、この種の裁判になるといつもこれが引用されますが国会答弁ですね。「想定される支障」というのは一体何なのか。「距離」というのはどのぐらいの距離なのかということについての答弁。これは割とまともでして、想定される支障の内容として、「周辺環境の悪化」とちゃんと行政自身が自分で言っているんですね。最高裁は否定しましたが、支障の中に周辺環境の悪化が含まれるとちゃんと言っています。

それから距離が短くても支障がある場合もあるし、距離が長くても間に川等があって支障がない場合もある。この国会答弁の中身を考えると、周辺環境の悪化

一七　最後に、取り上げられなかった論点のいくつか

ということをまさに考えているということが多くうかがえます。

　それからもう一つの手掛かりはパチンコ、パチンコだけではありませんが、風営法の規制、パチンコとか性風俗店とかいろいろありますが、その立法経過に関する議論を見ていても、一律に100メートルとか200メートルとかいう距離によって教育上の支障を問う、教育上の支障だけではなくて環境利益を保護するという趣旨がわかります。一律100メートル、200メートルですから実際に被害が極めて高い確率で起こるということまで考えていない。もっと広い環境利益を保護しているということがわかります。

　この3つだけが手掛かりです。しかしこの3つだけの手掛かりからしても、周辺住民の原告適格は認められるということになると思うのですが、それが常識的な考えだと思うのですが、そのようには裁判所は動いてくれませんでした。

　それからサテライトによって実際にはどんな被害が生じているかも<u>重要</u>です。

　外れ車券とか競輪の新聞とか捨てられる。これはサテライトの客しか捨てません。しかもサテライトは1年365日中、355日ぐらいあるんですが、サテライトがお休みの日はこういうのはありませんので、サテライトの客が捨てたというのがわかります。

　それから治安の悪化、これは因果関係の厳密な立証は不可能ですが、先ほど申しましたように、以前は落ちていなかった注射器が落ちているとか、万引き犯人を捕まえたらサテライトの客だったというところから、一定程度は立証できていると思っています。

　それから風俗店の激増。これも因果関係の立証は不可能ですが、サテライトの営業が開始された平成19年ころからすごい勢いでふえました。客観的事実です。それで因果関係の立証はできませんが、50店から60店、60店から90店、90店から120店というぐあいにものすごい数がふえました。サテライトの関係をどうやって立証するのかというと、そもそも立証しなくても勝てればいいんですけれども、できる限りのことはしようということで、どうやったかというと、風俗店から出て行った人の後をつけるんですね。あるいはサテライトから出てきた人の後をつける。その人が風俗店に入って行けば、一定の関係があるとわかる。というムチャクチャなことをある程度やりました。住民の原告の方にやっていただきまして少しは立証できるかなと思っています。

　それから患者の通行上の支障、これは実際に大問題で、立証できたと思っていたところなんですが、サテライトと日本橋駅の間の堺筋の歩道の東側が最大のポイントですね。そこでサテライトが営業している時間帯はものすごい数のサテライトのお客さんが通るので、病院の患者さんが通るときに実際に支障になり

ます。かき分けて通ることはできるんですけれども、皆さん、サテライトのお客さんと接触するのが嫌なので、嫌がってほかの道を通る。もちろんほかの道を通って行けるんですけれども、一番近いルートを通って行きたい。

　一番直接的に影響を受けるのは福辻歯科ですね。患者さんが歯医者という関係上、しかも入歯専門のお医者さんなので、郊外の方が電車を使って遠くから来られるという方が多くて、実際に3つの病院の患者にアンケートしたところ、サテライトができたから通院しにくいとか、中には極端な例で通院回数を減らしたとか、そういう方もいらして、このサテライトができてから患者数がちょっと減ったなと医師も実感していると。福辻歯科医院はちょっとじゃなくて、かなり減りました。このサテライトとの因果関係は難しいですけれども、患者に聞くと一部の方は現に、通院回数を減らしたということを言っておられるので、ある程度の因果関係は立証できたかなとは考えておりました。売上も福辻歯科医院は大幅に下がりました。そのような実害がありました。

　で、裁判所がどう判断したかということですが、まず最高裁判決については多くの方はご存じかと思いますので、詳しくは申しませんが、ほんの少しだけ補足します。「判示は、抽象的で明確さを欠くが、キーワードは、環境と国民の生活に及ぼす影響が大きいものとして保護する」と。環境は、先ほど阿部先生のご説明にもありましたように、環境影響というものは救済対象に値しないというスタンスに最高裁判決は立っていますが、医療施設等の経営者が被る環境上の被害を個別的な利益として保護する。国民に及ぼす影響が大きいものとして保護するというようなフレーズがありますので、医療施設の経営者が被る環境被害については保護してくれるのではないかというように読めるのではないかと思って、差し戻し後の裁判ではそれを盛んに主張しました。

　あと最高裁はああいう判決ですから、住民の方は全部排除されましたし、医師について著しい支障とか業務上の支障とかいうことが盛んに書いてありますので、裁判所は当てにならない、立証するしかないということで実害、先ほど言いましたように風俗店との関係とか売上が下がったとか患者が嫌がっているとかということの立証もやりまして、ある程度できたと思っておりました。

　あと意見書を2つ、神戸大学の中川先生と、それから大阪弁護士会の山村恒年先生に意見書を書いていただきありがとうございました。しかし裁判所はどういう判断をしたかというと、最高裁の平成21年の判決の主旨に沿ったということだと思いますが、まず生活環境に関する利益が全く保護の対象ではないという前提に立っているのと、関係法令についてパチンコとか風俗営業に関する法令はおよそ触れていない。盛んに私たちが言っているんですが、一切関係法令について

一七　最後に、取り上げられなかった論点のいくつか

触れていません。自転車競技法施行規則だけを見て判断し、かつ自転車競技法のまさに立法趣旨の中に、ここは違法なので一定の要件を課すことによって、周辺住民等に被害を及ぼさないという一定の要件を課すことによって正当化するという判断のはずでしたが、ここを何もしていない。ほとんど実質的な解釈をしないまま判断しました。

　何をこだわっていたかというと、地裁も高裁もそうですが、最高裁もそうだったんですが、サテライト客がたくさん大挙して押し寄せて、病院の周辺に滞留する、たむろして病院に患者が入っていくのに支障が及ぶかどうか、専らそればかりを判断しています。それに近い状況はあるんですが、さすがに患者がサテライトの客の多さで物理的に病院の中に入ることができないとか、余りに騒がしいので手術ができないとか、そこまでの実態があるわけない。それで、そういう裁判所の判断で地裁も高裁も敗訴しました。

　最後に、まず最高裁の判断の問題であり、このたびの地裁判決、高裁判決の問題ですが、規則に明文がある医療施設設置者にしか原告適格を認めていませんので、原告適格が全然拡大されていない。それから「著しい業務上の支障が生ずるおそれがあると位置的に認められる区域」というものを原告適格の判断基準にしていますので、著しい業務上の支障が生ずるおそれがあるかという実質判断もしなければいけませんから、先ほどご説明した立法者の国会答弁等以上に実質的な立証を原告がしないといけなくなりまして、原告適格が拡大しない。著しい業務上の支障が生ずるおそれがあるかどうかという裁判所の解釈にゆだねられる範囲が非常に多いですから、裁判所次第で原告適格が認められたり認められなくなったりする。

　次が私たちが直面している問題で違法審査ですね。医師の原告適格は認められたんですけれども、その次に行政の裁量の幅が非常に大きい。行政判断について基準は示されていないので、どの判断をしても、どんな方法で判断してもよいのだということで判決が書かれています。

　それから最後にこれで終わりですが、原告適格とそれから違法性の判断に共通する本質的な問題として、環境利益は保護に値しないという価値判断があります。この事件では、こういう判断に立たれている以上は、どうしても勝つことができない。こうなったらお手上げで、いい裁判官に当たるのを期待するしかないのかなという感想を持っています。

　以上です。ありがとうございました。

　司会　次に具体的な事件として東九州自動車道事業認定事前差止請求事件と各

地の原子力発電所の原発運転差止請求に関して担当していらっしゃいます海渡雄一弁護士からご報告いただきます。

　海渡　皆さん、こんにちは。私は2つの課題を与えられています。

　この東九州自動車道の事業認定差止請求という事件は平成23年9月29日に判決が出ていて、これは高裁でもほとんど同じ判決が出てしまっていて、我々は実体判断を受けられなかったという経過でございます。

　この訴訟の意義ですが、原告が言いたかったことは、この道路の必要性があるかどうかということも一つの大きな争点でしたが、自分の住んでいるミカン農園のど真ん中を道路が走る計画になっている。しかし、同じルートを通るためにもっと山沿いに道を通してくれれば工事費も土地取得経費もぐんと安いし、地域住民の生活に対する影響も少ない。具体的に積算すると工事費にして半額ぐらいで済むというような算定もして、何とか平野のど真ん中のルートを山沿いに変えてほしいということを求めていた事件です。山裾ルートと市街地ルートといって、その山裾ルートのほうに変えてほしいと言う主張がメインの争いでした。

　実はこの原告の方の闘いにはずっと古い歴史があって、実は我々が受けたのが事業認定事前差止訴訟ですけれども、その前に事業認可の取消訴訟という訴訟をやっておられた。それは別の代理人がやっていましたが、これはもう計画段階だからダメということで、それも実体審理に入れなかったということです。この闘いは今も続いていまして、これはまた代理人がかわっておりまして、事業認定の取消訴訟はいま日置先生が代理人になってやられています。

　どんどん事業の進捗が進んで、我々が受けたころは計画段階から杭打ちが始まったころでしたが、今は、ほかの部分は工事が進んで、買収もほとんど終わっているという状況の中で、事業認定の適否が争われているのが実態です。原告が「もっと早めに判断してもらわないと結局手遅れになる」と言っていたとおりの状態になっていて、私自身も、実は途中で日弁連事務総長になってしまい、事件の進行は同僚に任せた部分もあったのですが、結果を出せず、本当に申し訳ないことをしたと考えている事件です。

　私が非常に期待していたのは、2009年に政権交代が起こって、この時点で「道路の必要性を根本から見直す」みたいなことをおっしゃっていて、この東九州自動車道についてもつくるかどうかの点まで含めて再検討するという話もあったのです。そういうときであっても、訟務の担当をされている方は一切道路の建設計画が妥当かどうかという論争には踏み込もうとせず、本案前の答弁に終始したという意味では、立派なお役人というのはとにかく行政訴訟は実体に入らないで却下させることが本分だというふうに思っておられるのかなという感じがいたしま

一七　最後に、取り上げられなかった論点のいくつか

した。
　平成23年9月29日に出ている判決文の重要なところを紹介します。所有者については原告適格を認めましたけれども、周辺住民については原告適格なしという判断になっております。しかし、さすがに被告側は事業認定がされるかどうかもわからないと言っていた部分については処分されることは明らかだとと判断しています。このまま原告らが土地を売らなければ事業認定がされる蓋然性があることは認めました。しかし、後続処分のほうを争うことができるとしています。原告らに被害が生ずるとしても、それは事業認定処分によって被害が生ずるものではなくて、さらにその後続の裁決処分によって所有権を奪われることになるのだから、後続処分である事業認定処分によって損害を受けるわけではない。これは本当のへ理屈ですけれども、そういうことを言っています。
　なおかつ、その道路の部分だけの所有権を喪失したとしても、そのことによって農園の経営ができなくなるわけではないといっています。実際には広大なミカン農家のど真ん中を道路が引き裂くわけですから、農作業自身が不可能になるというようなことも言っていましたが、その部分の証明もされていないというようなことで「重大な損害はない」という判断になりました。
　処分の蓋然性は認めたものの、事業認定がされたとしても別途収用裁決等がされるまでは所有権その他の権利が奪われるなど重大な影響が生ずるわけではなく、その他の影響についても収用裁決等によって生じるものである。それから事業認定処分、収用裁決等がされた後にその取消訴訟を提起し、執行停止を受けることで回避は可能だという判断でございました。
　高裁では、実は高裁の途中で我々は原告の信用を失いまして、「こういう訴訟をやればどのような道路ルートが適切かについて実体判断が受けられるはずだと言ったのに、先生、できなかったじゃないか」と責められ、担当弁護士が変わってしまいました。高裁段階で実際に農園の経営がどこまで困難になるかという論争を仕掛け、高裁判決ではそのことが少し論争になっております。実際に農園の中で土砂崩れが起きるとかそういう可能性があるということも立証されたようですが、そういう危険性は直ちにこの処分によって発生する損害とは言えないという、まさしくまた形式論だけで切り捨てられて、高裁で実質的に追加されて議論されたのはその部分ぐらいかなという感じでございます。
　最終的にどうなったかですが、一審の判決があって、一審判決の直後に事業認定を申請されました。それで高裁判決が出たのが平成24年9月11日ですが、それからわずか1カ月を置かずに平成24年10月5日に事業認定を申請したという経過です。高裁の判決で事実関係が確定し、最高裁がそれを前提にして審理する

だろうから、もう事業認定の申請をしてもよいだろうという判断の下に事業認定が進んでいったという経過は、明らかだろうと思います。

こういう経過の中で、我々も実は手をこまねいていたわけではなくて、訴訟類型を事業認定の差止めに使えるようにするために、行政法の研究者でなおかつ土地収用の実務の経験をお持ちの福井秀夫先生にお願いして鑑定意見書を書いていただきました。大変長大なものをつくっていただきましたが、一部だけ紹介します。

大変説得力があると思いますが、この訴訟類型が認められた背景ですが、「できるだけ手前の段階で一定の処分に熟する限り、その決定をその段階で争わせ、一定の場合には確定的なものとし、後続処分の法的安定を図っていくことは被収用者の権利救済の観点からも社会的便益の観点からも望ましい。」要するに、行政の目的からしても望ましいことだということを言っていただきました。「土地収用では大規模公共事業が前提となることも多いが、その場合、特に処分の早期確定が遅れれば遅れるほど、行訴法31条のいわゆる事情判決がなされる可能性が高まる。事実上、救済を阻むことにつながるこのような事態を避けるためにも、既成事実を積み重ねて形成させ、事後的な是正を阻んでしまうことのないよう、早期の段階で処分の適否を争わせ、これをその都度確定していくことの社会的意義は極めて大きい」ともいっていただきました。

このような論旨で、これは非常に説得力があるし、行政を担当していた人の意見でもあるということで、一時は裁判長はぐらっとして、それに対して「ちゃんと必要性やルートの適否など訴訟の実体について反論してください」と被告側に言ったこともあったのです。ところがそれに対しても国の担当者はほとんど何も言わないものだから、やっぱりそんなことを言ってはいけなかったのかなというモードに戻ってしまって、判で押したような判決に至ったというのが実態でございました。本当に紹介するのも恥ずかしい、弁護士として力不足を絵にかいたような事件ですが、恥を忍んで紹介させていただきます。

この事件についての感想ですが、この報告書自身の中に私どもが言いたかったことは実は全部書かれております。ここにおられる日弁連推薦の研究会委員の方がおっしゃってくださった意見ではないかと思いますが、「仮に差止訴訟を認めなければ差止14の事案では周囲の任意買収が行われ、任意買収がほぼ済んだ段階で事業認定がされ、そこから取消訴訟で争うことになる」といわれています。まさにそうなってしまったわけですが、「そうした場合には、事情判決がされるおそれが高まるし、計画を変更すると費用と時間とが無駄になるとして、利益衡量の中で原告の利益保護が困難となり、事業認定を違法とすることは困難になる

ので、任意買収がされない前提での裁判所の判断が受けられるようにする必要がある。」

これが、まさしく私どもが言いたかったことです。この余りにも当然というか、適法な行政を進めるという観点から考えても、これは本当に納得できる見解だと思いますが、これが受け入れられなかったということです。

今回の我々の受けた訴訟の事態を踏まえるならば、「重大な損害」という要件そのものを差止訴訟の要件の中から外したほうがいいのではないかと考えます。既成事実を積み重ねた行政の側が最終的に既成事実の重みで司法を突破してしまうという事態があってはならないのではないかと思います。

もう一個の争点、原発の関係のほうに入ります。行政裁量のことを報告してほしいということでございました。

行政裁量のことについて検証報告書の該当部分。確かにここで言われている事実誤認、比例原則違反、他事考慮、費用便益分析手法ということは重要だと思いますし、原発訴訟の場合で言うと、原子力技術並びに地震科学などに関する科学的知見の中で重大な見落としであったり間違いがないかどうかといったことが問題になります。今までどういう基準で審査されてきているのかということですが、

伊方原発訴訟の最高裁判決の一般的判示の冒頭の部分が重要だと思います。安全審査の目的としてこの種の訴訟でどの程度の安全性のレベルが求められるのかということについて議論している部分です。読んでみますと、この安全審査の目的に関して、「原子炉というのは稼働により、内部に多量の人体に有害な放射性物質を発生させるものであって、原子炉を設置しようとする者が原子炉の設置運転につき所定の技術的能力を欠くとき、又は原子炉施設の安全性が確保されないときは、当該原子炉施設の従業員やその周辺住民等の生命、身体に重大な被害を及ぼし、周辺の環境を放射能によって汚染するなど、深刻な災害を引き起こすおそれがあることにかんがみ、右災害が万が一にも起こらないようにするため」と書かれています。

この部分は「右災害が万が一にも起こらないようにするため」という言葉を導くための文言だと思われますが、原子炉がひとたび安全性が損なわれたときは非常に深刻な災害を引き起こすということが書かれています。通常の産業設備や交通機関などの安全性とは違う、高いレベルの安全性が必要だということがここでは書かれていると思われます。最近、原発関係の訴訟、民事訴訟なども含めて、被告側は実際に深刻な事故が起きたものですから、絶対的安全ということはもう無理だ、相対的安全で満足してもらうしかないということを言い始めています。

そのときに必ず引用されてくるのは、この判決の調査官解説です。ここでは、

絶対的安全性は達成することも要求することもできない。自動車や飛行機にも絶対的安全というものはないというようなことが書いてあって、この部分が非常に悪い影響を及ぼしています。確かに飛行機事故も大変悲惨なものになり得ます。何百人の方が亡くなる可能性もある。しかしその事故の原因を取り除いてまた飛行機を飛ばせば安全になるわけだし、その結果、何十年も引き続いたり、何万人もの人が影響を受けたりというものではないわけです。取り返しがつかない被害の性質とその甚大さという点において、原発と他の事故を同列に論じることは許されないと考えます。

　原発事故には時間的、空間的な不可逆性、取り返しがつかない災害をもたらすという著しい特徴がある。そしてこれが福島では現実となっている。実はチェルノブイリでも現実となったわけです。ところが、現にこういう事故が起きたから「もう絶対的安全は保障しません。相対的安全で、もしそれに当たって被害を受けたら運が悪かったと思ってあきらめてください」と電力会社は言い始めているのです。これはとんでもないことではないでしょうか。国民の共通理解としてのこれだけ悲惨な16万人もの方が郷里を離れてさまよわなければいけないような災害は二度と起こしてはいけないし、それが避けられないのであれば、そういう発電方法はもうあきらめるという選択も政治的にはあり得るでしょう。司法の分野においても、二度とこのような深刻な災害は起こさないという厳しい基準でもって安全かどうかの判断をしていただく必要があるのではないかと思っております。

　次に専門的な技術的知見に基づく総合的判断のところですが、ここは伊方判決はいわゆる行政の自由裁量をかなり広範に認めたということで厳しく批判されている部分です。各専門分野の学識経験者等を擁する原子力委員会、これは今規制委員会に変わっていますが、科学的、専門技術的知見に基づく意見を尊重して行う内閣総理大臣の合理的な裁量にゆだねているといっています。これは規制委員会の委員が行う判断と読み替えるのだと思いますが、そういう判示がなされています。

　しかし、専門家の判断というものが異論を差し挟めないものなのかどうか考えてみる必要があります。当然、科学的、専門技術的知見というものについてもいろいろな意見があり得るわけです。今現実に行われている論争で言いますと、原発の直下に活断層があるかどうかが規制委員会で大論争になっていて、実は敦賀原発と東通原発についてほぼ活断層があることがはっきりした。しかし、大飯3、4号機については委員の間で真っ二つに意見が分かれてしまっている。こういう場合にどうするのか。多数決で決めるということが許されるのか。平成20年6

一七　最後に、取り上げられなかった論点のいくつか

月20日付原子力安全委員会了承の「活断層等に関する安全審査の手引き」についてにおいても、「耐震設計上考慮する活断層の認定については、調査結果の精度や信頼性を考慮した安全側の判断を行うこと」などとされています。もともと国が選んだ専門家の中に、活断層がある可能性があると言っている人がいる場合に、その意見を無視して多数決で安全だと決めてしまえるのか行政手続としても疑問ですし、仮にそういうことが行われた時には司法ははっきりとしたレッドカードを突きつけていいのではないか思います。

　もう一つ重要な点は、違法判断の基準です。ここでは裁判所の判断というのは、現在の科学技術水準に照らして判断するのだということになっています。審査基準が合理的なものか不合理なものなのかという点。そして調査審議・判断の過程に見逃しがたいような過誤欠落があるだろうか。この点を判断することになっております。

　もし伊方判決で違法性の判断が処分の時点だという判断が最高裁判決で示されていたとしますと、これは恐ろしいことになっていたと思われます。ほとんど我々原告側、代理人は絶対勝てない訴訟になってしまいます。しかし幸いにして、ここの部分は現在の科学技術水準をもとにするということになっていて、新たな科学の進歩を訴訟に反映させていく可能性が残されている。この点は規制委員会設置法によってバックフィット制度が法定されたことによって、新たな知見に基づく新基準をもとに、既存の原発の設置許可などを取り消すことができることが明確にされました。

　そして「看過しがたい」かどうかの判断は非常に難しいですが、これが必ずしも放射能放出につながる重大事故に直結するような過誤じゃなくても、見逃しがたいものであれば、その許可を取り消せるというふうに読めます。

　今僕が言ったような見解は、きょうのこの報告の最後に引用しておきました。高橋滋教授の意見と重なる部分があります。この部分をそういうふうに読むことができるならば、「見逃しがたいような誤り、欠落が見つかったときには再審査する。」ということとなります。これまでにそういうこと言った判決がもんじゅの高裁判決、そして志賀2号の地裁判決と2回出ているわけですけれども、そういう判断が今後も期待できるのではないかなと思っております。

　それから主張立証の責任に関してはここに書いたとおり、被告行政庁の側においてまずその依拠した具体的な審査基準、調査審議、判断の過程に不合理な点がないことを相当の根拠、資料に基づいて主張、立証する必要がある。これを尽くさない場合には不合理な点があることを事実上推認されるという判断が示されています。

第一部 「改正行政事件訴訟法施行状況検証研究会報告書」の検証

　次に安全審査の対象は基本設計に限定され、詳細設計や後続の手続の適否は判断の対象から外すこととされています。基本設計論については非常に問題があって、廃棄物の問題などが安全審査の対象から外されているという批判がされているところでございます。
　私は最近岩波新書の『原発訴訟』という本をまとめましたが、そこでまとめたこの40年間の原発訴訟を総括しますと、大体こういう流れになるのではないかと思います。一言で言うと、原告が勝訴判決というのは何も特殊な意見に沿って出されたものではなくて、伊方最高裁判決を素直に読んで、それをそのまま適用して原告を勝たせてくれたものだといえるのです。
　しかしながら、そういう判決がなぜ主流にならなかったかというと、同じ最高裁がもんじゅの高裁判決は最高裁で事実認定にまで踏み込んで書き換えられ、覆されてしまっています。それ以外にも非常に重要な事件としては2009年の柏崎原発の最高裁判決があります。これは最高裁にかかってからですけれども、2007年に新潟県中越沖地震が起きて、設計時には全く想定されていなかったような地震動が原発を襲い、大災害が起きていた。3000箇所も機器の破壊、故障が起きた。ところが、それにもかかわらず、最高裁は、法律審なので、どんなことが起こったか調べないで、許可を取り消さなくていいとして、上告を却下してしまった。
　そういうことが非常に一線の裁判官にとってみれば、伊方判決を正直に読めば、あるときには原告が勝っていいように思われるけれども、それに従って出した判決がことごとく覆されていて、どうも最高裁は裏の考え方を持っていて、どんな事件でも原告を勝たせてはいけないという別の指示も出ているのかなという思いにさせてしまっていたのではないかなと思われます。
　一番最近、私が受けた訴訟の判決で、行政訴訟ではありませんが、浜岡原発訴訟の判決がいかにひどい内容であったかということを恨みを込めて書きました。
　皆さん、ご存じないと思いますが、浜岡原発については、新しい耐震設計審査指針が策定されて、これに基づいて耐震バックチェック作業というものが行われていました。我々の訴訟が結審した段階では、実は今もそのままですけれども、国が安全だという判断を下すことができていません。ここは東海地震が起こるところで、それに耐えられるという判断を国は一度もしていないのです。
　志賀2号については耐震バックチェック作業が指針策定後に早々に行われ、安全だというお墨付きが出て、それに従って高裁判決が出されているという行政追随を絵に描いたような経過があります。しかし、浜岡原発に関してはそういう、追随すべき行政の判断すら示されていなかったのです。したがって、私たちは、国が新しい基準に基づいて安全とも言えていない原発について、よもや裁判所が

一七　最後に、取り上げられなかった論点のいくつか

安全であると判断することはないだろうと考えていました。この訴訟は行政訴訟ではありませんでしたが、国の動向はすべて裁判所に提出されていました。

にもかかわらず、志賀２号の原告勝訴判決を受けて、保安院が既設の原子炉については古い指針に基づく許可が有効であり、新しい指針に基づく安全性は必要ないという意見表明を行うよう原子力安全委員会に圧力をかけ、原子力安全委員会はそういう見解を出したのです。

浜岡原発に関する静岡地裁判決は、原子力安全委員会の見解をそのまま引いて、「改訂指針は、地震学上の新たな知見を踏まえ、さらなる耐震安全性の向上の見地から改訂指針の基準地震度Ｓｓでの耐震安全性の確認を求めたものであって、旧指針を原子炉施設の安全上不適切、不合理なものとして排斥しているわけではない。旧指針に基づいて従前行われてきた安全評価を否定するものではない。策定された基準地震度Ｓｓを用いた耐震安全性の確認がされていない（まだ国が確認していないということですが）ことをもって直ちに耐震安全性が確保されていないと結論づけるものでもない。」と判示しています。

でもこれは国が安全ということが何も言えていないということだけしか書かれていません。これにプラスして何かの別のことが立証されたわけでもない。先ほどもお話ししましたが、原発に関しては伊方判決に基づいて現在の科学的知見でやらなければいけないとされ、原子力安全委員会が新しい耐震設計の基準をつくった。それに照らして安全性があるかどうかのチェック作業を国を挙げて実施しながら、安全性があるという認定を国はできなかったのです。そのもとで、民事訴訟で被告側は確かに安全だとは言っていましたが、その電力会社の主張だけをもとに、こういう判断が出てしまったということになります。

原子力関係の政府委員会にいつも出ておられる一橋大学の行政法を担当されている高橋滋先生という方がおられます。この方が言っていることをどう解するかということはなかなか難しい部分がありますが、少なくとも私は、この線を引いた部分には同意できると思っています。

まずこう言っています。「今回の事故の経験に鑑みても、原子力施設の安全対策には、内在するリスクが大きく、安全対策における知見は完全ではない。」要するに、いろいろな対策を行っていても完全な対策はされていなくて不完全だったんだという認識が示されています。

それから「原子炉施設の安全確保の見地から看過しがたい程度の過誤欠落が安全対策において発見されたならば、他の対策による事象の収束の最終的な可能性、施設境界線から所定の放射性物質が拡散することの蓋然性の有無を厳密に検討することなく違法とされるべきだ」としています。

第一部　「改正行政事件訴訟法施行状況検証研究会報告書」の検証

　これはどういう意味かといいますと、安全審査に重大な誤りがあった。そのときに常に国側や事業者側は「それによってどんな事故が起こるのですか、具体的に原告たちにどんな被害があるんですか、そのことを具体的に立証してください」と言います。このような立証をするということはそんなに簡単なことではないわけですね。国の判断のここに誤りがあった、それは重要だ、これを見逃したら何か大変なことが起きるかもしれないというレベルで、原発の安全性がきちんと立証されていない、したがって再審査のために許可取消という判断をするべきだということを言っておられます。こういう慎重な判断が非常に重要なのではないかと思います。

　駆け足になってしまいましたが、原発訴訟に関して最後にひとこと言わせていただきますと、3.11の事故が起きて、その後もたくさん訴訟を提起していて、実は日本全国の原発ほぼすべてについて訴訟が提起されています。その中に民事差止訴訟もありますし、民事訴訟と行政訴訟を並行して同じ訴状の中で提起しているものもあります。それが東海第二原発訴訟です。

　裁判所の動向を一言で言うと、裁判官のタイプが2つに分かれているような気がします。どういうことかといいますと、これだけの事故が起きたのだから、二度と司法はこういう過ちを繰り返させたらいけない、国の判断なり事業者の判断を厳しく見ている人がいる。前向きに積極的に乗り出してきている裁判官がいるということを感じています。ただもう一方で、そうは言っても今まで原発をつくってきているわけだし、今のところ国がきちんとした主張も立証もできていない。国の主張・立証を待ちたいというタイプの裁判官の方がやはり半分ぐらいいるような気がします。

　現状で安全と判断しているわけではないけれども、国の判断待ちという裁判官は、いずれ国側が新しい基準を策定したら、どのような判断をするでしょうか。先ほど審査基準の合理性ということを申し上げましたが、今は審査基準はなくなっていると考えていただいたほうがいいです。規制委員会は、この事故を踏まえて、すべての審査基準をつくり直す作業をしている。それに基づいて、すべての原発の安全性というものを再検討するという作業が始まっています。待ちの裁判官は、このような手続を経て、もう一度国が安全というお墨付きを出せば、それに従っておけばいいと考えている裁判官もいると思います。

　我々の任務は、どういうレベルで安全性を判断するための基準をつくっていくかです。裁判所はどこまでのことが立証されていれば危険ないし安全という判断をするのかという違法判断の基準の部分の議論を深めることが非常に重要なのではないかと思います。

四　原告適格

　そのときに2つのことが決定的に重要です。原発の事故の非常な被害の大きさ。取り返しがつかないというレベルの問題。そして現実に日本における原子力の安全性に関する行政の判断において過去に間違ったということです。過去において国の規制行政は電力事業者のとりことなって誤った判断をしたということが、今回国会の事故調の報告書の中などではっきり書かれています。過去に誤った人たちが反省したといっても、また間違えるかもしれないという前提でもって厳しい司法審査をしていただく必要があるのではないかと感じております。

　つたない報告ではありましたが、行政訴訟センターの先生方やチームの皆さんの行政訴訟を考えるときの一助になれば幸いでございます。ご清聴ありがとうございました。

　司会　どうもご報告ありがとうございました。

◇パネルディスカッション　報告書生成の経過と問題点、行訴法改正の方向
　　パネリスト　　水野武夫（元行政訴訟検討会委員）
　　　　　　　　　岩本安昭（改正行政事件訴訟法施行状況検証研究会委員）
　コーディネーター　斎藤　浩（行政訴訟センター事務局長）

　司会　それではパネルディスカッションを進めたいと思います。パネリストもコーディネーターも行政訴訟センターの内部から出しています。パネリストは水野武夫委員、そして岩本安昭副委員長、コーディネーターは斎藤浩事務局長です。これからは斎藤先生にコーディネートをお願いいたします。

　斎藤　きょうのテーマは法務省の検証報告書を検証するということでございます。この報告書を受けて、法務省は「現時点において直ちに行訴法の見直しを実施する必要があると判断することはできない」と表明しました。「見直しを実施する必要があると判断することはできない」とも言っています。この表明は法務省のHPに載っています。

　果たしてそうか、見直しをする必要はあるのではないかというのが、きょうのこれからのパネルディスカッションをしていきたい理由でございます。

　きょうは時間が限られておりますので、たくさんの論点のうちから5つに絞りたいと思います。一つは総論で、検証研究会の由来と報告書生成の問題点、2番目は非申請型義務付け訴訟、3番目は差止め、4番目は原告適格、5番目は裁量。この5つです。

第一部　「改正行政事件訴訟法施行状況検証研究会報告書」の検証

一　検証研究会の由来と報告書生成の問題点

　この検証研究会は 22 年 12 月 16 日から始まって去年の秋に終わりました。どうしてこういう研究会が設けられるに至ったかをまとめておきたいと思います。

　改正から 5 年たつ少し前から、日弁連行政訴訟センターを中心に、もうすぐ 5 年がたつんだから何らかの方策を打たなければいけませんよね、例えば附則に検討すると書いてありますよということを法務省に申し上げてまいりました。

　その結果、まず最初に平成 21 年に「法曹三者若手研究会」がもたれました。ほんとの意味での若手でない、中堅と言ったほうがいいかもしれませんが、三者から 3 人ずつ出しまして、全部の論点を一応フォローしていただいた。

　次はそれとほぼ並行して中堅若手学者と行訴センターの勉強会を入れまして、これを「行政訴訟改正準備研究会」と名付けまして、21 年 6 月 27 日までやりました。

　その途中、終わりかけたところで日弁連は 5 月 20 日に審議官に申し入れをしまして、5 年見直しの検討体制はいかにされるわけでしょうかと尋ねました。

　これに対し法務省の団藤審議官は、法務省としては予算上の手当ては難しい、概算要求もしていない、与党の意向が重要だ、最高裁の協力が必要だということで、すぐには何かやるということにはならないというご回答でありました。

　そこで、学会にお願いして、その年 8 月 1 日の「行政法研究フォーラム」で、この 5 年見直しの問題、あるいは改正がどのようになされてどんな実績かということをやりました。報告者は橋本博之さんと大橋洋一さんと私でやりました。『自治研究』86 巻 7 号～10 号に載せていただいてます。

　そうしているうちに、今度は「最高裁の行政局と勉強会でもしたらどうですか」と最高裁行政局の林民事・行政局長から言われたので、それは大変いいことですねということで勉強会を始めました。ちょうどそのころ政権交代がありまして、その政策インデックスに公金訴訟や団体訴訟も載っているということもありまして、最高裁も日弁連もそれらを参考にしながら勉強会をやろうということでやりました。

　そうしている途中でまた法務省に行きますと、団藤審議官が、来春、22 年春ぐらいから商事法務研究会という場を使って改正部分のみをやりたい、それ以上は法務省の力では無理だ、政治の力が必要だとおっしゃったんです。

　検証研究会は、そういうことで始まったものであるということをこの報告書を読むときに思い出しながら読んでいただかないと、何でこんなことになっているんだろうなと思われる方も多いと思います。

四　原告適格

　で、5年をずいぶん経過した22年12月から検証研究会が始まりました。団藤さんのおっしゃるとおり改正部分のみが対象です。

　この「改正部分のみ」の検証がいかに間違っているかというのは法文上明らかであります。「行政事件訴訟法の一部を改正する法律」附則50条に「政府は、この法律の施行後5年を経過した場合において、新法の施行の状況について検討を加え、必要があると認めるときは、その結果に基づいて所要の措置を講ずるものとする。」とあり、附則3条に「この法律の施行の際現に係属している抗告訴訟（この法律による改正後の行政事件訴訟法（以下「新法」という。）第三条第一項に規定する抗告訴訟をいう。）並びに……」とありますから、改正後のすべての条文を含めて新法であり、新法の施行の状況を検討する必要があるのです。改正の状況を考える場合には、改正した部分とその他の部分のアンサンブルも含めて全体を見るのが当然でありますが、それは法務省の方針ではないということです。

　これを受けて日弁連として、それなら我々は参加しないというのか、限界はあるが委員は送ろうというのかを議論し、参加することとしました。原則としてボイコット方針は取らないと言うのが司法改革後の日弁連の対応の基本ですね。改正部分だけでも検証研究会は受けたほうがいいというふうに我々は追い込まれていった面も否めません。

　そうやってこの報告書はできたんですね。ごらんいただくときには、そのようなご理解の上で、読んでいただくことが必要だと思います。

　であるのに、この報告書の一部の「はじめに」の部分で、また新法の意味を間違って書いておりますから非常に問題です。明文に反するという定義を報告書はしています。

　さらに、行訴法検討会においては、改正後に遺言と言われるものを残している。行政訴訟制度に関してさらに議論を深めておく必要があると考える論点という4点ですね。行政立法、行政計画、裁量、団体訴訟です。これについて今回の検証研究会の報告書ではわずかしか書いていない。ほとんど検討会の遺言の内容を収録しているだけです。

　このように、経過も外縁も内包も非常に問題が多い報告書であるということを総論のはじめに申し上げたいと思います。

　それから大変異例だなと思うのは、検証するのに対して立法関係者の意図が時々出てきます。小林久起さんの本の引用が何ヶ所か出てきます。それはそれで別に構わないんですが、立法というのは国会がするわけであって、国会には附帯決議がついているのに、衆参法務委員会の附帯決議のことがこの報告書には一切出てきません。立法府がどういうことを行政に望んでいるかということが検討の

対象になっていないということは非常に大きな欠点であろうと思います。

『判例時報』2167号に、佐藤幸治さんが裁判官の集会でしゃべったことが載っていました。そこで佐藤さんが言っておられましたが、国会の議論、国会の委員が尋ねてそれを山崎潮さんが司法制度改革推進本部事務局長として答えた内容、房村精一さんも一定のことを答えている。これら議事録についてもこの報告書は全然参照しないんですね。こういう点もまた大きな弱点がある総論的視点であります。

検証研究会報告書の内容は、のちに各論的に検討しますが、ああ言えばこう言うというまとめになっている。先ほど阿部先生は「両論併記」と言われましたが、両論併記どころか、ああ言えばこう言うという、ずーっと循環的になって方向性が出にくいようにまとめてある。まとめた方は非常に優秀な方であることを私はよく知っていますから、これが議論の反映であったことは確かでしょう。しかし、当面再改正の必要はないとの結論を先に決めての研究会運営であったので、そのような議論となったものだと思います。

お読みいただいたらほんとにイライラする報告書ではないかと思います。

法務省と言うのは、原発と経産省の関係と同じなのかなと思えてしまいます。原子力政策を担当する経産省には原発をどんどん進めるアクセルの部分と安全保安院のようにブレーキの部分があった。法務省民事局は行政事件訴訟法の所管局としてこれを検討してどういうふうによくしていくかという部署だと思います。もう一つのほうは、訟務課がありますから、裁判を国の代理人として担当している人々がいます。訴訟の場で行政全体を守るべき部署と、公正さを担保していく部署が同じ省の中にある。これでは改正はできないですね。行訴法ができて42年も改正を施さなかった法務省、司法改革の中で外から改正がなされた2004年改正、今度は5年見直しと法律に書いてあり、一定の改正意見が提起されているのにまた棚上げする法務省。何とかしなければいけませんね。この制度的欠陥は。

水野 法務省は行政訴訟の当事者ですから、法務省にそういうことを期待するのは無理な話だと思います。また、法務省は法務省だけでやれるかというと、これまたオール行政から文句が出ます。つまり行政訴訟を国民にとって利用しやすいものに改革するということをすれば、他の役所からも当然文句が出ますから、もともとそういうことを法務省に期待するのは、元来、無理な話だということです。

私はたまたま改正行訴法施行5年目のときに法制審議会の委員をしていましたので、法務省の担当者にも何回か言いましたし、法制審議会の会議でも、施行5年目の見直しというのは法律に規定しているのだから、これはきちんと法務省で

やるべきだと申し上げました。しかし、何の効果もありませんでした。

岩本 私は検証研究会委員をやりました。この商事法務研究会の公益事業を使って検討するという方法は、というのは今、法制審でやられている民法改正のときに、最初に商事法務を使って研究者で改正の方向性を出して改正するという形で、民法改正のときは改正の骨子でうまくいっていることになっております。ただ、行政事件訴訟法というのは制定以来、平成16年改正まで全く実質的な改正がされていない。法務省もこの研究会で改正に向けての方向付けを望んでいないそこは民法と一番違うところだろうと思います。

研究会前にきは、、法務省サイドが言っていたのは、最高裁判所から改正のシグナルが出ないとなかなか前にいかないと。実際、最高裁から出ておられた委員からは判例の集積を待つんだと。判例を動かしているから今は改正は時期尚早だという意見は常に出されていました。これが最終的な法務省の結論に今つながっているということだと思っております。

それ自身は一つの見解なのですが、裁判所の判例をいくら待っても解決しない問題というのは先ほどから挙げられていますように多々ありまして、個々の裁判が解決しない問題をそのまま放置しておくのかという問題が多数残されたという点では私自身が反省しております。

二　非申請型義務付け訴訟

斎藤 義務付けの議論は先ほど少しお話にあったかと思いますが、水野さんが検討会の委員として参加されて、無名抗告訴訟から明文化されたわけであります。このあたりの非申請型義務付け訴訟、議論のところでえらく申請型と非申請型を分けていたとは思えませんが、非申請型義務付け訴訟という制度を入れた意義を簡明にお願いいたします。

水野 申請型か非申請型かというのは余り意識して議論しなかったと思います。なぜ義務付け訴訟が必要かということについては、実例で申し上げます。この改正法が施行されたのは平成17年4月です。平成17年3月に徳島で障がいを持っている子供さんが町立幼稚園に入園の許可申請をしたところ、不許可になった。そこで、4月に入って、つまり改正法が施行されてすぐに、入園許可の仮の義務付けの申立てをして、裁判所で認められた。そして、幼稚園に入園し卒業された。この子供さんは、前の年にも入園の申請をして拒否されている。そのときは改正法の施行前ですから、救済の手段がなかった。今回は、改正法により義務付けができたので幼稚園に入れた。つまり、裁判所から見て違法な拒否処分がされているにもかかわらず、その法的な救済手段が全くなかったということなのです。こ

れが申請型の義務付け訴訟が必要であることの実例です。

　非申請型義務付け訴訟がなぜ必要か。これは熊本水俣病の最高裁判決を思い出していただけば分かると思います。この事件ついて最高裁は、国と県がチッソに対する規制措置などをしなかったという不作為が違法であるとして損害賠償を認めました。もし非申請型義務付け訴訟がないということであればどうなるか。被害を受けた人には裁判所は損害賠償を認めるので、被害がどんどん起きてきてから訴えてきなさい。しかし、被害をこれ以上増やさない、あるいは被害を未然に防止する、そんなことは裁判所としてはできません。被害を受けてから損害賠償で請求してきたら救済してあげますということになる。こんなばかげた話はない。この判決を思い起こせば、非申請型の義務付け訴訟が当然必要だということは議論の余地がないと思います。そういうことで、非申請型義務付け訴訟も改正法に盛り込まれました。

　義務付け訴訟や差止訴訟については、これが改正法に入るかどうかについてぎりぎりまでかなりのせめぎ合いがありました。最終的には押し切って制度化した。これはそれなりの一定の成果を上げていると思います。

斎藤　検証報告書の4〜5ページに非申請型の判決の「義務1」というのからずっと義務幾つかまで載っておりますね。そこでざっと見たらわかりますが、実際にはほんとにわずかしか認められていません。日弁連はこのような状況を見て、「行政事件訴訟法5年見直しに関する改正案骨子」（平成22年11月17日理事会）で、三面関係訴訟など典型的な事例では認容例は見当たらずと言いました。この理事会決議の後、2つほどの認容事例がでていますが、いずれにせよほとんど認められていない、ほとんど活用されていないということですね。

　この原因は主として重大な損害要件、この報告書では重損要件ともいいますけど、これが厳格に運用されていることが一因と考えられます。もともと非申請型は申請権がないから重大な損害要件を課すという立法趣旨でありますが、三面関係における取消訴訟においても申請権は要求されていない。したがって、義務付け訴訟においてのみ申請権がないという理由で訴訟要件を厳格にする理由はないというふうに日弁連は申し上げて研究会に臨んでいるんですが、ああ言えばこう言うということに報告書はなっています。このあたり、言いにくいでしょうが、議論はどんなことだったんでしょうか。

岩本　この研究会の議論の内容については、商事法務のホームページの中に、だれがどう言ったかというのは書かれていませんが、この報告書とは別に掲載されていますので、それをごらんいただくと、もうちょっと議論の流れが見えると思いますが、この非申請型義務付け訴訟というのは、まず原告適格を満たしても

二　非申請型義務付け訴訟

重大な損害を受けるおそれがあるという要件が要ります。取消訴訟で本案が争える適格があったとしても、さらに義務付けをするためには、もう一つ要件があるということになりまして、結果として、生命・身体というところでは重大な損害が認められている例が確かにありますが、それ以外の生活環境利益であるとか、経済的利益、環境規制制限の行使であるとか、そういうものについては、認められにくい。

研究会では義務付けの規定が置かれたことは前進なのですが、判断は原告適格以上に重たい緻密な判断を重大な損害の判断中でやらなきゃいけないと裁判官が思ってしまった。これはむしろ立法趣旨に反すると思います。

なおかつ、例えば委員の山本教授の論文を見てもわかりますが、最終的には重大な損害の要件の存在理由について、司法と行政のバランスが崩れるとか、申請権の有無と対応するものがあるとかといわれていますが、わーよくかんかえね立法の理由はなかなかはっきりしないというところまではいったんですが、「運用にゆだねる」というのが結論的なところでした。

運用にゆだねるというのは、全体の見直しというのを避けたいということが見えて、法務省の正式な研究会ではなかったため、いえることにも限界があったというのはこちらの責任もあると思います。ですが、もう一つは第三者損害をどこまで入れるかというので、外に重大損害要件があと2カ所にありますが、それとのバランスとかいろいろな議論で運用にゆだねるという結論だったというのが最終的な形でした。最高裁のスタンスは、やはり個別的な問題を判例で整理するのを待つんだということです。

斎藤　わかりました。報告書の11ページに「個別的な議論の概要」があって、日弁連が重大な損害は削除すべきであると言ったと5〜6行に書いてあるところです。「しかし」から約10行、これが重大な損害を削除しないんだよということの結論で、あとはいろいろああ言えばこう言うと書いていますが、ここの10行ぐらいが一番大事で、とんでもないことを言っているんですね。

①が一番典型的にとんでもないことですけど、「そもそも、重大な損害を要求しないこととすれば、司法と行政のバランスが大きく崩れる」とある。そのあと3つも、すごくギスギスした、驚くような古い議論が並んでいます。水野先生、立法に携われた方としてはこの辺はどのように思われますか。

水野　司法と行政のバランスが悪いから改正しようということは、司法制度改革審議会の意見書に出ている。つまり、違法な行政があったときにそれを正すのが司法の役割だが、その行政訴訟が機能していないから見直すべきだというのが、司法制度改革審議会の意見です。それを受けて今回（平成16年）の改正がされま

した。

　前最高裁判所判事の滝井繁男さんも、行政訴訟について司法はもっと役割を果たすべきだという司法制度改革審議会の意見書を踏まえて仕事をしていたし、最高裁である程度前向きな判決が出たのは、意見書が後押しをしたのだということをおっしゃっています。司法と行政の役割ということを考えて、どこでその境界線を引くべきかということについては、その時代時代の社会の実状に合わせて考えていくべきであって、田中二郎先生の時代のものとは全く違っているということを、当然認識すべきだと思います。今、こういう議論が学者の研究会で出てくるというのは、ちょっと信じられない思いですね。

斎藤　岩本さんや越智さんの報告を毎回聞いて行訴センターで議論をするわけですけれども、この委員の中の学者の先生の中には、さっき紹介した1から4のようなことを言った人もいるようですけれども、山本隆司さんのように、重大な損害を余りにも重くするとおかしいですねという意見を何度も発言されていた方もおられます。

　問題は実務家でありまして、日弁連はさっき報告書の11ページ7行ぐらいのところを言っています。つまり重大な損害は悪いことはあっても、いいことはないよということで言っています。これに対し当事者法曹である法務省が、いや重損は大事だ、行政全体を守るのは非常に大事だというならまだわかるんですが、そういうことを言っているのは最高裁の推薦委員なんですね。さきほど報告した最高裁行政局との勉強会では、我々が教えていただくことの多い課長、検証研究会ではこの方が敢然と重損必要をぶっている。で、思い出したんですけど、検討会のときも、いつもは大変すばらしい意見で勉強させていただく最高裁推薦の市村さんが、消極意見をずっと言って水野さんとか福井さんが反論するということが繰り返された。

　今回も最高裁の課長さんが消極意見を徹底して言われたということですが、水野さん、その辺はどうしてこうなるのでしょうか。

水野　司法が政治に巻き込まれたくないという司法消極主義は、以前からずっとありましたね。その流れの延長線上のことだと思います。

　もう一つは、本案に入って難しい判断をするのはかなわないという裁判官の意識もあるかもしれません。裁判官にとって、行政実体法は日常的に接触している法律ではありませんから、できれば門前払いでハネたいという意識の人もあるでしょう。改正法が成立した直後に最高裁で、行政事件担当裁判官協議会が開催され、その内容が法曹会でも出版されています。法律ができたばかりでこれから新しい法律を運用していこうというときに、現場の行政訴訟担当の裁判官がどうい

二　非申請型義務付け訴訟

う議論をしているかというと、極めて消極的なのです。なぜ、このような改正が行われたのか、改正法の趣旨が本当に分かっているのかと言いたいような内容でした。裁判官というのは、行政についてはできるだけ口出ししたくないという非常に消極的な考えだということが反映しているのではないでしょうか。

斎藤　岩本さん、法務省の出身の委員の方はどんな発言をなさいましたか。

岩本　重損に関しては、法務省の出席者も皆さん裁判官でありまして、実は発想は同じだというふうに申し上げざるを得ないです。ですから、法務省の方にはちょうど前の大阪地裁の行政専門の裁判官が複数おられまして、裁判所の発想としては基本的には同じだと。ただ法務省のほうが、そういう意味では若干、主宰者の議長役としてニュートラルであるかなという気がしましたが、基本的な発想は同じというか、やっぱり裁判所の意向は最高裁のほうに、発言力があるということだと思います。

　この非申請型義務付けについては申請権が認められているかどうかというのは立法的には物のはずみで決まるところもありまして、申請権を決めるときに、私人の側でアクションするような、職権発動を促すような申立てを認めるかどうかというのは、かなり裁量的に決まるものだと思います。
それを保護するか保護しないかで義務付け訴訟等の要件を区別するか否かで決めるということ自体、かなり問題を含んでいます。さらにそれを原告適格以上に重たく見るということは問題があるということです。この点の問題意識は確かに裁判所にもあるんですが判例は意図せざる方に流れてしまったというのが私の感想です。

斎藤　皆報告書5ページに「義務3」という判例と「義務5」という判例があります。この2つでは産業廃棄物の処理の問題についての第三者からの義務付け訴訟を認めているんですね。ところが、8ページの16、埼玉地裁のは、余り事例として変わらないじゃないかと思うような事例で認めない。廃棄物の問題で同じ時期に出ていて、重損があるというのが出たり出なかったり、当事者はたまらないだろうなと思うのですが、このあたり両先生、どちらかでも結構ですが、どうして重損についてこんな違いが出るのでしょうか。

水野　義務付け訴訟を入れようという方向で固まったのは、平成15年10月24日の「たたき台」でした。その段階でそういう方向性が出てきた。最終報告は12月です。つまり2回しか議論していない。その2回の議論の前に初めて出てきた。そのたたき台を改めて見てみると、義務付け訴訟を導入するとして、申請権がある場合と申請権がない場合とで区別する必要があるかどうかを検討する必要があるかもわからないというようなことが書いてある。ちょこっと出ている

のです。しかし、その後の2回の検討会で、そこのところを十分議論したという記憶が余りないのです。

　当時、もっときちんと議論すべきだったと今になって思いますが、ああいう形で終わりになってしまった。改正法の条文は事務局が作成したものですが、まさに今それを見直すというのが今回の施行5年後の見直しなので、今、非申請型だけに重大な損害という要件がつけ加えられていることについてどう考えていくか。

　阿部先生からご指摘があったように、申請権の有無について疑義のある案件はたくさんあります。申請権があると考えれば申請型になる、つまり重大な損害は要らないし、申請権がないということになれば重大な損害要件が必要になる。例えば、住民登録の記載について、東京高裁は申請権ありとしたが、最高裁判所は申請権なしとしたというケースがあります。申請権があるかないかで高裁と最高裁で判断が分かれた。そういうあいまいなものを区別して、重大な損害という要件をつけ加える必要がどうしてあるのか。

　もう一つは、重大な損害という要件をなぜ付け加えなくてはならないのかについて、理論的には私は説明がつかないと思っています。行政訴訟の訴訟物は処分の違法性です。処分が違法かどうかで判断が出る。例えば、何らかの行政処分をしないことが違法であることを確認するという不作為の違法確認訴訟（これは無名抗告訴訟です）と、具体的な処分をせよという義務付け訴訟をあわせて提起した。その場合、何らかの処分をしないことが違法であることを確認するという裁判は、不作為が違法だから勝訴になる。ところが義務付け訴訟については、具体的な処分をしないのは違法であっても重大な損害がないから認められない、こういう議論になる。

　違法かどうかが本来の訴訟の対象であるのに、重大な損害で結論が変わる。重損の場合は義務付けが認められるが、軽損の場合は義務付けが認められないということになる。こんなおかしな制度はないと私は思っています。

　斎藤　研究会での学者の議論ですけれども、本案で判断すべきことを重大な損害というところで要件で判断するのはおかしいという発言もありました。かつまた、原告と無関係な、ある種の利益は重大な損害に当たらないとか当たるというのはおかしいという発言もありました。

　そのうえで、報告書の12ページの末行、2行から「法律の趣旨に則り、実効的な救済の観点から拡張的に解釈するのが望まれるとの点について異論はなかったが」とあります。「が」より後はまたああ言えばこう言うで反論していますが、「異論はなかったが」というところまででなぜ議論をまとめて改正につなげないのか。何らかの改正案が出てきても不思議はないのに、全然改正しないとまとめてしま

うのはなぜでしょうか。岩本さん、何かご意見なりはありますか。

岩本 多分、法務省に言わせると、ここだけをとって改正するよりは、もうちょっと待てというような道筋にしかならんのだろうと思う。それはどうも理屈にならないので、改正するには十分な時間があっただろうし、この先、判例をどうのこうのという必要もないようには思いました。

もう一つ、非申請型の義務付けというのは、原告だけとってしまうとなかなか重大な損害というハードルを超えにくい。例えば生活環境利益だと、隣に建物建つと、除却命令をするときに、一人ひとりの利益というのはそれほど大きくないというケースのときに、個々人だけをとっても重損とは認められない。

そもそも非申請型というのは、申請権を個々人に立法上は認める必要はないと判断された事例ですから、ある意味、行政というのは公益的な判断で活動するのが法律上仕向けられていますね。そういう発動をさせるのに、義務付け訴訟するというので原告適格が認められるというケースを前提にするわけですから、それぞれ個々人の利益をそこでさらに問題にする必要はないし、広く第三者の利益を入れてもいいというのが日弁連の意見、私どもの意見だったのですが、そこらについてはもうちょっと対立があって、そこも整理し切れていないのかなという気はしております。

斎藤 ありがとうございます。先ほど申しましたように、我々の改正案骨子は当事者法曹の1極である日弁連が総会に次ぐ理事会決議で、研究会あてに持っていっているのに、ああだこうだと言って報告書は無視してしまっています。別に日弁連の意見が常に正しいなんてことは言わないですけど、重損要件削除要求については日弁連の意見が非常に合理的な内容を持っているのではないかと我々は思っています。全く無視されてしまって運用に任されちゃったというのが非申請型義務付けの報告書内容でした。

三　差止め訴訟

水野さん、先ほどと同じく差止訴訟が制度化された目的と概要についてお願いいたします。

水野 これについても、処分されてから事後的にそれが違法かどうかを判断して、違法であれば取り消すというのが、従前の取消訴訟中心主義です。だけど、処分が違法だということが判断できてそれがまさにされようとしているというのであれば、事前に差止めを認めていいのではないか。そのほうが、原告はもちろん、行政庁にとっても実効性があるのではないかというのが設けられた趣旨です。

斎藤 ありがとうございます。報告者18ページ以下が差止めの判例集が載っ

第一部　「改正行政事件訴訟法施行状況検証研究会報告書」の検証

ております。差止4は水野さんが弁護団長をお務めになった鞆の浦の差止訴訟、それから差止3は最高裁判決まで出た国歌斉唱の事案の地裁です。認められているのはこの2つだけですね。

　なので、日弁連は先ほどから申し上げています理事会決議でもって次のように申し上げました。差止めの訴えについては重大な損害の削除を求めて、より活用されるよう、訴訟要件を緩和すべきだ。また裁決主義、不服申立前置との関係は取消訴訟への訴えの変更については、差止訴訟のさらなる活用をする方向で立法において決定すべきである。

　岩本さん、重大な損害要件について差止めについては概要はどのように論議されたかまとめていただけますか。

　岩本　差止めの要件のところは、読んでいただければおわかりと思いますが、先ほど海渡弁護士からご報告があった東九州道と国歌斉唱義務の処分の差止めの判例が中心的なものとして議論されました。

　東九州道の判決は、先ほどご紹介があったように、早期に争わせないと、幾ら後で本案について十分な主張ができるとしても、既成事実ができてしまう。公益的な判断で何の救済も得られないということを随分強く言ったつもりです。

　ただ、研究者サイドからは、周辺地の任意買収を直接的に止める方法がないんだから既成事実の形成を問題とするのは違うんじゃないかという議論が出されました。事業認定の差止めを求める訴訟と任意買収の進行を止めるというのは話が違うから、問題が異なるんだと。この差止部分の重大損害の議論と先ほどの非申請型の義務付け議論とはだいぶニュアンスが違います。処分を差し止めることについてのう原告適格の上にさらに重大損害を要求することは、少し違うところに起因するのだと思いますが、重損要件自体がそれほど差止めに関しては重大でないという問題意識が学者のほうにも、義務付けに対して強かったような気がします。

　重大損害というのは取消訴訟プラス執行停止と同じ要件ではダメだということを言うがために差止めについては重損が要るんだと言うんですが、取消訴訟プラス執行停止ではダメだという理屈を突破するのは実は難しい。後で損害賠償で填補されるものは差し止めしなくてもいいという理屈重損ではなしに、処分がされれば原告適格が認められるというところで、本案について、ある一定の処分が出される蓋然性が十分にある以上は、早期解決の雰囲気があれば、本案で争われることがいいと。むしろ正しい方法だろうと思います。

　役所にとっても早く確定させたほうがいいに決まっていますから、早期に本格的に争えばいいとも思いますが、裁判所サイドでは計画がはっきり熟さないうち

三　差止め訴訟

に裁判するのはどういうことだという感覚が強かったですね。の結論的にはやっぱり判例に任せるみたいな話になりましたが、これもできれば早急に、都市計画訴訟という別の提言、この分野では都市計画の早期に実行段階の前に争われる方向を提言されていますけれども、あれとはちょっと違う問題として、一般論として重大な損害要件はやめて、むしろ争わせる適格みたいなものを広げていく方向に誘導すべきだと私自身は思っています。

斎藤　東九州自動車道の14の事例の判決を見ると、任意買収が進めば収用法の20条の要件がどんどん認められやすくなるじゃないか、だから事前に差止めが必要なのだと原告は主張している。収用事件をやった人はすぐわかるように、任意買収がどんどんどんどん進んでいくと、当事者は近隣で孤立するし、ほんとに大変なんですね。その点を裁判所は判断していないという点でわかっていないんじゃないかと思うのです。それで重損はないとやってしまっている。この判決はほんとにひどいなと思うのです。このあたりは、学者委員の皆さん方は実務を知らずに議論しているんですか、それとも知った上でもそんな議論をしているんでしょうか。

岩本　ある程度問題意識がないわけではないんですよ。この問題を議論した後に計画訴訟全般の話に議論がいきまして、計画訴訟について包括的な制度をつくるべきであるというような一致点はありましたが、それ自身が全く進んでいません。2つ案があって、国土交通省が進まないというので、法務省の話ではないというところにいってしまった感があります。

斎藤　水野さんに聞きたいのです。取消訴訟、執行停止でできれば差止めは必要ない、できないという議論が、最高裁の平成24年2月9日の君が代斉唱判決の差止部分で出てしまった。小林久起著の差止訴訟要件論が最高裁でも認められてしまった。最高裁は一回出した途端に大法廷をすぐ開いて覆すということはあり得ないから、この解釈を改めるには立法しかないと思うのです。そのあたりのご意見と方法論があればよろしく。

水野　まず、重大な損害というのを差止訴訟の訴訟要件にするということに合理性があるのか。例えば、AさんとBさんとが処分の前に同じ差止訴訟を起こした。Aさんについては処分の前の日に判決が出たが、重損がないから却下。Bさんについては判決が処分の後になり、処分が出ているから取消訴訟に訴えの変更をし、取消訴訟は認容となる。つまり、処分がある前と処分があった後とでは、処分の違法性という同じものが訴訟物として争われているにもかかわらず、処分の前なら却下、門前払いで審理してもらえない。処分の後であれば違法だとして取り消される。そういう合理的な理由がどこにあるのかといいたいのです。

第一部 「改正行政事件訴訟法施行状況検証研究会報告書」の検証

　司法と行政との役割を考える。処分がされる前日に差止めを命じることはだめだが、処分の翌日に取消しの判決を出すのはいいという議論が、司法と行政との役割のどこから出てくるのか。
　そもそも、国民と行政とが争いになる場合というのは、行政は適法だと考えて処分をしようとしている、あるいは処分する。一方、国民はそれは違法だと主張して裁判になるわけです。つまり、それが違法かどうかについて見解の相違がある。法律の世界だから、両方の議論が成り立つ話です。違法とも言えるし、適法だという論拠も成り立つ。その場合に、日本国ではどう始末するのかというと、それは最終的には裁判所に権限を与えて、違法かどうかを裁判所に判断させてそれに従うというのが日本国の制度じゃないですか。
　そうすると、行政の立場としても、行政としては適法だと思っているから行政を進めたい。しかし、国民は違法だと主張している。それなら、最終的に違法か否かの決定権限を与えられている裁判所に早い段階で判断を仰いで、もしそれが違法だというのならやめるし、適法だというなら堂々とやっていく。だから、裁判所の判断を早い段階でもらいたいというのが、行政の本音だといってもおかしくないと思う。まして日本国全体のことを考えると、早い段階で違法かどうかを権限のある人に判断してもらうのがいいに決まっている。それをなんで先々にしようとするのか。全く合理的な理由がないと思います。
　最一小判平成24年2月9日（判タ1371号99頁）は、重大な損害について、処分が出てから取消訴訟を起こして執行停止をとれば間に合うのであれば重大な損害に当たらないと判示しました。これについては、検討会の事務局であった裁判官の小林久起さんがご自分の著書にそういうこと書いておられます。しかし、この条文のどこからそんな解釈が出てきますか。条文では「重大な損害」と書いてあり、重大な損害というのはどういうものかということもわざわざ書いてある（行訴法37条の4第2項）。取消訴訟で間に合う場合には重大な損害に当たらないなどというのは、条文上、どこからも出てこない。どうしてそんな解釈が出てくるのかと思います。ですから、これは法律の規定を変えるのなら、そういうバカな解釈はするなという規定にしなければしようがないような話で、法律の規定はおかしくない。裁判所の解釈が間違っていると思います。
　さきほど報告のあった東九州自動車道の事件にしても、なぜ早い段階で違法かどうかの判断をしてはいけないのかということについて理解できない。要は、行政はできるだけ既成事実をつくって訴えの利益がないということにしたいという意図がはっきりしている。裁判所はそういう解釈をすることによって、それに加担しているわけです。

三　差止め訴訟

　検討会のときに、取消訴訟中心主義を撤廃しようということは、塩野座長以下全員の共通の合言葉だった。しかし、今回の最高裁判決の、取消訴訟・執行停止で間に合うのであれば重大な損害に当たらないという議論は、まさに取消訴訟中心主義の残滓だと言わざるを得ない。こういう議論、こういう解釈がまかり通るというのは、到底理解できないところです。

斎藤　検討会でもそうだったし、先ほど申し上げた参議院の附帯決議の3項を読んでみますと、「義務付けの訴え及び差止めの訴えについては、取消訴訟を中心とした訴訟の仕組みを改め、その要件等を明確化し、救済方法を拡充するという今回の改正の趣旨を生かし、柔軟な運用がされるべき趣旨であることについて周知徹底に努めること」とあります。

　これを全くこの研究会は無視しているというか、国会を無視している。とんでもないことだと思いますが。

水野　ちょっと一言いいですか。

斎藤　どうぞ。

水野　鞆の浦事件の広島地裁判決は差止めを認容しましたが、同じことを言っています。つまり取消訴訟と執行停止で間に合うのであれば重大な損害に当たらないということを前提にしている。でも重大な損害に当たるといって差止めが認容された。ところが、同じ裁判官がその1年ほど前に仮の差止めの申立てについて、却下の決定をしているのです。仮の差止めの要件は重大な損害ではなくて償うことができない損害という要件です。

　その決定ではどう言ったかというと、そのときは取消訴訟・執行停止で間に合うと言った。なぜかというと、自分のところで本案についても証拠調べはほとんど済んでいるので、今、仮の差止めをしなくても、もし、処分が出されたら取消訴訟に訴えを変更して執行停止の申立てをすれば、自分のところがやっているんだから、すぐに判断ができる。つまり執行停止を出しますよということ。だから仮の差止めは必要がないから認められないとしたのです。

　ところが、地裁の本案についての判決は、判決を出した後に高裁に行く。高裁に行ったら、新たな裁判官が判断することになるわけです。高裁に行った後に処分が出されると、取消訴訟に訴えを変更して執行停止の申立てをする。その場合には、高裁の裁判官は、これから証拠を見なければならないのだから、執行停止では間に合わないことになる、だから重大な損害に当たると言った。つまり、裁判所の審理がどういう状況にあるかによって重大な損害に当たるか当たらないか、裁判官がだれが担当しているか、どこまで証拠調べをしているか、そういうことによって重大な損害に当たるかどうかの判断が変わってくる。こんなおかしなこ

とはないと思います。

斎藤 仮の差止めでは却下されたけれども、本案でお勝ちになった水野さんのご意見として非常に重いものがあると思いますね。

四　原告適格

斎藤 9条の改正の趣旨をまず水野さんから言っていただいて少し議論したいと思います。

水野 原告適格については随分議論しました。出発点は、9条の「法律上の利益」ですが、この文言自体は問題がない。要するに、この文言を法律上保護された利益、すなわち処分の根拠法規によって保護された利益であるとする最高裁の解釈がおかしいのであって、9条は変える必要はない、最高裁の判例を変更したら済む話である、という議論がまずありました。しかし、そうは言っても判例は変わらないので、やはり文言を変えて原告適格の拡張を図るべきだという議論も随分しました。例えば、「利害関係を有する者」としてはどうかということも言いました。それは立法例がある。例えば証拠の閲覧の規定だとか、倒産法の決定についての抗告権者については利害関係を有する者とされている。利害関係を有する者というのは法律用語として定着しているので、それがいいのではないかという議論をしました。

そもそも出発点からいうと、行政訴訟は何のためにあるのか。日弁連の行政訴訟法案（日弁連編『使える行政訴訟へ』日本評論社・平成15年）では、第1条に目的を書いています。2つあります。一つは国民の権利利益の擁護であり、もう一つは適法な行政の遂行の確保です。違法な行政の是正ということであれば、この行政は違法だと考える人が訴えて、裁判所は違法だと考えたらそれを是正する。これが本来のあり方であって、別にだれが言っていこうと、端緒はだれであろうと、違法な行政を裁判所が発見したら是正したらいい。ただ、そうは言っても、誰でもいいというわけにいかないだろう。そうすると、「利害関係を有する者」くらいでいいのではないか。つまり原告適格というのは、行政訴訟の目的を考えれば、そんなに厳格に狭い範囲に限るという必要はない性質のものである、そういう要件だということが、まず議論の出発点です。

そこで、文言の改正について随分議論したのですが、文言を変えても原告適格は広がらないという議論もありまして、新たに9条2項を設けることに落ち着いた。9条2項には4つのことが書いてあります。最初の3つは判例の到達点であり、いわば先進的な判例の趣旨を2項に規定して原告適格を広げようという議論なのです。

四　原告適格

　だけど考えてみてください。最高裁にこういう判例があるというのは、弁護士なら知っていますから、自分の事件では、当然それを主張する。3つの判決を原告の代理人が忘れて主張しないなどということはあり得ない。その場合に、下級審がその最高裁判決の趣旨を無視して原告適格を判断することもまたあり得ない。だから、今の判例の到達点を条文化にしたって、現状肯定になるだけで何の進展もない。

　さらには、法律上保護された利益説と保護に値する利益説との対立がありますが、このような2項というのは「法律上保護された利益説」を前提にしています。法律上保護に値する利益説に立つのなら2項なんて要らないはずです。そうすると、9条にこういう2項を設けるということは、法律上保護された利益説という今の判例の考え方を固定して、その上で2項に基づいて原告適格の有無を考えなさい、と言っていることになる。つまり、こういう2項に設けることによって、9条1項の「法律の利益」についての解釈を固定化させることになり、判例の進展を妨げる。こんな規定は有害であって何の意味もないと言って、僕は2項については随分反対したのです。

　原告適格を広げることについては、賛成の委員が多かったと思いますが、結局、9条2項の新設で終わってしまった。その後、小田急高架化の事件では最高裁が大法廷を開いて、平成11年の環六の判例を変更して原告適格を認めるという積極的な判断を示しました（最大判平成17年12月7日判タ1202号110頁）が、その後の場外車券の事件では、やはり消極的な姿勢であることを示しました（最一小判平成21年10月15日判タ1315号68頁）。まだまだ限界がある。だから、9条2項のような異例な規定を設けるのではなく、全く関係がない人は別だけれども、関係のある人なら原告適格が認められるような規定に改正すべきだと思っています。

斎藤　先ほどからお話がありますように、日弁連の意見は、9条1項の法律上の利益を現実の利益とか、今おっしゃった利害関係とか、法律上保護に値する利益等に変更し、同条2項を削除するとともに団体訴訟制度を導入する、ということです。なかなかスカッとした知恵が出てこないということで今、水野さんがおっしゃったとおりだと思います。

　検証研究会の議論状況は報告書を読めばわかるという話ですが、岩本さんから言ってもらったらもっとよくわかるのでお願いできますか

岩本　私も越智さんも同じ認識だと思いますが、当初は、9条2項というのは、判例のリステイトメントだという説明でした。しかし、原告適格を広げるというメッセージの中でできた条文で、実際、広がっていないとおかしい。小田急の判

例変更で幾らか広がるのかなと思っていたら、先ほどご報告のあったサテライト大阪の判決で、あの判決は一般住民の生活環境利益を原告適格の材料として認めていないと読めますので、あの判決でしぼんでしまったという評価ができるのかなというのを前提に、9条2項自体は法律を保護された利益という言葉自体を変えないと広げられないのではないかというスタンスで議論いたしました。

ただ、裁判所から出てきた考え方は、法律上保護された利益説が今まで続いてきた理屈というのは、これ以上、法的に安定した解釈ができる概念がない、広げるというのは解釈で広げるべきものであって、サテライト大阪に関して言えば、あれは事例判決であって、一般化できない。あれが事例判決であるというのは研究会の中でもほとんど一致した見解であると言えるだろうと思います。

ですから山本教授の今回出た『判例から探求する行政法』でも、サテライト判決は、事例判決で一般化すべきものでないというようなことが書いてありますし、私どももあれは事例判決があるというように完全に読めるなら批判も不要かもしれないのですが、最高裁からああいう判決が出る元になる条文というのは変えるべきであろうという議論をしました。ただ、学者も裁判所関係者も、ある意味でオープンスペースの存在と、何を言っても、どう文言を変えても変わらないんじゃないかという意見もありました。それで今の形に落ち着いたということになっております。

斎藤 岩本さんがおっしゃるように、事例判決だと言われて当事者がどう思うかですね。その事件を解決したいと思って訴訟をやっているわけだから、この研究会の報告を受けると学者も事例判決だ、てなことを言っているんです。原告適格はちょっとずつ広がっているとか、また日弁連、最高裁、法務省の法曹三者の間で相場感が違うねととかと検証研究会の学者が言ってますね。しかし相場感が違うで切り捨てられて、それは事例判決だと言われて、それを争っている当事者はどう思うか。そこが問題なんですよ。9条2項に依拠した下手な論文みたいな判決がどんどんどんどん続いている。9条で大法廷判決はもうこれ以上出ないでしょうから、立法で変えるしかないと思うんですね。立法で変えるにはどんな文言がいいか。

この点去年の2月13日に「行政事件訴訟法第二次改正シンポジウム」で、阿部泰隆さん、小早川光郎さん、中川丈久さんとも議論しました。これは判例時報2159号に載せてもらっています。阿部さんは僕らと同じ意見でしたが、小早川さんと中川さんは、「サテライトもちょっと広がっているんじゃないかと思います」と言われた。だからここは悩み深いですね。事例判決だと山本隆司さんが言うのはご自由ですけれども、その事例の当事者の気持ちをどう考えるんだと僕は

四　原告適格

言いたいんです。このあたりで、もしご両者からご意見がありましたら。ケンカ売っているみたいで申し訳ないが。

岩本　いやいや、事例判決というのは、事後的に見ると、あれがリーディングケースになると困るという意味で。

斎藤　わかっています。

岩本　事例判決と申し上げたんですが、なかなか改正ができないという状況の中でそういうふうに言わざるを得ないのかなという気分はご理解いただきたいと思います。また当事者の方においてはそうじゃないので、改正の必要があると。

ただ、裁判所のコンセンサスを得られる案というのが書きにくいという、学者の間でも評価であるとか、裁判所それから法務省の評価をなかなか打破するのに非常に困難なことがあるだろうとは思います。

水野　9条2項の規定ぶりですが、検討会が終わったときの表現では、2項の4つの要件はそれぞれ独立したものだったのです。ところが、実際に条文となったのは、3番目の目的を共通にする関連法令については1番目の要件である法令の趣旨・目的を考慮するに当たってはこれを参酌しろ、4番目の侵害利益の態様程度等については2番目の要件である利益の内容・性質を考慮するに当たってはこれを勘案せよ、という形になった。つまり、1番目と2番目の要件に対応して、3番目は1番目の要件の範囲の中、4番目は2番目の要件の範囲の中と枠をはめたのです。これは、検討会の最後の報告書では、それぞれ独立した要件となっていた。

このうち、1番目、2番目、3番目の要件は、これまでの判例の踏襲です。しかし、4番目の要件はこれらを超えているから、4番目の要件によって原告適格が拡張する余地がある、ということを検討会の委員同士で話をしていたのです。ところが、条文になったら4番目の要件は2番目の要件の枠内になってしまっていた。その後の検討会のときに、これはおかしいのではないかということを言ったけれども、それ以上追及する時間もなくてそのままになってしまった。それがおかしくなった一つだと思う。

もう一つは、この2項でいう利益の内容・性質はどういう利益の内容・性質かというと、法律で保護された利益、つまり処分の根拠法規が保護しようとしている利益ですね。ところが4項は、その処分の根拠法規が保護しようとしている利益の内容・性質を考慮するに当たっては、もう一つ、こういう利益の内容・性質を考慮しなさいと言っている。つまり、処分の根拠法規が保護しようとしている利益は2番目の要素で考慮し、4番目の要素ではこれとは別の利益も考慮しなさいと言っている。ということは、4番目の利益は処分の根拠になった利益以外の

利益と解釈せざるを得ないのではないか。だから、こういう規定になったけれども、4項は解釈で広げる余地はあると言っているのですが、だれもそんなことは言わない。ぜひ皆さんで議論してほしいと思います。

　斎藤　水野さん、それはこの研究会でも学者でそれに近いことを言っている人もいるし、先ほど紹介した判例時報に載っているシンポで小早川さんも中川さんも、被害のほうから見ていくという点は言っておられて、僕のまとめでも、そこでまとめましょうねということで終わっています。条文案としてなかなかいいのが出てこないというのが困ったもんだなと思っております。

五　裁　量

　斎藤　研究会報告はごらんになってわかりますように、検討会と全くほとんど変わらないというか、簡単になっております。きょう海渡さんにご報告を願って、この弊害が最もひどくあらわれているのが原発訴訟の記録だと思います。もんじゅの高裁の差戻審以外では、行政訴訟では違法無効判決はないわけですが、原告適格が一応、原発訴訟でも解決した後はすべて裁量で負けている。基本構造は伊方判決（最判平成4.10.29）ですね。

　福島事故後、最高裁は原発訴訟については、去年の1月に研究会を開きました。全国35人の裁判官を最高裁に集めて、これから原発訴訟をどうしていったらいいかということを1月26、27日の両日やったようです。東京新聞で報道されたのを我々は見ました。きょう海渡さんに正確に報告していただいたように、半分ぐらいの裁判官は考え込んでいて、半分ぐらいの裁判官は原発についての新基準待ち状況らしいです。

　裁量については、水野さん、検討会ではどのようで、この報告書を見られて今はどのようにお考えかをご発言ください。

　水野　裁量についても検討会で議論しましたが、余り深い議論までできませんでした。また、これを条文にするというのがなかなか難しい。日弁連の行政訴訟法案では、裁量という言葉を「判断余地」という言葉に置き換えて、ある程度、具体的なことを言っていますが、これでも十分ではない。裁量というのは、行政事件訴訟法のような一般法で、あらゆる場面を想定して条文化するというのはなかなか難しいのではないか。これは、行政実体法の中でどういう要件で処分をするのかとか、そういったあたりをできるだけ細かく決めるようにしておかないと困る。これは立法への働きかけですね。

　それから、行政手続法では、申請に対する処分については審査基準、不利益処分については処分の基準を詳細に定めてオープンにせよということになっていま

五　裁　量

す。そういう基準に従ってどうなのかということを具体的な案件ごとに判断していく。最三小判平成23年6月7日（判タ1352号123頁）は、札幌の耐震偽装を理由とする1級建築士の免許取消事件で、処分基準への当てはめが処分の通知書に書いてないということで理由附記の不備を理由に原告の逆転勝訴の判決となりました。これは理由附記の事件ですけれども、自分のところで決めている処分の基準を非常に重視した判決です。

　裁量について、いろいろな場面を考えてみると、一つの条文であらゆる事件に機能して効果を発揮するということはなかなか難しいのではないか。実体法できちんとしていくことを求めていくべきではないだろうか。やや消極的ですけれども、そういうのが私の意見です。

岩本　それはまさに裁判所の見解でして（笑）、個別の行政法でやってくれと。行訴法の世界ではないというのが法務省サイドの一致した見解であろうと思います。

　中身を判断するという裁量統制を強化しようとすると、個別の実体法に基準が書かれているということが必要であって、行訴法に書くべき問題ではないというのが法務省と裁判所のほぼ一致した見解であります。ただ、それをやっていると、今の日本の立法実務、まさに行政立法、先ほどの委任立法の範囲の問題とか、いろいろな話が輻湊的にある、非常に問題の多い分野でありまして、「百年河清をまつ」に等しい結果になりかねないと思います。

　まさに原発の問題みたいにいま止まっている根拠も実ははっきりしないという、全く法律行政ではないという訳のわからない行政分野がたくさんありまして、それについて司法審査が全く及ばず、裁量という枠の中で議論される自体は非常に大きな問題ですね。そこら辺の問題意識がないかというと、そこら辺までは一致しています。だから、法務省のサイドからも個別行政実体法の問題だという話が出てくるんですが、今の逸脱・濫用という古色蒼然とした条文をそのまま持ってくるのかという議論になると、議論は分かれてしまう。

　日弁連の提案は、事実誤認とか他事考慮であるとか、比例原則違反とか費用便益分析の違法であるとか、そういうものを訴訟法自体に・・基準として書き込めば、それぞれ違法準用になるんだということを手探りで探すよりも、それぞれこれが違法準用になるんだという自体が法定されている。それによって裁量について違法を主張する国民の判断の手助けにもなるんだろうという判断で今の日弁連の提案の条文をつくっているわけですが、これ自体が単純に列挙するのみでは、どの判断手法を使用するか明確になることはないんでという。これは確かにそのとおりで、それほどこれは使わない、趣旨の条文であるということさえわかって

いれば困らない。あとは裁判所の裁量を適用していけばいいわけでして、条文化の必要性に乏しいというかなり強力な反対意見がありました。

ただ、例えば判例のリステイトメントのような形にしてやるにしても、これが逸脱だ、これが濫用だよという要件論みたいな形で書くのは実は非常に難しいので、そういうことをやる、しかもそれに十分な数の判例を集めるというのはとんでもない負荷がかかってしまって、それよりエイヤーでやってしまうほうが早いと私は思っています。

斎藤 日弁連の30条改正案は平成24年6月15日の理事会決定を受けて出しています。裁量濫用になる事項として次の8つを並べています。
「1　当該処分について、行政庁がその処分の目的を達成することができる他の手段がある場合において、当該処分をするに当たり、当該他の手段との合理的な比較検討がされていないとき、2　当該処分が根拠となる事実の基礎を欠くとき又は当該処分の根拠となった事実の評価が誤っているとき、3　当該処分が根拠となる法令の趣旨又は目的に反し、又はこれと異なる目的を達成するためにされたとき、4　行政庁が当該処分に当たり考慮すべき事情を考慮せず、又は考慮すべきでない事情を考慮したとき、5　当該処分をするに当たり適用された行政庁の処分の基準が法令に違反し、又は合理性を欠くものであるため、その処分が合理性を欠くものであるとき、6　当該処分が、その処分に関して定められた行政庁の処分の基準に違反してされたとき（前号に規定する場合を除く。）、7　当該処分が、その目的を達するため必要な限度を超えた不利益を原告に課すものであるとき、8　当該処分がされた手続が行政手続法その他の行政手続に関する法令に違反していとき」。

これは行訴センターで石川美津子委員を中心にやっていただいた成果ですが、最高裁との先ほどご報告した勉強会では、林前局長などは「このぐらいあったほうが裁判官にとって便利かもしれませんね」と言われた。

去年のシンポジウムで中川さんは、8つのうちから選べと言われたら1、4、7ぐらいが裁量であとのは異質なものが入っていると言われた。2、3、8なんかは取ったほうがいい、ということでした。

前々年度の司法シンポでやった滝井繁男さん、中川さんと私が鼎談したときは、中川さんの意見は同じですが、滝井さんがどうおっしゃったかというと、事実認定を非常に丁寧にすることが一番大事なんだということでした。できているけど全然使われていない釈明処分の特則というのを裁判所は特に地裁なんかでもっと活用して、事実をどんどん特に行政から裁判所が引き出してくる努力が裁量統制につながるのではないかとおっしゃった。

五　裁　量

　順番からいくと逆に言いましたけれども、そういった意見があった。そして今回迎えてこの検証報告書が出ている。検証報告書は何も言っていないと同じということなので、我々としては、さっき水野さんがおっしゃったのは非常に大事なことなので、実定法の改正は「百年河清を」という話もありますけれども、やれるところからやるということも大事なので、行訴センターでは日本版 ACUS（Administrative Conference of the United States）というのを構えて準備することはどうかと考えています。それでアメリカと同じように一つひとつの実体法の賞味期限などを見ていくという活動を息長くやろうじゃないかという話も出ているというのが現状です。

　裁量論でご報告者も含めて何かご発言があればどうぞ。海渡さん、何かありますか。

　海渡　一言。確かに報告書裁量判断の原則は、一言一言、もっともなことが書いてあります。こういうことを法のレベルで定めることがいいと思いますが、それぞれの事件のパターンごとに、この中のどの部分が重要なんだということは違ってくるはずです。その部分が恐らく判例の積み重ねみたいになっていくのでしょう。今のようなやり方よりは、全体に通ずる何らかの基準を示したほうがいいかなと思います。

　例えば伊方最高裁判決の看過しがたい欠落なんていうのは、「当該処分が根拠となる事実の基礎を欠くとき又は処分の根拠となった事実と評価が誤っているとき」というのと完全に一致していますね。そういう意味では、例えば飛行機の事故の場合と自動車の事故の場合と原発の場合について、裁量統制の審理の基準は違えてほしいなと思います。そんなところで、なんとなくお二人のご意見の和解案を提示したいと思いますが、いかがでしょうか（笑）。

　斎藤　阿部さんはたくさんあるでしょうけど短縮して1分ぐらいでお願いします。

　阿部　申し訳ないけど、本日、私の報告について水野さんと岩本さんに何かコメントしていただければありがたかったというのが一つ。要するに一切無視というのがしゃくだと（笑）。先に報告したんだから。

　それで、裁量は実体法の問題とすると、岩本先生が言われるように、百年河清を待つごとしだし、泥棒に刑法をつくらせる仕組みです。担当官庁は法制度立案の時、なるべく訴えられないように、訴えられても負けないようにつくるんだから、わざと条文をあいまいに裁量を広くして、みんな裁量に落とすか何かして、都合のよい解釈で裁判所を騙すようにしているんだから、そんなのダメ。

　それで僕は非常に簡単。裁量なんて重く受け止めるからいかんので、公務員は

だれでもおれがこうやった、おれのやつが筋が通っているんだということを説明する義務がある。原告のほうが、これは筋が通っていないんでしょうと言ったら、やり合って、今度は第三者の裁判官が、そんな立派な話ではなくて、こんな重要なことが抜けているのがおかしいでしょう、ここを歪めているでしょうと思ったら取り消せばいいと。ただそれだけの話なので、一般論で幾らでも書ける。

日弁連案では、裁量の審査基準がたくさん書いてあるが、ついでに参考とすればいいので、とにかく役所の専門的裁量なんて言うけどね、僕が役人だったら、30代（若いとき）でチョコチョコとやっていると思ったらいいんですよ。そんなもの、しっかり審理するはずの裁判で尊重する必要はない。

斎藤 八木さん、何かありますか、一言。

八木 私がやっているサテライトの事件に当てはめて考えると、原告適格についても処分の違法性についても、環境利益というものへの評価が裁判所の価値判断に委ねられているので、どうにもならないという気がします。要するに裁判所が環境利益というものを重視しない限り、救済されることはない、という印象です。

斎藤 そうすると衆参両院決議のところにまた戻って、大きく問題点を拾っている国会附帯決議というのは使おうと思ったら使えるんですね。使う気が裁判所は全くないから仕方がないけど。

岩本 私自身は環境利益を原告適格の拡大で解決するのは非常に難しくて、団体訴訟を実現するしかないのかなと思います。客観訴訟的な団体訴訟を入れないと、なかなか実効的な司法審査を受けられる体制は得られないと思います。

だから日弁連の提言にも原告適格を広げるとともに、団体訴訟を入れるんだという形で提言をしているんですが、この団体訴訟がなかなか日本で実現しないというところにも非常に難しい問題があるということだと思います。

斎藤 出発点は非常に厳しく総論をやり始めまして、裁量に至って一番難しいところでいつも我々は負けているところで、有効な条文案は浮かんできていないですね。しかし裁判所の裁量統制の不十分さは原発訴訟を見れば一発でわかるという非常に有利な状態にも今ありますので、そのあたりを運動的にも確認しておきたいと思います。何か最後に発言があれば。

水野 まだそれほど勉強しているわけではありませんが、最近の判例を見ていますと、合理性があるかどうか判断するとか、不合理だから裁量逸脱とか、昔、裁量はいろいろと難しいことを習った記憶がありますが、今の判決は割合簡単に、認めるやつについては行政判断不合理だとか合理性がないといって裁量を逸脱だと、こういうふうにやっているんですね。

五　裁　量

　それは逆に働けばどうしようもないんだけど、何かあんまりぎちぎち、昔は要件裁量、効果裁量はどうやとか何とかかんとかいろいろ言っていましたが、そんなもの言わないでも、行政のあれは合理性があるかどうかということでいいんじゃないのという気もしているんですけどね。

斎藤　問題はその基準ですよね。この程度で検証報告書の検証ということはできたと思いますので、あとは我々の独自の課題ということにして、さらに勉強を続けることにしたいと思います。

　もしご発言がないようでしたら終わろうと思います。どうぞ。越智さん、早く言ってよ。

越智　越智でございます。本日は力強いご意見をいただきましてありがとうございました。この報告書を見ますと、私の力不足と反省していますが、法務省の担当者の方ももしかしたらこの際に少しなりとも改正しようと思っておられたのかもしれません。

　ただメンバー構成を見ますと、本日のシンポと全く逆の雰囲気でして、少数派が何か改革を唱えても多勢に無勢という感じでまとまっていきました。この報告書の内容なら改革見送りという結論になったのは仕方ないのかなという気もいたしておりますが、改革の主張立証責任は改革を求める側にあるというスタンスで、1つや2つの問題事例ではなくて、幾つも幾つも問題事例を出して立法事実を積み重ねていかなければいけないと痛感しました。

　まさに今、改革の火が消えかかっているわけですが、先日、大阪のシンポジウムにお呼びいただきました。大阪中央郵便局がもう取り壊されましたけれども、それを防ぐべく重要文化財指定の非申請型義務付け訴訟を提起したと伺いました。現在の判例ではもちろん原告適格なしで、箸にも棒にもかからないとして却下されました。

　これ以外にも全国で弁護士が、訴訟するまでもなく断念した事例がうずたかくあるはずですが、ぜひそれを集めて整理し訴えていかなければ、本当に改革の火が消えてしまうのではないかと危惧しております。そのような中で、日弁連が関与しています民事司法懇を一つの改革のためのフォーラムとして位置づけて取り組む必要があると思います。

　ぜひこのシンポで終わらずに、今後もこういったことを積み重ねていければと思っております。どうもありがとうございました。

水野　行政訴訟が機能していないということが随分古くから言われてきて、公法学会でも議論されて、阿部さんも『行政訴訟改革論』という1冊の本まで出されていて、行政訴訟の改革の必要性がずっと言われてきた。しかし、一度も実現

しなかった。平成16年に、なぜあのとき改正が実現したのかというと、司法制度改革という大きな流れの一つだったからです。民事訴訟の改革、刑事訴訟も裁判員制度の導入などの改革が議論される。その流れの中で、行政訴訟の改革だけを置き去りにはできない。行政訴訟の改革というのは、司法制度改革という大きな流れの中で、議論の俎上にのぼったからこそ初めて実現した。

次の改革を実現しようと、今日も議論しています。しかし、今回の検証委員会の結果を見ても明らかなように、よほどの改革力学がないと、改革は無理です。法務省に期待しても無理です。だから、若い人の力で、大学などで検討会や研究会をつくって、そこでいろいろな全般的な見直しの議論をして、新たな行政事件訴訟法をつくり上げていくということが、まず必要です。つぎに、それをどう実現に結びつけるか。実現のための政治力学について、ぜひ皆さんのお知恵とお力を出していただいて、次なる行政訴訟改革を実現するという方向に行ってもらいたいものだと念願しています。

斎藤　ありがとうございました。皆さん、遅くまでありがとうございました。

閉会挨拶

司会　パネラー、コーディネーターの皆さん、どうもありがとうございました。シンポジウムの最後に行政訴訟センターの委員長であります松倉佳紀から閉会のあいさつを申し上げます。

松倉佳紀　ご紹介を受けました松倉です。きょうは「法務省の検証報告書を検証する」というテーマでシンポジウムを開催したところ、たくさんの皆さんにご参加いただきまして大変ありがとうございました。

法務省では行政事件訴訟法の5年後見直しはしない、実施する必要はないという結論を出しましたが、私ども日弁連としては冒頭に市丸副会長からありましたが、納得することはできません。きょうはこのシンポジウムを開催しまして行政事件訴訟を裁判所に持ち込んでいる弁護士の立場、あるいはひいては国民の立場からやはり改正が必要である。5年後改正のみならず、さらにその先の大きな改革が必要であるということを皆さんに対してお示ししたわけでございます。

きょうの内容は非常に密度の濃い中身でしたので、私の立場でこれを総括、取りまとめする能力はございませんけれども、少なくとも5年後見直しは必要である。さらには大幅な改革が必要であるということはご認識していただいたと思っております。

さらに司法制度改革審議会が提言した、司法の行政に対するチェック機能強化という提言がありました。しかしこれが現状では実現されていないということも

また明らかになったのではないかと思います。

　私はこの提言、司法の行政に対するチェック機能の強化という言葉について、非常に短いフレーズですし、解釈の違いも出そうもないので、ややこれはちょっと軽んじられているというふうな気がしますが、この問題の提言をきちんと制度の仕組みに引き直してとらえ返す必要があると私は思います。司法の行政のチェックというのは職権ではできない。あくまでも訴訟になって訴訟を通じてしかチェックができない。そうしますと、そのチェック機能を強化するということは、これは司法のチェックの機会を拡充する、チャンスを拡充する、それしか実現の道がありません。

　そうすると、やはり原告適格を大幅に緩和して、裁判の数を増えるようにする。あるいは数が増えなくても、提起された裁判の中で原告適格をちまちまやらないで本案の審理に入るということがチェック機能の強化につながると思います。

　職権でやれる公正取引委員会を見ますと、公正取引委員会では誰が申し込んだというのは全く不問にする。密告でもいいんです。いわゆる匿名でも構わない、新聞報道でもいいんですね。新聞というのは取材源の秘密が守られるので、情報源がわからない。問題なのはそこに持ち込まれた情報です。その情報に違法性が高いかどうか。社会的な影響が強いかどうか。あるいは事実を証明できる蓋然性があるかどうか。そういったところから調査に入るわけです。

　ところが行政訴訟はあなたはどういう立場でその違法性を問うんですか。あなたはどういう資格で違法性を問うんですか。そこばかりぎしぎしやる。それで結局、本案に入らないで終わってしまう。

　今の公正取引委員会の場合とのギャップがあまりにも大きいと思います。私はこういう実態に即して考えますと、原告適格の大幅な拡大というのが行政事件訴訟法改正のいの一番。政治家の言葉で言いますと一丁目一番地だと思っています。

　日弁連としては今後ともこのシンポジウムを機会に、行政事件訴訟法の改正に向けて本腰を入れて取り組んでいきたいと思います。皆さん、どうぞご支援、ご協力を賜りたいと思います。皆さんの長時間のご参加に感謝申し上げてこれをもって閉会といたします。ありがとうございました。

　司会　これで本シンポジウムは閉会いたします。どうも皆さん、ありがとうございました。

改正行政事件訴訟法施行状況検証研究会

報　告　書

平成２４年１１月

目　　次

〔第1部〕
はじめに 1

〔第2部〕
第1　義務付け訴訟について 3
　1　制度の概要 3
　2　施行状況についての分析 4
　　(1) 非申請型 4
　　(2) 申請型 9
　3　個別的な議論の概要 11
　　(1) 処分の名あて人以外の第三者が提起する非申請型の義務付け訴訟につ
　　　　いての「重大な損害」の要件について 11
　　(2) 「重大な損害」の要件における原告以外の第三者の利益の取扱い .. 13
　　(3) 非申請型義務付けの訴えにおける「一定の処分」の特定について .. 15
　　(4) 義務付け判決の既判力について 15
第2　差止訴訟について 17
　1　制度の概要 17
　2　施行状況についての分析 17
　3　個別的な議論の概要 23
　　(1) 「重大な損害」の要件の解釈について 23
　　(2) 差止めの対象となる処分の特定について 25
　　(3) 差止訴訟の提起があった場合における不服申立前置規定の適用関係 26
　　(4) 裁決主義と差止訴訟との関係について 27
第3　公法上の法律関係に関する確認の訴え 28
　1　制度の概要 28
　2　施行状況についての分析 28
　　(1) 一定の権利の存在又は一定の義務の不存在の確認を求めるもの 29
　　(2) 一定の地位の確認を求めるもの 35

(101)

第一部 「改正行政事件訴訟法施行状況検証研究会報告書」の検証

　　　(3) 一定の行為等の違法性の確認を直接求めるもの 37
　　　(4) その他 38
　　3 個別的な議論の概要 40
　　　(1) 確認の利益の解釈について 40
　　　(2) 公法上の当事者訴訟と民事仮処分について 41
第4 執行停止について 43
　　1 制度の概要 43
　　2 施行状況についての分析 43
　　3 個別的な議論の概要 51
　　　(1) 「重大な損害を避けるため緊急の必要があると認めるとき」の要件に
　　　　おける「重大」要件の緩和について 51
　　　(2) 「重大な損害を避けるため緊急の必要があると認めるとき」の要件に
　　　　おける第三者の利益の取扱い 52
　　　(3) 第三者が処分の執行停止の申立てをした場合における処分の名あて人
　　　　の手続関与 54
　　　(4) 本案訴訟の適法な係属について 55
　　　(5) 仮の執行停止について 56
第5 仮の義務付けについて 58
　　1 制度の概要 58
　　2 施行状況についての分析 58
　　3 個別的な議論の概要 63
　　　(1) 「償うことのできない損害を避けるため緊急の必要があ」るとの要件
　　　　の緩和について 63
　　　(2) 「本案について理由があるとみえる」ことと損害要件との総合的判断
　　　　について 64
　　　(3) 本案訴訟の適法な係属について 64
第6 仮の差止めについて 65
　　1 制度の概要 65
　　2 施行状況についての分析 65
　　3 個別的な議論の概要 71

(102)

(1)　「償うことのできない損害を避けるため緊急の必要があ」るとの要件の緩和について 71
　　　(2)　処分の内容及び性質を「償うことのできない損害を避けるため緊急の必要があ」るとの要件において考慮することの適否 72
　　　(3)　「本案について理由があるとみえる」ことと損害要件との総合的判断について 73
　　　(4)　本案訴訟の適法な係属について 74
第7　原告適格について 75
　1　制度の概要 75
　2　施行状況についての分析 75
　　　(1)　都市計画 76
　　　(2)　公営競技 78
　　　(3)　風俗営業 79
　　　(4)　墓地経営 80
　　　(5)　病院開設 80
　　　(6)　土地収用等 80
　　　(7)　建築確認等 81
　　　(8)　公有水面埋立等 81
　　　(9)　空港施設等 82
　　　(10)　鉄道施設 83
　　　(11)　廃棄物処理 84
　　　(12)　その他 84
　3　個別的な議論の概要 85
　　　(1)　原告適格に関する裁判例の状況について 85
　　　(2)　原告適格の判断枠組みについて 89
　　　(3)　行政事件訴訟法第１０条第１項について 92
第8　被告適格について 93
　1　制度の概要 93
　2　施行状況についての分析 93
第9　管轄について 95

(103)

第一部 「改正行政事件訴訟法施行状況検証研究会報告書」の検証

　　1　制度の概要 95
　　2　施行状況についての分析 95
　　3　個別的な議論の概要 96
　　　(1) 抗告訴訟についての管轄裁判所の拡大について 96
　　　(2) 当事者訴訟についても特定管轄裁判所の制度を設けることの当否 . 97
第10　出訴期間について 99
　　1　制度の概要 99
　　2　施行状況についての分析 99
　　3　個別的な議論の概要 100
第11　釈明処分の特則 102
　　1　制度の概要 102
　　2　施行状況についての分析 102
第12　教示 103
　　1　制度の概要 103
　　2　施行状況についての分析 103
　　3　個別的な議論の概要 103

〔第3部〕
第1　行政計画・行政立法について 105
　　1　行政計画・行政立法についての行政訴訟検討会の検討結果 105
　　2　個別的な議論の状況 106
第2　裁量に関する司法審査について 108
　　1　裁量に関する司法審査についての行政訴訟検討会の検討結果 108
　　2　個別的な議論の状況 108
第3　団体訴訟について 110
　　1　団体訴訟についての行政訴訟検討会の検討結果 110
　　2　個別的な議論の状況 110

〔第1部〕
はじめに

　司法制度改革の一環として立案された行政事件訴訟法の一部を改正する法律（平成１６年法律第８４号。以下「改正行政事件訴訟法」という。）は，平成１７年４月１日に施行された。

　改正行政事件訴訟法は，司法制度改革推進本部（本部長・小泉純一郎内閣総理大臣（当時））の事務局に置かれた行政訴訟検討会（座長・塩野宏東亜大学教授。以下「行政訴訟検討会」という。）の検討結果（平成１６年１月６日付けの「行政訴訟制度の見直しのための考え方」）を踏まえて立案されたものであり，国民の権利利益のより実効的な救済手続の整備を図る観点から，原告適格に関する規定の整備，義務付け訴訟及び差止訴訟の法定，本案判決前における仮の救済制度の整備等の措置が講じられている。

　もっとも，上記の改正行政事件訴訟法の改正項目の多くのものについては，法施行後の運用に委ねられた部分が大きいことが認識されていた。そこで，改正行政事件訴訟法に，「政府は，この法律の施行後５年を経過した場合において，新法の施行の状況について検討を加え，必要があると認めるときは，その結果に基づいて所要の措置を講ずるものとする。」との検証条項（附則第５０条）を設け，施行後の運用等の状況について検討を加え，必要があると認めた場合には，政府は，検討の結果に基づいて所要の措置を講ずることとしている。

　改正行政事件訴訟法施行状況検証研究会（以下「研究会」という。）においては，上記の検証条項を踏まえ，改正行政事件訴訟法の改正項目ごとに改正行政事件訴訟法施行後に出された判決・決定を整理・検討するなどし，改正行政事件訴訟法施行後の行政訴訟の状況の検証を行った。

　また，行政訴訟検討会においては，改正行政事件訴訟法に関する審議の終了後に，行政訴訟制度に関し更に議論を深めておく必要があると考える論点（行政立法・行政計画・裁量に関する司法審査・団体訴訟）について引き続き検討が行われ，平成１６年１０月２９日付けの「行政訴訟検討会最終まとめ－検討の経過と結果－」（以下「最終まとめ」という。）とし

(105)

第一部　「改正行政事件訴訟法施行状況検証研究会報告書」の検証

て公表されている。これらの論点については，最終まとめにおいて，改正行政事件訴訟法における改正項目との関係を含めて議論を深めておく必要があると認識されたものとされている。

　そこで，研究会においては，最終まとめで取り上げられた論点については，各改正項目に関する検討とは別の独立の項目として検討を行うこととした。

（注）なお，研究会においては，行政訴訟制度の改善の観点から，検討すべき項目として，①提訴手数料の低額化，②行政事件訴訟法第３６条についていわゆる二元説の立場を文言上明らかにすること，③行政訴訟についての裁判員制度の導入，④いわゆる公金検査請求訴訟（納税者訴訟）の導入，⑤職権証拠調べの国費負担，⑥内閣総理大臣の異議の廃止，⑦指定代理人制度の廃止，⑧上訴・抗告期間の延長などがあるのではないかとの指摘もされた。しかし，検討時間の制約との関係や提案された項目の内容・位置付け等を考慮し，研究会においては，これらの点を取り上げてはいない。

　また，司法制度改革推進本部の事務局に置かれた行政訴訟検討会の最終まとめにおいて，更に議論を深めておく必要があると考える論点と位置付けられた項目（行政立法・行政計画・裁量に関する司法審査・団体訴訟）については，最終まとめにおける指摘を受け止め，具体的な内容について更に検討を進める組織を創設する必要があるのではないかとの指摘があった。

〔第2部〕
第1 義務付け訴訟について
1 制度の概要

　改正前の行政事件訴訟法は，義務付け訴訟について，特段の規定を設けておらず，実務上，いわゆる無名抗告訴訟の一類型として，処分の義務付けの訴えの提起が限定的に許されると理解されていた。

　改正行政事件訴訟法は，①非申請型の処分の義務付けの訴え（行政事件訴訟法第3条第6項第1号）と，②申請型の処分の義務付けの訴え（同項第2号）とに分けた上で，新たに義務付け訴訟の制度を創設し，それぞれについて，次のとおり，訴訟要件等を定めている。

　まず，①の非申請型の義務付けの訴えについては，「一定の処分がされないことにより重大な損害が生ずるおそれがあり，かつ，その損害を避けるため他に適当な方法がないとき」に該当することが必要とされている（行政事件訴訟法第37条の2第1項）。

　また，②の申請型の義務付けの訴えについては，「当該法令に基づく申請又は審査請求に対し相当の期間内に何らの処分又は裁決がされないこと」又は「当該法令に基づく申請又は審査請求を却下し又は棄却する旨の処分又は裁決がされた場合において，当該処分又は裁決が取り消されるべきものであり，又は無効若しくは不存在であること」が必要とされ，それぞれ，取消訴訟等の併合提起等が必要とされている（行政事件訴訟法第37条の3第1項から第3項まで）。

　なお，義務付けの訴えにおいて，行政庁が一定の処分をすべき旨を命ずる判決（義務付け判決）を裁判所がするためには，「行政庁がその処分（若しくは裁決）をすべきであることがその処分（若しくは裁決）の根拠となる法令の規定から明らかであると認められ」るとき又は「行政庁がその処分（若しくは裁決）をしないことがその裁量権の範囲を超え若しくはその濫用となると認められるとき」であることが必要とされている（行政事件訴訟法第37条の2第5項・第37条の3第5項）。

　義務付け判決の効力に関しては，行政庁に対する判決の拘束力についての行政事件訴訟法第33条の規定を準用しているが，第三者に対する判決の効力についての同法第32条の規定は準用していない（同法第38条第1項）。

(107)

第一部　「改正行政事件訴訟法施行状況検証研究会報告書」の検証

2　施行状況についての分析

　申請型の義務付け訴訟については，〔義務23〕から〔義務29〕のように，本案審理を行った上で請求を認容し，義務付け判決を行うものがみられており，かつ，その分野も多様なものとなるなど，立法時に期待された成果があがりつつあるとの指摘が大勢を占め，特段，看過すべきでない問題があるとの指摘はなかった。ただし，行政事件訴訟法第37条の3第1項に基づき，併合提起される取消訴訟等の本案が認容されることが訴訟要件とされることには疑問があるとの指摘もあった。

　非申請型の義務付け訴訟についても，処分の相手方が原告となるような紛争類型（裁判例においては，出入国管理及び難民認定法（以下「入管法」という。）に基づく在留特別許可の義務付けなどは非申請型の義務付け訴訟に該当すると解しているものが多いところ，このような考え方を前提とすれば，この種の訴訟がこれに該当する。）については，特段，行政事件訴訟法としての問題点が生じているとの指摘はなかった。

　これに対し，処分の名あて人以外の第三者が原告となる典型的な非申請型の義務付け訴訟の類型については，産業廃棄物処理の分野で〔義務3〕や〔義務5〕のような認容事例が，建築基準法関係の分野で〔義務6・7〕や〔義務8〕のように訴訟要件の具備を認め本案審理を行ったものもみられる反面，建築基準法関係の分野で〔義務11・12〕，〔義務13〕や〔義務14〕，河川法関係の分野で〔義務15〕などのように重大な損害の要件で却下されたものなどがあった（なお，最高裁判所が具体的判断を示した事案は見当たらなかった（ただし，〔義務3〕参照）。）。これらの類型に関しては，研究会でも評価が分かれており，後掲3「個別的な議論の概要」記載のとおり議論がされた。

【義務付け訴訟に関する主要な裁判例】（改行することなく続けて掲げている裁判例は同一事件である。）

(1) 非申請型

　○〔義務1〕東京地判平成19年5月31日判時1981号9頁（出生届が受理されなかったことを理由に住民票が作成されなかった者がした住民票の作成の

(108)

義務付けの訴えにつき，住民票に記載されないことによる社会生活上の不利益の累積は市民生活上看過し難い，将来の選挙人名簿への未登録が回避できないなどとして重大な損害が生ずるおそれの存在を認めた上で，当該義務付けの訴えに係る請求を認容），〔義務2〕東京高判平成19年11月5日判タ1227号67頁（上記の事案につき，手続に煩瑣な点があるとしても同じ扱いがされる場合が多い，選挙人名簿への登録については現在2歳で不利益は現実化していないなどと判断して重大な損害が生ずるおそれがないとして却下）

※　上告審においては，審理の対象とされていない。

○〔義務3〕福岡高判平成23年2月7日判時2122号45頁（産業廃棄物処理場の周辺地域に居住する者による産業廃棄物の処理及び清掃に関する法律第19条の5に基づく措置命令等の義務付けの訴えにつき，産業廃棄物処分場の周辺住民には生命，健康に損害を生ずるおそれがあるものと認められるとした上で，その性質上回復が著しく困難であるから重大な損害の生ずるおそれがあるとし，かつ，処分業者に対する民事訴訟の提起が可能であるとしても直ちに他に適当な方法があるとはいえないなどとして，当該義務付けの訴えに係る請求を認容），〔義務4〕福岡地判平成20年2月25日判時2122号50頁（上記の事案につき，地下水の水質基準を大幅に下回った状況にあり，原告らの生命，健康又は生活環境に係る著しい被害を生じさせるおそれは認められず，単に良好な環境を享受する利益が害されている限度にすぎないとした上で重大な損害の生ずるおそれはないとして却下）

※　〔義務3〕は上訴されたが，上告棄却等がされ（最三小決平成24年7月3日・判例集未登載），確定している。

○〔義務5〕福島地判平成24年4月24日判時2148号45頁（周辺に居住する住民による産業廃棄物処理施設の設置許可処分の廃棄物の処理及び清掃に関する法律第15条の3第1項等の規定に基づく取消しの義務付けの訴えにつき，当該施設からダイオキシン類等の有害物質に汚染された大気及び水が，原告らの生命及び健康に損害を生ずるおそれがあるものと認められ，このような生命及び健康に生じる損害は，その性質上，回復が著しく困難であるといえるから，上記処分が取り消されないことにより，原告らに重大な損害が生ずるおそれがあるとし，かつ，処分業者に対する民事上の差止請求等をすることが

(109)

第一部 「改正行政事件訴訟法施行状況検証研究会報告書」の検証

可能であるとしても他に適当な方法があるとはいえないなどとして，当該義務付けの訴えに係る請求を認容）

○〔義務6〕東京地判平成19年9月7日最高裁判所HP（建築物の周辺に居住する住民による違反建築物に対する建築基準法第9条第1項に基づく是正命令としての工事禁止命令及び撤去命令の義務付けの訴えにつき，接道義務の不充足があるとすればこれによって火災等の拡大により身体・生命に危険が及ぶおそれがあるとして重大な損害の生ずるおそれがあるとした（本案については建築基準法令に違反する点はないとして棄却）），〔義務7〕東京高判平成20年7月9日最高裁判所HP（同上）

○〔義務8〕大阪地判平成21年9月17日判例地方自治330号58頁（建築物周辺の不動産所有者による違反建築物に対する建築基準法第9条第1項に基づく是正命令の義務付けの訴えにつき，生命・身体の安全に影響が及ぶおそれあるとして重大な損害の生ずるおそれがあるとし，かつ，建築主等に対して民事上の請求をすることが可能としても，請求の相手方，要件，効果の諸点で異なっており，実効的な権利救済という見地からしても，救済手段としての義務付けの訴えを直ちに排除すべきでないから損害を避けるため他に適当な方法があるとはいえないとした（本案については建築基準法令に違反する点はないとして棄却））

○〔義務9〕東京地判平成17年11月25日最高裁判所HP（入管法第49条第1項に基づく異議の申出に理由がない旨の裁決の後に，日本人と婚姻したことを理由とする在留特別許可の義務付けの訴えにつき，これを非申請型の義務付けの訴えと解した上で，重大な損害の生ずるおそれがあるとし，かつ，裁決又は退去強制令書発付処分の取消訴訟の提起によっては勝訴することができない事由があるため他に適当な方法がないとした（本案については裁量権の逸脱・濫用があるとはいえないとして棄却））

○〔義務10〕東京地判平成20年8月22日最高裁判所HP（入管法第49条第1項に基づく異議の申出に理由がない旨の裁決の後に日本人と婚姻したこと等を理由とする同裁決の撤回の義務付けの訴えにつき，非申請型の義務付けの訴えに該当するとした上で，訴訟要件の具備を認めた（本案については裁量権の逸脱・濫用があるとはいえないとして棄却））

(110)

○〔義務 11〕東京高判平成18年5月11日最高裁判所ＨＰ（建築物周辺の住民による違反建築物に対する建築基準法第9条第1項に基づく是正命令の義務付けの訴えにつき，日影規制に反する日影を生ずる，近隣地域の日照時間が減少し，近隣地域の住環境に悪影響を及ぼすとの主張に対し，「重大な損害を生ずるおそれ」は，原告自身に対するものをいい，第三者に対するものを含まないとした上で，原告が居住する建物等にそのような日影が生ずるとは認められないなどと判断して重大な損害の生ずるおそれがないとして却下），〔義務 12〕東京地判平成17年12月16日最高裁判所ＨＰ（同上）

○〔義務 13〕東京地判平成21年11月26日判例集未登載（建築物周辺の住民による建築基準法第9条第1項に基づく除却命令等の義務付けの訴えにつき，「重大な損害を生ずるおそれ」は，原告自身に対するものをいい，他の近隣住民等の第三者に対するものを含まないとした上で，火災などの災害時に原告に生ずると原告の主張する様々な危険については認められず，重大な損害が生ずるおそれがないとして却下）

○〔義務 14〕京都地判平成19年11月7日判タ1282号75頁（建築物周辺の住民らによる違反建築物に対する建築基準法第9条第1項に基づく是正命令の義務付けの訴えにつき，住民らが主張する景観利益については処分根拠規定によって保護が予定されているものではなく，建物撤去の際の危険も現実化していないなどと判断して重大な損害が生ずるおそれがないとして却下）

○〔義務 15〕横浜地判平成23年3月9日判例地方自治355号72頁（自ら経営するオートキャンプ場付近の河川の流路が他の競業する民間業者の行った河川工事によって変更されたため，所有地等（以下「本件各土地」という。）に溢水の危険が現に生じているとする原告らが，当該民間業者及びその承継人に対して河川法第75条又は自然公園法第27条第1項に基づく是正命令を発することの義務付けを求めた事案につき，原告らの指摘する流路の形成は当該民間業者の工事に起因するとはいえず，仮にそうであるとしてもその掃流力の変化は約1．17倍にとどまる，本件各土地は河川区域内にあり，河川区域外と同様に考えることはできないなどとした上で，主張されている損害は信用毀損を除き，金銭的損害に限られる上，原告が後に自ら原状回復工事を行っていることからしても損害の回復の困難の程度が高いとはいえないし，信用毀損に

(111)

第一部　「改正行政事件訴訟法施行状況検証研究会報告書」の検証

ついても河川付近で営まれるキャンプ場について土砂が流出するなどしたとしても通常時の安全性に疑義を生ずるものではないとして，重大な損害を生ずるおそれがあるとはいえないとして却下）

○〔義務16〕さいたま地判平成23年1月26日判例地方自治354号84頁（廃棄物の処理及び清掃に関する法律に基づく措置命令等の義務付けの訴えにつき，廃棄物による環境権，所有地の財産権の侵害や，予定していた事業利益を取得できないなどの損害が重大な損害に該当すると認めるに足りる証拠がないとして却下）

○〔義務17〕東京高判平成21年3月5日最高裁判所HP（在留特別許可の義務付けの訴えにつき，非申請型の義務付けの訴えに該当すると解した上で，入管法第49条第1項の異議の申出に理由がない旨の裁決の取消しを求める訴えにより在留資格を取得することができるから，重大な損害を生ずるおそれがあり，かつ，損害を避けるため他に適当な方法がないときに当たらないとして却下），後掲○〔義務29〕参照。

○〔義務18〕東京高判平成18年11月15日最高裁判所HP（地方税法第417条第1項の規定による固定資産課税台帳の登録価格の修正・登録の義務付けの訴えにつき，登録価格については審査委員会に対する審査の申出（同法第432条第1項）及び同委員会の決定の取消訴訟の提起（同法第434条第1項）によって争うことができる一方で，これらの方法によらなければ登録価格について争うことはできないとされている（同条第2項）として，地方税法上，このような訴訟は許されず，また，審査請求があるため他に適当な方法がないとはいえないとして却下），〔義務19〕横浜地判平成18年7月19日最高裁判所HP（同上。ただし，他に適当な方法があるかには言及せず。）

○〔義務20〕東京地判平成22年4月28日最高裁判所HP（独占禁止法に基づく課徴金納付命令の取消しの義務付けの訴えにつき，課徴金納付命令については特別の救済手続が排他的に法定されているから，他に適当な方法がないといえないとして却下）

○〔義務21〕広島地判平成19年10月26日最高裁判所HP（所得税及び消費税に係る減額更正処分の義務付けの訴えにつき，更正の請求制度（国税通則法第23条）の趣旨にかんがみれば，義務付けの訴えは許されないとして却下）

(112)

〇〔義務22〕東京地判平成21年3月25日最高裁判所HP（入管法第49条第1項に基づく異議の申出をしていない者による在留特別許可の義務付けの訴えにつき，法務大臣に在留特別許可をする権限がないとして却下）

(2) 申請型

〇〔義務23〕名古屋高判平成19年11月15日最高裁判所HP（エネルギーの使用の合理化に関する法律に基づき事業者から提出された定期報告書の記載のうち，燃料等の使用量，電気の使用量等に関する情報の不開示決定がされた事案につき，不開示部分の開示決定の義務付けの訴えに係る請求を認容），〔義務24〕名古屋地判平成18年10月5日判タ1266号207頁（同上）

〇〔義務25〕東京地判平成22年4月9日判時2076号19頁（沖縄返還協定の締結に至るまでの日米政府間の交渉におけるいわゆる「密約」を示す行政文書等の開示請求に対して不存在を理由とする不開示決定がされた事案につき，開示決定の義務付けの訴えに係る請求を認容）

〇〔義務26〕東京地判平成18年10月25日判時1956号62頁（気管切開手術を受けてカニューレを装着している児童の保護者がした保育園への入園申込みに対して不承諾処分がされた事案につき，入園の承諾の義務付けの訴えに係る請求を認容）

〇〔義務27〕東京地判平成19年9月5日最高裁判所HP（障害基礎年金及び障害厚生年金の裁定請求をしたところ，裁定請求日前については各障害年金を支給しない旨の処分（請求日後は障害等級2級）がされた事案につき，不支給期間についての障害等級2級の障害給付の支給決定の義務付けの訴えに係る請求を一部認容）

〇〔義務28〕新潟地判平成20年11月14日最高裁判所HP（豚舎に通じる通路の敷設を目的とする，市の管理に係る水路の使用許可申請に対して不許可処分がされた事案につき，豚舎の臭気の問題は水路の用途，目的とは直接の関連性がないことなどから，市長による不許可処分は，重視すべきでない事項を重視し，当然考慮すべき事項を十分考慮しておらず，社会通念に照らし著しく妥当性を欠き，裁量権の範囲を超え又はその濫用があったものとして違法となるとした上で，許可処分をしないことは市長の裁量権の範囲を超え又はその濫用となるとして，使用許可の義務付けの訴えに係る請求を認容）

(113)

第一部 「改正行政事件訴訟法施行状況検証研究会報告書」の検証

○〔義務29〕東京地判平成20年2月29日判時2013号61頁（在留特別許可の義務付けの訴えにつき，入管法の仕組みからすれば，入管法は，異議の申出権につき在留特別許可を求める申請権としての性質を併せ有するものとして規定し，かつ，当該申請に対して在留特別許可をするか否かの応答をすべき義務を法務大臣に課したものと解するのが自然であるとして，申請型の義務付けの訴えに該当するとした上で，義務付けの訴えに係る請求を認容）

○〔義務30〕東京高判平成17年12月26日最高裁判所HP（有効期間を3年とする運転免許証の交付を受けた者がした，有効期間を5年とする運転免許証の交付の義務付けの訴えにつき，有効期間を3年としたことに違法はないとして，併合提起された取消しの訴えに係る請求を棄却しつつ，義務付けの訴えについては，行政事件訴訟法第3条第6項第2号の「行政庁が一定の処分をすべきである」かどうかは義務付けの訴えの実体要件であり，訴訟要件ではないとして却下はせず，請求棄却）

　※　義務付けの訴えは，控訴審において追加的に併合された。

○〔義務31〕大阪高判平成22年9月9日最高裁判所HP（タクシー事業に係る旅客の運賃及び料金の変更認可の申請をした者がした，当該変更認可の義務付けの訴えにつき，変更認可申請の（再）却下処分は適法であるとして当該却下処分の取消しの訴えに係る請求は棄却するとした上で，義務付けの訴えは却下処分が取り消されるべきものであるときに提起が可能であるものであり，当該義務付けの訴えは不適法であるとして却下），〔義務32〕大阪地判平成21年9月25日判時2071号20頁（上記の事案につき，却下処分は違法であるとして当該却下処分の取消しの訴えに係る請求及び当該変更認可の義務付けの訴えに係る請求をいずれも認容）

　※　〔義務31〕の第一審は，当初の変更認可の却下処分につき，理由付記に不備がある点及び道路運送法第9条の3第2項第3号の基準に適合しないと判断した点で違法であり，取消判決をするのに熟しているが，義務付けの訴えについて審理を続けた場合，審理が遅延し，迅速かつ適切な救済が得られないおそれがあるなどとして，行政事件訴訟法第37条の3第6項前段の規定に基づき，取消判決のみの終局判決（〔義務33〕大阪地判平成19年3月14日判タ1252号189頁）をした。

(114)

○〔義務34〕東京地判平成18年2月28日最高裁判所ＨＰ（服役中の受刑者がした，刑務所内で受けた診療等の診療録の開示の義務付けの訴えにつき，個人情報保護法に基づく診療録の開示の申請をしていないから，申請型の義務付けの訴えとしては不適法であるとして，却下）

3 個別的な議論の概要

(1) 処分の名あて人以外の第三者が提起する非申請型の義務付け訴訟についての「重大な損害」の要件について

ア 研究会においては，本案の判断に匹敵するような詳細な事実認定をした上で重大な損害の要件の判断がされる裁判例があるところ，特に処分の名あて人以外の第三者が提起する非申請型の義務付け訴訟を利用しやすくするため，原告適格の限度で「法律上の利益」の有無を審理すれば足り，これと別に「重大な損害」の要件を設定しないこととすべきであるとの意見があった。

しかし，これに対しては，①そもそも，重大な損害を要求しないこととすれば，司法と行政のバランスが大きく崩れ，非申請型の義務付け訴訟を根底から変質させることとなるのではないか，②原告適格がある者に裁判手続を通じてあたかも申請権を付与するのと同じ状態が生ずることになり，行政実体法の在り方も変わることにならないか，③結局，本案で審理の対象となるのであれば原告の負担が大きく軽減されることはないのではないか，④申請型との比較でいえば，適法な申請をしたという事実に対応するものが必要であり，それは原告適格のみでは足りないのではないかという指摘があった。

また，そもそも損害が重大なものか否かという点で「重大な損害」の要件が充たされていないと判断した裁判例は少なく，損害が発生するおそれがあるとは認め難いとしているものが多いのではないか，仮に「重大な損害」の要件を変更するとしてもニュアンスをどう変えればよいのかが問題となるのではないかといった指摘もあった。

これに対しては，既に義務付け訴訟の導入で司法と行政のバランスは変容しており，そのハードルを下げるというだけのことではないか，第三者に対する許可処分を取消訴訟で争う場合と規制権限の発動の義

(115)

務付けを求める場合では実態に差はないが、後者の場合だけ原告適格以上の要件を要求するのは適切でないのではないか、申請権の有無により実体法の在り方が変わっても大きな問題であるとは考えにくく、ドイツのように区別をなくすべきではないか、本案における審理が確保されることが裁判を受ける権利の実質的な保障になるのであり、訴訟要件を厳格にすべきではないのではないかなどの指摘があった。

　さらに、別の観点からであるが、処分の名あて人以外の第三者が裁判所を使って強制的に行政活動をさせるというシチュエーションにおいて「重大な損害」という要件を使うことは合理的であるとしても、いわゆる在留特別許可の事案などでは第三者が巻き込まれることはなく、そのような場面においても「申請権」の有無で切り分けることが適当か、いわゆる在留特別許可の事案以外に申請権の有無が争いとなるものはないかといった指摘もあった。

イ　「重大な損害」の要件の解釈及び当てはめに関し、研究会においては、例えば、違法建築物の除却命令の義務付けを求める場合には、火災などで生命・身体に危険が及ぶ場合だけでなく、住環境の悪化を損害として主張して義務付け訴訟の提起が認められるようにすべきであるところ、行政事件訴訟法第9条の「法律上の利益」の侵害のみが「(重大な) 損害」として扱われているため、そのような訴えは不適法とされているのではないかとの指摘があった。

　もっとも、そもそも、上記のように限定的に解釈することは、少なくとも条文の文理上は困難である上、行政訴訟検討会及びその後の国会審議においても限定的に解すべきことが明確に議論されたことはなく、限定的な解釈は適切とはいい難いのではないかとの指摘や、とはいえ、本来的に法律が保護を予定している利益と比べて「重大な損害」に該当しにくくなるのは致し方がないのではないかとの指摘があった。

　そして、いずれにしても「重大な損害」の要件については当然に生命・身体に限定される硬直的な要件ではないのであるから、法律の趣旨に則り、実効的な救済の観点から拡張的に解釈するのが望まれると

の点について異論はなかったが，運用に委ねるのみならず，趣旨を明確にするように条文の見直しが検討されてよいとの意見もあった。
　ウ　なお，研究会においては，「重大な損害」の要件の審理の在り方に関して，本案の判断に匹敵するような詳細な事実認定をした上で重大な損害の要件の判断がされる裁判例がある一方で，より類型的な審理・判断をしているとの理解が可能な裁判例もあるところ，前者のような手法については，訴訟要件についてこのような審理をする必要があるのかという点で疑問があるとの指摘があった。

　　　また，〔義務1・2〕のような事案で住民票が作成されない不利益が現実化するまで司法判断を待たせる必要はないのではないかとの指摘があった。
(2)　「重大な損害」の要件における原告以外の第三者の利益の取扱い
　ア　研究会においては，「重大な損害」の要件に関し，原告以外の関連する第三者の損害がその判断に取り込まれていないのではないかとの指摘があった。

　　　これに対しては，要件自体の理解としては，いずれも本人の利益が損なわれたかが判断の対象となるが，原告と同居する家族等が不利益を被る場合には，それがひいては本人自身の損害といえないかについて検討するのがスタンダードと評価できるのではないか，抗告訴訟が主観訴訟であることを考慮すれば，本人の利益がどのように侵害されたかという観点からまずは検討するという裁判例全体の傾向は，適切なのではないかとの指摘がされた。

　　　そして，以上を踏まえれば，結局は，第三者の利益を本人の利益と同視すべきか否かの判断が厳格に過ぎ，国民の権利の実効的な救済が阻害されているとすれば問題であるので，第三者の利益を本人の利益とは異なるとして図式的に排斥するのではなく，それがひいては本人自身の利益といえないかについて検討するという運用が望まれるとの点では，多くのメンバーの合意が得られた。

　　　もっとも，運用に委ねるだけでは不十分であり，本人と並列的に「一定の第三者」あるいは「利害関係人」の損害を考慮することができる

(117)

第一部 「改正行政事件訴訟法施行状況検証研究会報告書」の検証

ことを法律上も明示すべきであるとの指摘もあった。また，違反建築物に対する是正命令の義務付け訴訟等で近隣の環境が損害として主張される事案では，原告となった住民だけではなく同じような状況にある周辺住民の不利益を合わせて考慮すべきではないかとの指摘もされた。

ちなみに，裁判例の動向に関しては，全般的に第三者の利益を本人の利益とは異なるとして図式的に排斥しているとみられる裁判例は少なく，第三者の利益を考慮しないと判示した〔義務11・12〕や〔義務13〕も，本人の利益とはおよそ同視し難い，原告以外の周辺住民等の利益が問題とされた事案に関するものであるといえるとの指摘もされたが，〔義務13〕の事案についてはなお第三者の利益を考慮する余地もあったのではないかとの指摘もされた。

イ　なお，このほか，行政事件訴訟法第２５条の執行停止においてはより原告（申立人）以外の第三者の利益が「重大な損害」の要件の判断で考慮されていたようにみえるが，そうであるとすればアンバランスではないかとの指摘もあった。

もっとも，各種の裁判例において，両者を殊更異なるものと理解すべきであるとまで判断したものは見当たらず，むしろ，実務上は，義務付け訴訟の重大性の要件は，条文の文言上は執行停止などと平仄がとられていて，訴訟であるか仮の救済であるかに伴う差異（例えば，証明か疎明かなど）を除けば，基本的に同一であると理解されているのではないかと指摘もされた。

また，執行停止においては，緊急に執行を停止するかを判断することになるので，例えば保険医指定の取消しのケースにおける患者のように第三者の利益がむしろ重大なことがあり，そのため，これを本人の利益として考慮すべき事態が類型的に生じるのに対し，義務付け訴訟の局面ではそのようなことはなく，原告本人の利益として考慮すれば足りるので，その意味でアンバランスには理由があるのではないかとの指摘もされたが，必ずしもそうはいえないのではないかとの指摘もされた。

(118)

(3) 非申請型義務付けの訴えにおける「一定の処分」の特定について

　「一定の処分」の特定に関しては，改正行政事件訴訟法の立案の過程で，根拠法令の趣旨等に照らし，義務付けの対象となる「一定の処分」として対象が特定されていると解される場合には，一定の幅のある処分の義務付けを求める訴えも許容されるとの説明がされているところ，研究会においては，処分の特定が判決文上問題とされた裁判例は少ないが，例えば，原状回復等をさせる命令の発令を求める義務付け訴訟において，請求の趣旨の特定のためとして，測量を行ってその範囲を図面上特定するよう裁判所から求められた事例があるとの指摘があった。

　このような程度にまで処分の特定を求めることの是非に関しては，そのような特定は原告にとって大きな負担となり，処分を義務付けられた行政庁の裁量の範囲内の問題として理解すればよいのではないかとの指摘があったが，他方で，被告の立場からすると単に「是正命令をせよ」では困るものもあり，より厳格な特定が必要な事例もあるのではないかとの指摘もあった。

　処分の特定に関しては，個々の事案に基づく判断が必要となるため，一般的に述べることは困難であるが，少なくとも，原状回復命令の発令を義務付けられた処分庁においてどの範囲の土地について原状回復を命ずるかの点につき効果裁量を発揮する余地を認めることが可能であることに照らせば，請求の趣旨において現地復元性のある形での特定までが必要であるとは考え難いとの点では異論はなかった。

　このほか，「一定の処分」として幅のある処分の義務付けを命ずるという方策以外にも，裁判所の判断により，行政に再検討を命じることを可能とし，その結論が出るまでの間は訴訟手続を中断して義務付け判決は留保するという方策も考えられるのではないかとの指摘がされたが，技術的な問題は除くとしても，申請型以外にそのようなニーズがあるかは検討を要するのではないかとの指摘もあった。

(4) 義務付け判決の既判力について

　研究会においては，義務付け判決の効力に関し，一回的解決を可能にするため，第三者への手続保障を考慮しつつ，第三者に対して既判力を

(119)

拡張する旨の規定を創設すべきではないかとの指摘があった。

　しかし，これに対しては，①行政事件訴訟法第32条と同様のものを設けるという考え方では既判力の拡張は困難である，②第三者への拡張については，既判力の拡張を受ける第三者の範囲の確定が難しい事案もあり得ることから，手続保障をどう仕組むかが難しいのではないかとの指摘があった。

　また，行政事件訴訟法第22条に基づく参加又は民事訴訟法上の補助参加をさせることで，少なくとも，第三者は義務付け判決の参加的効力を受けることから，後に第三者の側が義務付け判決に基づいてされた処分の取消訴訟を提起したとしても，処分要件の存在を争うことはできないこととなり，紛争の一回的解決は可能となるのではないかと考えられるし，第三者が提起した取消訴訟において処分の名あて人に対して既判力が拡張されておらず，行政事件訴訟法第22条による参加の機会が与えられているにすぎないこととも整合的であるとの指摘もあった。

　以上に加え，現時点において義務付け判決の効力が第三者に及ばないために問題が生じたという例も少なく，行政事件訴訟法第22条等を利用することができない何らかの事情があるといった指摘もないことを踏まえれば，直ちに既判力を当然に拡張する旨の規定を設けることは相当ではなく，実務上は，行政事件訴訟法第22条に基づく参加等が考慮されるべきことについて，訴訟当事者，裁判所等に周知するのが適切であるとの指摘があった。

(120)

第2 差止訴訟について
1 制度の概要

> 　改正前の行政事件訴訟法は，差止訴訟について，特段の規定を設けておらず，実務上，いわゆる無名抗告訴訟の一類型として公権力の行使の禁止を求める予防的不作為訴訟の提起が限定的に許されると理解されていた。
>
> 　改正行政事件訴訟法は，差止めの訴えを「行政庁が一定の処分又は裁決をすべきでないにかかわらずこれがされようとしている場合において，行政庁がその処分又は裁決をしてはならない旨を命ずることを求める訴訟」と規定しており（行政事件訴訟法第3条第7項），差止めの訴えの要件を満たしているか否かについて裁判所の判断が可能な程度に特定された「一定の処分又は裁決」が対象とされ，かつ，行政庁がそのような処分又は裁決をしようとしているという蓋然性が必要とされている。
>
> 　さらに，差止めの訴えは，「一定の処分又は裁決がされることにより重大な損害を生ずるおそれがある場合に限り」提起することができ，その場合であっても，「その損害を避けるため他に適当な方法があるとき」は提起することができないとされている（行政事件訴訟法第37条の4第1項）。
>
> 　なお，差止めの訴えにおいて，行政庁が一定の処分又は裁決をしてはならない旨を命ずる判決（差止判決）を裁判所がするためには，その差止めの訴えに係る処分又は裁決につき，「行政庁がその処分若しくは裁決をすべきでないことがその処分若しくは裁決の根拠となる法令の規定から明らかであると認められ」るとき又は「行政庁がその処分若しくは裁決をすることがその裁量権の範囲を超え若しくはその濫用となると認められるとき」であることが必要とされている（行政事件訴訟法第37条の4第5項）。
>
> 　差止判決の効力に関しては，行政庁に対する判決の拘束力についての行政事件訴訟法第33条の規定を準用しているが，第三者に対する判決の効力についての同法第32条の規定は準用していない（同法第38条第1項）。

2 施行状況についての分析
　差止訴訟については，国歌斉唱義務不存在確認等最高裁判決（〔差止1〕

（121）

第一部 「改正行政事件訴訟法施行状況検証研究会報告書」の検証

をいう。以下同じ。）が一定の懲戒処分の差止めを求めた事案で訴訟要件の具備を認め本案審理を行ったほか，下級審においても，環境保護（公有水面埋立て）の分野で〔差止4〕のような認容事例があり，刑務所関係の分野で〔差止5〕，保険医療機関の指定取消等の分野で〔差止7〕，建築基準法関係の分野で〔差止8〕などのように訴訟要件の具備を認め本案審理を行ったものもみられた。

　他方で，産業廃棄物関係の分野で〔差止9・10〕，運転免許停止の分野で〔差止11〕や〔差止12〕，土地収用法の事業認定の分野で〔差止14〕のように重大な損害の要件で却下されたものなどがあった。また，裁決主義等が定められた特殊な法領域に関し，補充性の要件ないしこれに類する考え方に基づいて，差止めの訴えを不適法として却下した〔差止15・16〕や，差止めの対象となる「一定の処分」の特定がないとして訴えを却下した〔差止17〕があった。

　差止訴訟に関しては，処分の名あて人となるべき者が提起する類型を中心に一定の成果が認められることには異論はなかったものの，それで十分といえるかといった点や，それ以外の類型についての問題などについては，後掲3「個別的な議論の概要」記載のとおり議論がされた。

【差止訴訟に関する主要な裁判例】（改行することなく続けて掲げている裁判例は同一事件である。）

○〔差止1〕最一小判平成24年2月9日最高裁判所HP（公立高等学校等の教職員が，卒業式等の式典において，国旗に向かって起立し，国歌を斉唱すること，国歌斉唱の際にピアノ伴奏をすることを職務命令によって義務付けられないことを前提に，これらの行為をしないことを理由とする懲戒処分の差止め等を求めた事案につき，停職，減給又は戒告の各処分については，職務命令の違反を理由として一連の累次の懲戒処分がされることにより生ずる損害は，処分がされた後に取消訴訟等を提起して執行停止の決定を受けることなどにより容易に救済を受けることができるものであるとはいえ，処分がされる前に差止めを命ずる方法によるのでなければ救済を受けることが困難なものであるということができ，その回復の困難の程度等に鑑みれば，重大な損害を生ずるおそれがあるとし，かつ，事前救済の争訟方法として他に適当な方法があるとは

(122)

いえないとした（本案については裁量権の範囲の逸脱・濫用はないとして棄却）），〔差止2〕東京高判平成23年1月28日判時2113号30頁（上記の事案につき，職務命令の基となる教育委員会の校長に対する通達の処分性を認めた上で，同通達の取消訴訟又は無効確認訴訟を提起することで損害を避けることができるから，損害を避けるため他に適当な方法があるとして却下），〔差止3〕東京地判平成18年9月21日判時1952号44頁（上記の事案につき，①これらの行為を拒否した場合に懲戒処分等を受けることは確実であること，②懲戒処分の強制の下，職務命令を拒否するか，信念に反して職務命令に従うかの岐路に立たされること，③職務命令が違法であった場合に侵害を受ける権利は精神的自由権に関わる権利であって，事後的救済に馴染みにくく，式典が毎年繰り返されることに照らすと侵害の程度も看過し難いものがあること，④原告らが受ける処分は懲戒免職処分となる可能性も否定できないなど不利益も決して小さくないことを理由として，重大な損害を生ずるおそれがあるとした上で，処分の差止めの訴えに係る請求を認容）

○〔差止4〕広島地判平成21年10月1日判時2060号3頁（公有水面埋立の免許（公有水面埋立法第2条第1項）の差止めを求めた事案につき，景観利益を主張する者について，①免許に基づく工事の施工後はその復旧は容易でなく，取消しの訴えを提起した上で執行停止の申立てをしたとしても，直ちに執行停止を受けることができるとは考え難いこと，②景観利益は日々の生活に密接に関連した利益といえ，金銭賠償によって回復することは困難な性質のものであることを理由に重大な損害を生ずるおそれがあり，かつ，その損害を避けるため他に適当な方法があるとはいえないとした上で，差止めの訴えに係る請求を認容）

○〔差止5〕名古屋地判平成18年8月10日判タ1240号203頁（刑事施設及び受刑者の処遇等に関する法律第37条（当時）に基づく受刑者に対する調髪処分の差止めを求めた事案につき，髪型の選択・決定は個人の尊厳に係る権利として尊重されるべきものであるところ，調髪処分は，受刑者個人の意思に反しても，一定範囲の髪型に調髪することを強制するものであり，従前の長髪等に回復するまでには相当の期間を要し，それまでの間は上記の利益は失われ，その損害は性質上回復が困難であるとして，重大な損害を生じるおそれが

(123)

第一部 「改正行政事件訴訟法施行状況検証研究会報告書」の検証

あるとした（本案については裁量権の逸脱・濫用はないとして棄却））

○〔差止 6〕東京地判平成１８年１０月２０日最高裁判所ＨＰ（１８歳に満たない者を深夜業に使用したとの事実により罰金刑の判決を言い渡された者が，労働者派遣事業の適正な運営の確保及び派遣労働者の就業条件の整備等に関する法律第１４条に基づく一般労働者派遣事業の許可の取消処分の差止めを求めた事案につき，①有罪判決を受け，控訴審においても控訴棄却の判決を受けていること，有罪判決を受けたことが許可の取消事由に該当することなどから取消処分の相当の蓋然性があり，②許可の取消処分が行われれば営業の基盤に甚大な影響が生じるなどとして重大な損害を生じるおそれがあるとした（本案については裁量権の逸脱・濫用はないとして棄却））

○〔差止 7〕大阪地判平成２０年１月３１日判タ１２６８号１５２頁（保険医療機関の指定を受けた歯科医院の開設者及び保険医の登録を受けた歯科医師が，健康保険法第８０条に基づく保険医療機関指定の取消処分及び同法第８１条に基づく保険医登録の取消処分の各差止めを求めた事案につき，各取消処分によって生じる大幅な収入の減少や歯科医師等としての社会的評価，信用性の失墜によって，歯科医院の経営破綻という重大な損害を受けるおそれがあるとした（本案については違法ではないとして棄却））

○〔差止 8〕那覇地判平成２１年１月２０日判タ１３３７号１３１頁（建築予定の建物の近隣住民が建築基準法第６条第１項に基づく建築確認処分の差止めを求めた事案につき，①確認申請に係る所定の補正がされれば速やかに処分がされる可能性が高いため処分の蓋然性が相当程度あるというべきであり，②建物が建築されることで日照等を阻害され，災害により倒壊する等した場合には生命，身体及び財産が侵害される可能性があるから，重大な損害が生ずるおそれがあり，かつ，これを避けるため他に適当な方法があるとはいえないとした（本案については本件建築計画に違法はないとして棄却））

※ なお，景観利益を主張する者については，景観利益が一定程度制限される可能性があることは認められるものの，具体的にどの程度侵害されるものであるかは明らかではなく，全証拠によっても重大な損害を生ずるおそれがあると認めることは困難であるとした。

○〔差止 9〕大阪高判平成１９年１月２４日最高裁判所ＨＰ（リサイクルセンター

（124）

- 20 -

を設置して建設廃材の中間処理業を営むとしてされた産業廃棄物処分業の許可処分について地域住民等が差止めを求めた事案につき，リサイクルセンターの構造，設備，処分予定の廃棄物の種類，量等のほか，被害は周辺地域において生活し続け，これを反復・継続して受けるに従って増大，深刻化等する性質であることにかんがみると，本件許可処分がされ，産業廃棄物の処理が開始されることによって直ちに生命，健康又は生活環境に係る著しい被害を受けるような事態は想定し難いとした上で，取消しの訴えを提起して執行停止を受けることにより避けることができるような性質，程度のものであり，重大な損害を生ずるおそれがないとして却下），〔差止10〕大阪地判平成18年2月22日判タ1221号238頁（同上）

○〔差止11〕大阪地判平成19年11月28日最高裁判所HP（運転免許停止処分を受けたタクシー乗務員がその後の違反行為を理由とする再度の運転免許停止処分（以下「第二処分」という。）の差止めを求めた事案につき，第二処分がされれば乗務員として勤務することが不可能になるものの他の業務に一時的に就くことまで禁じられていない，第二処分の取消訴訟を提起するとともにその執行停止を申し立てることは妨げられないし，取り消されれば前歴として評価されることもないなどとした上で，取消しの訴えを提起して執行停止を受けることにより避けることができるような性質，程度のものであり，重大な損害を生ずるおそれがないとして却下）

○〔差止12〕東京地判平成20年1月18日最高裁判所HP（公安委員会から違反点数を合計6点付加された者が，30日間の運転免許停止処分がされる状況になったとして，その差止めを求めた事案につき，免停処分により移動手段を奪われ，移動の自由や活動がある程度制限され，ある程度の経済的損害が生じ，これに伴い精神的苦痛を被ることがあるとしても，免許の効力停止等の行政処分手続が達成しようとする行政目的を考慮すると，そのような不利益は当然に予定されているというべきであり，仮に違反行為の事実関係を争いたいというのであれば，取消訴訟を提起してその適法性を争うことができ，それで足りるなどとした上で，重大な損害を生ずるおそれがないとして却下）

○〔差止13〕福岡高判平成22年3月25日最高裁判所HP（建築確認を受けた建築計画に基づく建築工事を請け負った建設業者が，建築基準法第9条第1項に

第一部 「改正行政事件訴訟法施行状況検証研究会報告書」の検証

基づく是正命令としての工事施工停止命令の差止めを求めた事案につき，工事遅延による信用毀損や経済的損害は，停止命令の取消訴訟を提起し，認容されれば回復が可能であるなどとした上で，重大な損害を生ずるおそれがないとして却下）

○〔差止14〕福岡地判平成23年9月29日判例集未登載（東九州自動車道の新設工事に関し，予定路線地の所有者等が，土地収用法第20条に基づく事業認定の差止めを求めた事案につき，処分の蓋然性は認めたものの，事業認定がされたとしても，別途収用裁決等がされるまでは所有権その他の権利が奪われるなど重大な影響が生ずるわけではなく，その他の影響についても収用裁決等によって生じるものであり，事業認定処分及び収用裁決等がされた後にその取消訴訟等を提起し，執行停止を受けることで回避が可能であるなどとした上で，重大な損害を生ずるおそれがないとして却下）

○〔差止15〕東京高判平成19年12月5日最高裁判所HP（アマチュア無線局の免許等を有する者らが，2メガヘルツから30メガヘルツまでの周波数に係る電力線搬送通信設備に係る総務大臣がする電波法施行規則第44条第1項第1号(1)及び第46条の2の型式指定並びに電波法第100条第1項第1号の許可の各差止めを求めた事案につき，これらの総務大臣の処分は異議申立てがあったときは電波監理審議会の議に付し，その審理を経た上で，その議決により決定を行うこととされ，その審理においては準司法手続が採用され，異議申立てに対する決定に対してのみ取消訴訟が提起できるという裁決主義が採用され，さらに，その取消訴訟は第一審が省略されて東京高等裁判所に専属し，実質的証拠法則が定められているところ，その趣旨は，電波法等に基づく処分の適否という専門技術的事項については，電波監理審議会の専門的知識経験に基づく事実認定を尊重し，裁判所が証拠に基づく事実認定を行うことを留保したものであり，差止めの訴えを許容した場合にはその趣旨を没却することになるなどとした上で，電波法は電波監理審議会の審理を経た後の決定に対する取消訴訟のみを救済手段として予定しているとして，当該差止めの訴えは不適法であるとして却下），〔差止16〕東京地判平成19年5月25日最高裁判所HP（同上）

○〔差止17〕東京地判平成20年1月29日判時2000号27頁（「鉄道施設変

(126)

更後の高架鉄道施設上を（鉄道運送事業者が）鉄道を複々線で走行させることを許す一切の処分」の差止めを求めた事案につき，鉄道事業法及び同法施行規則上列車の走行に直接関係すると考えられる処分だけでも複数あるが，原告はこれ以上特定できないと主張するのみで，どの処分を審理の対象として取り上げるべきかを知ることさえできないのであり，行政事件訴訟法第3条第7項の定める「一定の処分」に当たらないとして，当該差止めの訴えは不適法として却下）

3　個別的な議論の概要

(1)　「重大な損害」の要件の解釈について

ア　損害が取消訴訟と併せて執行停止を申し立てることによって避けられるようなものであれば，重大な損害の要件が認められず，差止訴訟ではなく取消訴訟によるべきものとする裁判例が下級審においては主流であったといえるところ，国歌斉唱義務不存在確認等最高裁判決も，国民の権利利益の実効的な救済及び司法と行政の権能の適切な均衡の双方の観点から，「重大な損害」の要件が認められるためには，「処分がされることにより生ずるおそれのある損害が，処分がされた後に取消訴訟等を提起して執行停止の決定を受けることなどにより容易に救済を受けることができるものではなく，処分がされる前に差止めを命ずる方法によるのでなければ救済を受けることが困難なものであることを要する」としている。

　　これに対しては，取消訴訟との役割分担を重視し過ぎて，差止訴訟の活用可能性が必ずしも十分に生かされないことになるのではないか，処分の適否について当事者双方は主張立証をすることが可能であるにもかかわらず，処分がされてからでなければ争えないとする必要性はないのではないかといった指摘がされた。

　　もっとも，国歌斉唱義務不存在確認等最高裁判決において採用された考え方自体は，改正行政事件訴訟法の立案担当者の解説によれば「一定の処分又は裁決がされることにより生ずるおそれのある損害が，その処分又は裁決の取消訴訟を提起して執行停止を受けることにより容易に救済を受けられるような性質の損害である場合には，そのような

(127)

損害は，差止めの訴えによる救済の必要性を判断するに当たって考慮される損害には当たらないものと考えられます。」（司法制度改革概説3「行政事件訴訟法」・小林久起189頁）とされていることなどに照らせば，立法趣旨に即したものと評価をすることができ，その意味で執行停止により「容易に救済を受けることができる」か否かをどの程度のハードルと理解して運用するかが重要であるとの指摘がされた。

そして，このような観点からは，国歌斉唱義務不存在確認等最高裁判決について，当該事案においては，停職処分の前に戒告，減給，減給と比較的軽い処分が複数予定されていることから，そのどこかで取消訴訟を提起し，執行停止を申し立てればよいとの議論もあり得たが，そのような理屈を採用せず，大づかみに重大な損害を見ている点で，改正行政事件訴訟法の趣旨を踏まえてかなり柔軟な当てはめをしていると評価することができ，リーディング・ケースとしての意義も大きいのではないかとの指摘があった。

これに対しては，射程を広く解することができるかは楽観視できないとの指摘があった。また，内心の自由の制約に対する厳格な審査との関係でされた特殊な判断にすぎないのではないかとの指摘もあったが，法廷意見は内心の自由との関係を強調しておらず，限定された射程と理解する必要はないのではないかとの指摘もされた。

イ また，国歌斉唱義務不存在確認等最高裁判決は，処分の名あて人となるべき者が提起したものであるところ，処分の名あて人以外の第三者が処分の差止訴訟を提起するケースについてはなお問題があるとの指摘があった。すなわち，例えば〔差止9・10〕や〔差止14〕などの事案では，その時点又は近い将来における損害の発生を見込むことができないようなものであるため，現状では，差止めはもとより，処分がされた後も直ちには執行停止決定を得ることができないことになりそうであるが，このような事案についても争わせて構わないのではないかとの指摘があった。

これに対しては，近い将来における損害の発生の見込みすらない場

合についてまで差止訴訟の提起を認める必要はないのであり，処分がされた後に取消訴訟を提起すればよく，その時点で特に損害の発生の可能性がないとすれば執行停止の決定を得ることもできないが，そうであっても特に支障はないのではないかといった指摘がされた。

　もっとも，これに対しては，仮に差止訴訟を認めなければ〔差止14〕の事案では周囲の任意買収が行われ，任意買収がほぼ済んだ段階で事業認定がされ，そこから取消訴訟で争うことになるが，そうした場合には，事情判決がされるおそれが高まるし，計画を変更すると費用と時間とが無駄になるとして利益衡量の中で原告の利益保護が困難となり，事業認定を違法とすることは困難になるので，任意買収がされない前提での裁判所の判断を受けられるようにする必要があるとの指摘がされた。

　しかし，この指摘に対しては，〔差止14〕の事案については，任意買収の進捗の程度が事業認定の適法性の判断に与える影響はどれほどのものなのかといった疑問に加え，仮に差止訴訟の提起を認めても任意買収を止めることはできず，結局，任意買収が進んだとの事情を前提とした処分がされれば，その状態を前提に再度取消訴訟を提起するほかないのではないかとの指摘もされた。

　このほか，〔差止14〕のような事案における上記の問題は，計画行政に固有の問題を含むものであり，その解決を一般法たる行政事件訴訟法の差止訴訟の活用のみによって図ろうとすることに無理があるのではないかという指摘があったが，計画訴訟の導入まで司法救済を拒否することは正当化し得ないのではないかとの指摘もあった。

(2) 差止めの対象となる処分の特定について

　裁判例の中には，差止めの対象となる「一定の処分」が特定されていないことを理由に訴えを却下したものがあるところ（〔差止17〕参照），当該裁判例においては，処分として考えられるものが複数あるとも判示されているのであるから，不適法として却下する必要はないのではないか，裁判所は審理の対象について行政側に釈明をする必要があるのではないかといった指摘があった。

(129)

第一部 「改正行政事件訴訟法施行状況検証研究会報告書」の検証

　　これに対しては，裁判所が審理の対象について行政側に釈明をするなどして適切な裁判を行うよう措置することが必要な局面もあることについては異論がなかったものの，対象となる処分の最終的な特定の責任は原告にあり，仮にその意味での特定を原告が拒んだといった事情がある場合には，裁判所に対して判断を求める対象が特定されていない以上，訴えの却下も致し方ないと考えられるとの意見もあった。以上の議論の結果，「一定の処分」との文言が用いられた趣旨を踏まえつつ過度に厳密な特定までは求めないとの運用が定着することが望まれるとの点については意見が一致した。

　　また，このほか，処分の特定の緩和の問題を，ある行政過程の全体を訴訟の対象とすることの適否という問題であると見た場合には，ごみ焼却場設置行為の取消訴訟について，そのような行政処分はないという理由で却下された事案（最判昭和３９年１０月２９日・民集１８巻８号１８０９頁）と類似するものとも整理することができ，抗告訴訟における請求の特定という一般的な次元の問題ではないかとの指摘もあった。

(3) 差止訴訟の提起があった場合における不服申立前置規定の適用関係

　　研究会においては，不服申立前置が定められている処分についての差止訴訟の審理中に現実に処分がされ，新たに取消訴訟を提起することとなった場合につき，改めて不服申立てを前置する必要があるとすれば問題があるとの指摘があった。

　　これに対しては，①行政庁に対して異議を申し立てても判断が変更される可能性がない場合等には「正当な理由」（行政事件訴訟法第８条第２項第３号）があるといえるのではないか，②少なくとも，差止訴訟が適法に提起されていた場合であることが前提となるところ，「重大な損害を生ずるおそれがある」といえる場合であれば，「処分の執行又は手続の続行により生ずる著しい損害を避けるため緊急の必要があるとき」（同項第２号）に該当するといえる場合が多いのではないかとの指摘があり，そのような整理が適切であることについては大勢の意見が一致した。

　　さらに，これを法文上明確化することができれば，よりクリアになる

のではないかとの指摘もされた。
(4) 裁決主義と差止訴訟との関係について
　研究会においては，裁判例の中には裁決主義が採られている場合には，解釈上，差止訴訟が提起できないと判断しているものがあるところ（〔差止15・16〕），このような考え方については弁護士の一部に適切な整理ではないという意見があるとの指摘があった。
　これに対しては，そもそも裁決主義が採られていると直ちに差止訴訟の提起が許容されないとされているのではなく，準司法的機関による審理，裁決に一審代替機能が付与され，高等裁判所が第1審裁判所となる上，実質的証拠法則が採用されているといった極めて特殊な類型を前提としたものであり，直ちに不当ともいい難いのではないかとの指摘があった。

(131)

第一部 「改正行政事件訴訟法施行状況検証研究会報告書」の検証

第3 公法上の法律関係に関する確認の訴え
1 制度の概要

　国民の権利利益の実効的な救済の観点から，取消訴訟の対象となる行為の範囲（いわゆる処分性）を拡大するかどうかについては，①取消訴訟の対象とする行政庁の行為に関し，取消訴訟によらなければ行政庁の行為の違法性や効力を争えないこととする効力を認めるべきかどうか，②出訴期間の制限を受けることをどのように考えるかなど，取消訴訟制度の特質を踏まえて，紛争解決の実効性について検討をする必要があった。

　このような観点を踏まえた議論がされた結果，平成16年改正においては，取消訴訟の対象となる行為の範囲に関する規定については改正がされなかった。

　他方で，抗告訴訟とは異なり，「行政庁の公権力の行使に関する不服」の範囲に含まれない「公法上の法律関係に関する訴訟」を対象とする当事者訴訟は，抗告訴訟の対象とならない行政の行為を契機として争いが生じた場合であっても，公法上の法律関係に関して確認の利益が認められる場合には，確認の訴えを提起することが可能である。

　そして，「公法上の法律関係に関する訴え」の中に「公法上の法律関係に関する確認の訴え」が含まれることは，改正前においても認められるべきものであったが，その位置付けが必ずしも明らかでない面もあり，それまで，十分に活用されてきたとはいい難い状況であった。

　そこで，「公法上の法律関係に関する訴訟」の中に「公法上の法律関係に関する確認の訴え」が含まれていることを法文上明らかにすることにより（行政事件訴訟法第4条），例えば，通達や行政指導において一定の義務があるとされた者が法令上そのような義務がないことの確認を求める場合や，行政計画や政令・省令などの行政立法，条例などの自治立法が法律に違反して無効であるとして，それらの行政計画や行政立法等によって生ずべき負担や義務がないことの確認を求める場合など，国民と行政との間の多様な法律関係に応じて，公法上の法律関係に関する確認の利益が認められる場合に，確認訴訟が活用されるように図ったものである。

2 施行状況についての分析

　　公法上の法律関係に関する確認の訴えに関しては，直ちに抗告訴訟の対象とはならないような公法上の法律関係に関する紛争においてより一層利

（132）

用がされることが期待されたものであるところ，公職選挙法が違憲であることを争う訴訟において特定の選挙において選挙権を行使する権利を有することの確認を求める訴えを適法とした〔確認1〕や，職務命令に基づく公的義務の不存在の確認を求める訴えを適法とした〔確認4〕（国歌斉唱義務不存在確認等最高裁判決）といった最高裁判決のほか，下級審においても公法上の法律関係についての確認の訴えについては多様な事案において訴えを適法と認める傾向にあり，立法時に期待された成果があがりつつあるとの指摘が大勢を占めた。

　もっとも，公法上の法律関係に関する確認の訴えにおいて，確認の利益を厳格に求めるか否かにより，救済の範囲が影響を受けることから，この観点から，確認の利益等に関して後掲3「個別的な議論の概要」記載のとおり議論がされた。

【公法上の法律関係に関する確認の訴えに関する主要な裁判例】（改行することなく続けて掲げている裁判例は同一事件である。）

(1) 一定の権利の存在又は一定の義務の不存在の確認を求めるもの
○〔確認1〕最大判平成17年9月14日民集59巻7号2087頁（在外の日本国民が，①平成10年改正前の公職選挙法が原告らに衆議院議員の選挙及び参議院議員の選挙における選挙権の行使を認めていない点において違法であることの確認を求める訴え，②平成10年改正後の公職選挙法が原告らに衆議院小選挙区選出議員の選挙及び参議院選挙区選出議員の選挙における選挙権の行使を認めていない点において違法であることの確認を求める訴え，③原告らが衆議院小選挙区選出議員の選挙及び参議院選挙区選出議員の選挙において選挙権を行使する権利を有することの確認を求める訴えを，それぞれ提起したところ，①については，過去の法律関係の確認を求めるものであり，この確認を求めることが現に存する法律上の紛争の直接かつ抜本的な解決のために適切かつ必要な場合であるとはいえないから，確認の利益が認められないとして却下され，②については，他により適切な訴えによってその目的を達成することができる場合には確認の利益を欠き不適法となるところ，本件においては，③の訴えの方がより適切な訴えであるということができるから，確認の利益が認められないとして却下されたが，③については，公法上の当事者訴訟のうち

(133)

第一部 「改正行政事件訴訟法施行状況検証研究会報告書」の検証

公法上の法律関係に関する確認の訴えと解することができるところ，その内容をみると，公職選挙法附則第8項につき所要の改正がされないと，在外国民である原告らが，今後直近に実施されることになる衆議院議員の総選挙における小選挙区選出議員の選挙及び参議院議員の通常選挙における選挙区選出議員の選挙において投票をすることができず，選挙権を行使する権利を侵害されることになるので，そのような事態になることを防止するために，原告らが，同項が違憲無効であるとして，当該各選挙につき選挙権を行使する権利を有することの確認をあらかじめ求める訴えであると解することができるとした上で，選挙権は，これを行使することができなければ意味がないものといわざるを得ず，侵害を受けた後に争うことによっては権利行使の実質を回復することができない性質のものであるから，その権利の重要性にかんがみると，具体的な選挙につき選挙権を行使する権利の有無につき争いがある場合にこれを有することの確認を求める訴えについては，それが有効適切な手段であると認められる限り，確認の利益を肯定すべきものであるとして，当該確認の訴えは適法とした（本案についても認容））

※ なお，上記の裁判例の第1審及び控訴審は，改正行政事件訴訟法の施行前に判決されたものであるところ，第1審（〔確認 2〕東京地判平成11年10月28日最高裁判所HP）は，①及び②の訴えについては，いずれも，具体的紛争を離れて，改正前又は改正後の公職選挙法の違法の確認を求める訴えであるというべきであり，法律上の争訟には当たらず，また，たとえそれが法律上の争訟に当たると解したとしても，無名抗告訴訟が許容されるために必要な要件を具備していないことは明らかであるから，不適法であるとしていた。また，控訴審（〔確認 3〕東京高判平成12年11月8日最高裁判所HP）は，①及び②の訴えについては第1審と同様に「法律上の争訟」に該当しないとし，控訴審において追加された③の訴えについては，直接法令等の違憲あるいは違法性等に関する判断を求める訴えではないものの，平成10年改正後の公職選挙法が，在外日本人のために衆議院小選挙区選出議員選挙及び参議院選挙区選出議員選挙において選挙権を行使する措置を設けていないことは当事者間に争いがないにもかかわらず，これらの各選挙において選挙権を行使する権利を有することの確認を求めるというのは，裁判所に対して，同法が在外日本人にこ

(134)

れらの各選挙において選挙権を行使する権利を認めていないことの違憲，違法を宣言することを求めているか，又はその行使をする権利を創設することを求めるものといわざるを得ず，①及び②の訴えと同様に，当事者間の具体的な権利義務ないし法律関係の存否に関する紛争ではなく，抽象的，一般的に法令等の違憲，違法をいうか，又は更に一般的に権利を創設する判断を求めるものといわざるを得ず，「法律上の争訟」に該当しないことは明らかであるとして却下していた。

○〔確認4〕最一小判平成24年2月9日最高裁判所HP（公立高等学校等の教職員が，卒業式等の式典において，国旗に向かって起立し，国歌を斉唱すること，国歌斉唱の際にピアノ伴奏をすることを職務命令によって義務付けられないことを前提に，これらの行為をする公的義務が存しないことの確認等を求めた事案につき，通達を踏まえて処遇上の不利益が反復継続的かつ累積加重的に発生し拡大する危険が現に存在する状況の下では，毎年度2回以上の各式典を契機として処遇上の不利益が反復継続的かつ累積加重的に発生し拡大していくと事後的な損害の回復が著しく困難になることを考慮すると，本件職務命令に基づく公的義務の不存在の確認を求める本件確認の訴えは，行政処分以外の処遇上の不利益の予防を目的とする公法上の法律関係に関する確認の訴えとしては，その目的に即した有効適切な争訟方法であるということができ，確認の利益を肯定することができるとして，当該確認の訴えを適法とした（本案については棄却）

※ 〔確認4〕の第一審（〔差止3〕参照）及び控訴審（〔差止2〕参照）は，上記の義務不存在確認の訴えは無名抗告訴訟に該当すると性質決定をしたため，公法上の当事者訴訟としての判断をしていない。

○〔確認5〕東京地判平成19年11月7日最高裁判所HP（健康保険法第63条第1項に規定する「療養の給付」に当たる療養（インターフェロン療法）に加えて，「療養の給付」に当たらない療養（活性化自己リンパ球移入療法）を併用する診療（いわゆる混合診療）を受けた場合であっても，「療養の給付」に当たる診療については，なお同法に基づく「療養の給付」を受けることができると主張する者が，同法に基づく療養の給付を受けることができる権利を有することの確認を求める訴えを提起したところ，原告は，今後とも，インターフ

(135)

第一部 「改正行政事件訴訟法施行状況検証研究会報告書」の検証

ェロン療法と活性化自己リンパ球移入療法を併用する療養を受ける可能性が高いと認められ，仮に，原告が今後とも活性化自己リンパ球移入療法を受けようとすれば，インターフェロン療法に要する費用についても全額自己負担とされ，多額の医療費の負担を余儀なくされるおそれがあることに照らすと，上記の権利を有することを確認すべき法律上の利益は肯認することができるとして，当該確認の訴えは適法とした（本案についても認容））

※ 上記の裁判例は控訴され，控訴審は第1審判決を取り消し，請求を棄却したが，訴えの利益については特段の判示をしていない。

○〔確認6〕福岡地判平成18年12月19日最高裁判所ＨＰ（国営諫早湾土地改良事業が行われ，潮受堤防の締切後に赤潮による漁業被害が発生したことから，被害の原因について，潮受堤防の各排水門を開門して，潮汐，潮流，水質，底質等の調査を行う義務が国に発生したとして，付近沿岸の海について漁業権を有する漁業組合連合会が，上記の調査義務を国が負うことの確認を求める訴えを提起したところ，実質的当事者訴訟として，被告に開門調査義務が存在することの確認を求めるものであるから，正に，開門調査義務の存否という当事者間の具体的な公法上の権利義務の存否に関する紛争であって，かつ，法令の適用により終局的に解決することができる性質のものであり，法律上の争訟といえるとした上で，公法上の法律関係に関する確認を求めている場合においては，その有無は正に本案の対象になるのであり，確認を求められた公法上の法律関係が存在しない場合は請求棄却判決がされるべきであるとして，当該確認の訴えは適法とした（本案については棄却））

○〔確認7〕名古屋地判平成21年2月19日判タ1313号148頁（通信制御販売システムに係る商品販売用機械に県青少年保護育成条例で自動販売機への収納を禁止された有害図書類を収納して販売している業者が，県を被告として，同条例の定める届出義務及び図書の撤去義務を負わないことの確認を求める訴えを提起したところ，当事者間に，原告が現に愛知県内に設置して有害図書類を収納・販売している各販売機について，本件条例に基づく届出義務を負うのか否か，有害図書類を収納してはならない義務を負うのか否かという点に見解の相違があり，これにより，届出をしなくても本件販売機により図書類を販売することができるのか否か，本件販売機に有害図書類を収納することがで

(136)

きるのか否かという原告の現在の公法上の法律関係について原告と愛知県知事との間に現実かつ具体的な紛争が生じていることが認められ，かつ，原告が被告との間の本件訴訟において勝訴すれば，その判決の拘束力（行政事件訴訟法第41条第1項，第33条第1項）により，県知事は判決主文が導き出されるのに必要な事実認定及び法律判断につき判決に拘束されることになり，上記の紛争が終局的に解決されることとなると考えられるから，確認の利益が認められるとして，当該確認の訴えは適法とした（本案については棄却））

○〔確認8〕大阪高判平成21年4月14日最高裁判所HP（登記事項証明書の交付手数料を1000円と定める登記手数料令第2条第1項は，不動産登記法第119条第3項の委任の範囲を逸脱し，違法，無効であると主張する者が，交付手数料1000円のうちの未払部分について手数料納付義務がないことの確認を求める請求に係る訴えを提起したところ，当該確認の訴えは適法とした（本案については棄却）），〔確認9〕大阪地判平成19年10月18日最高裁判所HP（同上）

○〔確認10〕福岡高判平成21年9月11日最高裁判所HP（県知事から既に法定解散をしているから水産業協同組合法第68条第5項所定の解散届を提出するよう行政指導を受けるなどした原告が，解散届を提出する義務が存在しないことの確認を求める訴えを提起したところ，現に当事者間に同法上の解散届提出義務の存否という法律関係に関して争いがあるのであるから，その存否の確定が上記紛争の解決に資することは明らかである，法定解散を前提にされた不免許処分等の取消訴訟において取消判決がされてもその拘束力は法定解散しているか否か，解散届の提出義務を負うか否かについては及ばず，原告が法定解散しているか否かを巡る当事者間の紛争を抜本的に解決するためには，確認判決により不利益を除去する必要があるのであって，即時確定を求める法律上の利益があるとして，当該確認の訴えは適法とした（本案については棄却）），〔確認11〕福岡地判平成20年4月25日最高裁判所HP（同上）

○〔確認12〕横浜地判平成21年10月14日判例地方自治338号46頁（市民が一般廃棄物を排出しようとする場合に有料指定収集袋を使用することを義務付けた市廃棄物の減量化，資源化及び適正処理等に関する条例の規定が，地方自治法第227条に反し違法であると主張する市民が，市を被告として，有

(137)

第一部 「改正行政事件訴訟法施行状況検証研究会報告書」の検証

料指定収集袋によらないで排出された一般廃棄物を収集・処分する義務があることの確認を求める訴えを提起したところ，市が指定する有料指定収集袋を使用しなければ，日々発生する可燃ごみ及び不燃ごみの収集を一切受けられない立場にある者らが，上記条例施行後においても，有料指定収集袋を使用することなく，一般廃棄物である可燃ごみ及び不燃ごみの収集を受ける地位があることの確認を求めることが，市との間の紛争解決にとって有効適切であり，即時確定の現実的利益があるといえるなどとして，当該確認の訴えは適法とした（本案については棄却）

○〔確認13〕大阪高判平成17年11月24日最高裁判所HP（琵琶湖において，レジャー活動としてオオクチバス，ブルーギル等の外来魚を採捕した場合には，これを再び琵琶湖に放流してはならない旨を規定する県条例の規定は，立法事実が存在せず，釣り人である原告らの権利を侵害する違憲・違法なものであると主張する者が，①主位的に，過去の一定の日時場所において原告らが採捕した外来魚を生きたまま再放流したことについて，原告らには外来魚を再放流してはならないとの義務のないことの確認を求める訴えを提起したところ，過去の再放流行為について県条例の規定に基づく禁止義務が存するか否かの確定は，ただ単に，その時点における上記義務違反の存否を事実上確定するだけにすぎず，また，当該規定には罰則がないことを考え併せると，上記確定により，本件規定を巡る現在の紛争を直接かつ抜本的に解決することにはならないというべきであるから，過去のある時点における本件規定に基づく再放流禁止義務のないことの確認を求める法律上の利益を認めることはできないなどとし，②予備的に，現在における県条例に基づく上記の義務がないことを確認する訴えを提起していたところ，一般に，一般私人が琵琶湖のような公共用物（自然公物）を使用することによって享受する利益（いわゆる自由使用）は，公共用物が一般私人の使用に供されていることによる反射的利益にすぎず，当該私人が公法上の権利として当該公共用物を使用する権利ないし法律上の利益を有するものではなく，特定の個人がオオクチバス等を生きたまま琵琶湖に再放流する権利ないし法律上の利益を有しているとはいえないとした上で，そうすると，本件規定は，特定の個人の具体的な権利ないし法律上の利益に影響を及ぼすものではないから，県条例の規定に基づく禁止義務のないことの確認

(138)

を求める法律上の利益を肯定することはできないとして，いずれの確認の訴えも不適法とした），〔確認14〕大津地判平成17年2月7日最高裁判所HP（同上）

(2) 一定の地位の確認を求めるもの

○〔確認15〕東京地判平成18年9月12日最高裁判所HP（独立行政法人雇用・能力開発機構が，中小企業における労働力の確保及び良好な雇用の機会の創出のための雇用管理の改善の促進に関する法律等の規定に基づき，雇用安定事業として行う中小企業基盤人材確保助成金に関し，その支給の申請をした者が，助成金を支給しない旨の決定を受けたことから，支給を受けられる地位を有することの確認を求める訴えを提起したところ，関係法令をみても行政庁の「処分」に基づいて支給することを予定していると解釈できるような規定は何ら存しないから，助成金を支給しない旨の決定には処分性はないとした上で，助成金の支給を受けられる地位にあることの確認訴訟を提起し，助成金支給の可否について裁判所の公権的判断を求めることは，助成金支給の要否をめぐる問題を解決するための適切な手段であるといえる一方，他に適切な解決手段も存しないことからすれば，確認の利益を肯定することができるとして，当該確認の訴えは適法とした（本案についても認容））

○〔確認16〕東京地判平成22年3月30日最高裁判所HP（薬局開設者又は店舗販売業者が当該薬局又は店舗以外の場所にいる者に対する郵便その他の方法による医薬品の販売又は授与を行う場合には，第一類医薬品及び第二類医薬品の販売又は授与は行わない旨の規定並びに同医薬品の販売又は授与及び情報提供は有資格者が対面により行う旨の規定を薬事法施行規則に設ける改正省令は，薬事法の委任の範囲外の規制を定めるものであって違法であると主張する者が，第一類・第二類医薬品を郵便販売することができる地位の確認を求める訴えを提起したところ，本件訴えは公法上の当事者訴訟のうちの公法上の法律関係に関する確認の訴えと解することができるとした上で，原告らは，上記の改正省令の施行前は，一般販売業の許可を受けた者として，郵便等販売の方法の一態様としてのインターネット販売により一般用医薬品の販売を行うことができ，現にこれを行っていたが，改正省令の施行後は，本件各規定の適用を受ける結果として，第一類・第二類医薬品についてはこれを行うことができ

(139)

第一部 「改正行政事件訴訟法施行状況検証研究会報告書」の検証

なくなったものであり，この規制は営業の自由に係る事業者の権利の制限であって，その権利の性質等に鑑みると，原告らが，本件各規定にかかわらず，第一類・第二類医薬品につき郵便等販売の方法による販売をすることができる地位の確認を求める訴えについては，本件改正規定の行政処分性が認められない以上，本件規制をめぐる法的な紛争の解決のために有効かつ適切な手段として，確認の利益を肯定すべきであり，また，単に抽象的・一般的な省令の適法性・憲法適合性の確認を求めるのではなく，省令の個別的な適用対象とされる原告らの具体的な法的地位の確認を求めるものである以上，この訴えの法律上の争訟性についてもこれを肯定することができると解するのが相当であるとして，当該確認の訴えは適法とした（本案については棄却））

○〔確認17〕東京高判平成19年4月25日最高裁判所HP（廃棄物処理施設を使用しようとする者が，同施設は，平成9年政令第269号による改正前の廃棄物の処理及び清掃に関する法律施行令の施行前から存在し，かつ，廃棄物の処理及び清掃に関する法律第15条第1項に基づく知事の産業廃棄物処理施設の設置に係る許可が必要でない既設ミニ処分場に該当していたとして，当該施設の使用について，同令施行後においても許可を要しない地位にあることの確認を求める訴えを県を被告として提起したところ，①廃掃法その他の関係法令において，当該既設ミニ処分場を設置利用している者に対し何らの公法上の権利が付与されているわけでないことは明らかであり，本件施設を許可を得ずに使用できる公法上の権利を有していると主張して提起された地位確認請求は，具体的な公法上の地位ないし具体的な公法上の権利義務を対象とするものではないというべきであり，公法上の法律関係に関する確認の訴えに該当しない，②仮にそうでないとしても，このような訴えについて確認の利益があるというためには，控訴人に対して予想される刑事処分その他の不利益処分をまって，これに関する訴訟等において事後的に本件許可の取得の要否を争ったのでは回復しがたい重大な損害を被るおそれがある等の特段の事情が存在しなければならないが，行政当局ないし捜査機関との間で見解が対立し，最終的に刑事処分等の手続に付せられることになったとしても，それらの手続において争うことができるのであって，予め本件許可の要否を確認しなければ回復しがたい重大な損害を被るおそれがあるということはできないなどとして，当該確認

の訴えは不適法とした），〔確認18〕千葉地判平成18年9月29日最高裁判所ＨＰ（上記の事案について，原告は，被告県からの本件通知及び本件警告等の強い行政指導を受け，刑罰を受けることをおそれて，事実上，本件土地を既設ミニ処分場として使用することができない状態となっているところ，行政指導の取消訴訟等を提起することはできないことなどからすれば，刑事手続において，本件許可の要否を争うことができるとしても，これが他により適切な手段によってその目的を達成することができる場合とまでいうことはできず，不利益を除去するためには，本件許可の要否を本件訴訟において確認することが，原告と被告県との間の現在の紛争を直接かつ抜本的に解決するために有効適切な手段であるというべきであるとして，許可を要しない地位にあることの確認の訴えは適法とした（本案については棄却））

○〔確認19〕広島高判平成20年9月2日最高裁判所ＨＰ（日本国外に居住する者が原子爆弾被爆者に対する援護に関する法律に基づいてした被爆者健康手帳の交付申請に対し県知事がした同申請の却下処分の取消訴訟を前記申請者の死亡により承継した者が，同申請者が過去の一定日時において同法第1条第1号に定める被爆者の地位にあったことの確認を求める訴えを提起したところ，当該訴えは過去の法律関係の確認を求めるものであって，特段の事情がない限り，訴えの利益を欠くとした上で，同条所定の「被爆者」の地位は被爆者健康手帳の交付を受けることによって初めて取得されることになるものであって，それ以前の「手帳の交付を受けることのできる地位」にあることからは何らの法的効果も生じず，健康管理手当の支給を受けることができる権利も，同条所定の「被爆者」の地位を得て初めて請求し得るもので，「手帳の交付を受けることのできる地位」に法的な意味は存しない，「被爆者」の地位は，相続の対象となるものではないから，本人である前記申請者が死亡した以上，同条第1号に定める被爆者の地位にあったことを確認することに法的意味はないなどとして，訴えの利益を欠くとし，当該確認の訴えは不適法とした）

(3) 一定の行為等の違法性の確認を直接求めるもの

○前掲〔確認1〕参照（①の訴え及び②の訴えに関する部分）

○〔確認20〕東京地判平成20年12月19日最高裁判所ＨＰ（都市計画法に基づく地区計画の変更決定及び第1種市街地再開発事業の都市計画の決定の違法

(141)

第一部 「改正行政事件訴訟法施行状況検証研究会報告書」の検証

確認を求める訴えを当該地区計画の区域内に不動産を所有する者が提起したところ、①これらの決定は直ちに第1種市街地再開発事業の手続の現実的かつ具体的な進行を開始させるものではなく、原告らの権利又は法的地位に具体的な変動を与えるという法律上の効果が生ずるものではなく、原告らの法的地位に係る不安が現に存在するとまではいえないこと、②本件訴えは、過去の法律関係の確認を求めるものであって、原告らの現在の権利又は法的地位の確認を求める訴えではないことなどに照らすと、確認の利益を認めることができないとして、当該確認の訴えは不適法とした）

○〔確認21〕名古屋地判平成21年1月29日判例地方自治320号62頁（土地区画整理事業の施行地区内の土地所有者が土地区画整理組合を被告として事業計画における区画道路の位置の定めが違法であることの確認を求める訴えを提起したところ、当該区画道路の位置の定めを争うには県を被告として県知事のした土地区画整理組合の設立の認可について取消訴訟等で争うべきであり、公法上の当事者訴訟によってその違法性を確認することは許されないものというべきであるとして、当該確認の訴えは不適法とした）

(4) その他

○〔確認22〕東京高判平成21年1月28日最高裁判所HP（平成10年法律第55号による改正前の風俗営業等の規制及び業務の適正化等に関する法律第28条第3項により同条第2項に基づく条例の適用を受けないものとして店舗型性風俗特殊営業を継続していた者が、その営業所の建物の工事をした後にした、その営業について、平成17年法律第119号による改正前の風俗営業等の規制及び業務の適正化等に関する法律第28条第1項の規定又は第2項に基づく条例の規定が適用されないことの確認を求める訴えを提起したところ、当該確認の訴えは適法とした（本案については棄却））、〔確認23〕東京地判平成19年12月26日最高裁判所HP（同上）

○〔確認24〕大阪地判平成21年10月2日最高裁判所HP（横断歩行者等妨害等（物損事故）の道路交通法違反行為に基づき道路交通法施行令の定める違反行為に付する点数2点が付された者が、違反行為の事実はないにもかかわらず、点数付加のため原告が地方運輸局長が定めた法令遵守基準を満たさないこととなり、個人タクシー事業の許可を受けられないなどと主張して、点数付加が

ないことの確認を求める訴えを提起したところ，①違反点数の付加は抗告訴訟の対象となる行政処分には当たらず，法令遵守基準を満たさないことを理由として申請却下処分がされることを承知の上で個人タクシー事業の許可の申請を行った上で，その申請却下処分の取消しを求める訴えを提起することは可能であるが，そのような方法に合理性を見出すことは困難であり，迂遠でもある，法令遵守基準は，法律上の処分要件とされているものではないから，点数付加が違法であっても直ちに申請拒否処分が違法になるという保障もないことから，端的に本件点数付加がないことの確認を求める訴えを認めることが，紛争の直接かつ抜本的な解決のため有効かつ適切である，②違反点数の付加は，通常の行政処分と同様，行政庁の第一次的判断は明確に示されているのであるから，司法と行政の役割分担を考慮するに当たり，行政庁の第一次的判断が示されているとは限らない義務付けの訴えや差止めの訴えと平仄を合わせる必要は必ずしもなく，重大な損害等の厳格な訴訟要件は要しないというべきであるなどとして，当該確認の訴えは適法とした（本案については棄却））

○〔確認25〕大阪地判平成19年8月10日最高裁判所ＨＰ（座席ベルト装着義務違反に基づき道路交通法施行令の定める違反行為に付する点数1点が付された者が，違反行為の事実はないなどと主張して，違反行為がないことを前提とする現在の累積点数の確認を求める訴えを提起したところ，義務付けの訴え及び差止めの訴えの規定の文言及びその趣旨に照らせば，公法上の法律関係に関する確認の訴えにおいて確認の利益を肯定するためには，行政の活動，作用（不作為を含む。）によって重大な損害が生じるおそれがあり，かつ，その損害を避けるために他に適当な方法がないことが必要であり，他に適当な方法があるか否かについては，当該紛争の実態に鑑み，当該確認訴訟が原告の法的地位に生じている不安，危険を除去するために直截的で有効，適切な訴訟形態か否かという観点から判断すべきであるとした上で，原告は，現時点において，本件違反に係る基礎点数1点が付加されることにより，法令により免許の効力の停止の要件として規定された累積点数に達するものでもなく，また，今後免許証の更新を受ける地位（優良運転者，一般運転者又は違反運転者等の区分）に直ちに影響を及ぼすものでもなく，このほか，原告が一般乗用旅客自動車運送事業の許可を申請しているなどといった事情もないから，本件違反に係る点数付

(143)

第一部 「改正行政事件訴訟法施行状況検証研究会報告書」の検証

加行為がされることにより重大な損害が生ずるおそれがあるということはできず，当該点数付加行為によって原告の法的地位に生じている不安，危険を除去すべき現実的必要性を欠くものといわざるを得ないから，確認の利益を欠くものというべきであるとして，当該確認の訴えは不適法とした）

※ 上記の判決は控訴されているが，控訴審においては，現在の累積点数の確認を求める訴えは取り下げられた。

○ 〔確認26〕横浜地判平成19年9月5日判例地方自治303号51頁（県が新たなごみ焼却施設の建設を内容とする事業の実施に先立って県環境影響評価条例に基づく環境アセスメントの手続を実施すること等を求めた事案につき，原告らと被告との関係は公法上の法律関係に属するものというべきであり，行政事件訴訟法第4条後段の当事者訴訟の要件に該当し，適法なものというべきであるとした（本案については棄却））

※ 本件は，確認の訴えではなく，公法上の法律関係に基づく給付の訴えとして提起されたものである。

3 個別的な議論の概要

(1) 確認の利益の解釈について

国歌斉唱義務不存在確認等最高裁判決（〔確認4〕参照）については，昇給がない，ボーナスの査定が不利であるといった，一般的であり，かつ，茫漠としたものともいえる処遇上の不利益を前提にしつつも「現実の危険を及ぼす」として確認の利益を肯定しており，最一小判昭和47年11月30日の長野勤評最高裁判決から実質的な意味において踏み出しているものと評価でき，今後，不利益が反復継続・累積加重する類型でない場合にも同様の柔軟な解釈が望まれるとの意見が多かった。

他方，〔確認13・14〕や〔確認17〕については，確認の利益を厳格に解し過ぎている面があるのではないかとの意見が大勢を占めた。

また，〔確認20〕をはじめとした行政計画に関する分野では必ずしも利用が進んでいないのではないかとの指摘がされたが，これは行政計画に固有の問題を多く含んでいるので，都市計画に関する特別な訴訟制度の創設を含め，別途検討する必要があるとの指摘があった（なお，第3部第1「行政計画・行政立法について」の2参照）。

(144)

このほか，〔確認6〕については，確認の利益の存否について踏み込んだ検討がされていないが，原告適格におけるような法律上保護された利益が存するか否かの検討をするのが裁判例の基本的な方向性であり，全ての裁判例が〔確認6〕のように緩やかに確認の利益を認めているわけではないのではないか，〔確認26〕についてもこれを確認訴訟の形式で提起していた場合には法律上保護された利益が存するか否かの検討の結果，確認の利益は認められないのではないかとの指摘がされた。これに対しては，〔確認26〕については環境アセスメントに参加する利益は広く一般に付与されており，法律上の争訟に当たらないとの指摘もあり得るかもしれないが，そのような点を除けば，特に抗告訴訟の原告適格についてと同様に根拠法令の保護範囲といったものを議論する必要まではないのではないかといった指摘や，確認訴訟については，取消訴訟などと異なり，訴訟物についてそのタイミングで判断をしないと実効的な権利救済が図られないのか否かの観点から成熟性の要件で確認の利益の存否を検討しており，その視点からは〔確認6〕の判断手法について直ちに違和感があるものではないといった指摘があった。

(2) 公法上の当事者訴訟と民事仮処分について
　ア　両者の関係について
　　　研究会においては，公法上の当事者訴訟と仮の救済との関係がはっきりしないので，公法上の当事者訴訟を本案として民事仮処分の申立てをすることができるのであればそのことを明確にすべく法律上明記すべきであるとの意見があるとの指摘があった。
　　　これは，公法上の法律関係に関する確認の訴えに止まらず，それ以外の類型のものを含めた当事者訴訟全体にわたる問題であるところ，研究会においては，行政事件訴訟法第44条によれば，公権力の行使に当たる行為であれば民事仮処分によらず，執行停止その他の行政事件訴訟法上の仮の救済を利用することになり，他方で，それ以外のものについては行政事件訴訟法第7条により民事仮処分を利用することとされており，行政事件訴訟法において，仮の救済の利用に関する規範は既に明確なのではないかとの指摘がされた。

(145)

第一部 「改正行政事件訴訟法施行状況検証研究会報告書」の検証

　これに対しては、弁護士を代理人に選任せずに訴訟を追行するいわゆる本人訴訟の原告のことを考えれば、より分かりやすい規定を設けることが検討されてよいのではないかとの指摘がされたが、これについては、行政事件訴訟法全体の周知の在り方の問題ではないかとの指摘がされた。

　また、具体的な事案において、公権力の行使に当たるとみるべきか、当たらないとみるべきかが分かりにくいものがあるのは確かであるが、この点を明示しようとすれば、結局、個別にすべての行政の行為等について公権力の行使に当たるのか否かを規定するほかなく、それは現実的には不可能ではないかとの指摘がされた。

イ　立担保規定について

　研究会においては、公法上の当事者訴訟を本案とする仮処分については、民事保全の命令は、担保を立てさせること等を条件として、又は担保を立てさせないで発することができるとする民事保全法第14条は適用しないことにする必要があるとの指摘がされた。

　これに対しては、すべての公法上の当事者訴訟について立担保を命ずる必要がないとは言い切れないのではないかとの指摘や保全命令の発令を抑制する影響を生じる可能性があるのではないかとの指摘がされたが、違法な行政がされている（かもしれない）としてその是正を求めているときに、担保を積まなければ仮処分による仮の救済も得られないのは不合理ではないかとの指摘もされた。

　そもそも、民事保全の担保は違法な保全命令によって生ずる債務者の損害賠償の担保として位置付けられるものであるところ、仮に経済的な利益を目的としない事件であれば、将来の損害が考えにくい、あるいは金銭的に見積もり難く、高額な担保が命ぜられることは少ないのではないかとの指摘がされた。いずれにしても、公法上の当事者訴訟全般について常にそのような指摘が妥当するかについては様々な類型があるため、ケース・バイ・ケースといわざるを得ない部分があるとの意見が大勢を占めた。

(146)

第4　執行停止について
1　制度の概要

> 　改正前の行政事件訴訟法は,執行停止の要件について,①適法な本案訴訟の係属を手続的要件と定めた上で,②回復の困難な損害を避けるため緊急の必要があることを積極的な実体要件とし,③公共の福祉に重大な影響を及ぼすおそれがあること,④本案について理由がないとみえることを消極的な実体要件としていた。
> 　改正行政事件訴訟法においては,上記②の要件につき「重大な損害を避けるため緊急の必要があるとき」と改正することによりこの要件を緩和するとともに,重大な損害を生ずるか否かを判断するに当たっては,「損害の回復の困難の程度」を考慮するとともに,「損害の性質及び程度並びに処分の内容及び性質」を勘案するものとされた(第25条第2項,第3項)。

2　施行状況についての分析

　執行停止については,「重大な損害を避けるため緊急の必要があるとき」の要件における「重大な損害」の要件に関しては,「回復の困難な損害」とされていたのと比べて,損害が財産的なものである場合や社会的信用といったものに関係する場合についても執行停止の申立てが認容される可能性を高めたものとして評価できるとの意見が大勢を占めた(なお,最高裁判所が具体的判断を示した事案は見当たらなかった(ただし,〔執停11〕,〔執停19〕参照)。)。

　もっとも,〔執停33〕や〔執停41〕については「重大な損害を避けるため緊急の必要があると認めるとき」との要件を否定するのは厳しいのではないかとの指摘があったほか,「重大な損害を避けるため緊急の必要があると認めるとき」との要件等について,後掲3「個別的な議論の概要」記載のとおり議論がされた。

【執行停止に関する主要な裁判例】(改行することなく続けて掲げている裁判例は同一事件である。当事者の呼称は第一審の呼称によっている。)

　(1)　「重大な損害を避けるため緊急の必要があるとき」(第25条第2項)

(147)

第一部 「改正行政事件訴訟法施行状況検証研究会報告書」の検証

○ 〔執停1〕大阪地決平成19年3月30日判タ1256号58頁（大学在籍者に対する退去強制令書発付処分につき，学業を継続できなくなるのみならず，大学を除籍されることになる蓋然性が高いなどとして，送還部分のみならず収容部分についても，執行停止の申立てが認容された事例）

○ 〔執停2〕東京高決平成17年12月13日最高裁判所ＨＰ（大学在籍者に対する退去強制令書発付処分につき，極めて計画的かつ意欲的に学業に励んでいた若年の申立人にとって，収容が更に継続されることによって学業に支障を生ずることによる不利益は回復が容易ではなくより重大なものということができるなどとして，送還部分のみならず収容部分についても，執行停止の申立てが認容された事例），〔執停3〕東京地決平成17年9月29日最高裁判所Ｈ（同上）

○ 〔執停4〕東京地決平成17年11月25日最高裁判所ＨＰ（退去強制令書発付処分につき，少なくとも精神科の受診が必要な状況にあるにもかかわらず，その診察を受けられない状況にあり，相手方の対応ぶりからすると，収容を継続させた場合には申立人は適切な診療を受ける機会を失い，精神的，肉体的打撃を受けるおそれがあるとした上で，送還部分のみならず収容部分についても，執行停止の申立てが認容された事例）

○ 〔執停5〕仙台高決平成19年8月7日判タ1256号107頁（公の会館の使用許可の取消処分につき，公演を実施するためには準備期間が必要であり，このまま取消処分が続けば公演の実施も事実上不可能になって，公演の目的が達成できないばかりか，公演の実施という表現の自由も奪われる結果となることは明らかであるとして，当該取消処分の効力停止の申立てが認容された事例）

○ 〔執停6〕東京高決平成19年3月1日最高裁判所ＨＰ（公の施設の使用承認の取消処分につき，開催場所の変更は事実上不可能であり，かつ，集会等の中止による不利益はその性質上金銭賠償等によって事後にこれを回復することが困難なものであるとして，当該取消処分の効力停止の申立てが認容された事例），〔執停7〕東京地決平成19年2月28日最高裁判所ＨＰ（同上）

○ 〔執停8〕岡山地決平成18年10月24日最高裁判所ＨＰ（公の会館の使用許可の取消処分につき，公演が中止となった場合には，申立人は多額の経済的

(148)

損害を被るばかりか，本件公演の中止が憲法上の保障を伴う申立人の集会の自由や表現の自由に対する制約となるとして，当該取消処分の効力停止の申立てが認容された事例）

○〔執停9〕東京地決平成20年12月10日最高裁判所HP（情報公開請求に対する開示決定処分は，事柄の性質上，情報の公開という点で，いわば不可逆的な効果を生ずるものである上，当該情報が公表されることによって申立人の権利，競争上の地位等の利益が害されれば，これを回復することは事実上不可能であるといわざるを得ないことに鑑みれば，重大な損害を避けるため緊急の必要があるとして，第三者による開示決定処分についての執行停止の申立てが認容された事例）

○〔執停10〕大阪地決平成19年7月6日最高裁判所HP（情報公開請求に対する開示決定処分につき，開示決定により申立人の競争上の地位その他正当な利益を害すると認められる余地があるところ，申立人の競争上の地位等が害されれば，その性質上，これを回復することは事実上不可能であるとして，第三者による開示決定処分についての執行停止の申立てが認容された事例）

○〔執停11〕最一小決平成21年7月2日判例地方自治327号79頁（建築確認処分につき，建築工事が続行され，建築物が完成すると，その倒壊，炎上等により，申立人らはその生命又は財産等に重大な損害を被るおそれがあり，かつ，工事が完了すると，建築確認処分の取消しを求める訴えの利益は失われるなどとして，当該建築確認処分の効力停止の申立てが認容された事例），〔執停12〕東京高決平成21年2月6日最高裁判所HP（同上）

○〔執停13〕東京高決平成19年3月14日最高裁判所HP（建築確認処分につき，証拠によって認定された日影の発生の程度に照らすと，当該建物の建築によって生じる日影の発生をもって「重大な損害」に当たるということはできないとして，当該建築確認処分の効力停止の申立てが却下された事例），〔執停14〕東京地決平成19年1月24日最高裁判所HP（上記の事案につき，日影の発生をもって重大な損害に当たるとして，当該申立てを認容）

○〔執停15〕奈良地決平成21年11月26日最高裁判所HP（産業廃棄物処理施設の設置許可につき，申立人らが直接被るおそれのある生命又は身体に係る重大な被害は，いったん発生すると，償うことができない損害を生じさせ

(149)

第一部 「改正行政事件訴訟法施行状況検証研究会報告書」の検証

るものであり，しかも処分の名あて人らの従前の対応に鑑みれば，その蓋然性は極めて高く，金銭賠償によって回復することは困難というべきであるとして，当該設置許可の効力停止の申立てが認容された事例）

○ 〔執停16〕東京高決平成19年3月29日最高裁判所HP（特定の社会福祉法人を保育園の指定管理者に指定する処分につき，引継期間を設けるなど児童らが受ける影響についての軽減措置がとられていること等を考慮すると，保育士が全員交替することになるとしても児童らへの影響は大きなものとはいえないとして，当該指定処分の効力停止の申立てが却下された事例），〔執停17〕横浜地決平成19年3月9日最高裁判所HP（同上）

○ 〔執停18〕東京高決平成19年7月19日最高裁判所HP（弁護士に対する懲戒処分につき，業務停止3月の懲戒処分がされたことによって生じる弁護士としての社会的信用の低下，業務上の信頼関係の毀損等の損害は，その性質上，本案で勝訴しても完全に回復することは困難であり，また，損害を金銭賠償によって完全に補填することも困難であるとした上で，具体的な受任件数から推認される損害の程度を考慮すれば，申立人に重大な損害を生ずるとして，当該懲戒処分の効力停止の申立てが認容された事例），〔執停19〕最三小決平成19年12月18日判タ1261号138頁（原審の判断は，正当として是認することができるとした。）

○ 〔執停20〕東京高決平成17年7月15日最高裁判所HP（医師免許取消処分につき，医師の業務が，国民の健康や安全に直結するものであり，適格性を欠く者がかかる業務に従事することが本来許されないものであることを勘案する必要があるとした上で，病院を閉鎖した場合に医師としての活動を再開することは困難となるとの事情を考慮しても，取消処分の効力停止を正当化することはできないなどとして，当該取消処分の効力停止の申立てが却下された事例），〔執停21〕東京地決平成17年4月26日最高裁判所HP（同上）

○ 〔執停22〕名古屋地決平成19年3月2日最高裁判所HP（保険医の登録取消処分及び指定医療機関の指定取消処分につき，当該各処分により歯科医師としての業務の継続を現在及び将来にわたって著しく困難にするなどとして，重大な損害を避けるため緊急の必要があるとされたが，本案について理由が

(150)

ないとみえるときに当たるとして当該取消処分の効力停止の申立てが却下された事例）

○〔執停 23〕岡山地決平成18年10月2日最高裁判所ＨＰ（保険医の登録取消処分につき，医療活動が自由診療に限定されると，収入が大幅に減少し，その他の事情を考慮すれば申立人の生活が経済的にひっ迫して医業活動の存続自体が至難となり，医師としての知見，技術，能力等の低下を招くおそれがあるなどとして，当該登録取消処分の効力停止の申立てが認容された事例）

○〔執停 24〕甲府地決平成18年2月2日最高裁判所ＨＰ（保険医の登録取消処分につき，保険診療を行うことができなければ，診療所の経営が破たんし，現在雇用している看護師，保育士及び従業員も解雇せざるを得なくなるなどとして，当該登録取消処分の効力停止の申立てが認容された事例）

○〔執停 25〕大阪高決平成18年1月20日最高裁判所ＨＰ（保険医の登録取消処分につき，保険診療を行うことができないことにより収入額が激減し，生活費を捻出できず，ひいては金融機関に対する返済にも支障が生じ，現在の規模，内容の診療所自体を廃止せざるを得ない事態に陥る可能性もあるなどとして，当該登録取消処分の効力停止の申立てが認容された事例）

○〔執停 26〕仙台地決平成22年5月14日最高裁判所ＨＰ（運転免許取消処分につき，勤務先への通勤が不可能となり失職する可能性がある反面，申立人の交通規範に対する遵法精神が低いとまではいえないことからすると，申立人を道路交通の場から排除する必要性が高いとはいえないなどとして，当該免許取消処分の効力停止の申立てが認容された事例）

○〔執停 27〕京都地決平成21年4月28日最高裁判所ＨＰ（運転免許取消処分につき，自動車の利用は，申立人の日常生活にとって必須ともいい得ること，祖母の介護においても重大な支障が生じ，申立人にも損害が生ずるものといわざるを得ないことなどを考慮すれば，免許取消処分の行政目的を達成すべき必要性を勘案してもなおその効力の存続を是認することができない程度の損害に当たるなどとして，当該免許取消処分の効力停止の申立てが認容された事例）

○〔執停 28〕東京高決平成21年1月8日最高裁判所ＨＰ（運転免許取消処分につき，タクシー運転手として勤務を続けられず，高齢で持病があるため警備

(151)

第一部 「改正行政事件訴訟法施行状況検証研究会報告書」の検証

員のアルバイトの職を得ても収入は著しく減少し、生活の維持に困難を帰すべき状況に陥ったなどとして、重大な損害を避けるため緊急の必要があるとされたが、本案について理由がないとみえるときに当たるとして当該免許取消処分の効力停止の申立ては却下された事例）

○〔執停 29〕東京地決平成19年12月28日最高裁判所ＨＰ（運転免許取消処分につき、タクシー運転手としての収入を失うと、直ちに生活の維持に困難を来す状況にあったなどとして、当該免許取消処分の効力停止の申立てが認容された事例）

○〔執停 30〕横浜地決平成22年10月29日最高裁判所ＨＰ（個人タクシー事業許可の期限を更新しない処分につき、当該処分による行政目的の停滞による影響は必ずしも重大であるとはいえない反面、当該処分の執行が停止されなければ、申立人がその生業である個人タクシー事業経営を続行することができないから、その収入がなくなり又は著しく減少する、事業再開にあたり再投資費用の支出を余儀なくされる、申立人が無収入化し、又はその収入が著しく減少することにより、申立人及び老父母の生活が一層困窮し、老父母が物心両面で圧迫を受け、回復し難い損害が発生するに至る可能性もあり得るなどとして、免許取消処分の効力停止の申立てが認容された事例）

○〔執停 31〕横浜地決平成19年7月2日最高裁判所ＨＰ（個人タクシー事業許可の期限を更新しない処分につき、法人タクシーの従業員として勤務することまでは禁止されず、直ちに収入の途を全面的に失うとまではいい難いなどとして、当該更新しない処分の効力停止の申立てが却下された事例）

○〔執停 32〕東京高決平成23年2月22日最高裁判所ＨＰ（きゅう務員設置認定の取消処分につき、取消処分により無職となった場合には、申立人は、早晩困窮することとなり、事後の金銭賠償では回復が困難な重大な損害をもたらす蓋然性が高いから、社会通念上、競馬の公正と円滑かつ安全な実施を確保するという行政目的達成の必要性を一時的に犠牲にしてもなお申立人を救済しなければならない緊急の必要性があるなどとして、当該取消処分の効力停止の申立てが認容された事例）

○〔執停 33〕広島高決平成21年2月12日最高裁判所ＨＰ（風俗営業の営業停止処分につき、申立人は形式的には一つの独立した会社という形態をとって

(152)

いるものの，一つの会社の一部門と同視し得るものであり，重大な損害を生ずるか否かを判断するに当たってはグループ全体への影響を考慮して判断すべきであるとした上で，当該店舗の営業停止がグループ全体の営業を悪化させ，通常の営業に回復するまでに重大な損害が生じることになるとまではいえないなどとして，当該営業停止処分の効力停止の申立てが却下された事例），〔執停34〕広島地決平成20年11月21日最高裁判所HP（上記の事案において，グループに属する企業であっても，その経営の維持は法人ごとに検討されるべきであるとした上で，本件店舗の営業停止に伴う損害は軽視できないなどとして，当該営業停止処分の効力停止の申立てが認容された事例）

○〔執停35〕前橋地決平成21年10月23日最高裁判所HP（都市計画法に基づく建築物除却命令につき，当該建物の建築及び設備工事に要した費用が3億円を上回ること，現時の経済状況をも併せ考慮すれば，相手方が相当程度の営業規模を有する企業であることを考慮しても，相手方の受ける損害は重大であり，金銭賠償による事後的な回復が不可能であるとはいえないとしても，その規模に鑑みれば，回復は容易でないというべきであるなどとして，当該除却命令の執行停止の申立てが認容された事例），〔執停36〕東京高決平成21年12月24日最高裁判所HP（同上）

○〔執停37〕佐賀地決平成21年1月19日最高裁判所HP（介護保険法に基づくサービス事業者としての指定の取消処分につき，申立人の全ての事業所に関する指定の取消しではなく，効力の発生までに猶予期間が設けられているとはいえ，その影響の程度は，事業全体が経済的な破綻にまで至るものといえ，これは金銭によっては完全には償うことは困難であるなどとして，当該指定取消処分の効力停止の申立てが認容された事例）

○〔執停38〕宇都宮地決平成21年1月5日最高裁判所HP（介護保険法に基づくサービス事業者としての指定の取消処分につき，これにより事業所を閉鎖することとなれば，介護保険サービス事業を継続し得なくなり，かつ，利用者の信頼も低下し，他の業者の施設へ流れるなどした被介護者が利用を再開しないことも容易に想定されるから，事業全体が経済的な破綻にまで至るものといえるなどとして，当該指定取消処分の効力停止の申立てが認容された

(153)

第一部 「改正行政事件訴訟法施行状況検証研究会報告書」の検証

事例）

○〔執停39〕広島高岡山支決平成20年4月25日最高裁判所ＨＰ（介護保険法に基づくサービス事業者としての指定の取消処分につき，取消処分は申立人の経営に多大な影響を与えるところ，理念的には金銭賠償が可能であるといえるとしても，申立人が本件取消処分によって被る損害は信用毀損等多方面に広がるといえ，それを適切に評価することは社会通念上極めて困難であり，また回復のためには，国家賠償請求等による事後的な訴訟を提起しなければならない可能性が高いうえ，国家賠償法は過失責任主義を取っていることからすれば，当該取消処分が違法であれば常に金銭賠償を得ることができるともいえないなどとして，当該取消処分の効力停止の申立てが認容された事例），〔執停40〕岡山地決平成20年1月30日最高裁判所ＨＰ（同上）

○〔執停41〕東京高決平成18年1月19日最高裁判所ＨＰ（社会福祉事業（無料低額宿泊事業）の停止処分につき，提出された資料は真正に作成されたものではないとの疑念が払拭できず，損害の発生を裏付ける的確な疎明資料はないし，それをおいても申立人が主張する損害は金銭的損害であるから，社会通念上金銭賠償による回復をもって満足することもやむを得ないなどとして，停止処分の効力停止の申立てが却下された事例），〔執停42〕千葉地決平成17年8月29日最高裁判所ＨＰ（上記の事案において，損害の発生を裏付ける資料が提出されているとの評価を前提に，投下費用が損害となるほか，事業を再開することは困難となるといえるなどとして，当該停止処分の効力停止の申立てが認容された事例）

○〔執停43〕福岡高決平成17年5月31日最高裁判所ＨＰ（一般旅客定期航路事業の一部停止命令につき，申立人には大幅な売上の減少が見込まれるのみならず，顧客や地域住民等第三者ないし公共的利益の損害は申立人の信用失墜に直結しかねない極めて甚大なものがあり，かつ，いったん失われた信用の回復は著しく困難であるなどとして，当該停止命令の効力停止の申立てが認容された事例），〔執停44〕福岡地決平成17年5月12日最高裁判所ＨＰ（上記の事案につき，事業停止命令の効力を停止させれば法の目的を無にするに等しい重大な影響が生じるおそれが大きい一方で，事業停止命令により申立人が被る損害は財産的損害に尽きるものであり，将来の金銭賠償で回

(154)

復可能な程度にとどまるなどとして，当該停止命令の効力停止の申立てが却下された事例）

○〔執停45〕横浜地決平成19年4月25日最高裁判所ＨＰ（課税処分取消訴訟を提起した者が公売処分の続行停止を求めた事案において，対象物件は申立人及びその家族が長年自宅として使用しているものであり，強い愛着のある物件であって，申立人の留守家族（申立人本人は刑務所に収容中）が転居を余儀なくされれば，事後的な金銭賠償だけでは償い切れない損害が発生するなどとして，当該公売処分の続行停止の申立てが認容された事例）

○〔執停46〕大阪地決平成19年1月4日判例地方自治299号78頁（土地区画整理法に基づく仮換地の指定処分につき，違法に仮換地の指定がされた場合に当該指定を受けた権利者に生じる損害は，特段の事情のない限り，一定期間，指定された仮換地について使用・収益をすることができるのみで従前地について使用・収益することができなくなることに伴う財産上の損害であるところ，従前地の原状は更地であって耕作等の用に供していた様子もうかがわれず，他方，本件仮換地の現況は宅地であることに加え，双方の位置関係に照らしても，申立人に生じる損害はその性質及び程度に照らして回復が困難であるとはいえないなどとして，仮換地指定処分の効力停止の申立てが却下された事例）

(2) 「公共の福祉に重大な影響を及ぼすおそれがあること」（第25条第4項）

改正後の裁判例には，本要件を充足しないとして執行停止を否定した裁判例は見当たらなかった。

3　個別的な議論の概要

(1) 「重大な損害を避けるため緊急の必要があるとき」の要件における「重大」要件の緩和について

研究会においては，①処分が違法である可能性が高くとも，損害が軽ければ執行停止の申立てが認容されないという問題がある，②公共の福祉に特段影響を与えないような事案においては，損害が重大でなくとも執行停止の申立てが認容されるようにすべきであるといった指摘がされた。

(155)

第一部　「改正行政事件訴訟法施行状況検証研究会報告書」の検証

　これらの指摘は，いずれも「重大な損害を避けるため緊急の必要があるとき」の要件の判断過程において，「処分が違法である蓋然性」や「公共の福祉への影響の程度」を考慮すべきであるとの指摘であると解されるところ，上記①については実務上裁判官も一応は考慮しており，処分が違法である蓋然性が高ければ損害の重大性が乏しくても認容方向で検討しているとの指摘や，処分が違法である蓋然性が多少低くとも損害が重大で回復が困難である場合にはやはり認容方向で検討しているとの指摘もあった。しかしながら，これらの判断が明示的に示された執行停止に関する決定例は公刊物には見当たらず，制度として両者を連動させる根拠とするのは困難であるとの指摘もあり得るところであり，また，両者を連動させた場合には逆に申立てを却下する方向に実務が動く危険があるのではないかといった指摘や，両者の要件は性質の異なるものであり，この要件を一体的に規定することは技術的に困難ではないかとの指摘もあった。また，そもそも，処分が違法であるとの具体的心証を得ているのに損害要件を充たさないために執行停止の申立てを却下せざるを得なかったとの実例があるのかどうかについては，判然としないとの指摘もあった。

　また，上記②の指摘については，「処分の内容及び性質」を考慮するように規定した改正行政事件訴訟法第25条第3項の趣旨に照らせば，一定程度，その指向する方向性は具現化されているのではないかとの指摘がされた。

　なお，執行停止のほか，仮の義務付け及び仮の差止めについても，上記と同様の指摘があるところ，これらはいずれも仮の救済の制度であるため，仮の救済全体を見通して検討する必要がある（（第6「仮の義務付けについて」3(1)，第7「仮の差止めについて」3(3)参照））。

(2) 「重大な損害を避けるため緊急の必要があると認めるとき」の要件における第三者の利益の取扱い

　研究会においては，執行停止の「重大な損害を避けるため緊急の必要があるとき」の要件につき，一定の利害関係を有する第三者の損害も上記の「損害」に含まれるように明文の規定を設ける必要があるとの指摘

(156)

があった。

　これに対しては、要件自体の理解としては、申立人本人の利益が損なわれたかが判断の対象となるといわざるを得ず、他方で、申立人と同居する家族など一定の関係にある者が不利益を被る場合には、それがひいては本人自身の損害といえないかについて検討するのが適切であるとの指摘があった。そして、裁判例全体の傾向としても、「申立人本人と一定の関係にある第三者」の不利益を本人の不利益として考慮することが適切であればこれを考慮するという立場であり、その限度ではあるものの、第三者の不利益であることを理由に直ちに考慮の対象外とはしていないとの指摘があった（〔執停27〕、〔執停30〕、〔執停40〕、〔執停45〕などは第三者の不利益も考慮している。）。

　これに対しては、「第三者の不利益は考慮しない」旨を明示する裁判例があるとの指摘もされたものの、それは本人の不利益として考慮しようがないことを前提にしていたにすぎず、上記のような立場と直ちに矛盾しないとみることができるとの指摘もされ、結局、第三者の利益を本人の利益と同視することが可能か否かの判断が厳格に過ぎ、国民の権利の実効的な救済が阻害されているといえるか否かの問題ではないかとの指摘がされた。

　そして、第三者の利益を考慮すべき具体例として、貸金業法に基づく営業停止処分の執行停止に関する借り手たる中小企業者の例が挙げられるところ、むしろ当該中小企業者の利益の観点から行政処分がされる場合もあり得ることに照らせば、結局、行政処分の根拠法規の趣旨や処分の内容等を考慮することになるのであり、そうすると、行政事件訴訟法第25条第3項と同様のこととならざるを得ないのではないかとの指摘がされた。

　第三者の利益考慮の在り方としては、処分の内容・性質に鑑みて、第三者の利益を本人の利益として考慮することが適切と判断される場合には、第三者の利益が主張されているからこれを考慮することはできないと図式的に判断するのではなく、当該第三者の不利益を本人の不利益と同視して考慮することが、改正の要否はともかく、望ましいとの点には

(157)

(3) 第三者が処分の執行停止の申立てをした場合における処分の名あて人の手続関与

研究会においては，処分の名あて人以外の者が処分の執行停止の申立てをした場合には，処分の名あて人の保護の観点から，その意見を聴取するなど手続関与を認める必要があるとの指摘がされた。

もっとも，これに対しては，処分の名あて人の手続参加を法律上常に保障しなければならないこととすれば，裁判所における審尋期日の指定が必要となるなど相応の時間を要することになるため執行停止の手続の迅速性を害するのではないか，手続保障が時間的に不可能な場合もあるのではないかといった指摘がされた。また，仮に意見聴取等を任意のものとするとすれば，相手方を通じて処分の名あて人の意見を実際上聴取するといった現行法の下での運用と差はないのではないかとの指摘もあった。

加えて，当事者以外の者が執行停止の手続に参加する方策としては，現行法の下でも補助参加が可能と解することができ（注），実際に補助参加が行われた実例もあるとの指摘がされた。そして，そうであるとすれば，これと別に上記のように意見聴取に係る規定を設ける場合には，両者の関係をどのように整理するのかといった問題も生ずるとの指摘があった。

また，「処分の名あて人」との概念についても，様々な処分を念頭に置いた場合には具体的にどのような地位にある者をいうのか，必ずしも判然としないものもあるのではないかとの指摘もあった。

結局，どの程度の手続保障を行うべきかについても事案によることに鑑みれば，名あて人への告知の義務付けといった手当てをすることは適切ではないが，一定の事案について第三者に参加の機会を付与するのが適切な場合があるところであり，実務においては，必要に応じて，補助参加の規定等が活用されるべきであるとの意見が大勢を占めた。

(注) 行政事件訴訟法第7条によりその例によることとされる民事訴訟法の補助参加に係る規定の適用である。なお，民事保全においても，民事保全法第7条におい

て民事保全の手続に関しては民事訴訟法の規定を準用する旨の規定を置いているところ，補助参加に関する規定についても準用されると解されているところであり，保全又は仮の救済段階であることを理由に補助参加に係る規定が適用ないし準用されることを否定する必要はないものと解される。ちなみに，行政事件訴訟の本案事件について，行政事件訴訟法第7条の規定によりその例によることとされる民事訴訟法の補助参加に係る規定の適用があることは，一般的に肯定されているから，行政事件訴訟であることを理由に補助参加の規定の適用を否定する必要もないところである（ただし，この点を法律上明確にすべきではないかとの指摘もされた。）。

加えて，行政事件訴訟法第22条又は第23条の規定が執行停止について適用がないとまで解する必要はなく，むしろ，一定の場合にはその必要があることは明らかであり，同条の適用の余地もあるのではないかとの指摘があった。

(4) 本案訴訟の適法な係属について

執行停止に関しては，本案訴訟の適法な係属が要件と解されているところ，研究会においては，本案訴訟と執行停止とで同一の書面を提出することになる手間や本案訴訟を提起すれば印紙代や弁護士報酬が高くなるという問題があること，執行停止の申立てが行政側に再考を促す機会にもなり，無用な本案訴訟の提起を回避することができるというメリットがあること，公法上の当事者訴訟であれば民事仮処分によるため，本案提起が不要であり，この間にアンバランスがあることなどから，民事仮処分と同様に，本案訴訟の適法な係属を要件としないようにした上で，起訴命令の制度（民事保全法第37条）などを整備すべきであるとの指摘がされた。

これに対しては，本案訴訟の適法な係属の要件は平成16年改正前から変更はないものであるところ，行政側がフォーマルな手段をとっている以上，フォーマルな争い方で対応されるべきではないかといった指摘や，印紙代については訴訟費用制度全般の中で検討されるべき問題ではないかといった指摘もされた。

また，本案訴訟の適法な係属を不要とすべきであるとの見解は，執行停止の判断において，処分の適否に関する一定の判断が示されることを

(159)

第一部　「改正行政事件訴訟法施行状況検証研究会報告書」の検証

前提とするものであるところ（そうでなければ，本案訴訟の提起は早晩必要となり，上記の指摘が前提とするようなメリットは発生しない。），執行停止の決定においては「本案について理由がないとみえる」かという限られた資料に基づく暫定的判断を示すものにすぎず，処分の実体的な適否についての正面からの判断は理論的には必要とされていないし，実際にも本案と同レベルのものとして判断が示されるケースは実務上まれであることと整合しないとの指摘があった。また，被告（行政）側としても執行停止の判断が出ても，まだ本案で争う余地があるとみることが多いところ，執行停止で実体面の決着がつくことになるとすれば，執行停止の審理も相当慎重に行う必要が出てきて，手続全体が重くなるのではないかとの指摘があった。

これに対しては，地方公共団体などでは裁判所の示した判断に従うことも予想され，労働審判のように，本案訴訟の提起に至らない簡易な暫定的判断を求めるものがあってよいのではないかとの指摘がされたが，それは行政不服審査が担うべきものではないかとの指摘もあった。

なお，執行停止のほか，仮の義務付け及び仮の差止めについても，同様に，本案訴訟の適法な係属を要件としないようにすべきであるとの指摘もあるところ，これらはいずれも仮の救済の制度であるため，仮の救済全体を見通して検討する必要がある（第6「仮の義務付けについて」3(2)，第7「仮の差止めについて」3(4)参照）。

(5) 仮の執行停止について

研究会においては，執行停止の申立てがされたにもかかわらず，行政側が処分を執行してしまい，本案訴訟の利益が失われる事案があることから，執行停止の申立てを受けた裁判所において，職権に基づいて，仮の執行停止の決定を行うことを可能とする制度を設けるべきであるとの指摘がされた。

この点，現在の実務においては処分の執行日が迫っている場合には，可及的に，執行日までの間に必要な審理を終えるように体制を組んで対処しているとの指摘があった（なお，仮に第一審で執行停止の決定があれば，即時抗告がされても執行停止の効力が停止することはない（行政

(160)

事件訴訟法第25条第8項)。)。

　また，裁判所が具体的にどのような要件に基づいて「仮の停止」の要否を判断することとするかはともかくとしても（全くの無要件として裁判所の裁量に委ねるのは適切ではない。），仮に，その要件審理を行うに当たり当事者双方の意見を聴取するのであれば仮の執行停止制度を設ける意味は乏しいのではないか，また，その判断に対する不服申立ての機会を保障することになると思われるが，その場合には手続がいたずらに複雑になる懸念があるといった指摘がされた。

第一部 「改正行政事件訴訟法施行状況検証研究会報告書」の検証

第5 仮の義務付けについて

1 制度の概要

> 改正前の行政事件訴訟法は，仮の義務付けについて，特段の規定を設けていなかった。
>
> 改正行政事件訴訟法は，新たな抗告訴訟の類型として義務付けの訴えを設けたことに伴い，国民の権利利益の実効的な救済手続の整備を図る観点から，本案判決前における仮の救済の制度として仮の義務付けを新設した。
>
> 仮の義務付けの要件としては，①義務付けの訴えの提起があった場合であることに加え，②「その義務付けの訴えに係る処分又は裁決がされないことにより生ずる償うことのできない損害を避けるため緊急の必要があ」ること，③「本案について理由があるとみえる」ことのいずれにも該当することが必要である（行政事件訴訟法第37条の5第1項）。
>
> 他方で，「公共の福祉に重大な影響を及ぼすおそれがある」ときには，仮の義務付けをすることはできないとされる（同条第3項）。
>
> 執行停止に比べて要件が加重されているのは，仮の義務付けが，行政庁が処分をしていないにもかかわらず，裁判所が処分をすべき旨を直接命ずる裁判であり，しかも，本案判決において求める結果と同じ内容を本案判決前に仮に命ずる裁判であることから，そのような重大な効力を有する裁判をするに当たっては，それにふさわしい仮の救済の必要性が認められることを要件とする趣旨であるとされている。

2 施行状況についての分析

　　申請型の仮の義務付けについては，入園・入学分野において〔仮義1〕，〔仮義2〕，〔仮義3・4〕，〔仮義5〕，〔仮義6〕，公的給付の分野において〔仮義11・12〕のような認容事例も相応にあり，立法時に期待された成果があがりつつあるとの指摘が大勢を占めた。

　　他方で，処分の名あて人以外の第三者が提起する非申請型の処分についての仮の義務付けについては，そもそも公表された事例に乏しかった（なお，公表されてはいないものの，現に却下されている例はあるとの指摘もされた。）。

　　もっとも，「償うことのできない損害を避けるため緊急の必要があ」るとの要件等について，後掲3「個別的な議論の概要」記載のとおり議論が

（162）

された（なお，最高裁判所が具体的判断を示した事案は見当たらなかった。）。

【仮の義務付けに関する主要な裁判例】（改行することなく続けて掲げている裁判例は同一事件である。）

○〔仮義1〕徳島地決平成17年6月7日最高裁判所ＨＰ（町立幼稚園長に対して二分脊椎の障害のある幼児の幼稚園への就園の許可を申請したところ，不許可とする決定をされた者が，就園を許可するように仮の義務付けを求めた事案につき，本案訴訟の判決を待っていては幼稚園に正式入園して保育を受ける機会を喪失するなどとして償うことのできない損害を避けるため緊急の必要があるといえるとし，他方，公共の福祉に重大な影響を及ぼすおそれは認められないなどとして，仮の義務付けの申立てを認容）

○〔仮義2〕東京地決平成18年1月25日最高裁判所ＨＰ（市福祉事務所長に対してカニューレを装着した児童の普通保育園への入園の申請をしたところ，不承諾とされた者が，入園を承諾するように仮の義務付けを求めた事案につき，本案訴訟の判決を待っていては保育園に入園して保育を受ける機会を喪失する可能性が高い，幼児期において子どもをどのような環境においてどのような生活を送らせるかは親権者の権利，義務にも影響するから，子どもの損害は親権者の損害でもあるなどとして償うことのできない損害を避けるため緊急の必要があるといえるとし，かつ，たん等の吸引と誤えんへの注意の点について格別の配慮を要するとしても，その程度に照らし，普通保育園での保育が可能であると認めるべきであり，市福祉事務所長の判断には裁量の逸脱・濫用があるなどとして，仮の義務付けの申立てを認容）

○〔仮義3〕大阪高決平成20年3月28日最高裁判所ＨＰ（気管支ぜんそくに罹患するなどする子どもは学校教育法71条にいう病弱者に該当するとして，市教育委員会が同人を特別支援学校である特定の学校に就学させるべき旨の指定通知の仮の義務付けを求めた事案につき，指定をしないことは裁量権の逸脱・濫用に当たり，本案について理由があるとみえるときに該当し，かつ，今後とも不登校の状態が続く蓋然性が高いことは容易に推認され，同人の心身の健全な発達が一層阻害されることは明らかであることなどから償うことのできない損害を避けるため緊急の必要があるといえるとして，仮の義務付けの申

(163)

第一部　「改正行政事件訴訟法施行状況検証研究会報告書」の検証

立てを認容），〔仮義4〕大阪地決平成19年8月10日最高裁判所ＨＰ（同上）

※　ほぼ同旨の認容事案として大阪地決平成20年7月18日判例地方自治316号37頁（〔仮義5〕）がある。

○〔仮義6〕奈良地決平成21年6月26日最高裁判所ＨＰ（四肢に障害があるものの学校教育法施行令第5条第1項第2号の認定就学者に該当するとして，申立人の就学すべき中学校として特定の中学校を指定するよう仮の義務付けを求めた事案につき，同人が認定就学者に該当しないと判断し，指定を行わなかった判断は著しく妥当性を欠き，特別支援教育の理念を没却するもので裁量を逸脱・濫用したものであり，本案について理由があるとみえるときに該当するとし，かつ，普通学級で他の生徒らと共に授業を受け，学校生活を送ることで，自己の障害を克服する等するための時間が刻々と失われている状況にあるなどとして償うことのできない損害を避けるため緊急の必要があるといえるとして，仮の義務付けの申立てを認容）

○〔仮義7〕岡山地決平成19年10月15日最高裁判所ＨＰ（歌劇団の公演を実施するため公の施設（シンフォニーホール）の使用許可の申請をしたところ当該施設の指定管理者たる財団法人が不許可処分をしたことから，許可処分の仮の義務付けを求めた事案につき，公演を通じて図ろうとした，民族教育を守り発展させる，在日朝鮮人社会の連携を深めるなどの目的が達せられないなどの精神的苦痛等の損害は金銭賠償のみによって甘受させることが社会通念上著しく不相当と評価されるものであり，開催予定日までに本案訴訟の判決が確定しないことも明らかであるから償うことのできない損害を避けるため緊急の必要があるといえるとし，かつ，地方自治法又は条例の定める使用不許可事由は存在しないから本案について理由があるとみえるときに当たるとする一方，公演を実施しても警察の適切な警備等によって防止できない混乱が生ずるとは認め難いから公共の福祉に重大な影響の及ぶおそれがあるとはいえないとして，仮の義務付けの申立てを認容）

○〔仮義8〕福岡高決平成22年7月20日最高裁判所ＨＰ（一般乗用旅客自動車運送事業の運賃及び料金の認可申請を却下された者が，申請の認可の仮の義務付けを求めた事案につき，認可がされなければ原認可に付された期限の経過を

(164)

もってタクシー事業に係る営業を停止せざるを得ないこととなり，会社の人的基盤の喪失や顧客等との信頼関係の破壊を含む損害が発生し，これは金銭賠償のみによって甘受させることが社会通念上著しく不相当であり，原認可の期限も切迫しているから，償うことのできない損害を避けるため緊急の必要があるといえるとし，かつ，不許可処分は裁量権を逸脱・濫用したものと一応認められるから本案について理由があるとみえるときに当たるとする一方，認可を仮に義務付けても直ちに運賃認可制度の運用に重大な混乱が生じるとは認め難いなどとして公共の福祉に重大な影響を及ぼすおそれがあるとはいえないとし，仮の義務付けの申立てを認容），〔仮義 9〕福岡地決平成２２年５月１２日最高裁判所ＨＰ（同上）

※ 〔仮義 9〕においては，仮の義務付け命令の効力の終期を定めており，特定の日又は第一審判決の言渡しの日のいずれか早い日とした。

○〔仮義 10〕名古屋地決平成２２年１１月８日最高裁判所ＨＰ（一般乗用旅客自動車運送事業の運賃及び料金の認可申請を却下された者が，申請の認可の仮の義務付けを求めた事案につき，認可がされなければ申立人はタクシー事業を行うことができなくなり，その影響は，法人である申立人の営業活動ができなくなり倒産の危機が現実的になることにとどまらず，その従業員の収入が途絶えることにもつながるから，償うことのできない損害を避けるため緊急の必要があるといえるとし，かつ，本案について理由があるとみえるときに当たるとする一方，認可を仮に義務付けても公共の福祉に重大な影響を及ぼすおそれがあるとはいえないとし，仮の義務付けの申立てを認容）

○〔仮義 11〕福岡高裁那覇支決平成２２年３月１９日最高裁判所ＨＰ（生活保護の開始の申請を却下された者が，生活保護を開始して生活扶助等を支給することの仮の義務付けを求めた事案につき，本件申請時において，必要な生活費，家賃及び医療費等に著しく不足する困窮状態にあり，生活扶助等が支給されなければ，申立人が健康で文化的な最低限度の生活水準を維持することができないという損害を被るおそれがあったなどとして償うことのできない損害を避けるため緊急の必要があるといえるとし，かつ，生活保護を開始しないことが裁量の範囲を超えるものと一応認められ，本案について理由があるとみえるときに該当するとし，仮の義務付けの申立ての申立てを認容），〔仮義 12〕那覇地

(165)

第一部 「改正行政事件訴訟法施行状況検証研究会報告書」の検証

決平成21年12月22日最高裁判所ＨＰ（同上）

○〔仮義13〕東京地決平成18年10月20日最高裁判所ＨＰ（入管法第61条の2の4第1項に基づく仮滞在の許可の仮の義務付けを求めた事案につき，①上陸防止施設（エアポートレストハウス）に留め置かれること，②退去強制令書が発付されること，③退去強制手続において，身体が拘束されること，④入国管理局収容場等に収容されたままの状態で難民認定手続が進行することが損害として主張されたところ，社会通念上金銭賠償による回復をもって甘受することもやむを得ない等の理由により償うことのできない損害を避けるため緊急の必要があるとはいえないとして，仮の義務付けの申立てを却下）

○〔仮義14〕名古屋地決平成22年11月19日最高裁判所ＨＰ（解散請求の代表者である申立人らが，市議会の解散請求をするための署名簿を区選挙管理委員会に提出し，署名簿に署名した者が選挙人名簿に登録された者であることの証明を求めたのに対し，各区選挙管理委員会が，地方自治法所定の審査期間を延長し，いまだ署名の効力の決定等を行っていなかったところ，①署名の効力の決定及び証明をすること，②署名簿の関係人に対する縦覧をすること，及び③署名簿の縦覧の期間及び場所について予めこれを告示し，かつ，公衆の見やすい方法によりこれを公表することの仮の義務付けを求めた事案につき，上記延長は適法であると認められるので，本案について理由があるとみえるときに当たるとは認められないとして，仮の義務付けの申立てを却下）

○〔仮義15〕名古屋地決平成19年9月28日最高裁判所ＨＰ（養育している実子が退去強制令書発付処分後に日本人男性により認知を受けたことから在留特別許可が認められるべきであるとして退去強制令書発付処分の撤回及び在留特別許可の付与の仮の義務付けを求めた事案につき，認知の事実は実質的な父子関係の形成とは無関係なものであるなどの理由により，裁量権の逸脱・濫用はなく，本案について理由があるとみえるときに当たるとは認められないとして，仮の義務付けの申立てを却下）

○〔仮義16〕大阪地決平成19年8月10日最高裁判所ＨＰ（住民異動届を提出したところ居住の実態がないとして不受理処分をされた者が，当該異動届に基づく住民登録の仮の義務付けを求めた事案につき，不受理処分の住所地の判断に不合理な点はなく，他に不受理処分が違法であることをうかがわせる事情もな

いとして，不受理処分の取消しを求める請求を認容する余地はなく，そのため，義務付けの訴えが適法に係属しているということはできず，本案について理由があるとみえるときにも該当しないとして，仮の義務付けの申立てを却下）

3　個別的な議論の概要

(1)　「償うことのできない損害を避けるため緊急の必要があ」るとの要件の緩和について

　　仮の義務付けにおいては，「償うことのできない損害を避けるため緊急の必要があ」ることが要件とされているところ，研究会においては，この要件が厳し過ぎて非申請型の仮の義務付けを中心に有効に活用することができていないので，この要件を廃止すべきであるとの指摘があった。

　　これに対しては，行政庁が処分をしていない段階で行政庁に対して直接処分をすべきことを命ずることからすると，「償うことのできない損害を避けるため緊急の必要があ」るとの要件を撤廃する必要はないのではないかとの指摘があった。また，少なくとも，申請型の処分については相応に認容例もあり，処分の内容や性質を踏まえた柔軟な解釈が行われているとの指摘がされた。

　　これに対しては，「本案について理由があるとみえる」といえるにもかかわらず，更に要件を加重する必要はなく，国家賠償による対処では救済として十分ではないのではないかとの指摘がされたが，あくまでも仮の救済の手続における暫定的な判断として「理由があるとみえる」ことが要件であり，本案とは審理の在り方も異なるものであって，仮の義務付けの効果が断行の仮処分と共通する性格のものであることを考えれば，要件の加重は制度的には必要ではないかとの指摘がされた。

　　なお，非申請型の処分については，そもそも，その義務付け訴訟についての「重大な損害」の要件が問題であるとの指摘もされていることから（第1「義務付け訴訟について」3(1)参照），仮の義務付けの要件の緩和は義務付け訴訟の「重大な損害」の要件の緩和と連動したものとなるのではないかとの指摘がされた。

(167)

(2) 「本案について理由があるとみえる」ことと損害要件との総合的判断について

　仮の義務付けにおいては，本案について理由があるとみえることが要件とされているところ，研究会においては，実際上は「本案について理由があるとみえる」との要件と損害要件とは相関的なものとして解釈・運用されているし，本案に理由があると判断しているのに損害要件で却下するのは不合理であるとして，これらを総合的に判断するようにすべきであるとの指摘があった。

　この点については，執行停止においても同様の指摘があったところであるが，執行停止を含めた仮の救済全般で統一的な結論となるべきものと解される。

　具体的には，第4「執行停止について」3(1)参照。

(3) 本案訴訟の適法な係属について

　研究会においては，仮の義務付けについても，執行停止と同様に，本案訴訟の適法な係属が要件とされているところ，本案訴訟の適法な係属を要件としないようにすべきであるとの指摘がされた。

　この点については，執行停止を含めた仮の救済全般で統一的な結論となるべきものと解される。

　具体的には，第4「執行停止について」3(4)参照。

第6 仮の差止めについて

1 制度の概要

　改正前の行政事件訴訟法は，仮の差止めについて，特段の規定を設けていなかった。

　改正行政事件訴訟法は，新たな抗告訴訟の類型として差止めの訴えを設けたことに伴い，国民の権利利益の実効的な救済手続の整備を図る観点から，本案判決前における仮の救済の制度として仮の差止めを新設した。

　仮の差止めの要件としては，①差止めの訴えの提起があった場合であることに加え，②「その差止めの訴えに係る処分又は裁決がされることにより生ずる償うことのできない損害を避けるため緊急の必要があ」ること，③「本案について理由があるとみえる」ことのいずれにも該当することが必要である（行政事件訴訟法第37条の5第2項）。

　他方で，「公共の福祉に重大な影響を及ぼすおそれがある」ときには，仮の差止めをすることはできないとされる（同条第3項）。

　執行停止に比べて要件が加重されているのは，仮の差止めが，行政庁が処分をしていないにもかかわらず，裁判所が，処分をしてはならない旨を直接命ずる裁判であり，しかも，本案判決において求める結果と同じ内容を本案判決前に仮に命ずる裁判であることから，そのような重大な効力を有する裁判をするに当たっては，それにふさわしい仮の救済の必要性が認められることを要件とする趣旨であるとされる。

　なお，「償うことのできない損害」は，およそ金銭賠償が可能なものがすべて除かれるものではなく，社会通念に照らして金銭賠償のみによることが著しく不相当と認められるような場合を含むものと解されている。

2 施行状況についての分析

　仮の差止めについては，市立保育所を廃止する内容の条例の制定について〔仮差1〕，住民票の消除処分について〔仮差3〕のような認容事例がある一方で，建築確認の分野において〔仮差5・6〕，産業廃棄物の処分の分野において〔仮差7〕，公有水面埋立ての分野において〔仮差9〕，士業者に対する業務上の監督の分野において〔仮差13〕のように「償うことのできない損害を避けるため緊急の必要があ」るとの要件を欠くとされたものもあり，当該要件の緩和をすべきかを含めて後掲3「個別的な議論の概要」

(169)

第一部 「改正行政事件訴訟法施行状況検証研究会報告書」の検証

記載のとおり議論がされた（なお，最高裁判所が具体的判断を示した事案は見当たらなかった。）。

【仮の差止めに関する主要な裁判例】（改行することなく続けて掲げている裁判例は同一事件である。）

○〔仮差1〕神戸地決平成19年2月27日最高裁判所HP（市立保育所を廃止する内容の条例を制定し，本件保育所を廃止して民間の社会福祉法人に運営を移管する予定であったところ，児童及びその保護者が，当該廃止条例の制定は保育所選択権等を侵害するものであって違法である等と主張して条例の制定の仮の差止めを求めた事案につき，保育所の民間移管により申立人らの保育所選択に関する利益が侵害され，これは社会通念に照らして金銭賠償のみによることが著しく不相当と認められるとして，償うことのできない損害を避けるための緊急の必要があるといえるとし，かつ，性急な共同保育を経ただけで民間移管を行うことは裁量権の逸脱・濫用に当たり，本案について理由があるとみえるとし，仮の差止めを認めても財政計画や職員の配置計画に多少の変動を生ずるのみで，公共の福祉に重大な影響を及ぼすおそれがあるといえないことは明らかであるとして，仮の差止めの申立てを認容）

　※　上記決定の後，条例案は撤回され，別の新たな議案が提出され条例として制定されたことから，抗告審（〔仮差2〕大阪高決平成19年3月27日最高裁判所HP）においては，本案について理由があるとみえるときに当たらないなどとして原決定は取り消され，仮の差止めの申立ては却下された。

○〔仮差3〕大阪高決平成19年3月1日最高裁判所HP（区長が住民基本台帳法第8条に基づき職権で住民票の消除処分を行おうとしていることから，住民が消除処分の仮の差止めを求めた事案につき，住民票の消除は選挙権の行使の制限をもたらすところ，これは国民の重要な権利であるにとどまらず，侵害を受けた後に争うことによっては権利行使の実質を回復することができない性質のものであるなどとして償うことのできない損害を避けるための緊急の必要があるといえるとし，かつ，住民票上の住所を「住所」とみる余地も十分あり，そうでなくとも消除処分を行うことは信義則に反するなどとして本案について理由があるとみえるとし，仮の差止めの申立てを認容），〔仮差4〕大阪地決平成19年2月20日最高裁判所HP（上記事案につき，同様の理由で償う

ことのできない損害を避けるための緊急の必要があるといえるとしつつ，住民票上の住所を「住所」とみることはできず，消除処分を行うことが信義則に反するともいえないとして本案について理由があるとみえるときに当たらないとして，仮の差止めの申立てを却下）

○ 〔仮差5〕東京高決平成20年6月3日最高裁判所HP（マンションの建設予定地の周辺に居住する住民等が，当該建設に係る都市計画法第29条第1項に基づく開発許可並びに建築基準法第59条の2に基づく総合設計許可及び同法第6条に基づく建築確認についての仮の差止めを求めた事案につき，申立人らが①本件マンションからの落下物の危険，本件マンション駐車場から出庫する車両による歩行者の通行への危険，②周辺の住環境及び道路への悪影響，③本件マンション建築工事による周辺家屋の倒壊の危険があると主張したところ，（i）申立人らが主張する損害はいずれも抽象的なものにとどまり，現実にいかなる程度の損害が生ずる見込みがあるのかを疎明するに足りる資料もないから，事後の損害賠償等の救済手段によっては贖えないとはいい難い，（ii）上記各損害は，マンションが建設され実際に利用され，又は建設工事によって生じる危険であり，本件各処分がなされることによって直ちに発生する種類の危険ではないから，仮に当該危険があるとしても，本件各処分がなされた後に，その取消しの訴えを提起するとともにその執行の停止を求めるといった方法によっても損害の発生を避ける上で時機を失するということはいえないとして，償うことのできない損害を避けるため緊急の必要があるときに当たらないとして仮の差止めの申立てを却下），〔仮差6〕東京地決平成20年3月27日最高裁判所HP（同上）

○ 〔仮差7〕大阪地決平成17年7月25日最高裁判所HP（リサイクルセンターを設置して建設廃材の中間処理業を営むとしてされた産業廃棄物処分業の許可申請に対する許可処分について地域住民等が仮の差止めを求めた事案につき，本件リサイクルセンターにおいて処理することが予定されている産業廃棄物の種類は，廃プラスチック類，紙くず等の8種類であり，爆発性，毒性，感染性その他の人の健康又は生活環境に係る被害を生ずるおそれがある性状を有するものとして政令で定める特別管理産業廃棄物は含まれていないし，その処理の形態もいわゆる中間処理であり，焼却処理等は行われないものであるな

(171)

第一部 「改正行政事件訴訟法施行状況検証研究会報告書」の検証

どとした上で，本件リサイクルセンターの構造，設備，処分予定の産業廃棄物の種類，量，産業廃棄物の処理の方法，態様，処理の過程で用いられる設備機器の種類，能力等に照らすと，それ以上の疎明を欠く本件においては，本件リサイクルセンターにおいて産業廃棄物が適正に処理されなかった場合に生じる粉じんの飛散，汚水の流出や地下への浸透，騒音及び振動等が，申立人らの生命，健康を著しく害するような性質のものであるとまでは認め難いというべきであるとし，本件申請に対する許可処分がされることにより，その生命，身体の安全等に対し償うことができない損害が生じると認めることはできないとして，仮の差止めの申立てを却下）

※ なお，上記の事案の本案訴訟は〔差止9・10〕である。

○〔仮差8〕大阪地決平成18年8月10日最高裁判所HP（風俗営業等の規制及び業務の適正化等に関する法律第5条に基づきぱちんこ遊技場の営業の許可の申請がされたところ，近隣の歯科医院の管理者が，周辺の静穏が回復できないほど破壊されるとともに，本件診療所が環境変化を嫌った顧客を失い，回復不可能な経営上の損害を被るなどと主張して，その許可の仮の差止めを求めた事案につき，仮に本件申請について許可処分がされ，それが違法なものであったとしても，それによって直ちに本件診療所周辺の環境が不可逆的に著しく悪化するとはいえず，営業許可がされ，本件営業所の営業が開始された後においても，その後取消訴訟によって営業許可が取り消され，あるいは執行停止によって営業許可の効力が停止されれば，その時点で本件営業所は営業ができなくなり，当該許可処分以前の環境を回復することは可能である，診療所の運営基盤に金銭賠償によっては償い得ないほどの深刻な影響を及ぼすおそれがあることを窺わせるに足る疎明もないなどとして，償うことのできない損害を避けるため緊急必要があると認めることはできないとし，仮の差止めの申立てを却下）

○〔仮差9〕広島地決平成20年2月29日最高裁判所HP（地域住民らが，公有水面の埋立免許付与申請に対する免許付与処分の仮の差止めを求めた事案につき，景観利益については，本件埋立てが着工されれば，焚場の埋立てなどが行われ，直ちに景観が害され，しかも，いったん害された景観を原状に回復することは著しく困難であるといえるが，本案訴訟は，既に当裁判所に係属し，

(172)

弁論期日が重ねられ，景観利益に関する当事者の主張及び書証による立証はほぼ尽くされていることなどを考慮すると，埋立免許がなされた場合，直ちに差止訴訟を取消訴訟に変更し，それと同時に執行停止の申立てをし，本件埋立てが着工される前に執行停止の申立てに対する許否の決定を受けることが十分可能であるといえるなどとして，償うことのできない損害を避けるための緊急の必要があるとはいえないとして，仮の差止めの申立てを却下）

○〔仮差10〕大阪地決平成18年5月22日最高裁判所HP（保険医の登録を受けて勤務医として勤務する歯科医師が，健康保険法第81条に基づく保険医登録の取消処分の仮の差止めを求めた事案につき，①歯科医師に対する保険医登録取消処分は，当該歯科医師に対する歯科医師免許の効力に直ちに法的影響を与えるものではないこと，②本件登録取消処分がされて公示，公表等されることにより，その時点で直ちに勤務先医療法人の退職を余儀なくされ，後に当該処分について執行停止がされた場合であっても，歯科医業により収入を得るみちがもはや事実上絶たれるものとまで直ちに認めることは困難であること，③申立人に生じるおそれのある主たる損害が歯科医業による収入の減少ないし喪失という財産上のものであること，④勤務先医療法人にその経営上重大な損害が生ずるおそれがあるとは認め難く，また，申立人が同医療法人において健康保険の診療に従事することができなくなることによりそれまで申立人の診療を受けていた患者の生命，健康に直ちに重大な危険が生ずるおそれがあるとまで認め難いことなどに鑑みれば，そもそも差止めの訴えの要件である「重大な損害を生ずるおそれ」を欠くとして，仮の差止めの申立てを却下）

○〔仮差11〕宇都宮地決平成19年6月18日最高裁判所HP（介護保険法に基づき介護老人保健施設を開設している医療法人社団が，知事が行おうとしている同法に基づく業務停止命令等の仮の差止めを求めた事案につき，①業務停止命令は一定期間に限られるものであること，②長期間にわたる入所が予定されていないことからすると，業務停止命令により申立人が直接受ける損害が後に回復困難なものであるとまではいえないこと，③当該医療法人社団は別の介護老人保健施設等も営業しており，事業運営に関わる取引先が離れるなどして申立人の事業活動に深刻な影響を及ぼし，回復が著しく困難な状況を生じさせるとまでは認められないこと，④入所者等の被る損害は，申立人の被る損害とは異

(173)

第一部 「改正行政事件訴訟法施行状況検証研究会報告書」の検証

なることに鑑みれば，償うことのできない損害を避けるための緊急の必要があるとはいえないとして，仮の差止めの申立てを却下）

○〔仮差12〕札幌地決平成21年2月27日最高裁判所HP（タクシー事業者らがした，新規に参入しようとする他の事業者に対する道路運送法第4条に基づく一般乗用旅客自動車運送事業経営の許可処分及び同法第9条の3に基づく運賃等の認可処分の仮の差止めを求めた事案につき，①競争の激化によるタクシー事業者の経営に与える損害は，営業上の経済的損害であるところ，当該地域は，いまだ緊急調整地域には指定されておらず新規参入自体は禁止されてはいないのであるから，新規参入事業者を含めた競争が行われることがなお想定されているものといわざるを得ない，②乗務員の労働環境に対する影響については，第一次的にはタクシー事業者が，雇用契約に基づく義務の履行として対処しなければならない問題であって，各事業者らの営業努力によって乗務員の労働環境の悪化は防止されるべきであるなどとして，償うことのできない損害を避けるための緊急の必要があるとはいえないとして，仮の差止めの申立てを却下）

○〔仮差13〕東京地決平成22年4月12日最高裁判所HP（司法書士が，司法書士法第47条第2号による3か月の業務停止処分がされようとしているとして，その仮の差止めを求めた事案につき，①司法書士が3か月の業務停止の処分を受けた場合，当該処分を受けることによって，その社会的評価・信用の低下を来すことがあることは格別，直ちにその司法書士生命を奪われる結果に至るとは認めることができない，②申立人の主張によれば，その顧客の相当程度は縁故による紹介であるとうかがえるところ，申立人が3か月の業務停止の処分を受けることによってそうした人間関係が直ちに途絶するとはにわかに認められない，③懲戒処分をした旨の処分行政庁による官報公告がされることによって，申立人の社会的評価・信用が一定程度低下することは否めないが，懲戒処分を受けることに伴う社会的評価・信用の低下それ自体については，一般的にいって当然に償うことのできない損害に当たるとみることはできないし，懲戒処分がされた後においても，その取消しの訴え等をもって本件処分の違法を争い，勝訴判決を得ることができれば，そのことを関係先に周知することで相当程度回復可能であるというべきである，④懲戒処分により司法書士に社会

(174)

的評価・信用の低下その他の一定の損害が生じるおそれがあるとしても，そのことから直ちにその仮の差止めが認められることとなれば，懲戒処分により司法書士の業務の適正を担保しようとした司法書士法の目的の実現が害されることになるところ，特に，本件では不当誘致行為に当たる行為を繰り返してきたか否かが争われており，仮にこれが認められるとすれば，その行為は司法書士の業務の適正の確保上，重大な支障を来すものであるなどとして，償うことのできない損害を避けるための緊急の必要があるとはいえないとして，仮の差止めの申立てを却下）

○〔仮差14〕水戸地決平成18年8月11日判タ1224号233頁（市議会議員である申立人らが，市議会解散請求に基づき行われることが予定された解散の投票のための投票期日の告示等一切の投票事務の執行について仮の差止めを求めた事案につき，投票期日の告示については差止めを求める利益が失われたとし，その余の「一切の選挙事務の執行」については，①いかなる行為を捉えて「処分又は裁決」と主張するのか明らかではなく，これを前提とする限り，差止めの要件を具備しているか否か具体的に判断することは不可能であり，対象の特定を欠く，②そうでないとしても，選挙事務の執行自体によって申立人らの市議会議員たる地位に影響が生ずるものではなく，公権力の行使に当たらない事実行為にすぎないとして，仮の差止めの申立てを却下）

3 個別的な議論の概要

(1) 「償うことのできない損害を避けるため緊急の必要があ」るとの要件の緩和について

　研究会においては，「償うことのできない損害を避けるため緊急の必要があ」るとの要件に関し，実際に処分がなされた後に，その取消しの訴えを提起するとともにその執行停止を求めるといった方法によっても損害の発生を避ける上で時機を失するとはいえない場合には，要件該当性がないとの判断が示されているところ，このように判断されては仮の差止めの制度を設けた意味がなく，特に処分の名あて人以外の第三者が申立てをする事案においては常に却下されることになるから，実際の認容例が少ないことも踏まえ，要件を緩和すべきであるとの指摘がされた。

　もっとも，これに対しては，現実的損害だけを見るのか，処分が引き

(175)

起こす観念的な不利益，将来巻き起こしかねない不利益まで見るのかに関する立場の相違であり，「償うことのできない」という損害の内容部分の問題ではないのではないかといった指摘や，むしろ，「緊急の必要」という要件との兼ね合いで現実に生じ，又は生じようとしている損害のみをみることとされているが，これは現実に生ずべき損害から国民を仮に救済するという仮の救済制度の目的に沿っているのではないかといった指摘がされた。

また，仮の差止めは，行政庁がまだ処分をしていない段階で裁判所が判断するものであり，かつ，裁判所が処分の差止めという原告の請求を満足させる判断を示すものであることから，法律は，償うことのできない損害というハードルを要求しているものであり，処分の名あて人以外の第三者が申立てをする事案についてのみ特に要件を加重していることはないとの指摘がされた。

なお，個別的には，〔仮差10〕，〔仮差11〕，〔仮差13〕等について，これらの事案において上記の要件を具備しないと判断するのは厳しすぎるのではないかとの指摘が大勢を占めた。

もっとも，〔仮差10〕については申立人が勤務医であって直ちに失職するおそれがあるわけではなかったことが考慮されたのではないかとの指摘や，〔仮差13〕については司法書士の業務内容は弁護士とは相当に違うとの理解が前提にあったのではないかといった指摘もされた。

さらに，これらの判断は裁判例のスタンダードとまではいえず，この裁判例を前提に要件自体が厳しいとは即断できないとの指摘や，それぞれの裁判例における具体的な主張立証の内容によって結論が左右された可能性も否定できないのではないかとの指摘もされた。

(2) 処分の内容及び性質を「償うことのできない損害を避けるため緊急の必要があ」るとの要件において考慮することの適否

研究会においては，仮の差止めを認めることで公共の福祉に影響を与えるような場合に，仮の差止めを認めないようにすることは当然であるが，その判断が「償うことのできない損害を避けるため緊急の必要があ」るとの要件の中でされるのは適切ではなく，消極的要件である「公共の

(176)

福祉に重大な影響を及ぼすおそれがある」との要件（あるいはこれを緩和した要件）の下で判断すべきではないかとの指摘がされた。

　この点については，仮の差止めについては，執行停止についての行政事件訴訟法第２５条第３項に相当する規定は置かれなかったものの，実務上は，当然に「処分の内容及び性質」をも含めて総合考慮すべきものと理解されているとの指摘がされた。その上で，執行停止と仮の差止めとで，「損害を避けるため緊急の必要がある」との要件の判断に当たり考慮すべき要素に差を設ける合理的理由はあるのかという指摘があり得る上，むしろ，このような総合的な判断を可能にする方が全体として柔軟な判断が可能になるとの行政事件訴訟法第２５条第３項の立法趣旨は適切ではないかとの指摘がされた。

　また，処分の内容及び性質をも考慮することの具体的な問題として，償うことのできない損害という原告側に立証責任のある要件の中に，消極的要件であるはずの公共の福祉に重大な影響を及ぼすおそれがあるという要件に関わる内容が入り込むのであれば，結局，その不存在を原告側が主張立証する必要が出てくる点において不都合があるとの指摘がされたが，これに対しては，仮に要件事実論に基づいて立証責任を分配すれば，処分の内容及び性質に関する事項は，「損害を避けるため緊急の必要がある」ことという規範的要件の評価障害事実と分類され，相手方が客観的主張立証責任を負うと整理することになり，少なくとも立証責任の分配上不合理な事態が生じることはないのではないかとの指摘がされた。

　さらに，「公共の福祉に重大な影響を及ぼすおそれがある」との要件については，実務上，当該処分自体の行政目的に止まらないものとして理解・運用されており，この要件の下で，当該処分自体の行政目的などを勘案することには問題があるのではないかとの指摘もあった。

(3) 「本案について理由があるとみえる」ことと損害要件との総合的判断について

　仮の差止めにおいては，本案について理由があるとみえることが要件とされているところ，研究会においては，実際上は「本案について理由

(177)

第一部 「改正行政事件訴訟法施行状況検証研究会報告書」の検証

があるとみえる」との要件と損害要件とは相関的なものとして解釈・運用されているし，本案に理由があると判断しているのに損害要件で却下するのは不合理であるとして，これらを総合的に判断するようにすべきであるとの指摘があった。

この点については，執行停止においても同様の指摘があったところであるが，仮の救済全般を通じて統一的な結論が採用されるべきものと解される。

具体的には，第4「執行停止について」3(1)参照。

(4) 本案訴訟の適法な係属について

研究会においては，仮の差止めについても，本案訴訟の適法な係属が要件とされているところ，執行停止と同様，本案訴訟の適法な係属を要件としないようにすべきであるとの指摘がされた。

この点については，執行停止を含めた仮の救済全般で統一的な結論となるべきものと解される。

具体的には，第4「執行停止について」3(4)参照。

第7 原告適格について
1 制度の概要

　改正前の行政事件訴訟法は，取消訴訟の原告適格について，「当該処分又は裁決の取消しを求めるにつき法律上の利益を有する者（処分又は裁決の効果が期間の経過その他の理由によりなくなった後においてもなお処分又は裁決の取消しによって回復すべき法律上の利益を有する者を含む。）に限り，提起することができる。」と規定していた。

　改正行政事件訴訟法は，第三者（処分又は裁決の相手方以外の者）について原告適格の有無を判断するに当たっては，当該処分又は裁決の根拠となる法令の規定の文言のみによることなく，①「当該法令の趣旨及び目的」並びに②「当該処分において考慮されるべき利益の内容及び性質」を考慮するものとされた。そして，①を考慮するに当たっては，③「当該法令と目的を共通にする関係法令があるときはその趣旨及び目的」をも参酌し，②を考慮するに当たっては，④「当該処分又は裁決がその根拠となる法令に違反してされた場合に害されることとなる利益の内容及び性質並びにこれが害される態様及び程度」をも勘案するものとされた（行政事件訴訟法第9条第2項）。

　なお，行政事件訴訟法第9条第2項の規定は，行政事件訴訟法第37条の2第4項において非申請型義務付け訴訟に，行政事件訴訟法第37条の4第4項において差止め訴訟に，それぞれ準用されている。

2 施行状況についての分析

　原告適格については，改正行政事件訴訟法施行後に多数の裁判例が判断を示している。

　このうち，最高裁判所が判断を示したのは都市計画事業認可の分野における周辺住民等の原告適格に係る〔原告1〕（以下「小田急最高裁判決」という。），公営競技の場外施設の設置許可の分野における周辺住民等の原告適格に係る〔原告17〕（以下「サテライト大阪最高裁判決」という。），病院開設許可の分野における競業者の原告適格に係る〔原告28〕（以下「病院開設許可最高裁判決」という。）の3件である。

　上記の最高裁判例を含めた裁判例の状況については，研究会において分析が行われたものの，評価は分かれた。具体的には，後掲3「個別的な議

(179)

第一部　「改正行政事件訴訟法施行状況検証研究会報告書」の検証

論の概要」記載のとおり議論がされた。

【原告適格に関する主要な裁判例】（改行することなく続けて掲げている裁判例は同一事件である。）

(1) 都市計画

○〔原告1〕最大判平成17年12月7日民集59巻10号2645頁（鉄道の連続立体交差化を内容とする都市計画事業の認可（都市計画法第59条第2項）につき事業地の周辺住民で当該事業が実施されることにより騒音，振動等による健康又は生活環境に係る著しい被害を直接的に受けるおそれのあるものの原告適格を肯定。鉄道の連続立体交差化に当たり付属街路を設置することを内容とする都市計画事業の認可（同項）につき事業地内の土地に権利を有する者の原告適格を肯定），東京高判平成15年12月18日最高裁判所ＨＰ，東京地判平成13年10月3日最高裁判所ＨＰ

※　〔原告1〕は最一小判平成11年11月25日集民195号387頁・判時1698号66頁につき判例変更をしたもの。

○〔原告2〕東京地判平成20年1月29日最高裁判所ＨＰ（鉄道の連続立体交差化を内容とする都市計画事業の変更及び鉄道の連続立体交差化に当たり付属街路を設置することを内容とする都市計画事業の変更の各認可（都市計画法第63条第1項）につき，各事業地内の土地に権利を有する者の原告適格を肯定，事業地の周辺住民で当該各事業が実施されることにより騒音，振動等による健康又は生活環境に係る著しい被害を直接的に受けるおそれのあるものには原告適格が認められるとしつつ，当該事件については原告適格を否定）

○〔原告3〕名古屋高判平成21年11月13日最高裁判所ＨＰ（高架式の道路の設置を内容とする都市計画事業の変更の認可（都市計画法第63条第1項）につき事業地の周辺住民で当該事業が実施されることにより大気汚染，騒音，振動等による健康又は生活環境に係る著しい被害を直接的に受けるおそれのあるものの原告適格を肯定），〔原告4〕名古屋地判平成21年2月26日最高裁判所ＨＰ（同上）

○〔原告5〕東京高判平成21年11月26日最高裁判所ＨＰ（都市計画の変更（都市計画法第21条第1項）につき区域外に位置するマンションの区分所有者又は居住者で眺望の利益を主張するものの原告適格を否定）

(180)

○〔原告6〕横浜地判平成17年10月19日最高裁判所ＨＰ（開発許可（都市計画法第29条第1項）につき開発区域の周辺（開発区域においてがけ崩れ・溢水等が発生した場合に直接的な被害を受けることが予想される範囲の地域）に居住する者の原告適格を肯定（同法第33条第1項第3号，第7号参照）。良好な環境の下に生活する利益等（同項第2号参照）を主張する者の原告適格を否定）

　※　最三小判平成9年1月28日民集51巻1号250頁（開発許可につき開発区域の周辺に居住する者の原告適格を肯定）

○〔原告7〕横浜地判平成18年5月17日判例地方自治304号86頁（開発許可（都市計画法第29条第1項）につきその周辺に居住する者で良好な生活環境を享受する権利等（同法第34条第1号参照）を主張するものの原告適格を否定）

　※　原告らは，原告適格を基礎付けるものとして，飲食店の営業に伴って生ずるおそれのある来客による路上駐車，騒音，酔客による迷惑行為等を受けない利益，事実上，新規の店舗用建築物のための開発行為が規制されることによる日常生活上必要な店舗を利用する利益を主張。

○〔原告8〕名古屋地判平成19年10月10日最高裁判所ＨＰ（開発許可（都市計画法第29条第1項）につき近隣の土地の所有者の原告適格を否定）

　※　原告らは，原告適格を基礎付けるものとして，開発許可に基づく宅地造成により，原告らの所有地が接道要件を充たさないことになるという財産上の不利益を主張。

○〔原告9〕大阪高判平成20年7月31日判時2059号26頁（開発許可（都市計画法第29条第1項）及び建築確認（建築基準法第6条第1項）につき周辺の土地の所有者で過去にされた別の開発許可に係る開発利益を主張するものの原告適格を肯定），〔原告10〕大阪地裁平成19年12月6日判例地方自治309号82頁（原告適格を否定）

○〔原告11〕大阪地判平成20年8月7日最高裁判所ＨＰ（開発許可（都市計画法第29条第1項）につき開発区域においてがけ崩れ・溢水等が発生した場合に直接的な被害を受ける蓋然性がある地域に居住する者には原告適格が認められる（同法第33条第1項第3号，第7号参照）としつつ，当該事件については原告適格を否定）

○〔原告12〕東京地判平成22年5月13日最高裁判所ＨＰ（開発許可（都市計画

(181)

第一部 「改正行政事件訴訟法施行状況検証研究会報告書」の検証

法第29条第1項）につき予定建築物の倒壊等により生命身体・財産上の損害を受けない利益（同法第33条第1項第1号参照），生活環境等に係る利益（同項第2号，第6号，第9号参照）を主張する周辺住民の原告適格を否定。予定建築物等に起因する騒音，振動等による環境の悪化の被害が直接的に及ぶことが想定される範囲に居住する者には原告適格が認められる（同項第10号参照）としつつ，当該事件については原告適格を否定。開発区域においてがけ崩れ・溢水等が発生した場合に直接的な被害を受けることが予想される範囲の地域に居住する者には原告適格が認められる（同項第3号，第7号参照）としつつ，当該事件については原告適格を否定）

○ 〔原告13〕東京高判平成21年9月16日最高裁判所ＨＰ（建築許可（都市計画法第53条第1項）につき都市計画事業が施行されて都市公園になったときに当該公園を避難場所として利用する蓋然性が客観的に高いと認められる周辺住民の原告適格を肯定），〔原告14〕東京地判平成20年12月24日最高裁判所ＨＰ（同上）

○ 〔原告15〕大阪地判平成20年3月27日最高裁判所ＨＰ（都市計画事業の認可（都市計画法第59条第4項）につき近接した地域内に居住又は勤務する者で，当該事業の実施により騒音等による健康等に係る著しい被害を直接的に受けるおそれがあるものの原告適格を肯定）

○ 〔原告16〕大阪地判平成24年3月28日最高裁判所ＨＰ（都市計画法第29条に基づく開発許可につき開発区域内において建物の火災，下水の排出による溢水又は地盤沈下や出水による災害等が生じた場合に，それらによる直接的な被害を受ける蓋然性がある範囲内に居住している周辺住民の原告適格を肯定）

(2) 公営競技

○ 〔原告17〕最一小判平成21年10月15日民集63巻8号1711頁（場外車券発売施設の設置許可（自転車競技法第4条第1項）につき施設の設置，運営に伴い著しい業務上の支障が生ずるおそれがあると位置的に認められる区域に医療施設等を開設する者の原告適格を肯定。周辺において居住し又は事業（医療施設等に係る事業を除く。）を営むにすぎない者及び医療施設等の利用者の生活環境上の利益（交通，風紀，教育等の悪化）について原告適格を否定），〔原告18〕大阪高判平成20年3月6日最高裁判所ＨＰ（施設の敷地から1000メートル

(182)

以内の地域において居住し，事業を営み，又は病院等を開設する者の原告適格を肯定），〔原告19〕大阪地裁平成19年3月14日最高裁判所ＨＰ（医療施設等を開設する者，文教施設に通学する学生等，医療施設に入院する者等の善良な風俗環境又は生活環境に係る利益について原告適格を否定）

※ 〔原告17〕による差戻し後の第一審（大阪地判平成24年2月29日判例集未登載）は，医療施設等を開設する原告ら全てについて原告適格を肯定。

○〔原告20〕東京地判平成19年3月29日最高裁判所ＨＰ（場外車券発売施設の設置許可（自転車競技法第4条第1項）につき周辺に居住する者の原告適格を否定。施設の設置によりその運営に著しい支障が生じるおそれがあると認められる医療施設の設置者には原告適格が認められるとしつつ，当該事件については原告適格を否定）

○〔原告21〕名古屋地決平成18年7月20日最高裁判所ＨＰ（勝舟投票券場外発売場の位置等が基準に適合することの確認（モーターボート競走法施行規則第8条第1項）につき周辺住民の原告適格を否定）

○〔原告22〕東京高判平成20年4月17日最高裁判所ＨＰ（勝舟投票券場外発売場の位置等が基準に適合することの確認（同規則第8条第1項）につき周辺住民の原告適格を否定），〔原告23〕東京地判平成18年12月20日最高裁判所ＨＰ（施設の所在する市町村の自治会又は町内会に所属する者，又は施設の所在地には自治会又は町内会が存在しないものの，施設の所在地から極めて至近な位置にあって施設の設置によって日常生活上重大な支障を受けるおそれのある自治会又は町内会に所属する者には原告適格が認められるとしつつ，当該事件については原告適格を否定）

(3) 風俗営業

○〔原告24〕大阪地判平成18年10月26日判タ1226号82頁（営業所の構造又は設備の変更の承認（風営法第9条第1項）につきいわゆる住居集合地域内の営業所の周辺住民に原告適格を認める余地があるとしつつ，その敷地から100メートルを超える場所に居住する者の原告適格を否定）

○〔原告25〕大阪地判平成20年2月14日判タ1265号67頁（営業所の構造又は設備の変更の承認（風営法第9条第1項）につき当該営業が実施されることにより，騒音，振動による健康又は生活環境に係る被害を直接的に受けるおそれ

(183)

第一部　「改正行政事件訴訟法施行状況検証研究会報告書」の検証

のある者の原告適格を肯定）

※　最一小判平成１０年１２月１７日民集第５２巻第９号第１８２１頁（風俗営業許可処分（風営法第３条第１項）につき風俗営業制限地域居住者の原告適格を否定）

(4) 墓地経営

○〔原告26〕福岡高判平成２０年５月２７日最高裁判所ＨＰ（墓地の経営許可（墓地埋葬法第１０条第１項）につき嫌忌施設であるがゆえに生ずる精神的苦痛等から免れる利益を侵害される者に当たらないとして，当該事案については原告適格を否定）

○〔原告27〕東京地判平成２２年４月１６日最高裁判所ＨＰ（墓地の経営許可（墓地埋葬法第１０条第１項）につき周辺住民で墓地周辺の衛生環境の悪化による健康又は生活環境の著しい被害を直接受けるおそれがあるものの原告適格を肯定）

※　最二小判平成１２年３月１７日判時１７０８号６２頁（墓地の経営許可につき周辺住民の原告適格を否定）

(5) 病院開設

○〔原告28〕最二小判平成１９年１０月１９日集民２２６号１４１頁・判時１９９３号３頁（病院の開設許可（医療法第７条）につき病院の開設地の付近で医療施設を開設し医療行為をする医療法人等の原告適格を否定），〔原告29〕東京高判平成１７年９月１３日最高裁判所ＨＰ（同上），東京地判平成１７年２月２日最高裁判所ＨＰ（同上）

(6) 土地収用等

○〔原告30〕東京高判平成２０年６月１９日最高裁判所ＨＰ（一般有料自動車専用道路及びジャンクションの新設工事等の事業認定（土地収用法第１６条）につき起業地内の土地又は同土地上の立竹木等につき財産上の権利を有する者の原告適格を肯定。起業地の周辺に居住する者及びいわゆる環境保護団体等で環境保全等に係る利益を主張するものの原告適格を否定），〔原告31〕東京地判平成１７年５月３１日最高裁判所ＨＰ（同上）

○〔原告32〕東京地判平成２０年５月２９日判時２０１５号２４頁（土地区画整理事業の施行認可（土地区画整理法第４条第１項）につき施行地区内にあるグラウンドが東京都震災対策条例に基づき広域避難場所として指定されている地域に

(184)

居住する者の原告適格を肯定。当該地域に居住しない者で生活環境（グラウンド周辺に生息する多様な動植物の存在，グラウンドの有する周囲への冷却効果，グラウンドの景観など）が著しく悪化することを主張するものの原告適格を否定）

○〔原告33〕大阪地判平成17年8月25日判例地方自治282号84頁（仮換地の指定（土地区画整理法第98条）につきその対象地を所有する財産区の財産区住民の原告適格及び土地区画整理事業において整備が予定されている市道の周辺住民で「まちづくり権」や「里山の自然環境を享受する利益」を主張するものの原告適格を否定）

(7) 建築確認等

○〔原告34〕大阪高判平成20年8月28日最高裁判所ＨＰ（建築確認（建築基準法第6条の2第1項）につき同確認に係る建築物により通風を阻害される周辺の他の建築物に居住する者の原告適格を肯定），〔原告35〕大阪地判平成19年12月27日最高裁判所ＨＰ（同上）

○前掲〔原告32〕（建築確認（建築基準法第6条第1項）につき同確認に係る建築物の敷地が東京都震災対策条例に基づき広域避難場所として指定されている地域に居住する者の原告適格を否定）

○〔原告36〕東京高判平成20年7月9日最高裁判所ＨＰ（建築確認（建築基準法第6条の2第1項）につき同確認に係る倒壊，炎上により直接的な被害を受けることが予想される範囲の地域に存する建築物に居住し，又はこれを所有する者の原告適格を肯定），〔原告37〕東京地判平成19年9月7日最高裁判所ＨＰ（同上）

○〔原告38〕東京地判平成23年9月21日判例集未登載（建築確認（建築基準法第6条）につき同確認に係る建築物の倒壊又は炎上等により直接的な被害を受けることが予想される範囲の地域に存する他の建築物に居住し，又はこれを所有する者の原告適格を肯定。景観を享受する利益を主張するものの原告適格を否定）

(8) 公有水面埋立等

○〔原告39〕広島地判平成21年10月1日最高裁判所ＨＰ（公有水面埋立の免許（公有水面埋立法第2条第1項）につき同免許に係る公有水面を含む周辺地域の良好な景観の恵沢を日常的に享受している者，慣習排水権を有する者及び漁業を営む権利を有する者の原告適格を肯定）

(185)

第一部 「改正行政事件訴訟法施行状況検証研究会報告書」の検証

○〔原告40〕福岡高判平成20年9月8日最高裁判所HP（公有水面埋立の免許（公有水面埋立法第2条第1項）につき同免許に係る公有水面の周辺地域で生活し，日常的に埋立区域や周辺水面に接する者であって，埋立工事による汚濁流出等に伴う水質や底質の悪化等により健康又は生活環境に係る著しい被害を直接的に受けるおそれのあるもの及び慣習法上の漁業権を有する者には原告適格が認められるとしつつ，当該事案については原告適格を否定），〔原告41〕大分地判平成19年3月26日最高裁判所HP（同上）

○〔原告42〕広島高松江支判平成19年10月31日最高裁判所HP（公有水面埋立の免許（公有水面埋立法第2条第1項）につき同免許に係る公有水面の周辺地域に居住する住民で，違法に公有水面埋立を免許する旨の処分がされた結果，生命，身体の安全が脅かされ，また，健康や生活環境に著しい被害が発生するもの，並びに同法第5条に規定する公有水面に関し権利を有する者には原告適格が認められるとしつつ，当該事案については原告適格を否定），〔原告43〕松江地判平成19年3月19日最高裁判所HP（同上）

○〔原告44〕横浜地判平成20年2月27日最高裁判所HP（水域施設の建設の協議応諾（港湾法第37条第1項，第3項）につき同港湾区域内の水域に漁業権を有する者につき原告適格を認める余地があるとしつつ，当該事案については漁業共同組合の組合員の原告適格を否定し，かつ，同水域で海洋レクリエーション等の活動を行う団体の構成員及び同水域で海釣りをする者等の原告適格を否定）

(9) 空港施設等

○〔原告45〕東京高判平成21年6月1日最高裁判所HP（①空港変更の認可（航空法（平成15年法律第124号による改正前のもの）第55条の3第1項）につき同認可により新たに又は従前以上に私権制限を受ける者には原告適格が認められるとし，かつ，公共用飛行場周辺における航空機騒音による障害の防止等に関する法律の第1種区域に指定された区域又は特定空港周辺航空機騒音対策特別措置法の防止地区及び防止特別地区（以下「第1種区域等」という。）に居住する住民で同認可により新たに又は従前以上に騒音等による健康又は生活環境に係る著しい被害を直接的に受けるおそれのあるものには原告適格が認められるとしつつ，当該事案については一部原告適格を肯定。②航空保安施設の変更の認可（航空法（平成15年法律第124号による改正前のもの）第55条の3

(186)

第１項）につき同認可に係る施設の設置により生活利益を著しく侵害される者には原告適格が認められるとしつつ，当該事案については原告適格を否定。③延長進入表面等の変更の指定（航空法（平成１５年法律第１２４号による改正前のもの）第５６条の２第１項）につき同指定により新たに又は従前以上に私権制限を受ける者の原告適格を肯定。第１種区域等に居住する住民で同指定により新たに又は従前以上に騒音等による健康又は生活環境に係る著しい被害を直接的に受けるおそれのあるものの原告適格を否定。），〔原告46〕千葉地判平成１９年１０月１９日最高裁判所ＨＰ（①空港変更の認可につき同認可により新たに又は従前以上に私権制限を受ける者並びに第１種区域等に居住する住民で同認可により新たに又は従前以上に騒音等による健康又は生活環境に係る著しい被害を直接的に受けるおそれのあるものには原告適格が認められるとしつつ，当該事案については原告適格を否定。②延長進入表面等の変更の指定につき同指定により新たに又は従前以上に私権制限を受ける者の原告適格を肯定。第１種区域等に居住する住民で同指定により新たに又は従前以上に騒音等による健康又は生活環境に係る著しい被害を直接的に受けるおそれのあるものには原告適格が認められるとしつつ，当該事案については原告適格を否定。）

○〔原告47〕東京地判平成１８年３月２８日判タ１２３９号１５７頁（混雑飛行場に係る運航の許可（航空法第１０７条の３第１項）につき，同許可に係る飛行場において定期運航をしている者について，自身の運航計画の変更認可についていまだ申請を行っていなかったとしても，適式に当該申請を将来行うことが客観的にみて相当程度確実に見込まれるのであれば，同許可により単一の資格・地位をめぐって既に申請をした者同士で相争う場合と同視できるような具体的な利益の侵害があったと評価する余地があるとしつつ，当該事案については原告適格を否定）

(10) 鉄道施設

○〔原告48〕大阪高判平成１９年１０月２５日最高裁判所ＨＰ（鉄道施設の工事施行の認可（鉄道事業法第８条第１項）につき同認可に係る鉄道事業地の周辺に居住し，又は周辺の職場に勤務等する者で当該認可に係る工事が施行されることにより騒音等による健康又は生活環境に係る著しい被害を直接的に受けるおそれのあるものの原告適格を肯定。同認可に係る鉄道事業地等内の不動産について権

(187)

第一部　「改正行政事件訴訟法施行状況検証研究会報告書」の検証

利を有する者の原告適格を否定。），〔原告49〕大阪地判平成18年3月30日最高裁判所ＨＰ（同上）

○〔原告50〕東京地判平成20年1月29日最高裁判所ＨＰ（鉄道施設変更工事完成検査の合格処分（鉄道事業法第12条第4項）につき同工事に係る鉄道事業地の周辺地域に居住する者の原告適格を否定）

　　※　原告らは，原告適格を基礎付けるものとして，騒音等及び日照の阻害等によって生活環境を害されない利益を主張。

(11) 廃棄物処理

○〔原告51〕大阪高判平成19年1月24日最高裁判所ＨＰ（産業廃棄物処分業の許可（廃棄物の処理及び清掃に関する法律第14条第6項）につき同許可に係る処分業の用に供する施設の周辺に生活する者で当該施設において産業廃棄物が適正に処理されない場合に生じる産業廃棄物の飛散，流出，地下への浸透，悪臭の飛散又は排ガス，排水，騒音，振動等により生命，健康又は生活環境に係る著しい被害を直接的に受けるおそれのあるものの原告適格を肯定。同施設の敷地に隣接する建物において食品加工業を営む法人で営業上の利益を主張するものの原告適格を否定），〔原告52〕大阪地裁平成18年2月22日最高裁判所ＨＰ（同上）

○〔原告53〕東京高判平成21年5月20日最高裁判所ＨＰ（産業廃棄物処理施設設置の許可（廃棄物の処理及び清掃に関する法律第15条第1項）につき同許可に係る施設の周辺に居住している者で当該施設から有害な物質が排出されることにより健康又は生活環境に係る重大な被害を直接に受けるおそれのあるものの原告適格を肯定），〔原告54〕千葉地判平成19年8月21日最高裁判所ＨＰ（同上）

○〔原告55〕福岡高裁宮崎支判平成22年11月24日最高裁判所ＨＰ（市長がした一般廃棄物収集運搬業の許可（廃棄物の処理及び清掃に関する法律第7条第1項）及び浄化槽清掃業の許可（浄化槽法第35条）につき当該市で既にこれらの許可を受けてし尿及び浄化槽汚泥の収集運搬業を行っていた既存業者の原告適格を否定），〔原告56〕鹿児島地判平成22年5月25日最高裁判所ＨＰ（同上）

(12) その他

○〔原告57〕東京高判平成22年6月10日最高裁判所ＨＰ（市まちづくり条例に

(188)

基づく開発事業に係る開発基準適合確認通知につき開発事業で建築される建物により日照を阻害される近隣住民の原告適格を肯定，〔原告58〕東京地判平成21年11月27日最高裁判所ＨＰ（同上）

○〔原告59〕東京高判平成21年4月16日最高裁判所ＨＰ（一般乗用旅客自動車運送事業の運賃及び料金の変更の認可（道路運送法第9条の3第1項）につき当該認可に係る事業者に勤務するタクシー運転者の原告適格を否定），〔原告60〕東京地判平成20年5月16日最高裁判所ＨＰ（同上）

※ 原告らは，原告適格を基礎付けるものとして，労働条件を保持する利益を主張。

○〔原告61〕東京地判平成20年3月19日最高裁判所ＨＰ（特殊車両通行の認定（道路法第47条第4項，車両制限令第12条）につき同認定に係る道路の沿道又は近隣に居住する者の原告適格を否定）

○〔原告62〕福岡高裁宮崎支判平成18年1月27日最高裁判所ＨＰ（市道の路線廃止（道路法第10条第1項）につき当該市道を少なくとも日常的に利用する者の原告適格を肯定）

○〔原告63〕福岡高判平成22年1月21日最高裁判所ＨＰ（社会福祉法人の解散の認可（社会福祉法第46条第2項）につき同法人において勤務する社会福祉事業従事者の原告適格を肯定），〔原告64〕福岡地判平成21年2月25日最高裁判所ＨＰ（同上）

○〔原告65〕熊本地判平成23年12月14日最高裁判所ＨＰ（たばこ事業法第22条に基づく製造たばこ小売販売業の許可処分につき同許可に係る営業所の近隣で同小売販売業の許可を受けて同業を営む者の原告適格を肯定）

3 個別的な議論の概要
(1) 原告適格に関する裁判例の状況について
  ア 全体的な傾向についての評価
    最高裁判例及び下級審裁判例の動向については，研究会においては，従来の判例の枠組み（法律上保護された利益説）を基本的に維持しつつも，権利の実効的な救済の観点から原告適格を柔軟に肯定しようとする傾向が明らかになっている，具体的には，開発事例における周辺住民に原告適格を拡大した小田急最高裁判決（〔原告1〕参照）を始

(189)

め，下級審においても，かつては最高裁判例において否定され，改正の際に原告適格拡大の当否が議論された風俗営業（ぱちんこ）の許可処分の事案や墓地の経営許可の事案などにおいて，原告適格を拡大する方向の裁判例（前者について〔原告24〕，〔原告25〕，後者について〔原告26〕，〔原告27〕）が出ており，そのほかにも，土地区画整理の分野において〔原告32〕，公有水面埋立等の分野において〔原告39〕などのように，改正行政事件訴訟法の趣旨を踏まえて原告適格を柔軟に認める裁判例が現れているとの指摘があった。

また，サテライト大阪最高裁判決（〔原告17〕参照）についても，下位法令に定められた位置基準規定に基づいて医療・文教施設の開設者が健全で静穏な環境の下で円滑に業務を行うことのできる利益は個別的利益として保護されていると判示するところ，この点については原告適格の拡大方向を示しているとの指摘があった。

イ　サテライト大阪最高裁判決と生活環境利益

もっとも，サテライト大阪最高裁判決については，生活環境に関する利益は，直ちに生命・身体の安全等と同視することができず，基本的に公益に属するものであって，法令に手掛かりとなることが明らかな規定がないにもかかわらず，当然に法が周辺住民等の個別的利益として保護する趣旨を含むと解するのは困難であると判示した上，周辺住民の原告適格を一切否定しており，このような判示に照らすならば，今後の最高裁判例及び下級審裁判例も原告適格を限定する方向に進むおそれが強いとの指摘があった。

これに対しては，サテライト大阪最高裁判決は，自転車競技法第4条第2項に基づく場外車券発売施設の設置により周辺住民が受ける交通，風紀，教育などに関する生活環境の悪化という不利益のみについて判断したものでしかなく，今後も，処分の根拠となる法令等を個別具体的に検討した上で，問題となっている生活環境に関する利益が周辺住民等の個別的利益として保護されているか否かが判断されていくことになるであろうとの指摘や，この不利益は人によって受止めが相当に異なる主観性の高いものとみられるのであって，サテライト大阪

最高裁判決は，社会の構成員によって評価に大きな幅があり得る利益・不利益について法令の具体的な手掛かりがない中で原告適格を肯定することに対する一定の価値判断を前提として事例的な判断をしたものといえ，直ちに，生活環境利益と総括することができる利益全般についての今後の最高裁判例の動向を推測することはできないのではないかとの指摘があった（なお，先行した小田急最高裁判決も生活環境利益の侵害を原告適格の基礎としている。）。

ウ　病院開設許可最高裁判決と競業者について

　病院開設許可最高裁判決は，病院開設許可について既存の医療施設開設者が争った事案につき，原告適格を否定したものであるところ，当該事案について，原告適格を肯定すべきではないかとの指摘もあったものの，処分の根拠法規たる医療法が他施設開設者の利益をおよそ保護していないことは明らかであり，原告適格が否定されたことに違和感はないとの意見が大勢を占めた。

　もっとも，同様に競業者の原告適格が問題となった〔原告55・56〕については，一般廃棄物の適正な収集及び運搬を継続的かつ安定的に実施させることが一般廃棄物処理計画の目的とされていることを踏まえれば，既存業者の安定は根拠法規の保護範囲に含まれていると解釈することができ，原告適格を肯定する余地があるのではないかとの指摘がされ，これに賛同する意見が多かった。

エ　その他の下級審裁判例についての個別的な分析

(ｱ)　原告適格について柔軟な解釈手法をとったものとして，例えば，〔原告32〕のように条例の規定を読み込むという手法や，〔原告39〕のように瀬戸内海環境保全特別措置法のような特別法の規定を読み込むという手法がとられたものがあり，これらの点は評価されるべきであるとの指摘があった。

(ｲ)　他方で，〔原告40・41〕は，健康又は生活環境に係る著しい被害を直接的に受ける者には原告適格があるとしつつも，原告らは著しい被害を受けないとして原告適格を否定しているが，このように解するのではハードルが高すぎるとの指摘があった。

(191)

第一部 「改正行政事件訴訟法施行状況検証研究会報告書」の検証

　　また，廃棄物処理の分野における〔原告51・52〕については，行政事件訴訟法の改正によって原告適格が拡大された分野といえるが，周辺の居住者だけでなく，例えば，隣の建物で食品加工業を営む法人にも原告適格が認められてもよいのではないかとの指摘があった。
(ｳ) そのほか，同質のものとみられるような利益の侵害があることがうかがわれるにもかかわらず，処分あるいはその根拠法規が異なるものにつき，原告適格の判断が大きく異なるものについては疑義を呈する意見が少なくなかった。
　　〔原告30・31〕は土地収用法に基づく事業認定に関して法令の趣旨及び目的に照らして周辺住民には原告適格を認めないと判断しているが，土地収用法に基づく事業認定も，それによって何らかの公共施設を作るためのものであり，都市等の空間利用のためのものといえるから，都市計画法と同じような体系の処分であるともいえ，都市計画法に基づく事業認可について周辺住民に原告適格を認めた小田急最高裁判決と同様に関係法令を柔軟に解釈し，都市計画法や環境影響評価条例などを斟酌する余地があったのではないかとの指摘もあった。
　　鉄道施設変更工事完成検査の合格処分に関する〔原告50〕についても，都市計画事業認可とは異なる処分であるという点で，理論的には筋が通っているものの，騒音を伴う鉄道が通るという効果の点では違いがないので，小田急最高裁判決と比べると，この結論は厳しいのではないかとの指摘もあった。
　　建築確認に関する〔原告36・37〕は交通安全上の利益が原告適格を基礎付けるものとされているが，道路法の特殊車両通行の認定に関する〔原告61〕は道路の使用は反射的利益だという大前提がとられた結果（その大前提の当否も議論となるものである。），原告適格が否定されており，結論として厳しいのではないかとの指摘もあった。
(ｴ) また，上記(ｳ)の問題意識とつながるが，関係法令の参酌の在り方

(192)

に関し，環境影響評価法（環境影響評価条例）のような横断的に機能していく法令の位置付けにつき，〔原告30・31〕が単に目的規定を見て明文の関連付けがないとして排斥し，また，公有水面埋立免許に関する〔原告40・41〕及び〔原告42・43〕が工事の規模からして適用されないという理由で環境影響評価法の主張を排斥している点については疑問があるとの指摘があった。

　加えて，努力義務規定が設けられ，当該規定において考慮すべき重要な利益と位置付けられているものについて，〔原告48・49〕のように原告適格の根拠とすることを肯定的に解するものと，〔原告50〕のようにこれを否定的に解するものとがあるところ，処分要件そのものとはいえないとはいえ，その趣旨に鑑みれば，原告適格の存否を判断するに当たってはこれを十分に斟酌する必要があるのではないかとの指摘があった（なお，小田急最高裁判決でも努力義務規定である都市計画法第６６条の規定が積極的に考慮されている。）。

(2) 原告適格の判断枠組みについて

ア　研究会においては，原告適格の判断枠組みの在り方に関しての議論も行われた。

イ　まず，同質の不利益であれば，いずれについても根拠法規の趣旨・目的にかかわらず原告適格が認められるようにすべきであるとの指摘があったが，これに対しては，法律上保護された利益説をとる以上，法律の趣旨及び目的を究極的には判断要素とすることは理論的には当然ではないかとの指摘があった。

　もっとも，処分根拠法規だけでなく，関係法令をも参酌することとされたのは，立法上の偶然ともいうべき処分根拠法規の文言等の相違によって結論が大きく異なることがないようにすることにもあったのであり，そのような観点からの調整も裁判所には要請されるところであって，法令の文言等にこだわった上で，偶然の産物によるような結論の違いが生じたとしてもそれは立法者の責任であるといったスタンスで行政事件訴訟法第９条を解釈適用するのは適切ではなく，同条第

(193)

第一部 「改正行政事件訴訟法施行状況検証研究会報告書」の検証

2項の趣旨にも沿わないのではないかとの指摘もされた。

　また，法律上保護された利益説をとるとしても，法律には処分要件として具体的な規定がない中で下位法令を緻密に解釈することには違和感があり，〔原告20〕のように，公営競技（競馬，モーターボート競走，小型自動車競走など）に係る場外施設について，位置基準の要件は，規則によって設けられた基準であるというよりも，法律が予定する要件であると整理する方が適切ではないかとの指摘もされた。そして，このような関連する法令に係る分析に基づいて，一定の行政分野ごとに，いわばミドルレンジで裁判例を集積し，一定の相場を作っていくのが手堅いのではないかとの指摘もされた。

　なお，サテライト大阪最高裁判決の事案を含め，第三者の原告適格が問題となる事案は，処分の要件・審査基準が明確でないことが多いところ，重要な規律事項は法律で定めなければならないのであり，行政立法への過度の委任はそれ自体で違法だというべきではないかとの指摘もあった。

ウ　また，最高裁判例のように根拠法規が個別的利益として保護する趣旨を含むかどうかの判断をすることは不要となるようにし，根拠法律の保護範囲に入っていれば原告適格を認めるべきであるとの意見があった。

　これに対しては，原告適格は，当該処分についていかなる者にこれを争う法的資格を与えるかという問題であるところ，保護範囲に入れば直ちに原告適格を認めてもよいことにはならず，別途，原告適格を認めるべき者を選り分ける基準が必要になるのではないかとの指摘や，現在の行政事件訴訟法第9条による枠組み以上に明確な基準を設けることは困難なのではないかといった指摘があった。

エ　このほか，例えば，場外車券発売施設の設置により周辺住民が受ける不利益についてみると，まさに「害されることとなる利益の内容及び性質」を裁判所がどのように評価するのか次第でこの不利益を根拠に原告適格が認められるか否かが決まるのであって，結局，行政事件訴訟法第9条の文言を修正するといったことでは必ずしも原告適格が

(194)

認められる範囲が広がらないのではないかとの指摘があった。

これに対しては，行政事件訴訟法の文言を修正し，その上で国会答弁等において改正の趣旨を明らかにすることが考えられ，原告適格を拡大するための改正をした上で裁判例を積み重ねて基準が明確化されるのを待つことも可能なのではないか，また，明確化といってもおよそ無関係な訴えを排除するだけに止めるという発想に立てば，厳密なものは不要ではないかとの意見があった。そして，個々の処分根拠法規の複雑な解釈を不要にし，保護範囲に入るか否かなどの基準によることとすれば，司法判断は簡略になるはずであり，司法資源の浪費となるような解釈論を展開する必要はなくなるのではないかとの指摘があった。

もっとも，それでは安定性に欠けるといわざるを得ないのではないかとの指摘があり，むしろ，行政過程の段階における周辺住民の手続参加を行政実体法で規定すれば，原告適格を拡大することが可能になるのではないかとの指摘があった。また，原告適格を拡大するということは，結局，裁量権行使に当たっての要考慮事項を拡大することにつながり，行政庁はそのような第三者の利益を踏まえた処分をすべきことになるから，その意味で，実体法の解釈そのものが変わることに注意が必要ではないかとの指摘もされた。

なお，司法資源の浪費が生じているとの指摘に関しては，現在は行政事件訴訟法第9条の改正の趣旨にのっとった解釈論が醸成されている段階にあり，審理・判断が丁寧になるのは否めないところがあるが，裁判例の傾向が固まればより簡略なものになるから，そのような指摘は当たらない状況になるのではないかとの指摘があった。また，行政事件訴訟法第9条第2項も，関係法令や関連規定まで援用しなくても根拠規定だけで原告適格を基礎付け，肯認し得るものについてまで関係法令等を検討することを要求する趣旨ではないことを踏まえると，関係法令等についての検討が過度なものになっている例もあるのではないかとの指摘があった。

オ　加えて，比較法的には，日本の原告適格の範囲はドイツに近いとい

(195)

えるところ，ドイツでは自然保護分野や環境保護分野について団体訴訟が設けられてきているのであって，そのような方向からのアプローチを検討してみてもよいのではないかとの指摘があった。

(3) 行政事件訴訟法第10条第1項について

研究会においては，〔原告32〕のように，原告適格を拡大しながらも，行政事件訴訟法第10条第1項による違法理由の主張制限が厳格に行われ，棄却判決がされるとすれば問題があり，同項を廃止すべきであるとの指摘があった。

もっとも，これに対しては，そもそも，行政事件訴訟法第10条第1項による主張制限について確立した最高裁判例が存するとはいえないのではないかとの指摘があった（なお，いわゆる新潟空港訴訟判決（最判平成元年2月17日・民集43巻2号56頁）は同項の適用関係に触れているが，直ちに一般化することはできないのではないかとの指摘があった。）。また，抗告訴訟は行政庁の処分によって原告が被った権利利益の侵害の救済を目的とする主観訴訟であることからすると，行政事件訴訟法第10条第1項のような主張制限に関する何らかの規定は必要ではないかとの指摘や，ドイツ法においても同項と同様の規定があるとの指摘があった。

そして，下級審においては，〔原告32〕と異なり，東京高判平成13年7月4日・判時1754号35頁のように，専ら他の者の利益等を保護するという観点から定められたにすぎない処分要件については，その要件に違反しているとの理由では処分の取消しを求めることができないとしたにとどまり，一般的公益の保護という観点から設けられた処分要件であっても，それが原告らの権利利益の保護という観点とも関連する側面があるようなものについては，その処分要件の違背を当該処分の取消理由として主張することは妨げられないと判示するものもあるところ，抗告訴訟が主観訴訟であることを前提としたとしてもこの裁判例のように解釈することは可能であり，国民の権利の実効的な救済の観点からはこのような解釈が落ち着きがよいのではないかとの指摘がされ，改正の要否はともかく，この指摘について特に異論はなかった。

(196)

第8 被告適格について
1 制度の概要

> 取消訴訟の被告適格について，改正前の行政事件訴訟法は，処分又は裁決をした行政庁を被告とするとしていた。
> 改正行政事件訴訟法は，旧法の制度を改め，原則として，処分又は裁決をした行政庁の所属する国又は公共団体を被告とすべきこととされ（行政事件訴訟法第11条第1項），さらに，取消訴訟以外の抗告訴訟並びに処分又は裁決の取消し又は無効確認を求める民衆訴訟及び機関訴訟も同様とされている（同法第38条第1項，第43条第1項・第2項）。

2 施行状況についての分析

被告適格に関しては，研究会において，被告を特定するための原告の負担を低減しており，立法時に期待された成果があがっている旨の指摘がされ，特に問題が生じているとの指摘はなかった。

【被告適格に関連性を有する主要な裁判例】

○〔被告1〕福岡高決平成17年5月27日最高裁判所HP（町を取消訴訟の被告とすべき旨を教示すべきであったにもかかわらず，選挙管理委員会を被告とすべきとの誤った教示がされたために町選挙管理委員会を被告として提起された署名簿に関する異議の申出を棄却する旨の決定の取消訴訟について，教示に重大な誤りがある以上，弁護士たる代理人らが付いていたことや，代理人らが行政事件訴訟法に関する改正法の施行期日を誤解していたこと等を考慮しても，行政事件訴訟法第15条第1項の「重大な過失」があるものということはできないとして，被告の変更が許可された事例）

○〔被告2〕東京高決平成19年11月29日判時1996号14頁（東京都公安委員会を被告としてその裁決の取消訴訟を提起した者が，行政事件訴訟法第11条第1項の規定を挙げつつ被告の表示に誤りがあれば訂正するよう指示する補正命令に応じなかったところ，訴えを却下されたことから，控訴を提起するとともに被告変更の申立てを提起した事案につき，申立人は法律の専門知識を有しない者と認められるところ，本件裁決は公安委員会名義で出されており，同裁決に係る謄本には，取消訴訟の被告が東京都になるとの記載がある一

(197)

第一部 「改正行政事件訴訟法施行状況検証研究会報告書」の検証

方で,当該訴訟において東京都を代表する者は公安委員会となる旨の記載もされていることなどから,申立人としては公安委員会が被告となる旨誤解したと解する余地があり,また,補正命令においても行政事件訴訟法第11条第1項の規定が指摘されてはいるが,十分な法的知識を有しないことから裁判所の指摘の趣旨を理解しなかったものと推測されるなどの事情に照らすと,申立人が被告とすべき者を誤ったことについて行政事件訴訟法第15条第1項の「故意又は重大な過失」があったとまではいえないとして,被告の変更が許可された事例)

第9 管轄について
1 制度の概要

取消訴訟の管轄については,
① 被告の普通裁判籍の所在地を管轄する裁判所を管轄裁判所に加える(行政事件訴訟法第12条第1項)
② 国又は独立行政法人等を被告とする取消訴訟について,原告の普通裁判籍の所在地を管轄する高等裁判所の所在地を管轄する地方裁判所(特定管轄裁判所)を新たに管轄裁判所に加える(同条第4項)
③ 特定管轄裁判所に提起された訴訟に関する移送の規定を新設する(同条第5項)
改正が行われており,取消訴訟以外の抗告訴訟や,民衆訴訟又は機関訴訟で処分又は裁決の取消しを求めるもの及び民衆訴訟又は機関訴訟で処分又は裁決の無効の確認を求めるものも同様とされている(同法第38条第1項,第43条第1項・第2項)。

2 施行状況についての分析

　管轄に関しては,管轄が拡大されたことに伴い,訴えを提起する原告の負担の軽減に寄与しており,立法時に期待された成果があがっている旨の指摘がされた。

　もっとも,さらに訴えを提起する原告の負担を軽減する必要がないかとの観点から,後掲3「個別的な議論の概要」記載のとおり議論がされた。

【管轄に関連性を有する主要な裁判例】
○〔管轄1〕東京地決平成17年11月21日最高裁判所HP(行政事件訴訟法の一部を改正する法律(平成16年法律第84号)の施行前に提起され,相手方らの申立てにより東京地方裁判所に移送された年金減額処分の無効確認等請求事件等において,同施行後に申立人による移送申立てがされた事案につき,①特定管轄裁判所への管轄の拡大が,行政訴訟における裁判所の専門性を確保しつつ,原告の住所地に近い身近な裁判所で訴えを提起する可能性を広げることにより,行政事件訴訟をより利用しやすくする趣旨で行われたものであること,②全国各地に支部組織・人員を有する相手方が東京地方裁判所において審理を受ける利益よりも,申立人が特定管轄裁判所である札幌地方裁判所におい

(199)

第一部 「改正行政事件訴訟法施行状況検証研究会報告書」の検証

て審理を受けることの利益の方がはるかに大きいこと等を理由として，行政事件訴訟法第7条及び民事訴訟法第17条に基づき，特定管轄裁判所に移送された事例）

3 個別的な議論の概要

(1) 抗告訴訟についての管轄裁判所の拡大について

ア 研究会においては，管轄に関し，国であれば原告の住所地での応訴負担にも耐えられるから，原告の負担を軽減するため，原告の普通裁判籍の所在地を管轄する地方裁判所に管轄権を認めるべきであるとの指摘があった。また，多くの行政関係の法律関係は被告側が変動を生じさせていることが多いことに照らせば，原告の普通裁判籍の所在地で訴えの提起をさせることには一定の合理性があるのではないかとの指摘があった。

他方で，行政訴訟検討会においてもこのように原告の普通裁判籍の所在地を管轄する裁判所に管轄権を認めるべきとの意見があったものの，行政法規等についての専門的知見を要する行政訴訟を適正・迅速に処理する体制を確保する観点からは行政事件の集中を図る必要もあることや，被告側の応訴負担も考慮され，国又はこれに準ずる法人の処分についてのみ，特定管轄裁判所の限度で管轄が拡大されたことを踏まえれば，軽々に管轄を原告の普通裁判籍の所在地に拡大することには問題があるとの指摘もあった。また，下級行政機関の所在地などに管轄が認められる結果，原告の住所に近い裁判所への訴え提起が可能となっているものと考えられ，管轄を拡大する必要性はそれほど高くないのではないか，さらには，電話会議システムの利用による訴訟審理が一般化する中で，原告の住所に近い裁判所で裁判を行わなければならない実質的な意味はどのような点にあるのか，といった指摘もあった。

行政訴訟を担当する裁判官の専門性に配慮が必要であるとの点については，大方の理解が示されたものの，他方で，行政法が必修化された法科大学院での教育を経て行政法に習熟した裁判官が今後どれだけ増えていくかも関係しているとの指摘もされた。

(200)

イ　なお，行政機関の保有する情報の公開に関する法律等の一部を改正する法律案（第１７７回国会閣法第６０号。以下「情報公開法改正法案」という。）において，原告の普通裁判籍の所在地を管轄する地方裁判所にも管轄権を認める旨の規定が新設されていることを踏まえ，行政処分一般についても原告の普通裁判籍の所在地を管轄する裁判所に管轄権を認めるべきであるとの指摘があった。

　これに対しては，裁判所における行政訴訟の処理体制の観点からは，従前より地方公共団体の条例に基づく情報公開訴訟が提起されていたため，地方部の裁判所においても一定の知見の蓄積があったことから，情報公開法改正法案において原告の住所地にまで管轄を拡大しても実務上の混乱が生じないと整理されたのではないか，情報公開請求権は，個々の国民の具体的・主観的利益の保護ではなく，国の行為を国民がチェックするためのものであることが考慮され，その観点から管轄の拡大が図られたと理解することができるのではないかといった指摘もされたが，自己の利益に密接に関わる処分について争う場合こそ管轄を拡大すべきではないかとの指摘もされた。

（注）このほか，高等裁判所の支部が設置された地の地方裁判所に対して当該支部の管轄範囲に住所を有する者が訴えを提起することを認めるべきであるとの指摘や，地方の弁護士からは地方裁判所の支部においても行政事件を取り扱うことができるようにして欲しいとの切実な要望があるとの指摘があった。しかし，高等裁判所や地方裁判所の支部の設置については最高裁判所が規則で定める事項であり，支部の存在等を前提とした管轄規定を法律に設けることが適当かという議論があり得るとの指摘や，支部の管轄範囲は当該高等裁判所の裁判官会議で毎年定められるものである（下級裁判所事務処理規則第６条）ことから，これに連動する管轄規定を法律で設けることは技術的に困難ではないかとの指摘がされたほか，支部において裁判所の専門性を確保するのは困難であることも考慮すべきであるとの指摘もされた。

(2) 当事者訴訟についても特定管轄裁判所の制度を設けることの当否

　研究会においては，管轄に関し，抗告訴訟に限らず，当事者訴訟についても特定管轄裁判所（行政事件訴訟法第１２条第４項参照）の制度を設

(201)

第一部 「改正行政事件訴訟法施行状況検証研究会報告書」の検証

けるべきではないかとの指摘があった。

　この点については，確かに，特定管轄裁判所に管轄権を認めた趣旨は抗告訴訟に限られるものではなく，例えば，行政立法等の適用関係などを争う義務不存在確認訴訟などについても同様の配慮は妥当するように思われるものの，他方で，抗告訴訟は公権力の行使に関する不服の訴訟であって，公権力の行使によって国民が法律関係に変動を生じさせられたともみることができることから，原告の住所地に近い管轄裁判所を認めることには合理性があるとの理解を前提に，特定管轄裁判所まで管轄裁判所が拡大されたとすると，非権力的な作用に係る訴訟と整理される当事者訴訟一般について，同様の配慮が可能かについては検討が必要であるとの指摘があった。また，当事者訴訟にも様々なものがあり，類型化も容易ではないことから，一律に管轄を拡大するのが適当かの検討は容易ではないといった指摘や，適切な実例がないと議論がしにくいのではないかとの指摘があった。

　また，抗告訴訟と近似する特質を有するとみられる事件については，そのような個別の事案の特性に応じた民事訴訟法の移送に関する規定の解釈・運用を図ることによって妥当な処理が図られるべきものではないかとの指摘もされた。

(202)

第10 出訴期間について
1 制度の概要

> 取消訴訟の出訴期間については,
> ① 「取消訴訟は,処分又は裁決があったことを知った日から3箇月以内に提起しなければならない」としていたのを6か月に延長する(第14条第1項本文)
> ② 処分又は裁決があったことを知った日から6か月の出訴期間について,不変期間とされていたのを改め,出訴期間内に取消訴訟を提起しなかったことについて正当な理由があるときは,適法な訴えとして取り扱うこととする(同項ただし書)
> ③ 審査請求があった場合の処分の取消しの訴えの出訴期間の起算点を裁決があったことを知った日の翌日とする(同条第3項)
> 改正が行われており,処分又は裁決の取消しを求める民衆訴訟及び機関訴訟も同様とされている(同法第43条第1項)。

2 施行状況についての分析

　　出訴期間に関しては,出訴期間の延長等に伴い,訴えを提起する原告の負担の軽減に寄与しており,立法時に期待された成果があがっている旨の指摘がされた。

　　もっとも,出訴期間をさらに延長する必要がないかとの観点から,後掲3「個別的な議論の概要」記載のとおり議論がされた。

【出訴期間に関連性を有する主要な裁判例】

○〔出訴1〕横浜地判平成22年1月27日判例地方自治337号41頁(県の生活環境保全条例に基づく指定事業所(研究所)の設置の許可処分について,出訴期間を経過した後に周辺住民が取消訴訟を提起した事案につき,本件研究所の設置は原告ら周辺住民の関心事になっており,そのような状況下で,住民と本件研究所の関係者との話合いが開かれたことから,原告らが遅くともその日のうちに本件処分の存在を認識したことは明らかであるが,その後,原告らが速やかに本件処分の取消しを求めるということはなく,本訴が提起されたのはそれから9か月近く経過した後であり,提訴が遅れた事情については,原告らの主張,説明からは明らかではないものの,およそ行政事件訴訟法第14条第1項ただし書の「正当な理由」があるとは認めることができないとした事例)

(203)

第一部 「改正行政事件訴訟法施行状況検証研究会報告書」の検証

○ 〔出訴 2〕東京地判平成22年9月29日最高裁判所HP（原告の不服が固定資産課税台帳の登録価格についてのものであるか否かについて争いのあった事例において，固定資産評価委員会（以下「委員会」という。）により審査申出事項に当たらないことを理由に固定資産課税台帳の登録価格についての審査申出を却下する決定を受けたことから，原告が賦課処分の取消しの訴えを提起したところ，被告から登録価格に対する不服を取消理由として主張していることになる旨の主張がされたことなどもあって，出訴期間を経過した後に，行政事件訴訟法第19条第1項の規定に基づき上記却下決定の取消しの訴えを追加的に併合して提起した事案につき，登録価格についての不服に当たるか否かの判断が微妙な事案においては，委員会の決定の理由いかんにより，委員会の決定の取消しの訴えによるべきなのに誤って賦課決定処分の取消しの訴えを提起する者が現れることもあり得るところであり，そうした者が救済を受ける機会を保障する必要があることについて行政事件訴訟法第20条の場合と変わらない場合もあるものというべきであるなどとした上で，上記の事実の下では，却下決定の取消しの訴えは，賦課処分の取消しの訴えの提起時に提起されたものと同視すべきであり，少なくとも，出訴期間を遵守することができなかったことにつき「正当な理由」（行政事件訴訟法第14条第1項ただし書）があるとした事例）

3　個別的な議論の概要

　研究会においては，改正行政事件訴訟法により，主観的な出訴期間が3か月から6か月に延長されるなどしたが，出訴期間制度自体を廃止し，原告には訴えの利益があればよいこととすべきであるとの意見があるとの紹介がされた。

　しかし，これに対しては，出訴期間の廃止については法律関係の安定というこれまでの行政法の根幹的な考えを変えることになるのではないか，大陸法諸国との比較では6か月でも長いという評価が可能ではないかといった指摘があった。

　加えて，改正行政事件訴訟法によって「正当な理由」があれば出訴期間を徒過しても救済されることとなったところ，〔出訴 2〕などをみれば柔軟に運用されて救済が図られているともいえ，現状において，出訴期間を

(204)

廃止するといった改正を行うことは時期尚早なのではないかとの意見が一定の賛同を得た。

第11 釈明処分の特則
1 制度の概要
> 改正行政事件訴訟法においては，取消訴訟について民事訴訟一般の釈明処分（民事訴訟法第151条，行政事件訴訟法第7条）に対する特則が新設され，裁判所は，行政庁に対し，①処分又は裁決の内容，処分又は裁決の根拠となる法令の条項，処分又は裁決の原因となる事実その他処分又は裁決の理由を明らかにする資料の提出を求め，又は送付を嘱託すること（同法第23条の2第1項）や，②処分についての審査請求に係る事件の記録の提出を求め，又は送付を嘱託すること（同条第2項）ができることとされており，無効等確認の訴えや，当事者訴訟，民衆訴訟及び機関訴訟並びにいわゆる争点訴訟についても同様とされている（同法第38条第3項，第41条第1項，第43条，第45条第4項）。

2 施行状況についての分析
　研究会においては，釈明処分の特則については，実際に裁判所がこの釈明処分を実施する例は少ないと思われるものの，この規定を背景に処分関係資料については積極的に被告に提出を促すなどして裁判資料とする運用が定着し，行政側の反発も少ないことが確認され，特段，大きな問題の指摘はなかった。

第12　教示
1　制度の概要

> 改正行政事件訴訟法においては，新たに，行政庁は，取消訴訟等を提起することができる処分又は裁決等をする際に，処分又は裁決の相手方に対して，被告とすべき者，出訴期間，不服審査前置の定めがある場合にはその旨等を教示しなければならないこととされている（行政事件訴訟法第46条）。

2　施行状況についての分析

　研究会においては，教示制度そのものについては特段の問題の指摘はなかったが，教示の在り方と関連して，後掲3「個別的な議論の概要」記載のとおり議論がされた。

【教示に関連性を有する主要な裁判例】（改行することなく続けて掲げている裁判例は同一事件である。）

○〔教示1〕東京地判平成19年4月20日最高裁判所HP（行政機関の保有する情報の公開に関する法律に基づく文書の開示請求をした者が，処分行政庁によりされた第一次から第四次までの決定の取消しを求めた事案につき，取消訴訟の対象となり得るのは，第一次決定のみであるとした上で，第一次決定に係る開示請求についてされた裁決において，行政事件訴訟法第46条による教示がされていないこと，第四次決定において，不服がある場合には第四次決定の通知を受けた日から60日以内に審査請求をするか，あるいは6か月以内に取消訴訟を提起できる旨の誤った教示がされ，これを受けて，原告が第四次決定の通知を受けた日から60日以内に審査請求をした上で，本訴を提起していることを考慮して，原告には行政事件訴訟法第14条第3項ただし書の「正当な理由」があるとした事例）

3　個別的な議論の概要

　研究会においては，周辺住民等が建築確認等の取消訴訟を提起する場合に，建築確認の変更がされる都度，建築審査会に対して審査請求をし直すべき旨の教示がされるが，実質的にみて審査請求をし直す必要があるのかという意見があるとの指摘があった。

　上記の指摘は，教示に関する問題というよりも，むしろ，不服申立前置

（207）

主義との関係に関する問題であると整理されるものであり，具体的には，行政事件訴訟法第8条第2項各号に列記する裁決を経ないことを相当とする理由があるか否かに帰着するものと整理された。

そして，これを前提として，建築確認の変更内容等に照らし，審査請求をしても結果が変わることがないと解される場合には，「正当な理由」（同項第3号）が認められることもあり得るのではないかとの指摘がある一方で，建築確認の変更が大きなものであった場合やその変更内容に大きな疑義があるような場合には，審査請求前置主義が定められた趣旨に照らし，審査機関にその点についての判断をさせるのが望ましいのではないかとの指摘もあった。

そうすると，単純に，処分の変更が行われた場合には再度の審査請求を経なくともよいとまではいい切れず，個別の判断に委ねるほかないとの意見に一定の賛同があった。

これに対しては，個別の判断だと審査請求をせざるを得なくなるとの指摘がされたが，審査請求をした上で3か月以内に裁決がなければ訴えは適法になるのであり，かつ，その間に裁判所が却下判決をするとも考えにくいから，大きな問題はないのではないかとの指摘がされたが，審査請求をすること自体が相応に手間であるので，省略を認めるべきであるとの指摘がされた。

なお，現在，総務大臣と行政刷新担当大臣を共同座長とする「行政救済制度検討チーム」において，不服申立前置の全面的見直しが課題とされ，相当数の不服申立前置を定めた規定を廃止する方向で取りまとめがされたところ，これが実現した場合には，審査請求前置の省略の拡張を正当化することは難しくなるのではないかという指摘がされた。

（注）なお，建築基準法における不服申立前置を定めた規定については廃止する方向で取りまとめがされている。

〔第3部〕
第1 行政計画・行政立法について
1 行政計画・行政立法についての行政訴訟検討会の検討結果

　行政計画や行政立法は，広く一般的な効力を有する行政活動であり，行政計画や行政立法の段階では未だ紛争が未成熟であるとして，取消訴訟の対象とはならないとされることが多い。

　そこで，このような行政計画や行政立法については，このような特徴を考慮しつつ，新たに法定された差止訴訟や公法上の確認の訴えの活用との関係を含め，適切な司法審査の在り方の観点からの検討が行われたが，次のとおり，取りまとめがされた。

　まず，行政計画については，「行政計画が極めて多種多様で，それぞれの計画ごとに法的効果の有無及び内容も様々であって，行政計画一般として問題を捉えることは困難な面があることから，個別法ごとにそれぞれの行政計画の法的効果の特質について各行政過程の中での位置付けを踏まえて検討し，それらの特質を踏まえて，・・訴訟参加，判決の効力等の訴訟手続上の問題点を検討する必要がある」とされている。

　行政立法についても，「行政立法は多様であり得ることから，個別の行政立法の法的効果の特質について検討し，司法審査の対象とすべき範囲及びその方法等について検討する必要があると考えられる。さらに，・・三権分立の中での行政立法の位置付けや，行政立法の抽象性などの行政立法そのものの一般的特質を考慮するとともに，司法権の特質を踏まえて行政立法の司法審査において司法の果たすべき役割の在り方を検討し，それらの検討を踏まえて，・・・訴えの利益，原告適格，出訴期間，判決の効力等の訴訟手続上の問題点を検討する必要があると考えられる。」とされている。

　そして，いずれにしても，これらの実体面に関する司法審査を充実させるためには，それぞれの行政過程における手続を整備し，根拠法等において，行政計画についてはその策定の際の目的，目標，考慮事項等についての規定を充実させ，行政立法については委任の内容・範囲等についての規定を充実させることが重要であるとされる。

　また，いずれについても，新たに法定された差止訴訟や当事者訴訟として明示された確認訴訟の活用なども含め，改正後の行政事件訴訟法の下での事例の集積を視野に入れつつ，適切な司法審査の在り方を検討する必要があるとされている。（行政訴訟検討会最終まとめ資料8の4，資料9の6参照）

2 個別的な議論の状況

　研究会においては，行政立法の分野については公法上の法律関係に関する確認の訴えが一定の程度機能しているが，これに対して，行政計画の分野については必ずしも公法上の法律関係に関する確認の訴え等によって紛争が処理されているとはいえないとの意見が大勢を占めた。

　また，行政立法については権利救済を実効的なものとする観点から改正の必要があるのではないかとの指摘がされたが，仮に行政立法一般について特別な争訟制度を設けることとする場合には，司法権概念との関係を整理する必要があり，憲法上否定されている抽象的審査制との関係も慎重に吟味する必要が出てくるとの指摘があった。

　他方，行政計画については，各種手続規定を整備した上で一定の住民等に出訴を保障するとともに違法事由の主張を制限するといった計画統制訴訟の制度を設け，計画段階で多様な関係者の利害関係を調整することが必要であり，特に都市計画法の分野においてはこのような必要性が顕著であるとの指摘（注）がされ，特に反対する意見はなかった。

　なお，このような特別な訴訟制度を設けることとする場合には，個別の法分野ごとに制度化の要否を吟味した上で，必要に応じて参加に係る手続や出訴期間の特則その他の規定の整備を検討する必要があるとの意見が大勢を占めた。

　その上で，仮に何らかの法分野において行政計画に関する特殊な訴訟制度を設けることとする場合には，主たる規定は個別法に置くこととするとしても，関係規定のうち汎用性があるとみられる規定（例えば，移送，併合など）については一般法たる行政事件訴訟法に規定を置くことが検討されてよいのではないかとの指摘もあった。

（注）なお，最大判平成20年9月10日・民集62巻8号2029頁においては，藤田宙靖裁判官の補足意見として「行政計画については，一度それが策定された後に個々の利害関係者が個別的な訴訟によってその取消しを求めるというような権利救済システムには，そもそも制度の性質上多少とも無理が伴うものと言わざるを得ないのであって，立法政策的見地からは，決定前の事前手続における関係者の参加シ

ステムを充全なものとし，その上で，一度決まったことについては，原則として一切の訴訟を認めないという制度を構築することが必要というべきである。」旨が述べられている。

第一部 「改正行政事件訴訟法施行状況検証研究会報告書」の検証

第2 裁量に関する司法審査について

1 裁量に関する司法審査についての行政訴訟検討会の検討結果

> 　行政裁量に関する司法審査については，行政事件訴訟法の改正を受けて，「多様な行政活動が司法審査の対象として取り上げられるようになっていくことが予想される中で，行政作用の基準・考慮事項などが抽象的に規定されている行政活動についても，行政裁量に関する適切な司法審査の重要性がより高まっていく」と考えられると分析された上で，次のようにまとめられた。
>
> 　「行政裁量の範囲・内容は基本的には裁量を認めている個別の行政実体法の問題と考えられる」とした上で，行政裁量に関する司法審査の充実のためには，「裁量を認める個別法の処分の要件や手続の定め方について検討する必要がある」とされ，行政手続法に基づく審査基準の制度の運用状況や新たな釈明処分の特則の活用の状況等も考慮しつつ，「判例における行政裁量の審査の工夫を更に発展させていくための方策について検討する必要がある」とされた。（行政訴訟検討会最終まとめ資料10の4参照）

2 個別的な議論の状況

　研究会においては，行政裁量の範囲・内容は基本的には裁量を認めている個別の行政実体法の問題であることを前提に，裁判所による裁量的判断に係る審査の密度を高めることを考えるのであれば，各個別行政実体法における処分要件や審査基準の明確化等を図るのが適切であるとの点に異論はなかった。

　もっとも，このような実質的な実体法ルールの変更までは意図しないが，例えば，これまで学説等で認められた裁量審査の方法（例えば，事実誤認，比例原則違反，他事考慮，費用便益分析手法など）を行政事件訴訟法第30条に例示的に列挙することで，国民に分かりやすくなり，かつ，裁判所による裁量審査がより密度の高いものになり，その改善を図ることができるというメリットが期待できるのではないかとの指摘もされた。

　しかし，このように単純にあり得る審査手法を列挙するのみでは，どのような処分においてどの判断手法を使用するかも明確になることはないため，例えば，原告適格の判断に際して最低限考慮すべき事項を定めた行政

（212）

事件訴訟法第9条第2項のような意味もなく，標準的な審査方法のリステイトでさえないことから，条文化の必要性に乏しいとの指摘があった。

　また，仮に，限定列挙ではなく，例示列挙としたとしても，裁判所は実務上ある手法が例示されなかったことの意味を探求することになり，解釈・運用への影響が懸念されるので，例示列挙をすることのメリットとの相関関係で利害得失を判断する必要があるとの指摘がされた。

　これらに加え，そもそも，裁量法理の本質についての議論も必要となるところ，学説上も極めて多様な意見があり，裁量審査の在り方についてどのように定めるかは簡単に意見の一致を見ないのではないか，裁量統制に関する判例法理もなお進化の過程にあるとの指摘もされた。

第一部 「改正行政事件訴訟法施行状況検証研究会報告書」の検証

第3 団体訴訟について

1 団体訴訟についての行政訴訟検討会の検討結果

> 　行政訴訟における団体訴訟については，これを「団体という形をとる一定の者に行政活動の違法を争うことを認める特別の訴訟類型ないし法定の原告適格を認める」こととした上で，その位置付けについては「行政需要が多様化してきている中で，特定の個人の利益に必ずしも還元し難い集団的利益についてどのような対処が考えられるかという問題の一つの局面と考えることができる」と整理し，その「必要性とその意義につき，・・個別の法分野ごとに，各法体系の目的や保護しようとしている権利利益の内容・性質，問題とされる処分等の行政の行為の特質等を考慮して，行政過程における団体の位置付けを含む行政過程全体の中での利益調整の在り方との関係を含め，具体的に検討する必要がある」とした。
>
> 　そして，その検討の際には，改正後の原告適格の規定との関係等を検討する必要があるほか，「法律上の利益の所在について，訴えの利益に関する民事訴訟一般の理論を踏まえつつ，基本となる考え方を十分整理する必要がある」とともに，これを踏まえて「団体が提起できる訴えの範囲・内容，適格団体の要件に関する問題，訴訟手続上の問題といった問題点について検討する必要がある」とまとめられた。（行政訴訟検討会最終まとめ資料１１の２参照）

2 個別的な議論の状況

　研究会においては，原告適格をより柔軟に解釈する努力を続けたとしても，主観訴訟である限りは限界があることを踏まえれば，例えば，環境，文化財保護，消費者保護（注）等の分野においては，いわゆる団体訴訟制度を創設することが想定され得るとの指摘がされ，これに賛同する意見が多かった。

　もっとも，仮に個別法で各分野ごとに団体訴訟制度を創設するとしても，①客観訴訟として新たな訴訟制度を創設すると考えるか，②一定の適格団体については特別な当事者適格を認めることとし，全体としては主観訴訟の枠内の制度とすることを構想するかがあり得るところ，この点は制度の本質論として重要であるとともに制度設計全体にも大きな影響があるとの

（214）

指摘がされた。

　また，いずれにせよ，出訴の権限をどのような者に認めることとし，出訴の対象となる処分（抗告訴訟の対象とならない行為をも対象とするのであれば，当該行為を含む。）の範囲をどのように定めるかについては，そのような争訟制度を創設する必要性を各法分野ごとに個々的に検討しつつ，整理する必要があるとの意見に対し，異論はなかった。

　その上で，仮に何らかの法分野に関して団体訴訟制度を設けることとする場合には，主たる規定は個別法に置くこととするとしても，関係規定のうち汎用性があるとみられる規定については一般法たる行政事件訴訟法に規定を置くことが検討されてよいのではないかとの指摘もあった。

　また，仮に団体訴訟制度を創設する場合には，最終まとめでも指摘されるとおり「行政過程全体の中での利益調整の在り方との関係を含め」て検討する必要があるところ，基本的には，行政不服申立てにおける適格を団体に付与することも検討する必要があるとの指摘がされた。

（注）なお，消費者契約法においては，平成１８年の一部改正により，一定の消費者団体に対して同法に規定する事業者の不当な行為の差止請求権を付与することにより，消費者被害の発生・拡大の防止を図ろうとする消費者団体訴訟制度が創設されている。

名　　簿

(研究会取りまとめ時点のもの)

(敬称略)

(座長) 高　橋　　　滋	一橋大学大学院法学研究科教授
岩　本　安　昭	弁護士（大阪弁護士会所属）
太　田　匡　彦	東京大学法学部・大学院法学政治学研究科教授
越　智　敏　裕	弁護士（東京弁護士会所属）
神　橋　一　彦	立教大学法学部・大学院法務研究科教授
小　林　康　彦	法務省民事局参事官
深　澤　龍一郎	京都大学大学院法学研究科准教授
三　輪　方　大	最高裁判所事務総局行政局第一課長
山　本　隆　司	東京大学法学部・大学院法学政治学研究科教授
村　松　秀　樹	法務省民事局付
財　賀　理　行	最高裁判所事務総局行政局付
今　井　康　彰	法務省民事局付
福　田　　　敦	法務省民事局付

第二部　行政事件訴訟法第2次改正シンポジウム

2012年（平成24年）2月13日
於　主婦会館プラザエフ8階スイセン

◆パネリスト
　　（中央大学教授、当時。現弁護士）　阿部泰隆
　　（成蹊大学教授）　小早川光郎
　　（神戸大学教授）　中川丈久
　　会場発言　　（弁護士）　新堂幸司
◆コーディネーター
　　（日本弁護士連合会行政訴訟センター委員長、当時）　斎藤　浩
　　（同副委員長）　岩本安昭
　　主催　日本弁護士連合会　　挨拶　宮﨑浩二（副会長、当時）

一　本シンポの趣旨、ねらい

斎藤・コーディネーター　みなさん、行政事件訴訟法第二次改正シンポジウム、ご参加ありがとうございます。今日は小ぶりの部屋で、じっくりと議論ができると思います。

まず、パネリストをご紹介いたします。

私の左隣が阿部泰隆先生、その隣が小早川光郎先生、さらに中川丈久先生です。私の右隣に岩本安昭弁護士です。

今日の趣旨と目的などを簡単に申し上げます。

平成16年の行政事件訴訟法の改正につき、「行政事件訴訟法の一部を改正する法律」（平成16年第84号）の附則50条は「政府は、この法律の施行後5年を経過した場合において、新法の施行の状況について検討を加え、必要があると認めるときは、その結果に基づいて所要の措置を講ずるものとする」と規定し、改正法が新法であることは文言上明らかでありますから、5年経った現在では所要の措置が必要かどうかが検討されなければなりません。

従いまして、平成16年の積み残しの部分と、改正された部分の運用の点検、そしてさらなる改正というようなことを検討しなくてはなりません。

それが、本日のシンポのが課題でございます。

ただ、大変な量でありますから、今日の約3時間の限られた時間との関係で、

第二部　行政事件訴訟法第２次改正シンポジウム

私は大胆に絞って議論をしてみたいと思います。

　素材といたしまして今日お手元に配りましたのが、１つは日弁連の第二次改正法案です。これは２つぐらいの意味がございまして、今申し上げた2004年の改正について、もう一度という意味でも第二次でございますし、日弁連といたしましてはご存じの方も多いと思いますが、いわゆる是正訴訟法案というのを2003年につくっておりますので、それの２つ目の法案という意味でもございますけれども、趣旨としましては前者、つまり現行の行政事件訴訟法を前提にした改正は、どのようにあるべきかということに絞っております。是正訴訟法案のような抜本的なものではございませんので、そういう意味での第二次という意味もございます。

　これは平成22年11月17日に日弁連理事会で決定をいたしました改正案骨子に基づきます。今の行政事件訴訟法をもう少しこういうふうに改正してもらいたいというところを、理事会決定をいたしましたもので、それに基づいた条文をつくってみました（注：全文は本書第五部）。

　それから配りました２つ目は団体訴訟法案です。今日議論いたします原告適格との関係で、行政訴訟検討会の積み残し課題（世間で遺言とか言われています）の１つであります団体訴訟について、これも法律案をつくってみないとイメージがわからないのではないかということで、侃々諤々つくりましたのがこれでございます（注：理事会で承認された法案は「環境，文化財及び消費者保護のための団体による訴訟等に関する法律案」として日弁連HPに掲載されています、本書第四部）。

　それから、ご案内のように第二次改正が必要かどうかという法務省の改正行訴法施行状況検証研究会というのが実施されております。この検証研究会は、商事法務研究会のホームページの中に載っております（追記：この報告書に対する批判的検討は本書第一部）ホームページはご覧になったらおわかりのように、10回目まで行われているようでありますが、議事概要は6回目まで載っております。7回目以後はまだ載っておりません。

　その議事概要は、行政訴訟検討会と違いまして、議事概要のみで議事録は載っておりません。7年前の行政訴訟検討会の議事録は、小早川先生のご意見に対し、日弁連の水野武夫弁護士がどのように語られたかというようなことが、顕名で載っておりました。今回の検証研究会は議事録がアップされていないので、私どもは参加しております弁護士から、その仔細を聞くと言う作業をおこなっております。やはり議事録の収録、発表が求められると思います（追記：現在でも上記ホームページに載っているのは議事概要のみである）。

　私の隣の岩本弁護士はこの研究会のメンバーであります。

いま会場を見渡しますと、その検証研究会の高橋滋座長も参加していただいておりますし、法務省の方々、研究者の方々、学生も方々もいらっしゃっていただいております。
　また、私が行訴法改正と民訴のことでいろいろと準備・予習しておりまして、わからないことが多いものですから、新堂幸司先生にお聞きをいたしましたところ、参加してやるわということで、新堂先生も来られております。ありがたいことであります。是非後ほどご発言いただきたいと存じます。
　弁護士の出席者は行政訴訟センターの方がほとんどだと思います。
　それで、今日議論をする絞りに絞ったことを最初に申し上げて、順番にそれをやりたいと思います。
　積み残し課題と言われた中から1つ、または1つ半だけやろうと思うのは、目的規定を1条に入れるかどうかという問題。それから、裁量でございます。
　大きな2つ目の柱が主たるものかもしれません。検証という意味では主たるものかもしれませんが、原告適格とそれに類する延長線上にあろうと思われる団体訴訟をやらせていただきます。それから、義務づけ訴訟をやらせていただきます。それから差止め訴訟をやらせていただきます。それから、仮の救済の執行停止・仮の義務付け・仮の差止めもセットでやらせていただきます。最後に、確認訴訟などをやらせていただきます。
　それでは早速、入らせていただきます。

二　目的規定

　斎藤・コーディネーター　目的規定といたしましては、日弁連がずっと行政訴訟検討会のときからも提起し、今回も提起しております。ちょっと内容は変わっておりますけれども。1条ですね。これは主として阿部先生のご意見でございます。
　阿部　阿部泰隆（やすたか）、阿部泰隆（大龍、たいりゅう）です。行政訴訟の基本は、裁判官が両当事者の主張を真面目に聞いて、本当にどっちがまともか、よく判断すべきですが、どうも役所が正しい、国民はいちゃもんをつけているという、そういうふうな思いこみから始まっているらしい。それは、私だけが感じているのではなくて、元最高裁判事の園部逸夫先生が地裁判事をやられたときからの経験で、裁判官は八宗兼学で何でもわかると。行政法の本なんて見たこともないが、それでも判断する。ところが、ちょっと読むと公定力と書いてあって、役所のやることはだいたい大体正しいと、こういうふうに書いてあてある。そういうふうにすり込まれているから、それが間違いだと、裁判官に思いこませるのは大変なことだと書いてあるんです（法教329号）。

第二部　行政事件訴訟法第2次改正シンポジウム

　私はこれ読んでびっくりして、行政の学者が公定力なんていうことを言うことは、抗告訴訟の排他的管轄などと説明を変えても、誤解される、一切やめるべきだと。あれこそ、権利救済を妨げている極悪の概念だという認識に達したのです。「行政救済法」という教科書の章がありますが、あれは行政の違法行為から国民を救済する法ではなくて、私人の真っ当な不服から行政を救済する法になっている。こんなバカなことがあるか。行政事件訴訟法は行政救済障害物法である。そして、行政事件訴訟法は全部廃止したほうがいいのではないかと感じますが、この訴訟要件のなかでうるさいのはなるべく緩めて、不明確なところは原告に有利に解釈して、つまらない門前の争いで時間を食わないようにすべきだ。諸外国ではそんなにうるさく言っていないというのが普通ですから、比較的簡単に本案の中に入れて、あと裁量問題は虚心坦懐によく両方の言い分を聞いて、役所の言うことに筋があるかどうかを吟味するというふうにするために、条文を入れなきゃいけないと思います（阿部泰隆「行政訴訟における訴訟要件に関する発想の転換」判時2137号30頁）。

　訴訟要件について、悪例の典型例は、日の丸・君が代の予防訴訟の高裁です。差止訴訟について、一審難波判決（東京地判平成18・9・21判時1952号44頁）は認めたのですが、高裁の都築裁判長は、通達の取消訴訟が起こせるからという、新理論（新奇な理論）をつくって、処分差止訴訟を門前払いにしちゃったのですね（東京高裁民事24部平成23年1月28日判決、判時2113号30頁）。

　最高裁ではさすが是正されて、通達の取消訴訟は起こせないとなりました。そして、差止訴訟は許されると、真っ当な判決を出してくれました（平成24年2月9日判決民集66巻2号183頁）けれども、これでは高裁は死んだと一緒なんですね。裁判を受ける権利は侵害された。そういうことを裁判官が堂々とやるのはなぜかというと、何とか訴えをはねようと、そのための理屈はないかと、屁理屈ばかり考えているのでしょう。そういう判事が出世しているのが、こうした判決が出る温床です。

　杉原則彦裁判官は、リフォーム業者の特商法違反事件で一番重要な証拠をわざと無視した判決を下しました（平成20年3月14日判決）。インターネットの薬販売禁止だと、インターネットで薬を買うと副作用が起きるからという理屈ですが、今実際にインターネットで薬売ることは例外的に認められていて、しかし厚生労働省は副作用の例を1つも出していない。1つもないんだが、心配だから禁止する（岩井裁判長、東京地判平成22年3月30日判時2096号9頁）と。それならば、薬局や医師の処方で薬を購入するのも、結婚も子どもつくるのもすべて心配だから禁止すべきだし、飛行機も車もすべて禁止すべきですが、裁判官はなぜかネッ

二　目的規定

ト販売の薬だけを心配している。このようなイロハのイのリスクマネジメントができないのが出世頭というのが裁判所です。

しかも、この判決は、薬事法の曖昧な規定から、それが授権されたと都合良く読んでいる（阿部泰隆「違憲審査・法解釈における立法者意思の探求方法」『加藤一郎先生追悼論文集』（有斐閣、2011年）69〜94頁）。およそ法治国家ではありません（なお、その後東京高裁平成24年4月26日判決判タ1381号105頁は、この委任立法の論点を中心に原告（控訴人）を勝訴させました。最判平成25年1月11日判時2177号35頁も、「立法過程における議論をもしんしゃくした上で」もこの省令は薬事法の授権がないとしました。日本にもまだ法治国家が残っているとほっとしています）。

原告適格については、今、千葉の鉄道沿線で住民が値下げ義務付け訴訟を提起していますけれども、子どもが定期を使うと、親から金もらっているから負担はないかもしれない、定期代を負担している会社は鉄道利用者ではないといった理屈をつけては原告適格に疑問を呈する意見がある。

そうではなく、裁判所が頭を切り換えて、権利救済の実効性をきちんと確保するようにして、両当事者対等にしなくてはいけない。法の不明確性は、裁判所が原告に有利な解釈するべきです。法律が不備なときに、裁判所が遡って実はこうあるべきで、原告が間違えていた、というのではなくて、立法者に解決させるべきです。ここでは権利救済の実効性、両当事者の対等性、権利救済ルールの明確性を入れるという解釈をしなくてはいけない。そういうふうに裁判官を導くためにも最初にきちんと目的規定を置かなければならない。これがなくて、原告適格広げろとかいろいろ書いたり、まして、オープンスペースなんていっても、裁判官は恣意的やってもよいと誤解しているのではないかと疑いたくなるので、そうじゃないよという条文をぜひとも入れてほしい。

それから、不意打ち判決、これは事実問題ではなくて法解釈の問題だから、裁判官は俺の専権だと、当事者に主張もさせずに判断するのですが、それは無茶苦茶で、当事者の弁護士にしっかり議論させた上で判断すればましな判断ができる。当事者の主張を踏まえないで、裁判所はこう思うというのは、専制国家と一緒です。法理論であっても、裁判官は、両当事者の主張をよく聞いた上でないと判断できないと、決めなくてはいけないと思う（なお、藤田宙靖『最高裁回想録』（有斐閣、2012年）47頁は、訴訟要件についても当事者の主張なしで判断することを避け、期日外釈明したという。結構な運用であるが、さらに進めて、訴訟要件も職権調査事項であるとの解釈を変更してほしいと思う。前掲拙稿・判時2137号）。そのためにも最初に法理論についても釈明義務を定めた条文を入れる。そして、藤田宙靖前最高裁裁判官は、行訴法9条2項で、裁判官に一定の条文についての解釈のあり方を

223

指示するのは違憲の疑いが濃いといわれている（藤田宙靖『行政法Ｉ』（第四版改訂版、2005年）422頁）けれども、裁判は法律に従って行うのだから、法律で解釈の仕方を決めることができるのは当然のことです。裁判官がしばしば逸脱しているのですから、そのための導きのルールきちんと決めることは立法者の任務であると考えています

斎藤・コーディネーター　次に小早川先生、順番によろしくお願いします。

小早川　小早川でございます。
この目的規定というのは、私は一般にはあまり熱意を感じないところです。

もちろん、かなり特定の政策目的を実現するために一定の法的な仕組みをつくってルールを設定するというような立法ですと、これは、設計された仕組みだけを条文で書いたのでは一体何のためのものかがわかりにくいということもあり、そうすると運用に際してとんでもない誤解や、違った方向に行ってしまうということもある。そこで、政策目的をはっきり掲げて、そのための仕組みなのです、立法者はそれを考えたんですよということを示すのは意味がある。最近の法律が大体目的規定を持っているというのは、そういう政策実現のための立法であるということと関係していると思います。

では行政事件訴訟法はどうかというと、さしあたりの政策を実現するための立法ではなくて、社会の、といいますか、政治、統治構造の基本を定める法律の1つであります。そして、ここでは、他の訴訟制度と別に行政訴訟制度というものがあっていいんだということを一応前提にさせていただきますけれど――そこを本当は議論する必要があるかと思うんですが、3時間ですから――、それを前提としたうえで、行政事件訴訟法の立法目的は何かといえば、これは一言で言って「行政訴訟制度を定めること」、強いていえば、「よい行政訴訟制度を定めること」であり、それで本来必要十分だろうと思うんですね。そうであれば、そんなことを第1条に書く必要はないだろうというのが、ちょっと乱暴にいいますと、私の感じであります。

ただ、そこまでですと、「引っ込め」と言われそうですので、ちょっと譲歩いたしますと、確かに阿部さんが今言われたような例もいろいろあるであろうことは承知しています。ですから、現在の行政訴訟制度の運用が、ちょっと、あるいはかなり、問題があるということかもしれません。ですから、その辺、中期的な観点で、ここのところはこんな偏りがあるようなので気をつけましょうということを書くのは、それは全く意味がないわけではないと思います。立法目的は「よい行政訴訟制度を定めること」ですが、併せて、その制度を運用する際にはこれこれの偏りが生じないように気をつけなさいと、これはちょっと行訴法9条2項

二　目的規定

に似てくるかもしれませんが、そういう構造で条項を書くということは、実際的には意味のあることかも知れないとも思います。しかし、何を書いても至極もっともなことで誰も反対しないようなものになるのではないか、それでもこれが大事だということで書くのか、書いても書かなくてもいいのではないかと、そのようにも思うんですね。結局のところ、目的規定を書くことにあまり積極的な意味を見いだせないということです。さしあたり以上です。

中川　中川でございます。私も小早川先生と同じような考え方です。目的規定が必要なのは、いわゆる個別法の世界です。今も私、食品表示の一元化という立法作業に関わっているのですが、何のために一元化をするかの設定を変えると、法律は全部変わってしまうんです。そういう世界では、目的規定をはっきり書いておかないと立法はできないんです。けれども、行政事件訴訟法の目的は民訴と一緒でありまして、救うべきものを救うという、言わなくてもわかっている明白なことが目的だろうと思います。

ただ、司法制度改革のときに、裁判所は救うべきものを救っていなくてだめだという非常に強い批判を受けたので、最高裁はショックを受けたとおっしゃっている元最高裁判事の方もいらっしゃいます。救うべきものを救ってくれというメッセージを出すという意味では、あえて目的規定をおくことに意味があるとは思うんですけれども、ただ、司法制度改革のメッセージは既に伝わっていて、最高裁はまさにそういう方向で動いており、つい数日前に出た最高裁判決を見ても、その方向は維持されている。ますます盛んというと言い過ぎかもしれませんが、そこは安心していいんじゃないかなと思います。ですから、今，目的規定を置かなくてはいけないかどうかということに議論の時間を割くのは、私はあまり生産的ではないという気がいたします。

それからもう1つ。これは条文の恐いところで、仮に1条1項に、国民の権利利益の実効的な救済などという言葉を書いた場合に、ここにいう権利利益とはこういう意味であり、限定解釈をするべきであるなんていうことを誰かが言い始めるかもしれません。当然被告側はそういう主張に乗ってくるでしょう。そうすると，訴訟において喧嘩をする場所を無駄に増やしているだけという逆効果もあり得ると思います。今さしあたって全体の裁判所のスタンスがどうしてもおかしいということがないのであれば、わざわざ書かなくてもいいのかなという気がいたします。

私、いつもは最高裁判決しか見ていないので、下級審の全体の動向をよく知っているとはいえないのですが、弁護士としては下級審に不満が多く、下級審も全体としてちゃんと動いてほしいという意味で、最高裁に期待するだけでは不十分

だ、だから目的規定をおけとおっしゃるのかもしれません。私は、そこら辺よくわかりませんが、最高裁を見る限りにおいては、特に目的規定はおかなくても今のところは大丈夫だろうし、先ほど言いましたように変な議論を誘発させるというおそれもないわけでもないという心配もありますので、目的規定はなくてもいいという印象を持っております。

斎藤・コーディネーター 私は大体日和見主義ですので3人の先生が一致しなければ、次に行こうかということに普通はするんですけれど、阿部先生があそこまで力説されたのをそのままにしておくというのも、やや問題があると思うし、一言、阿部先生にご発言いただいて、次のテーマにいきたいと思います。どうぞ。

阿部 新堂幸司先生がおられるから思い出したのは、「民事訴訟法は誰のためにあるか」というご論文ですね。それで、「我が国の刑事訴訟法はかなり絶望的である」というのは平野龍一先生でした。それで私は、「行政事件訴訟法は誰のためにあるか、かなり絶望的である」と、3匹目のドジョウをねらって言いたいのです。小早川さんも中川さんも、阿部の言うことはわかったと言いながら、実はわかっていないと思う。

私も研究者時代はそのことは十分にはわからなかった（他の学者よりははるかに分かっていたつもりだが）。裁判の現場に入って、ひどいところ、腐っているところだとしみじみ感じた。これは公表しているから、お読みください（阿部泰隆「司法改革の本当の課題(1)～(3)」自治研究．86巻4号3～30頁、5号3～27頁、6号3～32頁（2010年）、「組織の腐敗・組織的違法（特に行政のそれ）をなくす法システム創造の提案(1)(2)自治研究．86巻9号22～45頁、10号38～72頁（2010年）、「自治体訴訟法務と裁判」ジュリスト（1411号）［2010.11.15］62～73頁＝北村喜宣他『自治体政策法務』（有斐閣、2011年）所収）。そういうことを実際に感じた人でないと、なかなかわからないのだろうと思いますが、まず、小早川さんは、政策立法ならば目的を書くというんだけれども、行政事件訴訟法は国家の基本であって、行政裁判制度をどういうふうに持っていくか。裁判を受ける権利をどのように確保し、法治行政をどのように守るかという大きな政策立法だと考え、それが大きく阻害されているのが現実であるという認識に立てば、きちんとした目的規定をつくらなければいけない。中川さんは、条文つくらなくても何とかなりそうだという認識のようですが、それは最高裁判決のなかでもまともなものだけを見ているからです。最高裁で判決としてまともに書かれているのは、ほんの1％あるかどうかで、大部分の事件は、僕がこの前出した『最高裁不受理事件の諸相Ⅱ』（信山社、2011年）という本や濱秀和先生の『最高裁不受理事件の諸相Ⅰ』で示しているように、門前払いによって闇から闇へと殺されていく。

三　裁　量

　地裁・高裁で、どんな滅茶苦茶審理をなされても、すべて重要な法令解釈ではないとか、事実認定の問題とされて門前払いです。高裁判事のやり放題です。だから、最高裁だけを見ちゃだめです。その上、公刊された最高裁判決でもましな方だけを見てはだめで、おかしいのが多々あります（阿部泰隆『行政法解釈学Ⅰ』128頁以下、163頁以下）。このほか、最近のものでも、法治行政である以上ルールは明確でなければならないのに、あれこれ考えるとそういう趣旨かという程度で適法としたのが混合診療に関する最高裁第3小法廷平成23年10月25日判決です。課税処分の遡及適用に関する最判平成23年9月22日（判時2132号34頁）も、取引終了後に制定された所得税法が遡って適用されるとするが、これでは成立するかどうか不明な法律案に従って行動しないと損ということで、誰も現行法を信頼して取引することができない。後で議論になる、原告適格に関する最判平成21年10月15日も問題です。

　救うべきものを救うなどということはわかっていると言われるけれども、わかっていない裁判官が数からいったらかなり多数ではないかというのが弁護士になってからの僕の認識ですから、救うべき者は救うんだよということをよく言わなければいけない。

　ドイツの裁判官は、「何人も公権力によって自己の権利を侵害されたときは、出訴の道が開かれる」というだけの曖昧な条文（基本法19条4項）から、裁判を受ける権利の実効性を導いているのですが、日本ではそうでないので、やむなく申し上げているのです。証拠をちゃんと読んで、主張をよく読んで、変な理屈を考えないでやってくださいと裁判官に言いたい。通達の処分性を認めたので、権利救済を広げたんだと、誰も考えつかないことを言って、訴え却下した先ほどの都築判決は最高裁で是正されたから良いというのではなく、高裁は死んだのです。職権濫用罪に当たる判決も少なくないと思う。そこのところを中川さんにも小早川さんにもよく理解いただきたいと思っているわけです（目的規定の必要性については、前記判時2137号28頁でも述べている）。

　僕も研究者時代は、かなり感じていたにしても、これほど暗黒の世界だとはわからず、過激には言わなかったから、このお二人の気持ちはわかるんだけれども、むしろ、弁護士の先生方で行政訴訟たくさんやっている方がどのようなお考えになるか。そちらのほうの発言を期待したいところですね。

三　裁　量

　斎藤・コーディネーター　次は積み残しという意味で裁量を少し最初にやってみたいと思います。これは、原告代理人、あるいは原告の側から見ると、訴訟要

件が改善されても、基本的には実体審理のところで負けるということになってくることを何とかできないかという問題ですね。

　いい知恵はないだろうかとずっと議論をしておりまして、一昨年の10月にやりました日弁連の司法シンポジウムでも、滝井繁男先生と中川先生をお招きしてパネルをやってみたんですけれども、必ずしもスッカとした内容にならなかった。やってみたんですけれどというのは否定的な意味ではなくて、議論をさせていただいて大変実りあるものでありましたが、裁量の条文を具体化するところまではいかなかった。

　われわれが今日ご提起しております30条の案などの素案ですが、これでいいのか。例えば事実認定をきちっとすることを滝井先生は強調されました。そうすることによって裁量の場面がだいぶ変わってくるというところがあるとおっしゃる。30条はこのままでもいいのではないかという議論にも司法シンポではなった。我々はしつこく続きで30条改正を一生懸命条文議論いたしまして、最高裁の行政局の方々とも研究会で議論させていただいた。行政局の面々は、ないよりもあったほうがいいかなと研究会の段階ではおっしゃった。今はどういわれるか、検証研究会での発言をみておりますとわかりませんが、研究会では言われた。まあ言われた局長と今の局長は代っているので今はわかりませんけれども。そういうことでできたのが、今日の30条のところでございます。

　中川先生から順番に、この30条、前のシンポでもお話しいただいた続きかもしれませんが、日弁連の案の評価、あるいはさらに裁量の審査のところを厳密に、かつうまく回るようにするためには、条文的な工夫は必要あるのかないのかあたりを少しご発言いただきたいのですが。

中川　それでは2点申し上げます。まず、前回の滝井先生とのシンポでどういう話をしたかなんですが、1つは釈明の特則規定に裁判所はもっと注目すべきだということを滝井先生が強調されていたように思います。その後、下級審の裁判実務が釈明に積極的になっているのかどうか、ここはよくわかりません。

　今回の日弁連の案では、あまり釈明について強調されていないということは、逆に言うと現場では十分に使われているということなのでしょうか。

　それからもうひとつ、前回のシンポジウムでは、裁量の審査方法が話題になりました。裁量判断が合理的になされたことを裁判所がチェックするためには、行政庁の側に説明させろということは確かに重要なんだけれど、何を説明させるのかが問題です。どこがおかしそうなのかは、やはり原告側にある程度言ってもらわないと、裁判所としても焦点があわせられないというわけです。なるほどここが何かあやしいなというふうに裁判官に思わせてくれたら、当然裁判官は行政の

三　裁　量

ほうに、つまり被告のほうに、合理的な判断なのかどうかの説明を求めるだろう。その説明が不十分であったならば、裁量濫用のおそれがあるということになり、逆に、きちんとした説明が被告から返ってくれば合理的な判断だなということで終わる。裁量審査は、そのようなボールの投げ合いこではないかということが、この前のシンポでは出ていたように思います。同じようなことは、シンポとは別の機会に、複数の裁判官からも、裁量審査の実態として伺ったことがあります。

そうすると、裁量審査のための基準を行訴法に書けばうまくいくという単純なことではないのではないか。原告側代理人が、いろいろおかしなところを指摘していくことが、実は一番重要なんじゃないか。その指摘をしやすくするためにどう手当てするかが重要であって、審査基準の条文だけ書けばマジックのように裁量審査がうまくいくというわけではないのではないか。それがシンポジウムの結論だったような気がします。

以上が前回のシンポの話です。それを踏まえまして、斎藤先生の2点目のご質問なんですが、現在の行訴法30条をどうするかということでして、これにつきましては、レジュメを私書きました。その2の(8)というところで、日弁連案の条文自体については、まだまだいろいろ考えるべきところがある。とりわけ裁量処分という言葉自体、ずいぶん古典的な言葉で、行政法の学説では今は使わなくなっているのではないかなと思います。

最高裁もこのところは、裁量的判断の合理性というように、裁量処分ではなく、裁量的判断というような言葉を使っているようです。

それから私のレジュメの(8)の最初のクロポツの最後の2行ぐらいですけれど、日弁連案の2項2号、3号にいう事実誤認とか不当動機、あるいは8号の手続違反というのは、裁量審査の問題ではないと思います。

裁量審査というのは、行政庁がする実体的な判断について、法令上はある程度自由になるときに、どういう事実を重く見、どういう事実を重く見ないで、この場合はこっちかな、この場合はこっちかなと、ケース・バイ・ケースで適切な判断をしたかどうかという問題だと私は理解しております。事実誤認とか、あるいは不当動機というのは、裁量があってもなくても、どっちにしたってこれは違法事由になると思います。

そこで、日弁連案のこの条文を生かすならば、裁量審査に限定するのではなくて、もっと広く、私のレジュメでは次のクロポツなんですけれども、処分の取消事由とか、あるいは処分の違法事由という整理をしてはどうでしょうか。処分が違法かどうかを審査するには、これこれこういう場合がある。そして、その1つに裁量の合理性の欠如、つまり裁量の濫用というものがあるというようにです。

違法事由の体系的整理については、最高裁判決から抜き出してくるということが考えられます。ちょうど行訴法改正時に原告適格について9条2項を置くときに使った手が使えるのではないかと思います。今まで裁判所は、少なくともこういうふうなことを違法事由として発見していたんだというチェックリストみたいなものを判例のリステートメントという形で書くというのがあり得るかなと思います。行訴法30条につきましては、裁量だけじゃなく、処分の違法事由として、法令解釈が誤っている、手続が誤っているなども含めて、広く掲げるということが考えられるように思います。

そのほか、処分の前の段階でなされた都市計画であるとか、職務命令であるとか、そういったものが違法であって、それが結局その後の処分の違法事由にもなるというタイプもあります。それから、法の一般原則ないし信義則というのもあります。

こうした諸々の違法事由の1つとして裁量の濫用を掲げるのです。裁量の濫用というのは結局は考慮すべきものを十分に考慮していないということに尽きると思いますので、判例から適切な表現を持ってきて、条文に書くと、今までの判例の展開を盛り込むという意味でいいんじゃないかなと思っているところです。

斎藤・コーディネーター 小早川先生よろしくお願いします。

小早川 まず、今の30条の規定ぶりがいかにも古すぎるというのは、私も中川意見に賛成です。裁量問題と法律問題の峻別ということもすでにかなり克服されつつありますし、ましてや、行政処分の中に裁量処分とそうでないものとの区別があって裁量処分については原則司法裁判権の外であるという、そういう前々世紀的な口調がまだ残っているということもあり、あの条文はちょっと耐えられないというのは、私も実感として持っております。そのような概念なり言葉なりで、実務家の足を引っ張り、健全な裁量審査方法の発達を時に妨げているという感じもしないわけではありません。

条文は我慢できない、おそらくは多くの人が我慢できないと思うのですが、ではどうするか。今日の裁量理論、裁量法理はいかにあるべきかとなると、これは行政法学者の数だけあるわけでして、その中のどれをベースに条文を書くかということだけでも、大変な話になります。

それは、裁量とは何かという話ですが、裁量の審査はどうするか。これは、いま中川さんも言われたように、実務的には、それぞれの事件の代理人、そして裁判官が、いろいろケースごとに考えて、こういう意味でこれはおかしいじゃないかと。そういうことで、うまくいけば裁量の逸脱が認められて処分取消しということになる、その成功例を挙げるということは、これは意味がないわけではない

三　裁　量

と思います。しかし、それは成功例であって、それだけを覚え込めばそれでいいというものではない。9条2項がまた出てきますが、あそこで4つの要素を掲げている、あれは成功例を挙げているということになっています。しかし、それが条文に固定されたために、その後の判決、特に下級審の判決は、勉強はするけれども出来の悪い法科大学院学生と同じで、2項に掲げられているいろいろなことについて必ず、意味があってもなくてもすべて触れて書く、判決がそれだけ無駄に長くなる、というところがあるように思います。30条を書き改めるについても、そういうことには注意したほうがいいと思います。ただ、これは立法の問題なのか、それとも条文を扱うほうの運用の問題なのかということはあるでしょう。

　成功例を挙げるということは、それなりの意味があると思いますが、私は、やはり、裁量審査を実質的に進めていくことを目指す限りは、もっといろいろ考えなければいけないと思います。1つ例を挙げれば、最近の1級建築士免許取消処分取消判決があります。あれなどは、行政手続法のルールを、ちょっとかなり勇敢な使い方ではあると思いますけれども、それを補強材料あるいは補助線に使って、実は、裁量がおかしかったんだろうということを暗に言っているのだと思うんですね。古く遡れば、個人タクシー判決もあります。言い古されていることですけれども、1つの実りある方向は、判断過程を行政手続の観点から構造化し、明示化していって、それを手がかりにして裁量審査をするということでしょう。今回の日弁連の意見でも、行政手続法に手をつけようということがあり、それはおそらく方向としては適切な方向なのだろう、そちらの方向で、さらにいろいろ議論をし、工夫をしていくことが有益なのではないかという気がしております。

　30条を書き直すことは、意味はあるとは思いますが、しかし、議論に時間もかかるし、労力も費やすということで、なかなか大変なことだろうなという感じは持っています。

　斎藤・コーディネーター　ありがとうございます。先ほど中川先生がおっしゃった、あるいは今小早川先生がおっしゃった成功例、我々の条文はいろいろな判決の中で使われたワーディングを、並べているんですね。30条の2項で。

　並べてみたもののそれは裁量だけに関係する条文ではないんじゃないのと言われれば、色んなものがたくさん混じっておりますね。それから今最後に言っていただいた行政手続法のことを8号だとか2項に取り上げておりまして、何でもかんでもごった煮のようになっております。一生懸命考えて、何回つくってもあまり評判がよくない。いいねと言われたことはないという条文をずっとつくっているんですね。

　阿部先生、よろしくお願いします。

阿部 この問題は。裁量とは何かという基本的な考え方を一度示した上であれば、ちょっとわかりやすい。現行30条は、基本的には裁量は法治行政の例外という立場に立っているんですね。

教科書見ると藤田さんだけじゃなくて、小早川さんも塩野先生も皆さん同じようなことを言っておられる。一部の判決は、これに沿って基本的には行政処分は適法であるから、裁量濫用は、原告が立証しろというので、非常にやりにくい闘いになっている。

僕が代理した道路の速度制限は違法だという裁判では、高速道路以上に非常に立派な道路なので、速度制限が60キロは当然だし、警察庁の基準で計算すると60キロなので、50キロとするのは裁量濫用だと主張したのですが、裁判所は、一見明白に60キロにしなくてはいけないわけじゃないから、裁量濫用ではないというのです（阿部泰隆『最高裁不受理事件の諸相Ⅱ』第4章）。一見明白でなくても裁量濫用なら違法です。これは今日の裁量理論にも反している。これを正当化するのが現行法30条かもしれないので、廃止すべきなのです。

裁量とは何かというと、昔は医者の手術を裁量などと言ったけれども、今は医療過誤の被害者に訴えられる医者が、裁量でしたからなどとふんぞり返ることはない。私は誠心誠意尽くして一番いい方法でやりましたが、やはりだめでしたというわけですね。

立法者は行政機関に権限を与えるとき、将来のことをすべて見通し、決めることはできないから、具体的なことはそのときの状況にあわせて一番いい方法を選択せよと命じているんです。行政機関は憲法と法律の指針に沿い、事実に沿って一番適当な方法を選んだということを、事実に即してちゃんと説明し、事実を立証する責任があると考えるべきです。裁判所はそれに筋があるかどうかを判断すればよいのです。

裁量という言葉は、行政の恣意に寛大になりかねないので、本来やめるべきです。それに、行政裁量の尊重、行政権と司法権の関係とか、行政権への礼譲という言い方とか、行政権は専門家であるという意見はたくさんありますが、やっていることは、下級役人が短時間に杜撰にやっているか、政治的に歪められた判断をしているか、大臣からあいつ何とかしろと言われて、ごまかしているのであって、裁判所は何も行政権を尊重する必要はない。やることは何かといったら、両当事者の主張を踏まえて、第三者の目から見て、行政判断に筋が通っているかどうかだけを判断すればいいわけです。

そうすると、訴訟の冒頭において、被告行政庁のほうから、処分の根拠となる事実と、結論に至る過程を一応説明してもらって、原告が反論し、そこで裁判所

三　裁　量

としては、被告のほうに処分が法律の趣旨、憲法の趣旨に全体として適合しているかどうかよく説明させ、結論を左右するような誤りがあれば取り消すというだけでよく、ここにいっぱい並べているのはそのチェックリストです。これは裁量というか、取消事由という言葉にしてもいいんですけれども、とにかく憲法と法の合理的な解釈と事実から見て、結論に影響する、不合理な考慮をしていれば取り消す。そうでなければ維持するとすればよい。

これだけすっきりさせられれば、本当はわかりやすいのに、いろいろなことを言うから、道に迷い込むようになって、困ったというのが私の感想です。

斎藤・コーディネーター　3先生のご意見は承りました。この現行30条は非常に古風な表現にもなっているし、有害な面もある。そこでどうするかというので、非常に稚拙な条文でありますが、日弁連の30条つくってみた。もし3先生からどんな条文がいいのかという示唆が、ございましたら、ちょっといただきたい。

中川　まず大前提として、これは多分3人とも共通していると思いますが、裁量処分という言い方がおかしいということがあります。現在の30条が古くさすぎるというところは、これは多分誰も異論がないところだと思うんですね。

その上で、裁量に限った話ではなく、処分の違法事由全体を規定するという前提でお話をしたいと思うんですが、例えば日弁連案の2項の1号と4号と7号ですね。1号が比較検討、4号が考慮すべきものを考慮していないことを挙げています。4号も、法令上必ず考慮しなければいけないものなのか、それともケース・バイ・ケースの裁量判断において、この事案では特に重視すべきということなのか、どちらなのかによって全然意味が違ってくるのですが、後者の意味だとしておきます。

それから、7号は、比例原則違反ですね。1、4、7は、多くの場合は裁量審査で使われるだろうと思うので、その限りでは一括りにできるかなと思います。

ただ、注意しなければいけないのは、1号も4号も7号も法令解釈の誤りという意味もあり得ます。7号の比例原則違反も、これ以上厳しい処分は絶対あり得ないというふうな意味だけでなく、それより下であれば裁量判断として、もう少し緩い処分でもよかったんじゃないかという意味もあります。法令解釈の誤りなのか、裁量濫用なのかというのは、なかなか難しいんです。それはありますが、法令解釈の誤りを1つ条文として書いておいた上で1号、4号あたりを使って、裁量の合理性を欠くという基準でまとめたらどうかなと思います。

3号は、これは不法動機、違法な動機というやつで、かなり性質が違いまして、法令の解釈適用の誤りや裁量濫用があるわけではないんだけれども、しかし、あ

こぎすぎるので違法とされるタイプだと思います。

　それから手続違反はさらに別の話ということになりますと、処分の違法事由は全体で4つぐらいにまとめられるのではないかなと思います。

　先ほど、小早川先生おっしゃいましたように、あまり細かく書くと、結局それにからめとられてしまって、適切ではないおそれがあります。逆に抽象的すぎると、結局何の役にもたたないということになるんですけれども、ある程度抽象化しないといけないだろうという気はいたします。

　斎藤・コーディネーター　小早川先生、何かございますか。

　小早川　1つは、今ある条文は目障りだからなくしてしまう、なくすだけでもいいことだ、ということも考えられます。理論的に言えば、ここに書かれていることは、実体法の話、本案の裁判の判断基準の話なので、行訴法に書くべきことがらではないという説明は、十分できると思います。

　でも、それでは多分、特に裁判官の方々が途方に暮れてしまうということで、やっぱりあったほうがいいのかもしれない。その際のことですが、先ほど阿部さんも言われたし、中川さんのペーパーにも書いてありますが、行訴法は、「違法」と「裁量の踰越・濫用」とを区別して、「違法」については触れずに、「裁量の踰越・濫用」だけを条文で書いているわけですね。だから、これがやっぱり今から見るとおかしい。裁量の踰越・逸脱・濫用というのは処分を違法ならしめるものであるわけで、「違法」というのは一元的な概念でいいのではないか。そうすると、条文としては、まず、取消の理由となるものについて書く、「違法だったら取り消す、そこを審理するんですよ」ということをまず書く。次に、その違法かどうかの審理にあたって行政庁の裁量——ここでこの言葉を使うかどうかということもありますが——が問題になるときには、これこれの点にも気をつけなさいということで書いていく、それはさっき言ったようなちょっといやなところはあるんですけれども、それでも書かないよりはいいか、ということです。そういう条文構造にして、この条文案に列挙されているような、あるいは中川さんが今整理されたようなことのほうがいいのかもしれませんが、そういうことを書き込んではどうか。要するに、1項は違法について書き、2項で裁量の場合についてはこういう点に留意せよというような書き方をするのではどうかなと。

　斎藤・コーディネーター　阿部先生。

　阿部　要はね、小早川さんは、普通の違法と裁量とを分けて、二段構えの条文をつくるということを言われたが、そうすると、裁量とは何かという、その境界線は非常に微妙ですから、かえって混乱を招く。それで、裁量という言葉を廃止するという提言をしているのです。ただ、それも混乱するので、教科書では一応

三　裁　量

維持はしているんですけれど、立法的にいっそなくしてしまって、さっき申しましたが、行政というのは立法者の負託に応えて、現場で最もふさわしいものを選択するプロセスです。そこの中で機械的に適用するものもあれば、少しは判断するところがあれば、大幅に判断するところもある。区別はつかない。だから、これは一本にしておく。この条文は中川さんが言われたように、単に処分の違法事由にする。そうすると、ここの条文で裁量濫用という言葉が入っているけれども、これは現行法との辻褄合わせでやっているだけで、抜本的な改正ではない。本来ならば、こういう書き方ではなくて、行政機関は憲法と当該関係法令の趣旨・仕組みを正しく理解し、適切な事実認定の下に行政処分を行わなければならないという条文をつくって、そして特に次のような場合は違法になるといって、それを幾つか例示して、その他にも違法になる場合があり得るということがわかるようにしておくというのが、本当はいいのではないかと。そこの中に立証責任も入れてほうがいいというふうに考えています。

　小早川　一言だけ。私が言ったのも、「違法」と「裁量」の２つを分けるのではなくて、基本は「違法」です。「裁量」についての第２項は、これはまさに阿部さんが言われた例示でありまして、こういうことにも気をつけましょう、ああいうことにも気をつけましょうということです。その際に、その第２項の射程を画する「裁量」の概念が何かということにあまりこだわられると、これは法科大学院ではあまりいい点数をあげられませんよと、そういうつもりで申し上げたのです。

　斎藤　ごく最近、最高裁判例で色々と注目すべきものが出ていますね。後で差止めなどのところで使う最判平 24.2.9（民集 66 巻 2 号 183 頁）以外に、最判平 24.1.16（判時 2147 号 127 頁）は伴奏職務命令違反の戒告とか減給をあつかったものです。ちょっとだけそこを読んでみます。私も今日の準備をするときに、日弁連の 30 条の条文のどれが、この条文があったとしたら、最高裁のこの判決はどれを使っているかなという立場で見てみたら、1、4、7 号だったんですけれどね。

　そのくだりをちょっと読んでみます。減給ノーというところですね。

「減給処分は、処分それ自体によって教職員の法的地位に一定の期間における本給の一部の不支給という直接の給与上の不利益が及び、将来の昇給等にも相応の影響が及ぶ上、本件通達を踏まえて毎年度 2 回以上の卒業式や入学式等の式典のたびに懲戒処分が累積して加重されると短期間で反復継続的に不利益が拡大していくこと等を勘案すると、上記のような考慮の下で不起立行為等に対する懲戒において戒告を超えて減給の処分を選択することが許容されるのは、過去の非違行為による懲戒処分等の処分歴や不起立行為等の前後における態度等（以下、併

せて「過去の処分歴等」という。）に鑑み、学校の規律や秩序の保持等の必要性と処分による不利益の内容との権衡の観点から当該処分を選択することの相当性を基礎付ける具体的な事情が認められる場合であることを要すると解すべきである」。

この減給ノーのところの判示を見てみましたら、先ほど中川先生がおっしゃった日弁連の1号と4号と7号を最高裁は使って判決してくれたなという感じでした。

あとといろいろ並べております2、3、5、6なども含めまして、手続は小早川先生おっしゃっていただいた。そこで、もう一度日弁連の中でこれを検討し直して、またご相談をしていきたいと思います。

岩本・コーディネーター この日弁連案をつくった者の1人としてご説明します。裁量処分の違法事由の全体を包括的に規定するというのは、難しい課題です。実は日本の立法例に、何が違法かというのを網羅的にはっきり書いている法令がなく、この各号の関係を規定上で整序しているような先例はありません。

それで、裁量という概念自体が古い、ブラックボックスであるという話は非常によくわかる話であり、この概念を全部消してしまおうというのは非常に魅力的なわけですけれども、現実に違法だという、訴訟における取消判決の認容の理由を全部列挙しようというときに、非常に難しいんですね。

違法という概念が茫漠としていまして、実体法規範もありますし、憲法もありますし、条例違反もありますし、どううまいこと、今の行訴法の条文にのっかるような形で書いたらいいかというのに苦労したわけです。それで現段階の条文としては、裁量処分というので維持した形になっているわけです。

先生方のおっしゃるように裁量の概念そのものをなくせという議論は、非常によくわかるのですが、これ違法というのを定義する何かいい知恵があったらぜひ、ヒントでも教えていただければと思うんですけれど。

中川 いつも法科大学院生に聞かれる質問があって、私はこう教えているのです。第一は法令解釈の誤り。法令解釈の誤りとは、一義的にこうルールがあるのに、それを間違っているという違法事由です。

それから2番目が、狭い意味ので裁量。裁量権の逸脱濫用という言葉は、実は曖昧に使われています。判例の用語としては、私が今言った一義的な法律解釈の誤りの場合でも逸脱濫用という言葉を使うんです。そこはちょっと注意しなければいけない。私が言いたいのはそのような広い意味じゃなくて、狭い意味、裁量の合理性欠如という意味の濫用です。法律がルールを決め尽くしていないので、要件事実がはっきりしていない部分があります。そこが狭義の裁量で、その判断

が合理的かどうかは結局は事案の特徴に応じて重視すべきものを重視したかどうかに尽きるのではないか。

3番目が手続違反、これは独立の違法事由です。4番目が不当な動機。つまり手続違反もない、法令解釈も誤っていない。裁量の合理性もあるけれども、これは違法なんだという、非常に例外的な場面です。いわゆる信義則違反をどこに入れるかはちょっと難しいんですが、基本的には以上の4つかなという形で説明をしております。

もう1つ、実はもっと難しい問題がありまして、これもまた答案を書かせるときに浮かび上がる問題なんですが、違法事由と取消事由はどう違うのかということで、違法は違法でも、じゃあこれだけの理由で処分を取り消していいんですかという問題です。例えば他事考慮というのがありまして、付近住民が反対しているから不許可にしたとします。付近住民の反対という点だけみると、それは法令の解釈を誤っている。考慮してはいけないものを考慮したので違法とは言えるんですが、ただ、それだけで直ちに取消判決なんですかというと、そういうこともあるし、そうでもないこともある。その違法事由を除いて考えても同じ結論になったら、別に取り消さなくていいからです。手続違反だからといって直ちに取り消すんですかという問題は有名ですが、実は実体法の部分にも同じ問題があると思うんです。

斎藤・コーディネーター 裁量の議論は行訴センターでずっとやってきており、今も大変有益なご意見いただきましたので、もう一度勉強し直して、まとめる方向でいきたいと思います。

四　原告適格

斎藤・コーディネーター ちょうど3分の1ぐらいの予定の時間が過ぎましたので、あと3分の2を改正された部分についての議論に移していきたいと思いますので、ご協力をお願いいたします。これは先ほど申し上げましたように、原告適格、団体訴訟からまいります。

原告適格のところの法務省の研究会の議論も読ませていただいております。このあたりは議事概要も出ておりますし、もちろん資料も出ております。ずいぶん議論はやっていただいておりますけれども、日弁連側の発言を除けば結論的には検討会の議論のところと大きく変わるものではない。変わるものとしては、小田急の判決が出て、その後サテライトの判決が出たのをどのように読んでいけばいいのかということでしょう。9条2項との関係で読んでいけばいいのかという議論が付け加わったというようなことだろうと思います。

第二部　行政事件訴訟法第2次改正シンポジウム

　ご存じのように、平成21年10月15日にサテライト判決が出まして、それを踏まえて今は議論をしなければいけないわけであります。しかし、やっておられる議論を側聞したり議事概要で読んだりいたしますと、そうあまり検討会のときの議論と変わっていないようにも思われます。結局、個別法令が不十分なわけですから、その場合どうするかという問題と、個別保護要件までいるのかという問題に絞られております。サテライト判決は個別法令、関係法令も不十分なので、原則的には原告適格を否定した。医療施設だけは下位の規則で1,000メートルとなっているところ、1,000メートルはちょっと極端だから、もう一回審理をし直しなさいという法範囲の個別保護の網をどこまでするかというような議論を最高裁判例も、今の研究会もなさっているわけであります。

　したがいまして、個別法令が不十分、関係法令も不十分の状態下で、個別保護要件の恣意を排除するためには、どのような改正がさらに必要なのかというところが、すっきりした議論にはまだなっていない。なったら改正につながるんでしょうけれども、そういう段階だと思います。

　そこで、日弁連案は、2項は判決が長くなるだけで、厳密になるだけであるし、そう有益なものでもないようにも思えるので廃止しようと提案しています。1項で法的な利益をやめまして、保護に値する利益というふうに変えましょうという案です。2項はちょっと評判悪いんですけれども、これは右にいる作者が少し後で釈明をされると思います。

　そこで、今度は小早川先生から議論を展開していただいたらありがたいと思います。

　小早川　まず、2004年改正のときにいろいろ議論をしました。その議論の中で、最高裁判例は個別保護理論をとっているけれどもそれを何とかしようという議論を一生懸命やったのですが、結局、どうなったか。9条1項は、これは何とでも読める、その意味では害のない規定だとは思うのですが、9条2項を書き込むというときに、個別保護理論を廃棄するということにはならなかったわけです。ただ、後でも常に指摘はされているのですが、2項の中の第4要素は、これは個別保護理論を超えているようにも読める。私個人は、そうも読めるということで9条2項の案に結局は賛成をしたのですが、ただ、それは正直申しますと、自己満足であります。その後の裁判所方面の解説では、9条2項は従来の判例を整理しただけで何ら新しい要素は含んでいないという、ほとんどそういう言い方をしていると思います。ですから、この第4要素への期待というのは、これからも持ち続けますが、今のところはちょっと虚しいのかなということですね。これが1つです。

四　原告適格

　個別保護理論そのものについてさらに申しますと、これは不適切な理論であるとは思います。改正時の議論でも、そのことを前提にしていろいろ言っていたわけです。そこで公式として使われている、「法令の規定が当該利益を個別に保護しているか」というのは、「個別の利益」を保護しているかどうかではなく、法令が「個別に」保護しているか、「個別に」という姿勢を法令がとっているかいないか、です。法令自身は生き物ではないですから、そんなことはそもそも考えられないわけなんですが、それが可能であるという前提で議論をする、そういった意味で個別保護なのか否かを原告適格判断の基準にするんだというのですね。それが客観的な基準たりえないものであることは、今さら繰り返すまでもないことかと思いますが。

　ということで、それは不適切ではあるんですが、では、個別保護要件を放棄して、もう1つ前のところまでで止めることにするか。もう1つ前というのは、私の整理で言いますと保護範囲要件、つまり、法令がどの利益までを保護の範囲に含めているか——その保護が「個別に」なのかどうかは問わないで——ということですね。この保護範囲要件だけでいいかというと、これはやはりそうではないだろう。それは、ジュースを飲む消費者すべてが原告適格を持つか、伊場遺跡に関心を持つ考古学愛好者が全部原告適格を持つかとなるとそうではないだろうということです。実務にとっては、やはりそこは絞りは必要だろう。現在の裁判所が、個別保護要件、個別保護理論を固守しているのは、その絞りのためのツールが要るからです。この要件をはずして、「本当に保護に値する利益と、そうでない利益を、基準なしで選り分けてください」といっても、裁判官にはそれはだめでしょう。つまり、個別保護要件はよくないけれども、それよりもよい絞りの形式をさしあたり考えられないという、そういうジレンマにあるわけです。

　そういうふうに現状を見ますと、先ほど来、悪者とされているサテライト判決ですが、あの判決に責任があるわけではない。あの判決は、個別保護理論を前提にしつつ、細かいところまで見て、多少の原告適格拡大の方向は示しているということであると思います。生命、身体から始まって、健康とか著しい生活環境の悪化とか、非侵害利益の種類ごとに、それぞれ、少しずつ相場は変わってきていると思います。個別保護要件の運用といいながら、実は被侵害利益を見て運用を考えているんだろうと思います。その際に、サテライトができて土地柄が悪くなる、雰囲気が悪くなるというのがどうかというと、そこまではまだちょっといけませんねというのが、あの判決の消極的な面だろうと思うんですね。

　だから、今までは主観的な利益であって好き嫌いの話だと言われていたものの取扱いを、どうやって動かしていくか。これは結局、ものの考え方、社会通念と

いいますか、社会常識が動いていくわけなので、しばらくいろんなことを積み重ねて、生活環境という中にはそういうものも入るんだね、場合によっては著しく耐え難いものだということも社会的に認めなければなるまいね、となっていけば、原告適格は広がっていくことになるのでしょう。ですから、もしいい代替案があれば別なんですけれども、どうもさしあたり無さそうで、そうだとすると、条文を変えるよりは個別のケースを積み重ねていって、社会常識をだんだん豊かで健全なものに固めていくというのが、目下やるべきことなのではないか。そういったところが目下の結論です。

斎藤・コーディネーター　中川先生は、レジュメで新しい案というか、お考えも示していただいていますので、次、中川先生から。

中川　私のレジュメの2の(3)でして、小早川先生のおっしゃったのと一緒なんですが、最初のクロポツは、9条1項はこれ以上変えようがないだろうと思います。これは前回の検討会のときにさんざん検討した結果、「取消しを求めるにつき法律上の利益」という言葉はどうにでも解釈できるという指摘に私は納得しました。

2番目のクロポツですけれども、第三者の原告適格については、今まさに小早川先生がおっしゃいましたし、①にも書いてあるんですけれども、個別的利益というのはやっぱり基準としては本当は機能していないと思います。

私も授業では、次のように説明します。まず保護されたは公益は何か。今、小早川先生は保護範囲とおっしゃいました。次に、その公益が同時に個人の個別的利益とも言えるのか。3番目に、それが当該原告について侵害されているのかという最高裁の三段階のステップで答案は書いておけば大丈夫でしょうというふうに教えるんです。

ただ、必ず来る質問は、個別的利益ってどうやって判定するんですかというものです。そうすると、小早川先生がおっしゃったように、社会通念や相場観がだんだん広がってきたというような答えしかありません。そうすると質問をした学生のほうは、私にはまだ社会通念がわかりませんとなるわけです。結局、丸覚えで、生命・身体ならありだな、景観は危ないかな、健康だったら何とかいくかな、財産はどうかなという、そこら辺で書いておけばなんとか大丈夫ですかねという感じで、原告適格の授業が終わるわけなんです。が、これは理論的に見ると非常にメチャクチャな授業でありまして、個別的利益ってどこから見るのかというのは実は、コシダメ以外の何でもないだろうと思われます。

改めて、もんじゅの最高裁判決とか見てみますと、やっぱりよくわからないんです。判旨には、原発で事故が起きたら大変でしょうということだけが書いてあ

四　原告適格

るんです。原発事故でとんでもないことになりますよ、生命・身体に危険があるから、それは個別的利益でもあると直ちに結論が出ているのです。生命・身体が一般的抽象的公益として保護されていて、しかし、付近住民はもろに危険が具現化しますよ、だから訴える機会がないとおかしいですね、よって近い人には個別的利益を認めましょうという、非常に直感的といえば直感的な判示なんです。

　最高裁は、さしあたり個別的利益という言葉を使って、訴えられる人もいれば訴えられない人もいるという線引きをしていますが、それが独立の判断基準になっているわけではない。保護公益といったら、当然保護しなければいけない、保護義務はあるはずで、ただ、それが保護されないことによって、最も大きくインパクトが生じる人であれば、訴えてもいいんじゃないかというのが、もんじゅの最高裁の判決文を何度も何度も読んでみて感じることです。

　そうすると、個別的利益が何かということをあまり正面に出すというのは、原告適格の法理の発展の流れ、判例の流れからして、逆行しているというところがあるのではないかと思います。個別的利益というのは、本当はおかしいと、小早川先生がおっしゃったのは、そのとおりだろうと思います。

　本当の基準は、二段だろうと思います。当該個別法が行政処分によって保護している公益は何か。これが第一ステップですね。第二ステップは訴えられる人もそうでない人もいるという程度のことであり、それは、その保護公益を侵害されている人は誰なのかの事実認定です。つまり、事実上の損害の有無です。事実上の損害といっても、それは保護公益の範囲に入っていないといけないんですが、そういう形で絞りをかけていくというのが、最高裁判例の将来像なんだろうと思います。

　なお、事実上の損害の有無というのは、そうはっきりわかるものではありません。原発から何キロだったら危ないのかというのも、コシダメです。どんなところでどんな影響が来るかわからないというのが、今回の福島第1原発事故でよくわかったところであります。しかし、その程度しか判断のしようがないんだというのが、第三者の原告適格の正体であるということは、そろそろ共通認識にしてもいいんじゃないかなと思います。

　その意味で、日弁連案の新たな9条の2項が、個別的利益という言葉を書いているのは、その概念を固定化させるように私は思えます。もちろん、案は、現在の個別的利益の判例状況を超えるつもりで書かれたんだと思いますけれども、そもそも個別的利益という言葉を入れないほうがいいのではないかと思われます。個別的利益が何か金科玉条になっているのはおかしいという認識を共有できるかというところから、まず始めるべきではないかと思います。

それから、もう１点ですが、私のレジュメで２の(3)に②とあるんですけれども、原告適格を決めるときに、法律以外のものも入るのかという問題があります。処分の根拠となった法律や独自条例以外の委任立法などを原告適格の判定に使ってよいのかということは、学説のほうで何人かの人が指摘していることですが、あまり正面から議論されていません。けれども、本当は大きな論点だろうと思います。私は、今言ったように、保護公益さえあれば、あとはそれが侵害されていると言えるかどうかで決めればいいという立場ですので、処分の根拠規定をおく法律や独自条例だけを見ればいいと思います。委任立法などを見る必要はない。法律または独自条例で処分の基準として考慮しうるものは、全部保護公益に入るんだという単純な話になるわけです。委任立法にたまたま何か書いてあるから原告適格が左右されるというのは、筋違いであるように思います。行政処分という権限は、法律か、または独自条例どっちかに書いていなければいけないというのが最高裁判例です。明示的でなくてもよいが、すくなくとも行政処分を授権する趣旨であると解釈できなければいけないというのが最高裁で、委任立法になってはじめて行政処分の授権規定が出てくるということはだめだと言っているわけです（最判平成15年9月4日判時1841号89頁）。

　そうである以上は、それに影響を受ける人が誰か、だれが訴えうるかというのも、法律か独自条例だけで決まるべきではないかという気がするんです。この論点も非常に重要です。日弁連案では条文が「法令」と書いてあるために、委任立法もいろいろ詮索するという方向になっていますが、本当にそれで正しいのかというところは、議論しなければいけないだろうと思います。

　なお、気になって「法令」という言葉の用例を探してみてみたんですが、意外に行政事件訴訟法のあっちこっちに書いてあります。法律または自主条例に限ると解されるところも、「法令」となっていますので、「令」と書いたから委任立法も必ずみなければならないという意味になるわけではなさそうだとも思われます。そうだとすると、日弁連案ではただ単に立法の慣行として「法令」と書いたのではないかと思われるのですが、いずれにせよ、原告適格を判定するにあたって、委任立法をどういう場合に含めうるのかは、検討が必要な部分ではないかと思います。以上、２点申し上げました。

　斎藤・コーディネーター　法令の点は小田急の判決はいいけれど、サテライトはやっぱり問題だという意味ですか。

　中川　サテライト最高裁判決に、さほど批判的でないのは学界では私１人かなと思っていたのですけれども、小早川先生が少しその方向のことをおっしゃって、ホッとしました。私はサテライト最高裁判決はかなり評価しているんです。とい

四　原告適格

うのが、病院の開設者の原告適格は認めました。しかしあれは距離制限じゃないんです。今までは距離制限の起点にいる病院開設者などにしか、原告適格を認めていなかったのですが、サテライト判決が、距離制限でないのに原告適格を認めたところは評価できると思います。差戻審の審理にあたって、どの病院が何キロ離れていると、病院を静穏な環境で経営する利益を侵害されたことになるのかについて、私は相談を受けて、たくさん資料を見せられましたが、とてもわかりにくいんです、正直なところ。しかしこれでも原告適格を認めよというのは、進歩だと思います。たとえば騒音であれば、健康被害が出るような騒音か否かは、まだ数値的な参考値があるんですけれども、病院の経営に必要な静かさなんてどこで見ればいいかといえばあまり手がかりはないんです。にもかかわらず、最高裁が原告適格を認めうる方向で差し戻したのは、私は一歩進めた判決じゃないかと考えています。

　サテライト最高裁判決が、一般住民の原告適格を認めなかったことを、皆さん批判されているんですが、これはこれで、なかなか難しい問題があります。サテライトの客が増えることで、風俗店が増えて、雰囲気が悪くなって嫌だというのは、気持ちはよくわかる一方で、そこの部分が法律上保護された利益の侵害だと言い始めると、なにか逆に差別の問題も出てこないのかということが気になります。何が侵害なのかという点で、住環境に関してはかなり難しい問題があるので、現時点でその点には立ち入らないというのは、あり得る判断かなと思います。最高裁寄りだと思われるかもしれませんが、私もあの判決には評価すべき点はある、あれでも少し広げたんだという観点から評価しているのです。

　斎藤・コーディネーター　阿部先生にご発言いただく前に、ちょっと岩本さん、日弁連の新9条2項の心を語ってください。

　岩本・コーディネーター　9条2項に関して言うと、作成段階でいろんな議論がされました。一番大きな議論としては、法律上の利益を法律保護に値する利益と変えるだけで、あとはほったらかしにしていいのかという点です。

　もう1つは、訴えの利益の判断基準について、社会通念とか常識に基づいた判断にするんだというような趣旨の条文を入れるかどうかという点でした。

　今の9条2項の文章は、弁護士会では評判が悪くて過去の判例を固定化するものにすぎないという評価もされているため、やめるという点において、特段異論はないというような状況ではあるのですが、結論的には、この条文は法律上の保護に値する利益と書くだけではやっぱりだめだろうということで、個別的保護要件を外す、言い換えれば、一般的公益なのか個別的に保護された利益かどうかを問題にしなくてもいいようにするということなのでありまして、それをとりあえ

ず反古にするという意味でこの条文をつくったんです。一般的利益として保護されているものでいいという考え方に基づいて、とりあえず保護に値する利益であれば検討するんだという趣旨で作成したのです。一方では、この条文ですと公益とか、一般的利益とか、何でも読めるんじゃないかという議論がありまして、そういう読み方をするのではなく、保護に値する利益というのを切り出していこうというのが、今の日弁連案の9条2項の趣旨であります。

　成功していないという評価もあるのはよくわかっておりまして、そうやってどこまで広げればいいのかというのは、中川先生とか小早川先生がおっしゃったとおり広がりすぎている部分もあるんだろうと思うんです。

　ただ、方向性としては徐々に広がるか、一遍に広げるかというところで、弁護士会としては常に一遍に広げる方向を考えるわけでして、そうすると、保護される利益の範囲を狭く解する考え方を立法としてはとらないんだということを明示すべきという考え方が適切なんじゃないかなというふうに思って、この9条2項というのをつくった次第であります。

　斎藤・コーディネーター　それから中川先生のレジュメですが、2項にはこんなの入れたらどうかというので、根拠となる「法令における利益」と書かれている。これは例の小早川先生がおっしゃった4項目目の話と考えていいんですかね、検討会の時の。

　中川　現在の9条2項は、過去の判決が言っていることのリステートメントですので、個別的利益論の維持にも使えるし、そうでない方向にも行くと思います。小早川先生がおっしゃったとおり、どうでも読めると思うんです。いずれにしても、結局、最高裁がやっているのは、どういう利益を行政が公益として保護しているのか、それが同時に個人の個別的利益でもあるのかという分析ですが、この人にとっては特にこの法益を保護されないことの影響が大きいんだという意味で侵害されている、ないしは侵害のおそれがあるということです。そこで、私が先程申し上げた将来像に沿って、最初の保護公益あるいは保護範囲という部分と、最後の、それが侵害されているというところだけを取り出して条文にしたらどうなるかということを考えてみました。そこで例えば、「法令における利益」としてみたらどうだろうかという趣旨です。法令「が」保護する利益というと個別的利益の意味になってしまうので、あえて「おける」利益と中途半端な言葉にしたんですけれども、要するに、公益という意味なんです。それが棄損されているかという形で、個別的利益を強調しない表現をイメージして書いていみたというものであります。

　斎藤・コーディネーター　ありがとうございます。では、阿部先生、どうぞ。

四　原告適格

阿部　立法は判例を整理するものではなくて—それが適切な場合もありますが—、判例の不適切さを是正するということに大きな意味があります。今回の行訴法改正は、最先端の判例を整理したなどと言われているが、立法のスタンスとしては基本的に間違っています。しかも、判例の原告適格理論がなぜ正しいかは、その最初のジュース訴訟判決でも説明していないから、それが前進しても、正当な根拠にはならない。そもそも、原告適格というのは、訴訟の窓口をどうするかという話だけですから、つまらない訴えが裁判所にどんどん来るのを防ぐ。あと、本案で審理できるような違法性をちゃんと主張できる、それによって権利や利益を侵害される者だけが訴えることができるというだけで十分で、考え方としては、訴訟で取り上げるに値する重要な利害関係を有するもので十分だろうと。それを吟味して却下するために膨大な労力と時間を使わないシステムが必要である。そのためにどう表現するかで、制定法を根拠にするということはやむなし。どっちみち本案の違法は制定法を基準としますから。そして、個別保護要件は誤りだと思います。この点では、小早川先生と意見一致します。

　というのは、制定法は、原告適格を考えてつくったものではないんですね。法律を制定するときに、原告適格を認めるべきかどうか。個別的に保護しているか、さんざん国会で議論してどっちかにしたというものではないのですから、制定法の文言を根拠とするのは木に寄って魚を求めるものというのが私の説明です。運賃値下げ義務付け訴訟で、沿線住民に原告適格があるかという争点で、鉄道事業法が利用者という言葉を使っているので、この利用者はどういう意味か。立法過程をよく見なければいけない。議事録をしっかり勉強すべきだなどという議論がありますが、こんなことは国会で議論していますか。この路線では、実は自費で定期を買って鉄道に乗っている人はほとんどいないのです。北総鉄道では、月22日乗らないと、パスモのほうが安いんです。出張とか何かありますから、月22日乗る人はまずいない。したがって、パスモでいいんじゃないかと思うが、パスモはあてにならないからだめとの意見がある。それから、子どもが通学定期を使うと、自分のポケットから金が出ないからだめでしょうという議論が出る。しかし、おばあちゃんから金をもらってもいいかどうかということを、国会で議論するわけがない。鉄道事業法というのは、利用者を保護する。どういう意味かというと、安全を確保するのと、運賃認可制度で運賃が不当に、独占企業によって高くならないように、消費者のために保護するという趣旨でできているわけですから、これで十分で、それ以上議論する必要はないのです。

　これで、なるほど、利用者は一般的には保護されていることは分かったが、この原告の利益が個別具体的に保護されていますかという論点が出てきてしまう。

ところが、そんな言葉は条文のどこにも書いていないし、解釈のしようもないので、そういうふうな土俵を設定されれば、原告自身はお手上げです。裁判所は、生命・健康にかかわるなら、個別的に保護されているというが、なぜそのように理解できるかも皆目不明で、それも条文の文理からは読み取れない。被告のほうは個別保護要件は必要だが、そういうことはこの条文に書いていませんと言えば終わりなんですね。それで、この論争で時間がかかり、原告団は疲れ果てる。訴訟要件は、限られた裁判所の資源を有効活用するために、本案に乗せる事件を絞るべき制度ですが、その限られた資源を訴訟要件の判定に使っている。本末転倒です。一体日本の裁判のどこに正義があるのでしょうか。

それで条文どう作るべきか。日弁連案9条の説明のところに載っている僕の条文では、「法律上保護に値する利益」は、「処分の根拠となる法令（関連法規を含む）が原告の利益を一般的に保護しており、原告がその処分によって相当な不利益を被ると想定される場合には認められるものとする。」としています。原告の利益は一般的に保護されているという言い方で、個別保護要件はずすという趣旨です。そして、このほかに、前は「事実上の不利益を受ける者」という要件を提案していましたが、これだけでは広すぎるという批判に配慮して、今回は、原告適格はその処分によって「相当な不利益を被ると想定される場合」に認められるものとするという書き方をしています。相当な不利益なのか、重大な不利益なのか。議論になるところですが、整理してみて、法律上保護された利益説であるけれども、このような緩和された形にすれば、理由のある訴訟は苦労せずに本案に入れると思う（阿部泰隆『行政訴訟要件論』（弘文堂、2003年）37頁以下、特107頁以下を少し修正）。

それで、その次に、原告が複数であるときはその不利益を合算して、さらに同様の事情にある者の不利益を合算して考慮するものとするという書き方をしています。鉄道運賃値下げ義務付けとか、サテライトの訴訟などは、原告はごく少し、しかし同じような状況にある者はたくさんいて、原告はその代表のような形で訴えを起こしている。主観訴訟だから1人1人の利益の問題ではないかと、必ず皆さん反論されますが、これは民事法規ではないんです。行政法規なんです。国会ないし役所はたまたま隣のおばちゃんがうるさいからといって、騒音規制法をつくるわけじゃなんですね。たくさんの人が同様の被害を受けるというので騒音規制法をつくるわけですね。だから、行政法は、広い、たくさんの人の利益を守るためにつくったもので、役所はそれを考慮して判断しているのですから、訴えを起こすほうも、みんな利益を基準にして争うことができないと均衡が取れない。

そうすると、サテライトであろうと、鉄道運賃であろうと、住民の一部が訴え

四　原告適格

を起こしている。そこの中、線引きで何キロまでがどうかというのは何の意味もない。中核の人が原告であれば、あとは名前連ねるだけですから、どこかで線を引くために長々と審理する実益はない。だから、そうした審理はやらないというような条文にしたい。

　日本は法治国家ではない。放っておく放置国家になった。原告適格というのは第三者の問題だと最近やっとわかって条文入ったんです。僕は前から言っていますが、第三者というのは、環境訴訟の住民、既存業者ないし競争業者、消費者という感じですね。運賃値下げ義務付け訴訟は消費者訴訟ですが、あとは競争業者事件として有名なのは、公衆浴場の距離制限違反を理由に既存業者が争えるとした判例ですね（最判昭和37年1月19日民集16巻1号57頁）。ところが、廃棄物の一般処理業者については、既存業者が1つしかなく、この町の業務を独占していたのに、新しく許可がなされたので、経営に大きな影響を受ける。これを違法だと、争う資格があるか。裁判所は新規業者に対する許可を既存業者が争うとすると、新規業者の営業の自由を侵害するから、原告適格なしと判決しました。びっくり仰天。それも、中間判決するというから、原告適格が認められると思ったら、訴え却下の終局判決。高裁もそのまま。それなら、公衆浴場判決とは、完全に逆になってしまう。許可業者がたくさんあったら、1社ぐらい新規の許可が出たって何ていうことないんだけれども、完全に独占していたのに、新しく大きく分捕られるので、重大な利害関係あるし、廃棄物処理法は公益を守るということになっているけれども、既存業者独占体制によってきちんと廃棄物処理をさせようとしているのですから、争う資格ありというのが私の主張です。今同様の事件が最高裁に行っています（阿部泰隆「競争業者の原告適格──新たな需要がない状況で第三者に与えられた、一般廃棄物処理業の新規許可に対して、既存処理業者が提起する取消訴訟を例として──」自治研究88巻4号、5号、阿部泰隆「自治体の訴訟法務と裁判」北村喜宣他『自治体政策法務』（有斐閣、2011年）317～318頁）。

　判例を積み重ねればみたいな言い方されたけれども、判例を積み重ねるために原告代理人と原告がどんな苦労するのかをわかっているのでしょうか。日露戦争のときに二百三高地を分捕るために乃木大将がたくさんの将兵を死なせたのと同じなんですね。われわれ弁護士が依頼者に、負ける可能性が高いが、最高裁の判例変更に賭けて、やってみますかと言えば、やるという原告はまずいません。二百三高地の兵士におまえら死ぬんだけれど、戦いますかと聞けば、いやだというに決まっている。それでもやったのは、天皇のためという徴兵制のせいです。しかし、原告を集めるのは徴兵制ではないから無理です。したがって、判例の発展に待つなどというのは、基本的に間違った発想です。立法者は判例の発展を待た

247

ないで、しっかりした法律をつくることが任務です。

　それでサテライト判決は病院には原告適格があるとされましたが、とんでもない間違いです。病院の営業の利益が侵害されているというなら、八百屋さんだって、魚屋さんだって争えたっていいわけです。病院の場合、入院患者なら、中にいるんだから何の影響も受けない。隣にパチンコ屋できたとき病院には争う資格があるということになっているが、中の患者はパチンコの影響を受けないから何でもなくて、たまにパチンコやって気分よくなるから治るかもしれない。周辺住民は毎日パチンコだか、サテライトのお客で、頭にきたやつがいろいろ騒ぐとかで影響受けている。それも一過性ならともかく、ずっと続くので病院よりもはるかに大きな不利益を受けるのです。だから、これは関連法や下位法令で何か書いてあるかが問題ではない。

　それで、行政法が民法と違うことをよくおわかりいただきたいのは、この場合、不法行為なら民法で争うことができるかもしれない。しかし、民事上は争えない薄く広い不利益が生ずるからこそ、行政法を作っているのです。「行政法の存在理由」を教科書にちゃんと書いているのは僕だけです。行政法は何のためにあるかといったら、民事上で救済されないが、不合理が生ずるので許認可という制度で規制している。これだけで十分原告適格ありと言えばいいのです。下位の法令を使って判断するというのは──原発でよくやられましたが──、下克上解釈です。原発の許可という制度だけで、周辺住民を災害の脅威から守るための行政法のシステムであると理解すればいいのです。僕は、法律じゃなくて、法令と書いちゃったんだけれども──まままあちょっとうっかりしたのかもしれませんが、だから、中川君に批判されて、法律に直していいんだけれども──、政令、省令あたりまでは入れてやってもいいかなという気持ちでちょっと書いちゃったんですね。だから原告適格は、まずは難しい議論やめて、重大な不利益をこうむった者はさっさと本案に入れるように、裁判所もやたら原告にだけ釈明するということをやめるべきです。被告がまじめに争わないんだったらそれでいいこととすべきです。僕は弁護士として被告の主張は全部論破したつもりなのに、裁判所は別個の観点で原告適格はないのではないかという釈明する。こんな不公平な裁判あるかと吃驚して、最初に目的規定として両当事者の対等性を入れたし、証拠調べのときにも原告のためにだけ職権証拠調べをやれと主張している。被告は国費でやるんだから裁判所が面倒見なくて良いという趣旨で書いている。僕のほうが偏っているというようなこという人はよくいますけれども、それは皆さんに判断してもらうとして、私の趣旨はそういうところにあります（阿部泰隆「場外車券発売施設設置許可処分取消訴訟における周辺住民・医療機関の原告適格」（最一判平成21.10.15）（判

例評論（第 621 号）＝判時 2087 号［2010.11.1］164～170 頁）。

斎藤・コーディネーター　たくさんのことをおっしゃった。中川先生のレジュメの2(3)と、日弁連案9条の説明に付けました阿部案の9条3項は、似通った点もあろうと思うんですけれど、小早川先生、このあたりは何かご意見ございますでしょうか。

小早川　私は、さっき、いいアイデアがないと言ったのですが、例えば日弁連案の説明に載っている阿部案では「原告がその処分によって相当な不利益を被ると想定される」とあって、今までない言葉を入れることでメッセージ効果があるのであれば、あるいは、私たちがはかない期待をしていた第4要素に新たな命を吹き込むということになるのであれば、それは歓迎です。しかし、おそらく裁判官の人たちは、相当な不利益という場合の相当性の判断基準は何かとか、不利益が生ずるのはその処分が違法であることによってなのかそれ以外の原因によってなのかとか、いろいろ問題点を探し出すのではないかとも思います。

斎藤・コーディネーター　ありがとうございます。勝手にまとめてはいけませんけれども、小早川先生も文言の解釈はまたいろいろあるだろうけれど、検討会のときの検討の第4要素というのを主にするのであればとおっしゃって、中川先生のご発言も、阿部先生のご発言も、そのように読み取れる。勝手に私ども日弁連としては読み取って、大きな方向としてはそんなことで一度日弁連の中でも議論をまとめてみようかと思います。

五　団体訴訟

斎藤・コーディネーター　次に団体訴訟を議論します。

日弁連は団体訴訟法案を今提起しておりますけれども、これはいわゆる昔からの主観訴訟なのか、客観訴訟なのかというようなことも、いろいろ議論がございまして、検討会の遺言書の団体訴訟のところを読みますと、あのときはどうも主観訴訟としての団体訴訟というのを考えておられたように思います。この日弁連の案はいわゆる住民訴訟と同じような客観訴訟、団体としては客観訴訟ということでやっております。環境団体はじめとする3つぐらいの重要な団体の原告適格、その分野の一つ一つは小さくとも非常に重要な利益というものを保護するためには、こういう制度がいるんじゃないかという案を1回つくってみました。その心だけをちょっと岩本さんのほうから簡単にご説明をいたします。

岩本・コーディネーター　そちらに越智弁護士おられますので、また越智さんから説明していただいたほうがいいのかもしれないのですが、私が代わってご説明申し上げます。

第二部　行政事件訴訟法第2次改正シンポジウム

　基本的には、この日弁連の団体訴訟法案というのは、奄美の黒ウサギ事件、それから伊場遺跡、そういうものについて、基本的に今までの原告適格論では解決できない問題があるのではないかということで、団体に直截に原告適格を与えるという方向での解決というのが望ましいと考えています。消費者契約法にそういう枠組みができましたので、行政訴訟の分野においても、そういうことができる、十分可能であろうと考えています。昨年の鞆の浦判決等もありましたが、延々と原告適格を争わないといけない。先ほど、阿部先生がされていた北総鉄道の事件でも、原告適格でかなりの争いをしなければならないということになっています。もっと直線に本案を争いをするべきだということで、団体訴訟制度が提案されているわけです。団体訴訟は、先進国では大体認められているような状況になってきています。タイとか東南アジアでも、普及してきています。

　この分野の訴訟は、今まで取り残されているという状態だといっても過言でないような状況であります。それで、この法案の特徴としては、まず行政訴訟が全般的にやれるように団体にするということと、それからもう1つ、事実行為ですね、許認可のいらない行為については、全く対応ができませんので、そういうものについても、差し止め請求権なり、撤廃請求権なり、原状回復請求権、これも要件論なかなか難しいのですが、割り切って条文にしてみたというところがございます。訴訟をする権能を与えて、今まで官庁が直接介入しなかった分野についても、団体の活動による是正を図っていくことができるんじゃないかということを考えております。

　それから、それに対応して、仮の救済制度とか不服審査制度とかも団体が利用できるようにして、今まで個人ではやれなかった訴訟分野というのをやっていけばいいんじゃないかというような法案になっております。

斎藤・コーディネーター　適格団体資格を与えて、それを訴訟にあげていくということと、適格団体になっていない団体も、裁判所の判断で要件さえあれば、団体訴訟を認めるという、こういう2つの団体訴訟であります。それから実体的請求権を3条で与えると。最後、事実行為のところにつきましても、6条として事実行為についての要件を与えると、こういうふうな枠組みになっておりまして、ずいぶん長く検討してまいりまして、やっと今日世間に公表するはじめての機会でありますので、ご評価をいただこうと思います。

　先ほどと同じように小早川先生から、前の検討会でも積み残しと明言しておられるところでありますので、1つご意見をいただきたい。

小早川　検討会の「遺言」にあったことは確かなんですが、そして、だいぶ議論した覚えもあるんですけれど、議論の中身は詳しくは覚えていません。いずれ

五　団体訴訟

にしても、今回、このように案ができて大変結構なことだと思います。

　いろいろ難しいところはあるかと思うんですが、2つ、これはどうするのかなということなんですけれど、主体の側と対象の側です。まず1つは、主体の側でして、適格団体、これをお役所が認めるものに限るのはおもしろくないというのは私もそう思いますが、しかし、一応広く可能性を認めておいて裁判所が抽象的な要件への適合性を判断するというのが、本当にうまくいくのかということが、1つ、心配です。

　それからもう1つは、対象のほうでして、これは、さっき岩本先生が、諸外国ではもうグローバルスタンダードであると言われた、その点ですが、日本でも消費者法については立法があるとか、環境についてもあっていいだろうとか、いろんな分野があると思うんです。その他にも医療なら医療、社会保障なら社会保障というように。諸外国でも大体そういう分野ごとに、特定分野でできているんじゃないかと思うんですね。そのほうが、立法としてあるいは立法運動として迫力が増すんじゃないかという気もします。これは、制度の建付けとしていえば、およそどんな行政処分でも争えるのかという問題でもあります。さっきの適格性の認定ともかかわるかもしれませんが、ある行政処分について、それがある社会的インパクトを持つと考えてある一定の団体が訴えを起こしてきたとして、それが本当に裁判制度のリソースを使って処理するのにふさわしいケースなのかどうか。これは、いろんな要素があるから、なかなか難しい問題だろうと思うんですね。その意味でもやっぱり、分野を限って、対象となる処分についても——その種類を個別に列挙までするかどうかはわかりませんけれども——おおよその範囲がわかるようにしたほうがいいのではないか、そのほうが適格団体の適格性も判断しやすいということになるのではないかと、そんな気がいたしました。

斎藤・コーディネーター　検討会のときの遺言では2つ、消費者や環境団体を例示しておられますね。それから、小早川先生からは5条の抗告訴訟の限定のなさについての疑問をいただきました。

小早川　今、警察庁で暴対法の改正をやっていて、あれも、限定された団体訴訟の一種ですね。

斎藤・コーディネーター　前に、最高裁の行政局と勉強会やったときは、今、小早川先生が最初におっしゃった団体の範囲、適格団体については、これはこれでいいでしょう、しかしそうでない団体については疑問があるということでしたね。

岩本・コーディネーター　1つは団体の問題。これは弁護士会の中でも両論ございまして、どっちがいいのかの議論はあるんですが、現実に訴訟をやっている

人間からすると、適格団体だけでは適切な訴訟ができないということでありまして、広げすぎということであればどのような制度が適切なのか考えてみたいと考えております。

　それからもう1つは、行政事件訴訟法の特例として書くと、こういう形になるのかなと考えたのですが、対象処分を限定しない形になるのです。実際の立法のやり方としたら、各個別法領域ごとに、例えば森林法の開発許可だけ争うとか、そういうことが考えられるとは思いますので、そこら辺も具体的な個別的な次善の策として、考えられると思います。暴対法の近隣の団体、住民の団体に差し止め請求権なりを認めるという方向も、個別法に少しずつ入ってくるのかなということを考えておりますので、そのような動きがあれば対応していきたいなと思っております。

　斎藤　中川先生、どうぞ。

　中川　消費者契約法の適格消費者団体と、この日弁連案の団体のイメージ、ちょっと私の中でうまくあわないのです。消費者契約法の適格消費者団体は、立法関係者に話を聞いたことがあるのですが、結局は、これが何者かよくわからんという答えでした。他の人に聞くと、実質的には行政庁の別働隊みたいな役割を期待しているという向きもある。つまり、消費者庁、あるいは都道府県知事等の手が回らないものについて、消費者団体が独自に事業者に対して差止請求をすると、裁判所を使って適格団体がある種の行政を行うというイメージだという説です。これが、どこまで一般的な理解かどうかは知りません。

　仮にそういう見解もありうるとすると、適格団体というのは2種類あって、行政の別働隊というタイプと、それからここに挙がっているような行政を訴えるタイプです。後者は行政を見張る、その見張る手段として訴訟を使う。取消訴訟は使いますが、実質機関訴訟みたいなイメージなのかというふうに思います。

　行政を見張る団体なのか、それとも行政のかわりに私人を訴える準行政庁的な団体なのか。まずどちらなのかということがはっきりしなければいけないと思うんですが、この案の中で適格消費者団体が入っているようなので、毛色の違うものも入っている気がして、そこの整理が必要かなと思います。

　それからどちらのタイプであれ、やはり行訴法ではなく、個別法に書いたほうが、団体としても仕事が明確になるんじゃないかと思います。

　斎藤・コーディネーター　消費者団体の場合はまさに今日の会場のビルには日生協という生協の本部が入っていますが、各地の消費者団体の中心は生協ですね。中川先生がおっしゃった行政の別働隊というイメージは、やっている方々にはあまりないのではないかと思うんですけれども。行動がそうだというのであればそ

五　団体訴訟

うなのかもしれません。

阿部先生よろしくお願いします。

阿部　団体訴訟は諸外国では結構認められてきているので、法律の発展途上国の中で一番遅れた日本では、この辺で、広い範囲で導入すべきだと思います。その次に主観訴訟との線引きで、団体訴訟があるから、環境訴訟として住民が集まって訴え起こすことは認められないという逆の解釈をされないように、主観訴訟の解釈も広げてほしい。そういう邪魔するような立法にはしてほしくない。認定団体以外にも、アドホックに、サテライト反対とか、パチンコ屋反対などという団体でも訴えを起こせるようにしてほしいというふうにお願いしていたところであります。この最後の条文はそういうふうに読めるかどうか。

斎藤・コーディネーター　ありがとうございました。日弁連としましては、これを理事会決定にしていくために、今日のご意見を参考に磨き上げていきたいと思っております。

次に休憩をしないで義務付け訴訟などに入ってまいりたいと思います。

その前に、私不手際で最初に日弁連副会長のご挨拶いただくのを忘れていましたのでご挨拶いただけますか。

宮崎副会長　途中で失礼をいたします。日弁連の担当副会長、宮崎と申します。日弁連では2004年6月から行政訴訟センターというのを設置しておりまして、行政訴訟制度一般についての調査研究などの活動をしております。大事なことはすべて斎藤委員長のほうから報告がありましたので一言だけ。今日の日弁連案、日弁連案という案ですけれども、これはまだ理事会を正式に承認取り付けたものではありません。本日のシンポジウムで行政訴訟センター案は、行政訴訟センターが作成しております案として、議論の対象にすることについては、正副会長会議で承認が得られておりまして、今日のシンポを経て、またさらに練って、それから理事会にかけて、対外的に正式に発表するというものでございます。中には、非常に高度なものが入っておりまして、そう大きく変わるものではないと思いますけれども、正式なものではないということはご了解いただきたいと思います。

本日は、小早川先生、中川先生、それから実務と学会双方に詳しい阿部先生、今ちょっとおられませんけれども、お越しいただきましてありがとうございます。

さらに、民事訴訟法の新堂先生もお見えで、非常に引き締まった議論ができると思います。私も個人的に行政訴訟に関係しておりまして、いつも今日出されたような議論で興味を示すことがありますので、大変うれしく思います。最後までお付き合いください。よろしくお願いいたします。

六　義務付け訴訟

斎藤・コーディネーター　ありがとうございます。行政訴訟センターというのはおもしろいところで、今の副会長もおそらくそうだと思いますけれども、行政側だと思います。私の隣の岩本さんは、行政側で100％やっている人で、私は原告側全部100％。そんな者たちが一緒に仲良く国民の権利拡大のために基本的には活動しております。

それでは義務付け訴訟に入ってまいります。

今までのところは、この部分は検証研究会のまとめ的文書はまだできておりません。

義務付け訴訟のところでの日弁連案の特徴は、これは検証研究会でも報告してコメントもいただいているところですけれども、既存の3条6項というのが2つ分かれているところを1つに統合するということであります。つまり、義務付けに2つを設けない。そして基本的には重大要件と、補充性要件を省きまして、すっきりしたものにしております。そのところでの第三者の利益の扱いの基準の難しさとか、損害論でのどこまでの損害を認めるべきか。つまり先ほども出ておりましたが、生活環境利益などのところまでも義務付ける分野から排除されないようにしたいという目的です。生活環境利益になってくると、途端に裁判所が消極になるのを防ぐためにも、2つの類型というのはやめたほうがいいというふうに議論をいたしました。

ただ、パネリストとコーディネーターとの打ち合わせは全然やっておりませんものですから、中川先生からは、そんなことはないと。申請型と非申請型は、似て非なるものであるという厳しいご意見もいただいており、今日はそういうことも含めて議論をさせていただこうと思います。

中川先生から、日弁連案の評価、あるいはご自身のご見解をレジュメに従ってしていただこうと思います。よろしくお願いします。

中川　私は非申請型義務付け訴訟と差止訴訟は、よくペアで議論するのですが、申請型義務付け訴訟のほうは取消訴訟の延長というふうに理解しておりましたので、日弁連案を見てちょっとびっくりしたというところが正直なところです。

取消訴訟と申請型義務義務付け訴訟は、まさに上訴と一緒でありまして、原判決を取り消す、そして自判するという関係にあります。それを引きはがして非申請型義務付けとまとめて、義務付け訴訟として一緒にするという方向については、まだ頭が整理できていないというのが正直なところです。ちょっと今日は他の方の意見を伺いたいと思います。

六　義務付け訴訟

斎藤・コーディネーター　義務付け訴訟の点では、検証研究会では日弁連が強調したからかもしれませんが、第三者の利益をどこまで入れるかということが、非常に大きな議論になっております。もちろん非常に重要な分野ですし、阿部先生がずっと強調しておられるところでありますが、時間も時間なので、今日は省略をいたしまして、研究会の議論を参照するということにとどめたいのです。

今からやりたいことは、重大な損害要件における損害の解釈です。損害要件を排除したり、補充性を排除していくという案について、小早川先生、ご意見賜ればよろしくお願いします、

小早川　非申請型について、また、それのみについて、そういう要件を置くことの是非ということですね。

「重大な損害のおそれ」という文言がベストかどうかわかりませんが、私は、結論から言えば、やはり申請型と非申請型というのは区別すべきだ、その区別は残すべきだと思っています。

2004年改正以前には、阿部さんをはじめ、義務付け訴訟についての議論はありましたが、この2つの類型を分けて議論するということは必ずしもされていなかった。ある意味、2004年改正へ向けての議論の中でスッと出てきて条文になってしまったというように見えるところもありますけれど、結論から言えば、私は、いま申しましたようなことです。

この問題は、三面関係の場合と二面関係の場合で話が違うだろうと思います。三面関係は、典型的にいえば、行政庁が規制権限を立法で与えられていて、それを十分に行使していないと考えている第三者がいるという場合ですが、こういう問題については、当然、被規制者の、多くは事業者でしょうが、その事業者の利益なり自由なりをどう考えるかということが基本にあるわけです。立法政策として第三者に独立の権能を与えることは、被規制者にとっては非常につらいことになるわけです。典型的にはそれは労働関係なんかでして、労働組合に強い地位が与えられていて、そのために使用者はつらい思いをするわけですが、それは、そういう立法政策をとったからそうなるわけですね。

そういうことをそれぞれの規制の分野で政策として採用するかどうかは、基本的には立法者が判断すべきことであると考えられます。規制申立権を法律で認めるかどうか、です。あるいは、明文で書いていなくても解釈上それを導きだすべきかどうかということもある。したがって、それは、立法と解釈の問題、しかも主としては個別法の立法と解釈の問題だということになると思います。これに対して、しかしそうは言ってもそれだけでは済まないだろうということで、この非申請型の義務付け訴訟というものを認めたわけですが、それは、そういう個別法

の立法政策判断が先行しない場合において、第三者に、規制を求める権利を事実上、実際上認めるということですから、そのためにはやはり一定の要件がもう1つ必要になる、ということだろうと思います。この構図を崩していいのかどうかということですね。

　他方で、二面関係についてはそういう話ではありません。実際に、問題となる事例がそんなにたくさんあるのかどうかは分かりませんが、必ず言われるのは、在留特別許可ですね。あれは、法の仕組みが非常にわかりにくくできているわけですが、いずれにしても、当該二面関係の相手方当事者にとってみれば、自分の非常に重大な核心的な利益がかかっているわけですから、その自分の運命に対して申請なり申立てなりの形でみずから関わっていけてしかるべきだとも考えられる、そうであれば、現行の入管法の規定で明文では書いていないけれどもそのように補って解釈すればいい、という話ではないか。こちらのほうは、そういうそれぞれの領域の、兼子仁さんが提起された特殊法の条理というようなものを踏まえて、きちんと解釈をしていくというのが本筋ではないかというふうに思います。

　斎藤・コーディネーター　日弁連案は、37条の3というので、既存の申請型の場合に使っている手法、併合提起を規定しています。既存の申請型のような場合はやはり併合提起は合理性があると考えたわけです。

　ところで、小早川先生と中川先生にいまご意見を聞いたんですけれども、両先生が出られていた研究会、小早川先生が主催されたジュリスト増刊の「改正行政事件訴訟法研究」で、中川先生と小早川先生とでやや論争がありました。重大な損害要件の話しですね。非申請型義務付け訴訟の要件は原告適格だけでいいのか、プラスアルファがいるんじゃないかという論争です。中川先生のほうは成熟性という問題をどう深くとらえるかということでいいのではないかと言われ、小早川先生はプラスアルファがいるということを強調されていたように思われました。

　小早川先生、先ほどのご発言も、この研究会の発言との連続と考えてよろしいんでしょうか。ちょっと違うことをおっしゃっているんでしょうか。

　小早川　よく覚えてないですが、おそらくそうでしょう。つながっているだろうと思います。

　斎藤・コーディネーター　そうすると、先ほど、お二人はどの点が一致だとおっしゃったのか。中川先生がまず発言されて、小早川先生がそんなものだとおっしゃった点で、違いがあればどうぞ。

　中川　一致しているのは非申請型義務付け訴訟と申請型義務付け訴訟を一緒にすることに対する違和感があるというところだと思います。

　他方、重大損害については、原告適格以外に何がいるのかという話です。いわ

六　義務付け訴訟

ゆる三面関係において第三者に原告適格がある、つまり、権利利益の侵害のおそれがあるといった場合、その重大損害というのは、その権利益が侵害されることによって発生する経済的、精神的な損害があるかということですよね。それが重大かどうかというのは、訴訟要件で考えるのか。それとも本案なのか。こんな損害が発生しうるんだから、今行動しなければいかんだろうというように、する、しないの裁量のところに関わってくる問題だと考えれば、裁量審査という本案の問題になります。その研究会のときに、私が、紛争の成熟性で足りるのではないかと言ったのは、例えば付近住民が行政に何とかしてくれというんだけれど、行政が頑として動かないという形で紛争があるのかどうかの判定は訴訟要件として必要だろうという趣旨です。付近住民が問題にしていることについて、行政もこれから対応するかもしれないと言っているのに、それを飛ばして裁判しろと言われると、それはちょっとまだ紛争としては未成熟じゃないですかという、それぐらいの要件は何かいるんじゃないかというふうなことを申したのではないかと思います。

　結論としては、その重大損害については、十分に検討はしたほうがいいと思います。つまり、いかなる意味で重大損害なのか、訴訟要件なのか、それとも、裁量濫用の話だから、訴訟要件からはずすべきではないかというのは、必要な議論だろうと思います。

　斎藤・コーディネーター　これは法務省の検証研究会で議論されて、議事概要になっていますので、皆さん、お読みいただけますけれども、第5回のあたりで議論されています。重大損害をどちらで議論するか。訴訟要件なのに、実体要件と同じぐらいの精密な判断をしているのはいかがかと日弁連側は問うています。訴訟要件として、損害ないから却下だというのは、いかんじゃないかというふうに日弁連側の出席者が申し上げた。それに対し、誰とは明示してありませんけれども、原告適格も本当はその人たちじゃなかったんじゃないかとか、損害が金銭中心じゃないかとか、本案でも結局は裁量範囲の問題ではないのかというふうに言われる。

　だったら、訴訟要件からやめて、実体のほうに移したらいいのではというふうに思うんですけれども、そのあたりも含めまして、阿部先生、何かご発言ありますでしょうか。

　阿部　これは小早川さんとは犬猿の仲になるような対立点です。申請型、非申請型区別ということで、まず、二面関係でも、在留特別許可だけじゃなくて、災害弔慰金がそうだし、今やっている保安林指定解除についても、被告は、申請権はないんだなんて言ってきて、ややこしくなっています。

あんなものは全部二面関係だから、非申請型でないと小早川さんが言われるなら、そういう立法をしてくればよかったのに、今回二面関係、三面関係とは関係なしに、申請権があるかどうかで決めるという説明されているんですね。これは小早川さんの意向に反する立法だったので、なぜそこで抵抗してくれなかったのかというのが1つの疑問。

それで、小早川さんは、第三者宛の義務付けを認めれば、被規制者は非常にきつい、そんな訴訟を認めるかどうかは個別法に規制申立権が規定されるかどうかによると言われるのですが、そのようなことを立法者はいちいち考えていないはずで、立法者にそこまで期待するのは期待しすぎです。さっきの木に寄って魚を求める類だし、これは隠れたる列記主義になります。実質的にみても、隣の違法建築の取消訴訟と、隣は違法建築だから除却をせよという義務付け訴訟でどこ違うでしょうね。原告適格なら、どっちも同じ。義務付け訴訟の母国であるドイツ法ではこんな議論をしない。日本だけは何か特別に行政に遠慮するみたいに議論している。小早川さんや塩野先生の頭に、「行政の第1次的判断権」というドグマの亡霊がやっぱり残っていたんじゃないかなという気がする。

それで、今やっている北総鉄道の運賃値下げ義務付け訴訟についていうと、運賃認可の取消訴訟ならば、普通に取り消す。原告適格だけでいけるのに、運賃規制が緩和されて、認可運賃よりももっと低いところでやれるものだから、認可運賃をもっと下げろ、今の運賃をもっと下げろという義務付け訴訟だと。重大な損害のおそれが必要となって、原告1人ひとりの損害はどのくらいですか。定期代月に1万円高くなるだけですか。一回飲めば終わりでしょうとか、何とかと議論させられるのはかなわない。原告は、家族全員合わせれば、月5万円になって、引っ越さなければいけない人がいっぱいいると説明するのですが、そんなつまらない論争がいりでしょうか。取消訴訟ならそんな必要はない。とにかくこの運賃が非常に不合理であるということを主張しているのだから、本案でやればいいじゃないかと。

それで、隣の違反建築を除却せよというのについては、違法な建築確認の取消とは違って裁量があるから、裁量濫用かどうかの議論で重大な損害があるかどうかを議論すればよい。重大な損害があったら裁量収縮、ゼロ収縮しやすくなる。重大な損害論だけで門前払いになると、違法行政をやっているということがはっきりしないので、役所は楽です。行政事件訴訟法というのは障害物競走だと言っていますが、障害物をいっぱいつくるのが、行政事件訴訟法の改正ではない。行政訴訟は、被告は土俵の上に乗っかっていて、原告だけが土俵に上がれない。上がろうと思ったら殴られる。リングの外に放り出されて、ゴングが鳴る。こうい

六　義務付け訴訟

う試合なんです。この不公平をなくすには、最初に言ったようにちゃんとした目的規定を置かなければいけないのが日本の現状なのです。

　今の取消訴訟と義務付けが一体どこが違うんですか。これで被規制者にとって、非常にきついとか、行政と司法の関係を考えて、そんなにやれないとか、そんな大げさな話なんでしょうか。少なくとも僕が習ったドイツではそんなことではなかった。

　それで、小早川さんは、原田先生の古稀記念論文集の最後の注のところで、こちょこちょ、非常に簡単で曖昧で、何言っているんだかわからないことを書いていたが、それがこのような立法として出てくるというのには、びっくり仰天しました。そういう立法の根拠にするなら、もっときちんとしたことを書いてほしかった。

　あとは損害、さっきもちょっと言いましたが、原告１人の損害じゃなく、周辺の同じような状況にある人の損害全部を指すとすべきです。そうすれば、結構重大な損害になります。東京の目黒で違反建築を巡り、道路は４メーターだが２メーターぐらいはみ出して車が通れないから、火事のとき危ない、だから除却せよと義務付け訴訟を提起したが、損害はないですと却下された。あなたは家の後ろからも逃げることができる、反対側に逃げればいいと。でも、原告の他にもみんな同じように、足したら大変な話で、誰か１人死ぬかもれしれない。原告だけが助かるかもしれない。悔しかったらみんなで訴訟起こせというのでしょうが、それも大変です。それでも、一人一人はたいした損害ではないでしょうと言われてしまう。だから、団体訴訟を認めてくれてもいいだけれども、原告１人でも、同じ状況ある人の損害を考えて、少なくとも「違法行政許すまじ」という観点で考えればいいのに、損害が小さいのに何クレーマーですかという観点で考えているんですね。これは発想が基本的に逆だというのが私の考えです。そういう思考を邪魔しているのはこの規定で、小早川さんも、こういう下々の現場の、僕みたいな兵隊の弁護士の仕事したことないから、おそらくわからないんだろうと思うんだけれども、法制度つくるときは、雲の上の話も下々の話も考えてほしいです。

斎藤・コーディネーター　どうぞ。どうぞ。言わなきゃしょうがないですね。

小早川　確かに、お話の中で、処分の違法の議論が進んでいくと行政は折れやすくなるというのは、それはそうかなと、実務をやっていないものにはあまりピンと来ていなかった話なのでなるほどそうかなと思ったところです。でも、そうだったら最初から違法主張しておけばいいでしょう。準備書面を出していかんということはないでしょうから。

阿部　それ全部書いて出すけれども、裁判所が、本案は後ね、とりあえず損害

があるかどうかで勝負決めましょう、こう言ったりするので、どうにもならん。

小早川 そこは私も、行政訴訟では本案前と本案とが連続していることも多いわけで、それをむりやり分けるんだとしたら、それはおかしいだろうと。

阿部 それは当然無理やり分けるのだと裁判官が言うんです。とにかく、今鉄道運賃の件も、原告適格で、ばあちゃんから金もらった子どもが原告適格あるかどうか。それを決めるまで本案に入りませんと。そのために、鉄道事業法の立法過程に書いてるかどうかまで調べなければらないと言っているので、苦労します。

斎藤・コーディネーター 今のは、小早川先生、通常の訴訟実務では、阿部先生おっしゃっているとおりです。

小早川 はい。

ついでですけれど、2004年改正で出来上がった条文を見ると、本案前の要件と本案の審理事項とがごちゃごちゃしている。これは、検討会では議論していなくて、法案作成のときにそういうふうな形になってしまったのですね。

あとは、本案のところは、どの程度やりますか。

私は、大ざっぱに言うと、取消訴訟というのは、行政の側が権利利益を侵害してくるのに対して防御する、それはできてしかるべきだろうという話ですが、それと、行政が動かないときに、「サァこのように動け」という権利を誰か特定の人に認めるかどうかというのとは、やはりレベルが違うのではないか。これは、誰にどういう権利を認めるかということであると同時に、先ほどは行政の第一次的判断権の亡霊だと言われて、そういう面もあるかと思いますけれども、ある規制の運用の仕方といったようなことについての、行政と司法との間の役割分担のあり方をどうするかという、そういう話に、結局はなるのだろうと思います。一応その程度で。

斎藤・コーディネーター せっかくそこまでご説明いただいているのに、こんな質問したらいかんのかもしれませんが、小早川先生の考えでも、訴訟要件におろしてしまう、もっていってしまうということは、よろしいんでしょうか、可能なんでしょうか。

小早川 それは、私、自分でも忘れましたが、40年前に書いた助手論文で、取消訴訟について考えたわけですよ。原告適格がなんで訴訟要件になっているのか、自分がどんな不利益を受けているかというのは民事でいえば当然本案の話だろう、ということで、そこをいろいろ考えたのですが、この問題は行政訴訟全体にかかわることだと思います。印象的に一言でいえば、日本の行政訴訟は、行政処分の法適合性を審査する、それを訴訟物とする訴訟だとして設計されているわけで、それ以外の部分をできるだけ訴訟要件にはずしていってしまうという発想

　　　　　　　六　義務付け訴訟

ですよね。新堂先生を前にして分かったようなことを申し上げるのは何ですけれど、紛争の実態に合わせて訴訟制度ができているのではなくて、行政処分の違法性審査という部分にだけスポットをあてる、そういうコンセプトでできている。確認訴訟などの当事者訴訟はそうではないのですが、義務付け訴訟、差止訴訟に関しては、抗告訴訟であるということからして、その基本コンセプトの中にやっぱり位置づけられてくるのだと思うんです。それがいいのか悪いのかは、40年考えていますけれども、よくわかりません。日本の現行制度が基本的にそういうものとして存在しているのだろうということです。

　阿部　いやいや、それはさっぱりわからない。もう1つ発言させてほしい。小早川さん、日本の現行法は行われた行政処分の違法性審査であって、行政処分をしないことが違法だという訴訟は現行法に入っていないみたいな言い方だけど、ここは現行法というか、古い行訴法の認識じゃなくて、日本の社会でいかなる立法が必要になるかという話です。現行法ではといっても始まらないので、法治国家において裁判を受ける権利に照らして、違法行政をなくし、国民の著しい不利益を救うにはどんな立法をすべきかと、こういう観点で考えるべきです。だから小早川さんの立法のスタンスが全然違っているんじゃないかというのが私の認識です。

　小早川　違うようですね。ただし、私も、義務付け訴訟が行政訴訟のコンセプトに合わないと言うつもりはありません。その意味では、処分の違法性に限らず、処分をしないことも含めた「行政活動の違法性」、それに焦点を当てた行政訴訟制度、というような言い方のほうがよかったかとも思います。

　斎藤・コーディネーター　今の話はちょっと置いておいてもらって。頭悪いのでもう一回小早川先生に、くどく聞くんですけれども、先ほどのご発言は、重大要件、損害要件はやっぱり、この立法がそうなっていることはわかりましたが、それを再改正によって要件からはずしてしまうというのは、どうかという質問については、どうお答えになったのでしょうか。

　小早川　それは、今の話とは違う、最初の話ですね。私は、重大な損害という表現がいいかどうかは分からないけれども、非申請型義務付け訴訟には、申請型にプラスした何らかの絞りが必要であろうと……。

　斎藤・コーディネーター　中川先生、何かありますか。

　中川　今日はじめて、小早川先生と意見が違ったんですが、この点は、阿部先生に賛成です。重大損害については、訴訟要件としてはいらないんじゃないかと、紛争の成熟性だけでいいんじゃないかと、重大損害は本案に持っていくべきだろうと思うからです。

この問題、小早川先生がおっしゃったように、行政訴訟の構造は何かという話で、私は処分差止訴訟も非申請型義務付け訴訟も、当事者訴訟と一緒だという考え方を持ってますので、非申請型義務付け訴訟の重大損害を本案に持っていって、全然違和感がないんです。抗告訴訟の中では、唯一、取消訴訟だけが、上訴と同じような構造を持った特殊な形式の訴訟方法で、それ以外の抗告訴訟は、そもそも当事者訴訟と区別しがたい。これらを抗告訴訟たる「不服の訴訟」と呼ぶかどうかは、言い方の問題で、実質は同じものだというふうに考えております。そういうのが前提にありますので、非申請型義務付け訴訟の重大損害については、そこまで訴訟要件として恐る恐るやらなければいけないというような要請は、訴訟の形式からも出てこないという考えです。

七　差止め訴訟

斎藤・コーディネーター　わかりました。ありがとうございました。それでは、差し止めに移ります。

差し止めにつきましては、先ほどもご紹介しましたが、4日前に最判平 24.2.9 が出ました。これは初審の難波判決（東京地判平 18.9.21）の上告審です。君が代のピアノ伴奏強制拒否での懲戒の差し止めとか、無名抗告訴訟を認めたのか、認めていないのか。認めたとしてはどんなところを認めたのかというあの地裁の判決の上告審です。差し止めのところの重大な損害が生じるおそれというのがあるということを最高裁が認めたということであります。このポイントは、懲戒処分が反復継続的かつ累積加重的に行われる、通達に基づく処分がそういうふうに行われてくるので、差し止めというのは非常に適切な救済方法だということで訴訟類型として、訴訟要件として認められた。本日最後で扱う確認訴訟の可否の点も、予防的な確認訴訟というのを認めたという事例です。今日は日本を代表する三先生がおられるので、僕のしょうもない紹介とは違うことをおっしゃるかもしれませんけれども、私はそのように読みました。

この差止訴訟につきましては、日弁連案は先ほどの義務付け同じように、重大要件も補充性要件も排除したすっきりしたものであります。損害要件入れるとどうしても被害の特徴で小さな被害といいますか、環境的被害というものは、差止訴訟に乗ってこないものですから、これは要件から削除して、それは本案の中で十分裁判所で判断されたらいいのではないかという意味で条文を整えてございます。

その点で、先ほどと同じような質問ですけれども、今度は阿部先生から言ってもらいたいと思いますが、差止訴訟についての要件問題その他についてお願いい

七　差止め訴訟

たします。

阿部　差止訴訟と取消訴訟の違いというのは、差止訴訟は、先にずらされた取消訴訟であると。要するに、行政処分がなされる前というだけの違いであって、あとはすべて一緒と。そうすると、違法性の判断に熟していれば、そこで差止判決を下してよろしい。ところが、行政権と司法権との関係とか言って、一旦行政処分がなされてから争ってどうですかということになっており、それで、救済を受けにくいというのであれば、先に争わせようというのが普通の発想だし、この最高裁判決は、現行法の解釈論のためでもあるけれども、執行停止決定を受けることなどにより、容易に救済を受けることができない場合、事前に差し止めを求めなければ、救済を受けることは困難であると、というようなことを要件としているんですね。

では、処分がなされた後に救済ができるかというと、公務員が停職処分を受けて、取消訴訟を起こして、執行停止取るには数か月はかかる。その間大変です。僕は弁護士の懲戒処分の取消訴訟を起こして、執行停止を取ったのですけれど、日弁連は3か月も執行停止してくれなかった。理由も、単に必要ないとしか書いていない。東京高裁は、1月以内に執行停止してくれました。弁護士の場合、1か月懲戒処分受ければ、お客さんとの契約を全部解約しなければいけないことになっていますから、公務員が1か月給料もらえないのと大違いで、とっても大変なのですね。だから差止判決がほしいので、後から執行停止で救済できるでしょうなんていうのは大間違いです。建築士が懲戒処分を受けると、公表されるので、お客がいなくなり、これまで設計したマンションも全て安全かと大騒ぎになる。事前に止めるべきです。

それから鞆の浦だったら、公有水面埋立免許がなされてから執行停止を求めればなんていうけれど、それから何か月経って執行停止の決定をもらってもうまくいくのですか。原告弁護団は超忙しい。一生懸命頑張っても、被告は引き延ばし作戦で、裁判所はのんびり審査して、そのうちに工事始まる。司法権としては、行政権と司法権の関係とかいって先送りするというつまらないことを考えないで、法的判断に熟すると思えば、判断すべきです。

繰り返しますが、行政権なる立派なものが判断しているんじゃないんですよ。現実には小役人がずさんにやっているのが非常に多い。だから、極端な言い方ですけれども、行政処分というのには違法性の推定があるというのが、僕が弁護士になってからの感想です。少なくとも紛争になっている事件では、多くの依頼者は、そんな無茶苦茶言っていない。裁判官にもそう思ってもらわないといけないのに、しばしば、こいつら、何をお上にケチつけているんだ、このぐらい我慢し

ろという態度で審理されるのです。控訴理由書を読まないで審理に臨む裁判官もいるものですから、やっぱり発想を変えてもらわなければいけない。だから、学者も行政権などを尊重する発想を全部やめて、基本は裁判を受ける権利に戻るべきです。裁判を受ける権利を忘れて、行政権と司法権の関係ばっかり言っている田中二郎先生の司法権の限界論は大罪なんです。

斎藤・コーディネーター　わかりました。日弁連のような2つの要件をはずすというような点は、もちろん阿部先生としては、日弁連の一員でもあるし、賛成だというふうに考えていいのですか。

阿部　損害をいちいち審理するなということで、とにかく違法性判断に熟していればいい。損害は推定されると考えればいい。

斎藤・コーディネーター　中川先生、2月9日の判決も、処分の取消と執行停止の決定を受けることなどにより、容易に救済を受けることができるものではあることとはいえずというのは、結局この枠組みは変えていないんだけれど、この事例ではそうではないというふうにして判断していますが、その辺も含めてよろしく。

中川　3日前の最高裁判決だけちょっとお話ししますと、「容易に」ということを繰り返し言っていることが、非常に重要なメッセージであろうと思います。これもまた法科大学院の授業での学生との対話の話になりますが、法律が好きな子というのは、重大な損害というと、やっぱり概念としてぎちぎちと詰めて考えようとするんです。それに対して、最高裁判決は、容易に救済を受けるという形で書いてありますので、どうもそういうものではないらしい。執行停止の要件としての重大損害と、処分差止訴訟の重大損害は、どうもだいぶ性質が違うようです。執行停止の重大損害は、先ほど阿部先生がおっしゃいましたが、具体的にどんな損害があって、それがどれほど大変なのかということを検討する。損害があり、かつそれが重大なのかということをきちんと認定していくというのが、執行停止の場合の最高裁の理解です。しかし、差止訴訟の重大損害は、今やるのと、後でやるのとどっちが救済のあり方として適切かという観点のようです。3日前の最高裁判決によると、懲戒処分がたくさん積み重なるので、1個1個取消訴訟をやっていくうちに、また次のが出てくる。1個1個確定するまでに何年もかかる。こういう争い方をさせられるようでは原告はたまらない。だったら、今まとめて処分差止め訴訟をやってしまえというので、まさに義務の不存在という確認訴訟と同じ、確認の利益と同じような発想で差止訴訟の重大損害を考えていると思います。容易に救済ができるということは、非常に重要なポイントだろうと思います。

七　差止め訴訟

　今争うのと後で争うのとどちらがより合理的かという実効的な救済のあり方という観点から、重大損害を差止訴訟については考えているとふうに最高裁判例が固まるのであれば、現行法は今のままでも実質的な問題はないのかなという気がいたします。

斎藤・コーディネーター　このレジュメの差止め部分も喋っていただいたことになりますかね。

中川　私のレジュメの２の(9)ですが、これは３日前のこの最高裁判決が出る前に書いていますので、まだ最高裁が差止訴訟の重大損害をどう考えるかわからないことが前提です。なので、差止訴訟の重大損害は、処分後の取消訴訟及び執行停止決定では間に合わないという立案者の公定解釈といいますか、それを前提として書かれています。しかし先ほど申しましたように、重大損害の損害とはなにか、それが重大とは何かときちっと考えるという方向を、最高裁は否定しましたので、これは杞憂になったかなというふうに思います。

　３日前の最高裁判決の考え方は、私のレジュメの(9)で提案していることに親和的だと思います。３日前の最高裁判決で義務の不存在確認もありましたが、あの場合の確認の利益の認め方と同じです。給与もっと払ってくれなんて１個１個争っていたら大変です。だから確認の利益があるんだという言い方です。大阪地裁も同じことを以前に判断していますけれども（中川丈久「自己申告票提出義務不存在確認訴訟」法学教室354号別冊付録判例セレクト2009（Ⅱ）11頁（2010年））、それと軌を一にしますので、それが先ほどちょっと申しました差止訴訟や義務付けと当事者訴訟というのは本質的に同じなんだという私の考え方につながります。同じようなタイミングで訴訟を認めるべきだというところにつながってくるわけです。

斎藤・コーディネーター　ありがとうございました。小早川先生、どうぞ。

小早川　またここでも法案作成についてのいちゃもんなんですが、差止訴訟に関する条文が、義務付け訴訟に関する条文とパラレルなところがたくさんあるんですね。だけど、性質は違うので、そこはやや大ざっぱすぎるのではないかというのが、まず一般的な前提です。

　私も、差止訴訟に関しては、重大な損害のおそれという要件について先ほどのような独自の意義を考える必要はないので、結局は、いま中川さんが言われたのと同じになると思います。処分まで待って取消訴訟でいくのとどっちがいいかというだけの話でしょう。被処分者の側からすれば早く争いたい、それはそうだろうと思います。行政側からすれば、最後の処分のときまでいろんな条件を考えながら行くんだから、最後でやってくれよ、ということになると思います。その間

のどこで裁判所に司法判断をさせるのが合理的かという、そういうタイミングの話であろうと思います。執行停止でどれだけ利益の保全ができるのか、できないのかということも、その中に判断要素として入ってくるのでしょう。

　先日の最高裁判決も、つまりはそういうことだろう。重大な損害ということが条文で変なところに書いてあるものだから、それを使わざるを得ないということではあったと思います。

　斎藤・コーディネーター　差止訴訟を起こしたときは、不服申立前置はいらないのかというような論点が、法務省の検証研究会でも、もちろん日弁連が言っているからですが論議されています。この点、三先生、どなたでも。順番に聞くというほどのことでもないのですが、いかがですか。

　中川　全然なしでいいというのは、やっぱり制度の建付けとしてはバランス悪いですよね。差止訴訟を予定していない現行法の８条がうまく建て付けられているかどうかも問題ですけれども、差止訴訟の要件が充たされるケースであれば、行訴法８条２項３号をクリアできるはずではないか。差止訴訟を起こしているうちに処分されたので、それに対して直ちに取消訴訟を起こせるかというと、基本的には不服申立前置の規定があれば、前置する必要があるんだろうけれど、２項３号に当たるようなケースであれば裁決は飛ばしていいだろうということです。制度設計者は差止め訴訟を知らないので、不服申立だけはしなくてはいけないという変なところはありますけれども、そこは手当てが必要ですが、結果としてはそんなにまずくはないのではないかと。

　斎藤・コーディネーター　今のところはそしたらそのように、法務省の研究会の議事概要でも、大体そのようにいろんな意見が出ておりますし、今のご発言と同じご意見も出ているように思いますので、そのように承っておいて次に進ませていただきます。

八　確認訴訟

　斎藤・コーディネーター　最後の難問、確認訴訟に入ってまいりたいと思います。

　法務省の検証研究会の議事概要やまとめのご提案なども見ますと、全体としては行政立法関係では機能している、都市計画関係では今のところは否定例しかありませんというような実態が語られております。

　この点も２月９日の判決では、差し止めのところとよく似た、ほとんど同じような判断を確認訴訟でも最高裁はやっておられます。そのあたりも含めまして、これはどなたからということでしょうが、確認訴訟といえば中川先生ということ

八　確認訴訟

に、私の中ではなっているので、冒頭のご発言をいただけますでしょうか。

中川　質問は何でしたっけ。

斎藤・コーディネーター　行政立法の関係では判例はうまくまわっている、都市計画などについては、塩野先生が、うまくいかないかもしれませんねと言った部分はあまりうまくいっていない、どのような工夫があれば、確認訴訟というのはもう少し回り出すのかというような質問ですね。

中川　計画について、うまく回っているのかいないのかという評価がなかなか難しいと思うんですけれども、理屈の上では計画があることによって付随的に様々な権利関係が発生しますので、その不存在、ないしは存在を確認という形で、理論的には訴訟できるはずだと私は思っております。ただ、計画を作ったほうはいつまでもだらだら争われたら困るということで、確認訴訟が本来できるんだけれども、一定の時間内に終わらせてしまうというふうな方向で特別な訴訟をつくるという立法はありうると思います。つまり、参加をさせていついつまでに言いたいことを全部言ってくださいねと。争わせる機会を明確にした上で一定期間で切ってしまうという方向の訴訟をつくるべきだという議論が進んでいるというふうに聞いたことがありまして、それはあり得るのかなと思います。

確認訴訟については、最高裁は、非常にいい方向にもっていっていると私は思います。

1つ思うのは、抗告訴訟と当事者訴訟の関係をどう考えるかということです。処分を争うときは抗告訴訟でとよく言われるんですけれども、最高裁判決を見ていきますと、行政処分によって発生した法効果を争う確認訴訟というのは、実は却下していないんです。棄却しているだけなんです。なので、現在の法律関係というふうに訴えをもってくれば、紛争の成熟性ないし即時解決の必要性の意味で確認の利益があれば、訴訟の適法性は認めることとし、あとはもう本案の話だというわけです。そして、処分ですから、取消判決のない限りは、効力はあるんだから、処分によって義務が発生しないことを確認しろと言われても、そんな請求は棄却しますよという発想をしているんじゃないかなと私は思っております。当事者訴訟はキャッチオール訴訟だと私は思うんですけれども、そういう形の運用を最高裁はしているんじゃないかなというふうに評価しております。

斎藤・コーディネーター　この間の判決は、私の見方があらいのかもしれませんけれども、補充性をはっきりさせたんじゃないでしょうかね。行政処分性があるときにはできませんよと。

中川　はっきり言っているかどうかなんです。

小早川　この判決、まだ読まなくてもいいだろうと思っていたんですけれども、

アサインメントが来てしまったので、昨日、一生懸命読みました。そうしますと、今の補充性の問題も含めてなんですが、ちょっとというか、かなり問題があるのではないか。というのは、今、中川さんは、処分関係なら抗告訴訟であり、そうでなければ当事者訴訟だという従来の常識を最高裁は脱却しているのではないかと言われたのですが、この判決はそれに拘っているんですよね。

確かに、処分の法律効果を見るということになると、それについては処分だけでなくいろんな法律原因が関わってくることがありうるから、法律効果の次元でつかまえる、当事者訴訟的に取り扱う、という余地はあるようにも思うのですけれど、この判決は、処分についての――既にされた処分であろうと、これからされる処分であろうと――不服であればそれは抗告訴訟であると。この事件で言えば、懲戒処分がされることを問題にしているのならそれは抗告訴訟であり、また、懲戒処分の前提としての起立斉唱義務の不存在確認請求というのも、その懲戒処分を避けるためであればそれは抗告訴訟である、これが1つです。他方、義務違反が原因で給与上の不利益を受けるかもしれないのでその義務の存在を争うというのは、処分に関する不服ではない場合があり、その場合には当事者訴訟としての確認訴訟であると。このように2つに分けているんですね。だからそこは、ちょっと古い単純な二分法を堅持しているのではないか。

私は、2004年改正はもやもやした改正なんですが、この古い二分法の枠を一度溶かして当事者訴訟の守備範囲を広げようとしたのではないか、処分に関する訴訟のうち、直接的に処分について不服だという場合は抗告訴訟だろうが、そうでなければ、実質的には処分を争うことになるようなものであってもそれは現在の法律関係に関する当事者訴訟たり得る、というぐらいに、両方の境界をやや曖昧にしようとしたのではないかと思っています。しかしこの判決は、そこにガキッと歯止めをかけているのかな、という気がするのです。

斎藤・コーディネーター 私もそう読んだんですが、中川先生。

中川 質問とすこしずれますが、今小早川先生のご見解をはじめて聞きまして、一言。私が同じこと、つまり両者の境界を曖昧にしてはどうかと書いたら（中川丈久「行政訴訟としての『確認訴訟』の可能性」民商法雑誌130巻6号（2004年）963頁）、学説からものすごい批判がありました。しかし、小早川先生のご見解を今はじめて知りまして、非常に心強く思いました。

話を元に戻すと、この判決が、将来の不利益処分つまり懲戒処分の予防を目的とするならば、抗告訴訟として位置づけられるものであると言っているところが、当事者訴訟との関係でどういう意味を持つかということですね。

小早川 その場合は補充性が必要、と……。

八 確認訴訟

(中川) この3日前の判決が出る前の段階で作成したレジュメの2の(2)なんですが、最高裁判決をみると、処分に対する取消訴訟を提起しうるときに、当事者訴訟を提起すること(処分によって発生した義務の不存在の確認訴訟)は、不適法却下ではなく、取消訴訟の排他性を理由に請求棄却になるのではないかと書いてあります。脚注1がありまして、そう読める最高裁判決をいくつか書いてございます。つい最近の平成23年の最高裁判決の事案は、不納付加算税の賦課決定を受けた者が、不納付加算税の納税義務の不存在確認訴訟を提起したというもので、行政法の答案的にはちょっとびっくりするような訴訟ですけれども、最高裁は、却下ではなくて棄却としています。どれも本格的に論じた論点ではないんですけれども、非常に単純に、法律関係の存否について、具体的な紛争があれば、それは確認する利益はありますよというふうな考えなのかと思われるのです。

このレジュメを書いた後に、つまり3日前に最高裁判決が出ました。この確認訴訟の確認の利益の認め方というのは、先ほども申しましたが、大阪地裁のものと似ています。あれは国歌関係ではなくて、自己評価申告義務が教育委員会規則で義務づけられていて、その義務の不存在確認をした事件です。教育委員会が、自己評価申告をしない教員に対して懲戒処分はしないと明言しており、処分がされそうということはないので、差止訴訟は起きず、しかし、給料は上がらないとか、あるいはボーナス査定がよくないということで、そういった不利益を止めるために、義務の存在確認訴訟が提起され、確認利益があると認めた地裁判決です。

それとよく似ておりますので、3日前の最高裁判決も、紛争があるんだから確認の利益を認めるというのと同じ考えで、処分差止訴訟を認めているだけだというように読んだんですね。どういうタイミングで処分差止訴訟や義務不存在確認訴訟を認めるかという点で、最高裁は抗告訴訟と当事者訴訟を、実質的に厳しく分けているというふうには読まなかったんです。

(阿部) もともと僕は公法上当事者訴訟を死刑にしろと言っていましたが(『行政訴訟要件論』(弘文堂、2003年)233頁以下)、生き返ってしまって、阿部は負けたんじゃないかと言われていますが、当事者訴訟と民事訴訟とは、入口さえ違うかどうかわからない。入ってみれば完全に混浴、訟類型が違っているというほどではないので、民事訴訟ではだめだが、当事者訴訟では許されたなんて喜んでいるのは間違っています。あるいは当事者訴訟、民事訴訟を区別にしないで一緒にすればよいのだが、その他に処分の取消訴訟とか、抗告訴訟というのとの境界をどうするかという、今度は面倒くさいことになった。処分性を広げないかわりに、当事者訴訟に道を開いたなんて皆さん言われているけれども、全く手当が不十分で、例えば厚生労働省がしたネット販売禁止については、地位確認を東京地裁に

第二部　行政事件訴訟法第２次改正シンポジウム

提起しましたが、この業者が仮に地方にいれば、特定管轄裁判所として、高裁所在地の地方裁判所の管轄になるかかというと、取消訴訟なら OK だが、当事者訴訟はやっぱり東京地裁と。こっぴどく面倒くさくなって、整理が全然できていない。抗告訴訟でも、原告の住所地を管轄する高裁所在地方裁判所などと言わず、原告住所地の地方裁判所に訴え起こせるように変えるべきだが、当事者訴訟もちろん一緒にしなければいけない。行政事件に詳しい裁判官が少ないからと言うのは嘘です。国家賠償訴訟は地裁支部でもやっているし、行政事件に詳しくないなら、特訓すべきです（ただし、裁判所の理論を特訓してはかえって悪くなる。本当に権利救済の実効性の観点から特訓すべきです）。

　それと仮処分の関係では、当事者訴訟では仮処分が当然認められるでしょうと言われるんだが、公権力の行使については、仮処分禁止の規定がある（行訴法44条）から、処分を前提にしての当事者訴訟において仮処分が何処までできるのかは明らかではない。戒告だ、減給だということ自体は取消訴訟か抗告訴訟の対象となる。それ自体ではない不利益というのが問題だと言われている。すみ分けが非常に難しい。こういうのも、本当は違法是正訴訟で一本化すればよかったのですが、そこまでできなくても、流動的に考えてほしい。かなりの行政法学者は、出訴期間や、行政処分という概念がなくなると、飯が食えないように思っているけれども、膨大な行政実体法の解釈学こそが肝心です（阿部泰隆『行政法解釈学Ⅰ、Ⅱ』、『行政の法システム上・下』はその趣旨です）。それを怠っていては行政法学者としての社会の期待に応えないのです。

　それで、今の仮処分だと、公権力の行使については仮処分ができない制度をもし残すとしても、執行停止や仮の義務付け、仮の差止めによって救済のルールに乗ることが明らかでない限りは、仮処分はできるという規定を置いて、権利救済のルールについて争いがなく、空白がなくなるようにすべきです。つまらない解釈論上の争い、障害物を一切なくすというのが立法者の使命です。

斎藤・コーディネーター　今、ちょっと出ました仮処分ですけれども、もう一回杉本良吉さんの「行政事件訴訟法の解説」を読んでみたら、当然できると書いてあるんですね。ところがいろいろと難しい面もあるようですが、中川先生のレジュメで案が出ていますので、それを一言ご説明いただ来ましょう。

中川　レジュメの２の(10)をご覧下さい。当事者訴訟について阿部先生がおっしゃったような管轄とか、様々な技術的なところが全く手当がないので、手当をしなければいけないという部分もあると思いますが、それに加えて、やっぱりよくわからないのは仮の救済です。レジュメの２の(10)の最初のクロポツですが、〇〇する権利の存在であるとか、義務の不存在であるとか、そのほか何らかの地

位の確認という確認訴訟を本案とした場合に、仮にこれこれの地位を有すること
を定める仮処分というのができるのかということです。当然それは任意の履行を
期待するというタイプの仮処分だと思いますけれども、このような形で仮処分、
仮の地位を定めるということができると考えてよいのかというところが、特に民
訴法の苦手な私のようなものからすると気になるところです。実務的にも非常に
重要なことだし、裁判所も代理人も困っていると思いますので、改正をされるの
であれば、何か手がかりとなるような規定を置いていただくか、少なくとも議論
をするということが必要かなと思います。

　それから2つ目ですけれども、行訴法44条がじゃまをしないということが重
要だと思います。処分の効力そのものを仮に停止するという仮処分できませんよ
とか、それは執行停止の役割だからというように、ごく狭い意味で44条がある
んだということを明確化してはどうかと思います。現行の条文はいくらでも広く
読める規定ですので、下級審では広く解釈するものから狭いものまで様々なもの
があって、混乱状態です。当事者訴訟の仮の救済がどういうものなのかというこ
とを決めた上で、そのじゃまにならないような行訴法44条の規定の仕方が検討
されるべきだと思います。当事者訴訟として本案訴訟ができる限りは、仮の救済
がまるでできないというのはおかしいと思いますので、仮の救済のあり方を決め
た結果、44条がじゃまであれば、それは改正されなければいけないというわけ
です。

九　仮の救済

斎藤・コーディネーター　仮の救済を少しやっていきたいと思うんですけれど
も、これも法務省の研究会の10回のところでかなりまとめられておりますので、
また皆様方、帰られたら読まれたらいいと思います。その中で語られております
執行停止、仮の義務付け、仮の差し止め、一緒にするのはちょっと乱暴かもしれ
ませんが、一緒に論議して参ります。

　執行停止の要件は緩和されて、比較的前には考えられなかったような執行停止
決定が出だしたというのは、これは一致しているところだろうと思います。ただ、
事業認定とか都市計画などでは全く事例がない。あきらめの境地の弁護士もいる
のではないかということが語られております。執行停止全体について、ちょっと
待ての執行停止も含めまして、執行停止の論点を簡明に阿部先生からご発言いた
だけますでしょうか。

　阿部　執行停止の論点は無数にありますが、まず執行不停止原則か停止原則か
という論点では、本来ドイツ法に倣って、執行停止原則をとるべきですが、不停

止原則とるという現行法のシステムのもとでも、なお工夫が可能であり、必要です。今回の改正で、かなり緩和しているからいいんじゃないかという発想がありますが、これを基本から問い直してほしい。

　執行不停止原則のもとで裁判所が執行停止をするためには、日本の裁判では相当時間がかかる。先ほど申し上げたように、日弁連は業務停止処分を3か月間執行停止してくれない。その間、弁護士は全部お客さんとの委任契約を解約しなければならず、事務所を閉店することとなるので、飯が食えない。あとで回復するのも困難です。会社も3か月も営業停止もされたんじゃ、とてもじゃない。

　それで、執行停止要件、これを緩めて、さっと認容してもらえるようにしてほしい。処分を維持しないと、公共の福祉に重大な損害が具体的に起きるということを被告行政庁が疎明すれば別ですが、そうしない限りは、処分が違法かどうかはまだ分からないが、裁判官が悩まないで、とりあえず一回執行停止をする。それで、それは本案確定までと長くやると、処分は適法なのに、できなかったという事態も起きるから、審理してしばらく経ったら、もう一回見直す。もっと簡単に、ちょっと待てというので、半月以内に一回とりあえず待てと。それで半月審理して、またストップか、それとも処分を続けてみるかと。こうやらないと本当に権利救済は図れない。ただし、公共の福祉に重大な影響が具体的にあれば、処分を執行するしかないけれども、そのとき、しかし、仮に最終的に行政処分が違法だということがわかれば、行政庁は違法に自力執行したことになるわけだから、自力執行については責任を伴うと考えて、無過失で倍の賠償をするというふうにしないと、不公平だと思う。

　斎藤・コーディネーター　それを日弁連から出ている岩本さんや越智さんが、研究会でおそらく喋ったところ、研究会の第10回のコメントにあるようないろいろな説が語られているんですけれどね。却って裁判所が呼んで意見を聞いていたら、結局は遅れるんじゃないのとか、いろいろ言われていますわね。そのあたりの再意見等はあるんですか。

　阿部　裁判官がいろいろ検討するのに時間がかかり、救済が遅れるということはないように、だから、公共の福祉に対する重大な不利益が、具体的に被告行政庁から1週間以内に疎明されない限り、執行停止をするのが原則という条文にすれば、訴えを起こされたら、執行停止を発するのが原則となる。ただし、それで原告の行為が違法だと逆にわかったら、処分はあとでも執行される。処分が違法だとわかれば、倍の賠償金をもらう。とにかく、仮の救済の中でパッとやらないといけない。

　斎藤・コーディネーター　今のようなことは、日弁連委員から出ている2人が

九　仮の救済

よう言わなかったんでしょうけれども、いろいろと発言が書かれてありますので、またそれは日弁連内で議論することにいたします。

　小早川先生から予告で4時までしかいられないと聞いておりますのに、本シンポの進行は遅れております。お帰りになる予定が近づいておりますので、最後に本案、仮の義務付けも、仮の差し止めも含めまして、本案というのがいるのだろうかという疑問を日弁連今回出しているわけですのでそのあたりのご意見をお聞きしたいです。民事と同じように起訴命令制度にすればいいので、本案まではいらないのではないかという日弁連の意見については、小早川先生はいかがでございましょうか。

　小早川　民訴と違って本案提訴が要件とされているのは、いわく因縁はあるのだろう、おそらくこれはやはり行政権の位置付けということがあるんだろうと思うんですけれど、私は、そこは拘らないで、本案提訴要件をはずすこと自体は特にかまわないんじゃないかとは思います。日弁連案ではその場合に起訴命令がついていますが、何かそういう仕掛はあったほうがいいでしょう。仮にですが、行政訴訟がすべて仮の救済でけりが付いてしまうということになりますと、そこでは裁判所は行政庁と同じようなことをやっていることになりますが、本来、司法審査が行政を屈服させられるのは、正式の判決手続でもってきちんとした判断をするからであるわけで、そこが空っぽになってしまうのはまずいと思います。起訴命令、訴え提起の義務付けというような仕掛は要るでしょう。

　斎藤・コーディネーター　新堂先生、何かご発言いただくようなことは可能でしょうか。

　新堂　私は民訴の研究者でございますので、意見めいたことを申し上げるのを差し控えたいと思いますけれども、今日大変おもしろいシンポジウムをお伺いしました。行政法は権威主義の研究者の集まりで、その中では大した論戦というのはないんじゃないかなと想像していましたけれども、どっちが通説だかわからないような今日のお話で、大変興味深く伺いました。

　最初に目的規定を入れるかどうかというご議論のところで、学者の先生方、大体特別の政策立法するようなときに、目的規定を入れるというのは、それが1つの原則的考え方だと思います。しかしもう一つの考え方として、その法領域で、今までどのような実験が行われてきたか、あるいは判例が形成されてきたかということを踏まえた上で、一つ新しい方向付けをしようやというような精神があるならば、その立法目的を目的規定に反映させておくこともあり、というふうに私は思いました。

　じゃあこの行政事件訴訟についてはどうかといいますと、いろいろと見解の相

273

違がありますけれども、やはり今までの行政訴訟では勝つことが大変難しかったというのが実感でございます。それは行政権の優越を実現するためのいろんな道具はありますけれども、しかし、率直に考えたときに、われわれ行政を受ける側の立場がどれぐらい真剣に考えられてそういう道具がつかわれ、またそういう結論になったのかということについて、やはり私自身も行政事件訴訟を何件か担当しましたけれども、釈然としないなと思っています。やはり行政は優越しているのだという印象を受けてきました。

　そういうことを考えますと、行政訴訟って誰のためにあるのと、阿部先生がおっしゃいましたけれども、そういう基本から発想をしていただいて、小早川先生からよりよい制度というお話がありましたけれども、そのよりよい制度がどういう制度なのか、もう一度考えていただいて、目的規定あたりに書くようにしたらいかがかと思います。これには政治的問題があろうと思いますが、ぜひそこは日弁連の強い意思でもって、政治力を働かせて目的規定にまで盛り込んでいただければと思います。

　そういった何か根本的な方向性というものが確立すれば、いろいろ今日議論になりました問題については、おのずから回答が収斂されてくるように思います。最後に、本案訴訟を提起してからはじめて執行停止ができるのかとか、本案提起前にも仮の地位を定める処分できるかというような、そういった問題も民事訴訟となぜ同じではいけないのという発想が出てくるのではないでしょうか。訴訟する前はやはり行政のほうが強いのは当たり前だと思いますけれども、訴訟にまで上がってきたときはやはり対等に闘わせてくださいよと言えるような行政事件手続法というものがあって不思議ではないなという感想を私はもちます。

　大変大ざっぱな感想ですが、一言、発言させていただきました。

斎藤・コーディネーター　ありがとうございます。

一〇　ま と め

中川　今日印象に残ってまだ申し上げていないことは阿部先生のご発言で、要するに、私たち学者が読んでいるのは最高裁判決の中のいいやつ、それから下級審の中のいいやつだけである。しかし現実は違うというところです。もし現実がそうなのであれば、そこを変えていくというような立法の仕方へ、少し考え方を変えなければいけないかなという感じがいたしました。一部の判例が今うまくいっているからいいというのでは、すまないともしも考えるのであれば、その方法は新堂先生がおっしゃいましたが、訳のわかっていないやつにわからせるという意味で、目的規定をあえて置くんだという説明は、なるほどなと思いました。

一〇　まとめ

ただ、本当に訳のわかっていない下級審がどれだけあるのかというのは、おそらく立場によって評価が違うと思いますので、今の私には何とも言えません。

　それからもう一つは、個々の規定をもう少しわかりやすくすることです。重大損害なども、差止訴訟と非申請型義務付け訴訟、さらに執行停止に、同じ文言で規定がありますけれども、いろいろ違いはあるわけです。それから立案関係者のした条文説明が、最高裁によって変わってきているなというところも感じますので、そろそろ、あのときにはわからなかったことで、わかってきたことを明確に規定するということは、必要なのかなと思いました。

　斎藤・コーディネーター　ありがとうございました。

　阿部先生、一言。

　阿部　新堂先生がおられるから、ちょうどいいと思ってお話ししたいのですが、民事訴訟では訴訟要件について争いになって、さんざん暇かかるというのは、数からいっても非常に少ない。ところが、行政訴訟ではほぼ常に、それで1年、2年空費する。それでみんな疲れ果ててやめる。そのうえ裁判所が職権で判断して、原告を負かす。このように全然事情が違うんです。訴訟要件の判断というのは、裁判所が職権で判断するということになっているけれども、国家公益にかかわるような、あるいは裁判権があるかどうかという、大きな話ならわかるけれども、処分か、当事者適格があるか、抗告と当事者訴訟のどっちかといった問題ですから、大した違いはない。それを原告が間違えたと、職権という判断する、最高裁が一審からやり直せなんていう理由がどこにあるのでしょうか。もっと広い視野でものを考えろという論文を今度判例時報に書きます（前記2137号）が、民訴法学からも応援していただいたら助かるんです。即時抗告期間1週間、最高裁へはたった5日、控訴期間もたった2週間、これだけあれば書類出せるだろうと言われるけれども、大間違いで、12月28日とか25日に決定を受けると、弁護士だけ正月ずっと仕事して、1月4日提出したら、裁判所はずっと放っておくということで、しかも、そのとき、ただ書類出せばよいというのではないのです。印紙をいくら貼るかの問題で、6億円の訴訟だと何百万も印紙貼らなければいけないので、正月休みの間に、これ印紙を貼ってまでやる価値があるかどうかさんざん考えなければいけないのです。こんなのはとんでもない。やっぱり短い期間の場合は、間の祝祭休日は全部除外しろというふうに民訴法に書いてくれれば、行政事件訴訟も助かります。民訴の先生か、その法律を作った弁護士も、案外実態わかっていないのではないか。僕は弁護士になって外国にも行けない、ちょっとも留守にできないと、往生しているんですよ。

　やっぱり制度つくるときは、現場の裁判ではどういう論戦が行われて、どんな

に当事者が苦労してということをわかっておいてほしい。あと10年頑張りますが、皆さん方、ぜひ跡継いで世界に冠たる良い制度をつくってほしいと思います。

新堂 阿部先生に一言だけ。今日のご議論の中に全然出てこなかったから。それは当然のことだと思いますけれども、司法改革の過程の中で、裁判を促進すべきだという法律できましたけれども、あれは最高裁に統計を取ったり、どこが悪かったんだろう、どこを改めれば裁判が早くなるかというような反省をする、そういう法律が作られたわけですが、行政事件訴訟法というような具体的な事件類型について立法を行うときには、裁判を促進するという、そういう観点を忘れないでほしいと民訴学者からは注文したいと思います。訴訟要件の話がたくさんありましたけれども、あれも場合によってはずいぶん無駄なことで時間と資源と、それから弁護士には気苦労を与えています。しかしもっと大きくは、結局訴訟は税金でもってまかなっているわけですから、納税者の立場というのも、ちゃんと考えてくださいよと。そういうような視点もぜひ加えていただきたい、と思います。

斎藤・コーディネーター ありがとうございました。皆様方、本当に今日は長い時間ありがとうございました。実りあるものになったと思います。

◇行政事件訴訟法の再改正について

　　　　　　　　　　　　　　（2012年2月13日）神戸大学　中川丈久

1. 行訴法改正に対するそれぞれの立場

○原告側代理人が困っていることはなにか

○裁判所が困っていることはなにか

○研究者が問題視することはなにか（本コメント）

　①義務付け・差止訴訟の法定と当事者訴訟活性論とでパンドラの箱が開いたことの収束
　　・当事者訴訟と抗告訴訟の関係全般
　　・当事者訴訟と処分無効等確認訴訟／差止・非申請型義務付け訴訟の関係
　　・当事者訴訟の仮の救済（申立ての趣旨、および行訴法44条）
　②第三者の原告適格論における「個人の個別的利益」の取扱い
　③近時の最高裁判決の積極的な裁量審査の成果
　④国・自治体が提起する当事者訴訟への対応（法律上の争訟／実体法と執行法）

2. 日弁連案（第2次改正案）について

(1) 3条関係　抗告訴訟の対象

・そもそも抗告訴訟の対象は個別に立法すべきではないか。なにが処分にあたるかは、「個別法に規定するもの」というアプローチもありうるのではないか（法定受託事務か自治事務かの振り分けと同様に）。取消訴訟の排他性＋出訴期間という制限をかけようというのであるから、何がそのような制限にふさわしいかは、本来、立法者において明示する責任があるはずではないか。

(2) 3条、4条関係　抗告訴訟と当事者訴訟

・当事者訴訟と抗告訴訟の関係を整理する必要があるのではないか。
・抗告訴訟と当事者訴訟は、「棲み分け関係」にあるのか、それとも、「包摂関係」にあるのか。
・最高裁判決をみると、処分に対する取消訴訟を提起しうるときに、当事者訴訟を提起すること（処分によって発生した義務の不存在の確認訴訟）は、不適法却下

（図：左側「抗告訴訟／当事者訴訟」（権力関係と管理関係）　⇔　右側「当事者訴訟」の中に「抗告訴訟」（当事者訴訟は常に提起できる一般的な訴訟方法）、「この境界線は明確でなく、オーバラップする（にじんでいる）。」）

ではなく、取消訴訟の排他性を根拠として、請求棄却になるという考え方ではないかと推測される[1]。
・そうすると、当事者訴訟とは、行訴法4条の定義どおり、およそ法律・条例（公法）のもとでの、原告・被告間の法律関係に関する訴訟であり、その法律関係には、処分によって発生した法律関係も含まれておかしくないと考えるのが自然ではないか。
・もしもそう考えると、確認訴訟における確認の利益は、即時解決の必要性のみである（確認対象は請求の趣旨の立て方の問題。給付への劣後は当事者訴訟内の劣後関係）。確認の利益に、抗告訴訟との関係は含まれないことになろう。
・「処分無効等確認訴訟は抗告訴訟か当事者訴訟か」という古典的問題があるが、両者がそもそも区別できないという根本的問題があるのではないか。行訴法36条は当然過ぎて、不要ではないのか。
・差止や非申請型義務付け訴訟にも同様の問題はありそう。処分がすでになされたときに、「それに対する訴訟方法を限定しよう＋出訴期間をかけよう」という立法をすることは、それなりに理解できる（本来は、処分に限らずもっと広い可能性はある→個別法で規定してはどうかという上記(1)の提案）。しかし、処分がされていないときについてまで、抗告訴訟という整理をすることは、論理的には必然ではない、といえないか。
・案4条2号「公権力の行使に当たらない公法上の行為に関する訴え」は不要で、包括的な訴えだから一般的概括的定義のままでよいのではないか。

---

[1] 労働者災害補償保険金給付請求事件の最判昭和29年11月26日民集8巻11号2075頁（保険給付せよとの給付の訴えを棄却）、最判平成23年1月14日判例時報2105号3頁（不納付加算税の賦課決定を受けた者が、納付加算税の納税義務の不存在確認訴訟を提起した事件で請求棄却）を参照。間接的ではあるが、在外被爆者事件2つ（最判平成18年6月13日民集60巻5号1910頁、最判平成19年2月6日民集61巻1号122頁は処分の法効果である手当支給義務の履行を求めた給付の訴え）も参照。

・案4条の2、4条の3　命令訴訟や計画訴訟の規定は必要か？案41条の2で法定主義に限定するのでは、今よりも狭くなりかねないのではないか。

(3)　9条関係　取消訴訟の原告適格
・現9条1項は、「法律上の利益」以外に表現しようがないのではないか。
・第三者の原告適格については、なお考え方が未整理である。
　たとえば、①最高裁にいう個別的利益という概念は機能しているのか、それが現実に侵害されている（おそれがある）の判定は合理的か、生命身体の侵害のおそれ、著しい騒音のおそれがある範囲の決め方は、結局腰だめではないのか、そうであれば、「根拠法令が保護する利益が現に侵害された（されるおそれがある）者、という程度の意味でしかないのではないか、②現9条2項にいう「法令」とは、原則として法律（独自条例）のみを意味するのではないか（考慮しうる利益はすべて含む）、の2点。
・案9条2項のように、「個別的利益」の語を入れるのは、判例の固定化につながるのではないか。同条2項は、「処分の根拠となる法令における利益をき損されているか否か」などといった表現はどうか。

(4)　10条1項関係　原告が主張しうる違法事由
・削除してもしなくても、理論的には変わらないのではないか。現行法でも、「関わりのない違法は主張してはならない」と消極的禁止である。新潟空港最判（そもそも無理のある判決）の悪影響をどうするかという問題は、10条1項の廃止で処理できるか。

(5)　14条関係　出訴期間
・出訴期間の「知った日」は何を知った日か。違法であることを知った日を基準とするのが、本来望ましいのではないか。出訴期間徒過の正当理由で処理しきれるか。

(6)　23条の2関係　釈明処分
・十分使われているか　→　原告代理人・裁判所しかわからない。
・案23条の2について、釈明処分と文書提出命令はどう仕分けるのが実務的には適切か。

(7)　25条関係　執行停止
・本案訴訟提起を要件とする立法がされていることの合理的理由は何か。本案訴訟の訴状が提出されていないと（少なくともそのことが申立書に書かれないと）、本

案で勝てそうではないとの指摘を被申立人側ができないからか。

> Cf. 民事保全法13条 「保全すべき権利又は権利関係及び保全の必要性を明らかにして」申し立てる
> Cf. 行訴法37条の5「義務付けの訴えの提起があつた場合において、その義務付けの訴えに係る処分又は裁決がされないことにより生ずる償うことのできない損害を避けるため緊急の必要があり、かつ、本案について理由があるとみえるときは……」

・執行停止決定が「公共の福祉に重大な影響を及ぼすおそれ」がある場合など、ほとんど存在しないという見解にたてば、案の職権停止は、実質的に、執行停止原則を導入するものか。

(8) 30条関係　裁量処分の取消し
・案30条の2項（裁量審査基準）について、そもそも「裁量処分」という言葉自体、意味のわかりにくいものである。また、取消訴訟においては、裁量審査に入る以前に、法令解釈や適用の誤りで違法とされることもあるから、裁量だけを問題にすればよいわけではない。また、案2項2号（事実誤認）、3号（不当動機）や8号の手続違反は、裁量の有無とは無関係の問題ではないか。
・むしろ30条は、「処分の取消し」というようなタイトルにし、違法事由を列挙してはどうか。たとえば、「行政庁の処分が法令に違反し、又は合理性を欠くものである」「手続に関する法令に違反している」「目的動機」「その他」というように。また、処分そのものの違法ではなく、それに先行する行為（計画や委任命令その他）の違法も含むこと（小田急最判や一連の委任命令訴訟）を明示するのも一案かもしれない。
・また、「処分時には裁量なしとしてした判断だが、裁判所は裁量ありとした場合、裁判所が当該処分は裁量判断について合理性あり」という取扱いをしてよいか。
・案30条3項のように、常に書面による説明のみとしてしまうと、訴訟の繰り返しが多くなってかえって不効率ではないか。

(9) 37条の4関係　差止訴訟の重大損害
・差止訴訟の重大損害について、「処分後の取消訴訟＋執行停止決定では間に合わない」という「公定解釈」はたしかに、厳しすぎるという感はある。
　処分前ではあっても、すでに争点が明確であって、わざわざ行政過程を進めて処分がされるまで待つ必要はないというときには、差止訴訟を認めてよいのではないか。つまり、確認訴訟の確認の利益（行政過程を現在よりも先に進めたほうが、

よりよい解決になるという事情がなければ、今の時点で紛争は成熟している）と同じように認めるべきではないか。
・たとえば、大阪市の自己評価義務不存在確認訴訟の確認の利益の認め方（ただし、懲戒処分をしないと公言されていたようである）、わいせつ表現取締条例について、刑事訴訟やなんらかの処分がされるまで待つ必要はなく、争点は明確だから、差止ないし確認訴訟を認めてよいのではないか。

　⑽　44条関係　当事者訴訟の仮の救済
・確認訴訟の仮の救済の求め方として、「○○する権利の存在、義務の不存在、その他地位の確認」という確認訴訟（当事者訴訟）を本案として、当該地位保全の仮処分（仮に当該地位を有することを定める仮処分）を行うことができ、被申立人の「任意の履行を期待する」ということでよいか。
・44条が上記仮の救済のじゃまをしないようにするには、たとえば、「処分の効力を仮に停止する仮処分をすることができない」というように、射程を限定することはできないか。

　以上をふまえて、たとえば、教職員が教育委員会規則で定められた自己評価書提出義務の不存在確認訴訟を本案とする場合、「第一審判決言渡しまでの間、自己評価書提出義務が存在しないことを仮に定める」旨の仮処分を求め、これは、間接的には懲戒処分の発出を仮に禁止していることになるが、直接的に仮に禁じているわけではないから、行訴法44条には違反しない、と考えてよいか。そして、この仮処分について、教育委員会による「任意の履行を期待」する。具体的には、仮処分の間は、自己評価書提出せよとの職務命令を出さない、不提出を理由とする不利益措置は行わない、懲戒処分も行わない、などを期待するのである。

　⑾　個別法による対応が必要なこと
・計画訴訟の整備
・国・自治体が民事執行のために当事者訴訟を提起すること→執行債権である旨が実体法で規定されていなければならないのではないか。
・不服申立前置主義の多さの見直し

第三部　さらなる行政訴訟制度の改革について

2005年12月15日

　　　　斎藤　　浩（弁護士、立命館大学教授）
　　　　高木　　光（京都大学教授）
（司会）阿部泰隆（弁護士）

　はじめに
一　行政訴訟第2次改革の構想
二　行政裁量について
三　行政立法・行政計画に対する行政手続・争訟手続の整備
四　団体訴訟
五　公金検査請求訴訟制度
六　訴え提起の手数料
七　弁護士費用の敗訴者負担
八　不服申立期間
九　その他の残された課題
　おわりに

はじめに

　阿部　本日は「行政法制度の改革第2弾」ということで、これまで行われた行政訴訟改革につけ加えて、さらに積み残された課題を検討して、それを更に進めていくために、理論的根拠、あるいは仕組みを種々ご検討していただきたいと思います。
　まず斎藤先生にお願いしたいと思います。斎藤先生は今、日弁連の行政訴訟センターの長であるとともに、今回の行政訴訟改革についてずっとウォッチされ、種々提言もされ、さらに第2弾の改革についても提案され、また実際に動かそうとしておられる大変有能な方ですので、とりあえずその辺のお話をいただいて、それから個別論点に入りますが、個別論点については、私は原稿を用意しましたので、少しお話しさせていただいて、それから高木さんも含めて3人でよりよい方向を目指して議論していくということにさせていただきたいと思います。高木さんは、読者の方はよくご存じだと思いますが、もちろん行政訴訟その他につい

てたくさんの著書があり、次の行政法学界というか今の行政法学界での第1人者であるとともに弁護士登録もされ、もともと司法試験も現役で受かっておられ、私がおりました神戸大学の元同僚でもあり、大変有能な方でありますことは折り紙付きですので、これから理論と実務両方にわたってご活躍されるだろうと思います。そういうような有能な方お2人を前にして、私は本日、司会兼議論に参加ということでやらせていただきたいと思っています。

それでは最初に、斎藤先生よろしくお願いします。

一　行政訴訟第2次改革の構想

1　行政訴訟改革で積み残されたもの

斎藤　「第2次改革」と我々日弁連は申し上げております。また、行政訴訟というと非常に狭くなるものですから、「行政法制度の第2次改革」と我々はいっております。

文書でいいますと、平成17年10月18日に理事会の決定を得まして、「行政法制度に関する第2次改革の要望書」というものを出したわけです（http://www.nichibenren.or.jp/ja/opinion/report/2005_61.html#TOP）。

その前に今、阿部先生におっしゃっていただいたので、弁護士から見たこの分野の問題点が今までどうで、どうして少し改革の緒についたかという話をいたします。阿部先生や高木先生をはじめ立派な理論家がずっと改革問題を提起してこられたにもかかわらず、例の司法制度改革の大きな流れがなかった時期には全く手がつけられなかったというところが重要です。司法改革の中で行政事件訴訟法に限られましたけれども改正された。今、その流れが去りまして、また非常に虚しい思いをし始めているところであります。

今回の司法制度改革の特徴ですが、行政事件訴訟法の改正でも、国会を構成するすべての政党が賛成したのですね。ご存じのように行政事件訴訟法制定のときは、当時の社会党、共産党をはじめ民社党までが反対していたのであります。今回は、そういうことがなくて全党が賛成したというのは、いかに行政事件訴訟の分野について国民的に批判があったかということを示しています。特に与党の議員の皆さん方が司法制度改革の中で行政事件訴訟法をはじめとする改革に非常に大きな力を出された。これは画期的なことで、このことの顛末を私は「自由と正義」（平成17年12月号）に「司法によるチェック」という論文で書きました。

今、虚しいというのは、私どもは検討会が終わった後にも、第2次改革のためにさまざまな提言をしてまいり、与党の議員の方々にも提言していただいたわけ

ですけれども、それが進まない。もう波が引いたように、この分野の改革は進まなくなっている。それで今日阿部先生がご提案のこの座談会にかける私の期待は非常に大きくて、今日の成果を政治的なところへもお伝えしながら早く第2次改革が行われるようにしたいというのが私の最初の発言です。

阿部 その改革提案の全体の概要をお話しいただけますか。

斎藤 では、10月18日付のものを全く柱だけ申し上げます。まず、行政事件訴訟法の改正で積み残された、もっといえば、行政訴訟検討会が積み残した課題、たくさんありますけれどもその中で、訴訟の話ですから国民は別に原告適格が広がって行政処分性が確認訴訟により事実上仮に広がったとしても勝てなきゃ意味がないのですね。勝てるようにするためにはどうしたらいいかというので、一番困る問題としては行政立法、行政計画ですね。行政立法はこの間、行政手続法が少し改正されたので少し手がかりがあるのかなと思いますし、いろいろ判例を見てみたらそっちの方の手がかりはまだしもあるように思います。しかし、行政計画についてはやはり非常に難しい問題がありますね。これらは検討会もそういっています。

それから中身に入ってからの裁量統制の問題も積み残されている。これも検討会がいっておりますね。団体訴訟についても我々は随分強調したので、検討会がいってくれている。検討会自身が積み残しているといっているのを、我々も「積み残しだから何とか」というのが1つの柱です。

加えまして日弁連独自の提案といたしましては、国レベルの公金検査請求訴訟があります。一生懸命に勉強して、いろんな人の意見も聞いて、法案化しました。ともかく議員さんと話をするときは「法案にしてくれよ」とおっしゃるので、法案にして、これも平成17年6月16日に理事会決定を得て提案をしたので、その問題につき、本日先生方からぜひいい知恵を出していただきたい。

その他、行政法制度と申し上げておりますから、訴訟の問題としては訴訟費用と弁護士費用の問題が残っているだろう、それから陪参審を、あるいは裁判員制度を組み入れたらどうかという、ここまでが行政訴訟の問題です。

もう1つ、今、総務省の研究会が始まりましたけれども、行政不服審査法の改正。行政事件訴訟法と同じときにできたのに改正されていないので、それをどうするかということです。総務省の人に聞くと「日弁連以外はそんなに大して改正せよという声を聞きませんよ」とおっしゃるので、それは大変だということで、これも熟しませんけれど日弁連の案を先日作りました。これも平成17年12月9日に理事会決定をしまして「行政不服審査法の抜本的改正に向けた検討を求める意見」として発表しました。

そして、政治家が興味を持っているのは行政審判ですよね。行政審判のところも組み込みたい。これは政治家を入れたある研究会で阿部先生に一度整理していただいたところでありますけれども、こういうところも何とかしたい。

　最後に、潮が引いていく中で、これも与党の先生方にも賛成していただいて恒常的改革機関を設置すべきであるという提言をしております。どのレベルにどんなものを作るかという議論まで有力な議員の方々とはしているのですけれど、それが官邸に持っていきますと、「あ、聞いておく」ということになっています。これを何とか内閣の枢要なところに作るためにもこの座談会に大きな役割を果していただいたら大変ありがたいと思います。

2　法治国家の視点での改正がほしかったが

　阿部　ただいま斎藤先生に第2弾の改革として考えるべき論点をご紹介いただきました。次に私の方から、まず私が考えている改革の基本的視点を先にお話しさせていただいて、項目ごとに議論させていただくという段取りで進めたいと思います。

　本日は第2弾の改革を中心にするということで、既に行われた第1弾の改革についてはあまり触れる余裕もないのですが、ただ、私としては第1弾の改革をもうちょっときちっとやってほしかったという気持ちがあって、それとの整合性、あるいは調整等をどうするかが非常に難しい問題と感じながら申し上げるのですが、まず従来、行政訴訟制度は行政行為という権力を前提にその取消しという仕組みを中核にしてきたわけですね。つまり行政が優越しているとしている。それなら、優越性をなくす制度を作るべきですが、そうではなくて、優越させる制度を作ってきたようにも見えるわけです。しかし、行政訴訟というのは、基本的には法治国家を実現する、それで権利救済の実効性を包括的に確保する。その派生系として、救済ルール明確化の要請とか、あるいは両当事者対等性の要請というのがある。このように考えていまして、そもそも、違法な行為でも有効だなどという議論をするのではなくて、法治国家においては、行政が法律に基づいて職務を誠実に行うことを確保するものであると考えるべきだと思っているのですが、今回の改正ではこのような基本的視点はあまり出ていないと思います。権利救済の実効性の視点というのがやっと附帯決議で入ったわけですが、私は本来なら法律の目的に入れて、その観点で改正すればよかったのだと思っています。

　このような観点からすると、これは高木さんと少し意見が違うと思うのですが、行政行為があって、有効だからそれを取り消すというのと、そういう効力がない

一　行政訴訟第2次改革の構想

行為と分けるほどの大きな違いがあるのか。行政行為が適法ならば効力を持って相手を拘束するのですが、違法なら取り消されて、遡って効力を失うので、その点では行政行為でない行為との間にそんなに大きな違いはない。このように考えると、行政訴訟で重要なのは行政行為の効力論ではなくて、法治国家論だと思う。そうすると、行政行為以外の訴訟類型で、行政指導とか通達とか計画とか行政立法などは直ちに国民を拘束する効力はないとしても、しかし、違法に行われたら国民に大きな影響を与えるので、これについて争えるかどうかは成熟性の問題だけだと思う。行政行為については争う成熟性は最初からあるので議論しないだけで、それ以外の行為については成熟性があればやはり同様に争わせるべきである。あとは違法かどうかがポイントで、そうすると、訴訟類型も本当はあれこれ作る必要はないし、作ったとしてもキャッチボールをなくすようにする必要がある。それで日弁連でも提案していただいた「是正訴訟」という、違法ならば是正する、是正の仕方は判決のときに種々工夫して相談して考えるという提案だったわけです（日弁連編『使える行政訴訟へ「是正訴訟」の提案』日本評論社、平成15年）。今回の改正は、そこまではなかなかいかなくて、訴訟類型は残ってしまったわけですが、でも、その訴訟類型の中のキャッチボール、これをなるべくなくすように、あるいは訴訟類型を間違えて救済されないということはなるべくないようにという方向では皆さんご同意いただいているのだろうと思います。

　そこの中の1つとして、取消訴訟のルートは拡大しない代わりに、処分でないものについては当事者訴訟を拡大するというメッセージが出されたことになっていて、しかも訴訟類型間の垣根も低くなってきたというので、是正訴訟の主張も実質的には一部認められたことになっているわけですが、当事者訴訟の確認の利益が、あるいは成熟性が次の重要な課題になってきて、これから議論する行政立法、通達、計画などではそれが問題になるのですが、それがどこまでいけるのか、あるいは仮の救済はどうすれば認められるのかというのが大きな課題だと思っています。これも本来は積残しです。

　そういうことも含めながら、次の改正の課題というか改正の積残しを議論する必要があるのですが、本日は今回の改革について多少不満ながら先に進めて、やり残された問題について理論的な根拠づけ、あるいはその内容を整理してこれからの政治課題に乗せる、そういうことをこれから議論したいと思っています。

二　行政裁量について

3　「行政裁量」と行訴法

阿部　では、最初に、行政裁量の論点を取り上げます。日弁連の方からは、行政事件訴訟法30条の規定は審査の基準を明確にしていないので、例えば合理性の基準、比例原則、代替案の検討などの司法審査の基準を法定するといったことが提案されています。

　私は最近、今までとは違った考え方を持つようになりました。従来の教科書だと、行政裁量というのは、法治国家の例外のような、役所は法律に縛られていないという発想を前提に、例外として裁量濫用があるという考え方をしているように見えます。最高裁（昭和52年12月20日民集31巻7号1101頁）のいわゆる神戸税関判決では、とにかく公務員の懲戒処分などは広範な事情を総合的に考慮してなされるものであるから、行政に任せるのでなければ到底適切な結果を期待することができないとして、行政に広い裁量権を認めているのですが、果たしてそういう考え方でいいのか。ちなみに従来、お医者さんには、治療方法の選択の裁量があるといわれていたのですが、今はいわない。医療過誤事件では、医者の方が「裁量の範囲だったから適法です」というのではなくて、診療契約上負っている最大限の診断と治療をする義務を果たしたかどうかというのが争点になっていると思います。要するに、原則自由という発想の裁量という概念は不適切ではないか。私が考えるに、行政の裁量というのは、立法者が将来のすべての場合を規律できないため、具体的な事案において最も適切な処置をとるようにと行政に命じているので、診療契約と同じではないか。言い換えれば、行政は立法者からの委託を誠実に処理する義務を負うのである。司法審査では裁判所がその行政活動をみずからやるという立場ではないのですが、行政がその委託された職務を誠実に果たしたかどうかというのを争点とすべきである。その考え方でいくと、裁量概念というのは誤解のもとであるから廃止して、行訴法30条では、むしろ行政は誠実に法律の趣旨を探求し、具体的事案において最も適切な処置をとったことの説明責任を負うという規定を置いて、まず説明責任を果たさせる。司法審査は、それが第三者から見て合理的かどうかという観点から審査すべきであると思っています。

　そういうふうにいうと、委任立法、違憲審査と同じかということになりますが、委任立法は法律の委任の範囲内で行うので、似ていると思うのですが、違憲審査は少し違って、法律は、憲法に基づいて作るのではなくて、憲法に違反しない範

二　行政裁量について

囲で、憲法の枠内で自由に作るものですね。法律は憲法に基づくものではない。だから、法律についてはより大きな自由の余地がある。その点で司法審査は及ばないところが出てくる。そのように考えていきますと、行政裁量と称するものに対する裁判所の審査というのは、従来よりだいぶ踏み込めるのですが、最近、世の中の流れも変わったのか、結構踏み込んできているのが多いと思います。いわゆる筋ジストロフィー障害児の普通高校入学の不合格について、「身体障害を理由に入学の道を閉ざすことは許されない」とした神戸地裁の平成4年3月13日の判決（判時1414号26頁）なども相当行政の裁量に立ち入っているように思いますが、徳島地裁は平成17年6月17日（判例自治270号48頁）に、障害児の就園に関して本邦初の仮の義務づけ決定を出しました。今回の行訴法改正で、義務づけ訴訟とともに、仮の義務づけの制度ができました（行訴法37条の5）ので、私も一番乗りでとりたかったのですが、徳島地裁では、昨年4月から入園したいところを断られたのが6月にその決定が出て、夏にはちゃんと入れるということになりました。これは「幼稚園の入園に関する事項については、学校教育法等に規定がないことなどからすれば、幼稚園長又は教育委員会は、公立幼稚園への入園申請を許可するか否かについて裁量権を有するというべきである。」としつつ、「当該幼児の心身の状況、その就園を困難とする事情の程度等の個別の事情を考慮して、その困難を克服する手段がないかどうかについて十分に検討を加えた上で、当該幼児の就園を許可するのが真に困難であるか否かについて、慎重に検討した上で柔軟に判断する必要があるというべきであり」と踏み込んで、裁判所がその子供が、その子供の学ぶ権利を十分重視して審理して仮の義務づけを認めました。従来なら裁量の範囲内といわれそうなものが、裁判所は丁寧に審査してくれた画期的なものと思います（さらに、吸引器によるたん吸引が必要な5歳の女児が市立保育園に入園できるように仮の義務づけが行われた。東京地決平18・1・25判時1931号10頁、その本案認容判決は、東京地判平成18・10・25判時1956号62頁判タ1233号117頁）。

　最近、計画や事業認定について新しい判例が出ていますのでちょっと紹介しますと、いわゆる日光太郎杉事件の東京高判（昭48・7・13行集24巻6＝7号533頁）はよく知られています。それに続いて札幌地裁（平9・3・27判時1598号33頁）のいわゆる二風谷判決も、アイヌの聖地であることを考慮しない事業認定は違法であるとしたものですが、そのほかに小田急訴訟の1審のいわゆる藤山判決（東京地判平13・10・3判時1764号3頁、判タ1074号91頁）もそうです。

　さらにごく最近、平成17年12月8日、いわゆる永源寺訴訟の大阪高裁判決がありまして、農水省が行っている土地改良法に基づくダム計画について、計画に

第三部　さらなる行政訴訟制度の改革について

基本的な重大な瑕疵があるとして取り消しました。

　平成17年10月20日の東京高裁判決（判例自治272号79頁）は、都市計画道路、将来、道路を拡張する予定になっているところについての建築不許可処分の取消訴訟で、もとになっている都市計画の拡張部分、道路幅を11mから17mに拡張しようという計画変更は、「基礎調査に客観性、実証性を欠くものであった」などとして都市計画決定自体を違法とし、それに基づく建築不許可処分を取り消しました。

　私が園部逸夫先生の古稀記念（「三行半上告棄却例文判決から見た司法改革」『憲法裁判と行政訴訟』（有斐閣、平成11年）505-541頁）に書かせてもらった事件を紹介します。広島で都市計画決定があって、原告は自分の家はその脇で都市計画道路に当たらないと思っていたら、道路工事がトントントンと我が家の方に向かってくる。我が家がこれにぶつけられるのはおかしいなといろいろ調べたら、都市計画決定どおりではなくて、買収の現場で間違って隣の土地を買って工事をしてしまっていた。それでおかしいではないかと文句を言ったら、今度は我が家が収用されるように都市計画変更されたという事案です。高裁で負けた後で意見書を書いてくれと頼まれてに出したのです。これは違法行為を後から糊塗する、ごまかすものだから、裁量なんていうものではない、裁量の範囲を明らかに超える、違法であるという主張をしたのですが、三行半で、およそ相手にされなかったのです（追記：阿部泰隆『最高裁不受理事件の諸相II』〔信山社、2011年〕所収）。僕としてはいかにもひどすぎると思ったのですが、今度の東京高裁の判決、それから永源寺訴訟の大阪高裁判決を見ると隔世の感があるし、この都市計画などという、あるいは土地改良法によるダム建設計画などという、普通に考えたら行政の裁量が非常に広いものについてまで裁判所が入ってきて取り消す。それは藤山判決だけではないというので、ああ、世の中変わったと感じます。

　熊本の川辺川ダム訴訟では福岡高裁（平15・5・16判時1839号23頁、判タ1134号109頁）は取消判決を下しましたが、ただ、それは裁量に立ち入ったのではなくて、農民の3分の2の同意が要るという要件が満たされていない、つまり、同意しない者が同意したことになっていたので違法だとして片づけただけです。今回のものはこの裁量にまで分け入っています。そうすると、この行訴法30条は、何とでも解釈できる規定だから、この規定はそのままでも同じだ、別に改正しなくてもいいという見方もあるでしょう。しかし、このようにじっくり事実を調べて、不合理な点がないかときちんと分析するという判決を見れば、行訴法30条はいかにも時代遅れで、裁量があって濫用なんていうわけのわからない条文ではなくて、やはり行政は、合理性、あるいは比例性、代替案の検討など、このよう

二　行政裁量について

なことを合理的に行わなければならない。そういうことについての重要な違反があれば、違法であるということがわかるような規定を置く方が実務としても非常にやりやすい。あるいは、現行法では当事者も何を主張していいかわかりにくい、手さぐりでやるということになるから、ルールをきちんと明確にした方がよいと思います。

このように、この30条の規定の改正のための理論的根拠の1つをお話ししたつもりですが、そのようにしたら、どこに抵抗勢力があるのか、もっといい案はないかと、お教えいただければ助かります。

4　「もんじゅ」最高裁判決の裁量論

高木　それでは第1の論点「裁量」というところで、阿部先生からかなり理論的に重要な指摘がありました。阿部先生は学者の中では頭が一番若いと自負されていますが、そのとおりだとまず感服いたしました。

確かに個々の条文というのは、古い伝統を引きずってようやく立法化されるというものがありますので、宿命的に時代おくれになりがちであるということはあると思います。行政事件訴訟法自体もそういう面がありましたし、今回の行政事件訴訟法の改正も、本当であればもっと早く認められるべきだったものがようやく入ったというものがかなり多いと思います。例えば義務づけ訴訟につきましても、それは早くから阿部先生が紹介されてきたものでありますし、ドイツでは1960年に既に明文で認められていた。戦後、議論して60年に認めた。ドイツがそうだったわけですけれども、日本はそれから延々と議論してようやく2004年で認めたということになりますので、恐らく現在、積残しされております30条の部分につきましても同じような問題があるだろうと思います。

ただ、今、阿部先生がご指摘になりましたように裁量の問題は裁判所がどういうスタンスをとるかということによってかなり機能が変わってきますので、最近の例のように大胆に裁判所が中身に入っていくということになりますと、それは30条がどう書かれていようと関係はないということもいえるわけでありまして、すべての領域がそうなんですけれども実際に使い勝手のいい条文であるかどうかという話と、それから裁判所がそれをどう使うか、そこの兼ね合いが問題になります。ですからこの改革論のところでは、恐らく後で出てきます行政立法とか計画についてはやはり制度を作らないとなかなか動かないということがありますので、私の感じでは立法論による解決がより必要な領域として行政立法と行政計画が挙げられますと、裁量の方はやや優先順位が落ちるのではないかというふう

第三部　さらなる行政訴訟制度の改革について

な印象を持っております。

斎藤　先ほどの阿部先生の裁量という概念にかわる考え方は非常に魅力的な考えです。それは行政を特別な主体として扱わずに１つの社会の主体として扱って、できるだけ民事訴訟に近づけていこうという考え方の発展とも私は阿部先生の説を拝聴したので、非常に魅力的な考えだと思います。今も高木先生がおっしゃったように、そういうお考えを基礎にして、魅力的な考えを基礎にして作られる条文が仮にどのようなものになろうとも、真面目に考えればいい結論にいくというところになるので、私は30条はそのように変えたらいいと思います。いずれにせよ、行政という大きな力を持っているところが力を発揮するときの限界の問題というのは、どのような理論であろうとも論じられなければならないので、中身をやりたいものだと思います。

それで阿部先生の報告に出ていなかった問題で、またお２人が日本でも最も得意とされている論点ですが、専門技術的判断という問題について議論したいと思います。この論点での裁判所の判断については、私は大変遺憾に思っております。また高木先生に教えていただこうと思いますけれども、例えば「もんじゅ」の判決は、この間の在外選挙権事件や小田急事件の原告適格での大法廷判決と同じ時期の裁判官が書いたのだろうかというような代物ですね。「もんじゅ」判決の裁量判断のキーワードは専門技術的判断だろうと思うのです。それで私のいつものやり方で最高裁ホームページの行政事件判例集で「専門技術的判断」というキーワードを入れて検索をしますと、21件の該当例がございます。それはご存じのように下級審ですから、その上に最高裁の幾つかを足しますと25件ぐらいです。もちろん判例としては全国にいっぱいあるのですけれど、最高裁がそれを選択収録しているのです。それを私は改めて読んでみて、伊方原発最高裁判決以前の専門技術的判断という用語法は４つありました。１つは、高度に政治的な事件や立法裁量に対して裁判所が判断を避けるときにこのワードを使用している。２つ目は、行政庁の裁量を広く認めるために使用している。第３は、この言葉を使うものの裁判所が判断代置をしている。第４は伊方判決につながる伊方の控訴審みたいな考え方です。伊方判決以後はもうほとんど、この用語を使われたときには裁量判断は行政庁に軍配を上げる、この用語を使えば、もうそれで終わりよというような使われ方をしている下級審が多いように思いました。

何を申し上げているかといいますと、原発に代表される大規模訴訟というのは今、阿部先生のご提起の裁量の立法から変えていくということも含めて、あそこにもう少し裁判所が真面目な判断ができるような基準を作らないとだめだと思うのです。あの巨大な、学者でもあれに評釈を書いているのは高木さんとか高橋さ

二　行政裁量について

んとか何人かしか本格的なものを書いていないぐらいな事件。阿部先生はもちろんもともと書いておられますけれども。数人ぐらいしかちゃんとやっていないというようなあの巨大訴訟の裁量論を、これからたくさんふえていくので、最大の論客の両先生に教えてもらおうと思って、私は今日はそれも楽しみにして来たのです。

高木　いわゆる原子力訴訟のところでキーワードとして出てくる「専門技術的裁量」というのが何物なのかということはまさに難問中の難問でして、今回の「もんじゅ」の差戻し後の最高裁の平成17年5月30日の判決についても今、私は民商法雑誌で評釈を書きかけているのですけれども（民商法雑誌133巻4・5号231頁）、読んでみてわかりにくい。斎藤さんが分析されましたように行政に広い裁量を認めている、そういうパターンと、そうではなくて実際には判断代置しているのだけれども行政と同じような実体的な判断を裁判所が持って、そういう形で行政判断を是認するときに使う専門技術性と、その2つあると思います。今回の「もんじゅ」の最高裁はどちらかというと後の方、判断代置的な感じがあるのですね。上告理由がそういう控訴審の技術論を反駁するような形でいろいろ書いていましたので、それを見て、その控訴審は間違っていると、そういう心証を最高裁が持ったのではないか。ただし、それは、住民側の弁護士が指摘していますように、最高裁が上告審としての任務を踏み越えて、第3ラウンドのそういう専門的な判断を自らしたのではないかと、そういう批判もあるということです。

ただ、このような原子力訴訟における裁量統制の問題を、この30条に何かつけ加えることによって解決できるかということになりますとかなり難しい問題があります。1つ考えられるのはいわゆる手続的な審査ですとか、判断過程の統制的なものを立法化するというアイデアがあろうかと思いますけれども、判断過程の統制というのもすべての領域について必ずこれがよいというものはありませんので、一般法で対応するのは少し難しい面があろうかという印象を持っております。

阿部先生、いかがでしょうか。

阿部　「もんじゅ」の最高裁判決は基本設計だけを審理するとした上で、しかも、その基本設計の範囲を非常に狭くとらえて、裁判所が審理すべからざる領域というのを広くとったと思えるのです。高裁でちゃんと審理できているのに、なぜ裁判所の審理範囲をあんなに狭くしないといけなかったかはよく理解できないのです。それから、もともと原発訴訟が伊方訴訟から始まったときに、役所は文書も提出しなかった。文書提出命令である程度、原発許可の審査過程の文書が出てきて、それでやっと土俵に乗りつつあったというわけです。今回の改正23条の2

で釈明の特例ができて、裁判所が被告に対して最初にちょっと釈明することができることになりました。これもまだ始まったばかりでどれだけ動いているのか不明ですが、私が神戸地裁で代理している訴訟では、とにかく裁判所はなかなか釈明してくれないし、被告は釈明に応じない。これでは土俵に上がらないので、裁量審査の前に、被告にその事件処理で必要としたものは基本的には提出して処分なりその行為の理由をきちんと説明するという義務を課せば、裁判所がみずから判断代置するのではなくて、「人のやったことだが、第三者から見てもおかしいね」と言えるかどうかというのを基準にしても、それなりにスムーズに早く審査できるのではないか。ただ、最後にわからなければ裁判所は責を負わないから「しようがない」ということだと思うけれど、それを裁量というかどうかですね。考え方としては、裁判所が行政を行うわけではないから、第三者として見て、行政が法律に従って誠実に職務を行っているかどうかをチェックしていく。そのために行政側に基本的事実の立証と法的な説明をさせる。そうすることにより、審理の土俵を整理していくという方が合理的な裁量審査ではないかという気はしているのですが。

斎藤 日弁連の行政訴訟法案も先生方の書いておられるのを勉強してやっているので、裁量統制の条文は阿部さんが最後におっしゃったような内容(「第35条　行政法規への事実の当てはめにおいて判断余地があるときは、行政主体は、是正訴訟において、その行政決定の前提となる事実、判断基準の合理性及び判断基準の事実への適用の合理性を主張立証しなければならない。2　前項において、判断基準が適法でなく、又は適正な判断基準への事実を行政機関等が適用する過程に法令の趣旨、目的、社会通念又は条理上、過誤・欠落がある場合には、裁判所はその行政決定が違法であると判断しなければならない」)になっています。

　私がむしろ両先生にこの際教えてほしいのは、今も出てきましたが、判断代置方式はこういう訴訟にはだめなんだというのが伊方最高裁判決で完全に定着しちゃって、先生方もそれに対しては異論をいっておられませんし、「もんじゅ」の原告弁護団たちもいっていないのですね。ところが私は伊方ももんじゅも判断代置を徹底しているわけではなく、むしろ判断代置はだめだというポーズをとりながら実は判断代置をしていると思います。高木先生の評釈とはちょっと違うのですけれど、「簡単なものは判断代置する。難しいものは専門のもので、今の基準とそれの適用について論じるしかないんだよ」と、こういうポーズとしての伊方式のところにメスを入れない限りはやっぱり大規模訴訟は基本的には勝てないと思っているのですけれど、そのあたりの教えをいただきたい。

　阿部 その辺の飲食店営業の許可ぐらいだと、衛生上問題があるかどうかにつ

二　行政裁量について

いては保健所長の判断に代えて裁判所みずからの判断を置きかえるといういわゆる判断代置方式でも問題はなさそうですが、高度に専門技術的なものだと、行政の組織としても専門家で構成する仕組みを置いて、アメリカ流であれば、そこでそれなりにヒアリングをやる代わりに、裁判所では全面的な審理はしないという発想ですよね。ただ、逆にドイツでは裁判所が、原発訴訟でもこれまた徹底した審理をするという方式が結構長く採られていましたので、さて、どちらがいいかということでもあるけれど。

　日本の裁判所の現状をどこまで前提にするかという問題もありますが、そもそも、今回の改正では、国を被告とする場合には原告の住所地の地裁ではなくて、原告住所地の高裁所在の地裁、全国8カ所と限定している。その理由は、「行政法に強い裁判官を全国の地裁に集めることは無理だ。8カ所にまとめよう」ということです。こんな現状は寒心に堪えない。それは当然打破すべきであり、司法試験に行政法を必修にして、裁判官が行政事件を担当する部に回るときは行政法の試験を受ける、その試験委員には弁護士も入れよといいたいぐらいのところですけれども、そこまでやったところで行政法の知識を取得できるだけで、こんな高級なことはなかなかわかりませんから、やはりその専門家が判断したことが公明正大であるかどうか、第三者から見てインチキなことをやっていない合理的な判断過程かどうかということを見ればいいのだろうという気はしているのです。裁判所が、この原発で事故を起こすとか起こさないとかいうことまで判断するのはちょっと無理と思う。ただ「もんじゅ」は、重大事故を起こし、危険極まりないのに、最高裁判決は、裁量とはちょっと別に、判断の対象となる基本計画を非常に狭くしてしまって、判断を回避したという点に問題があったのではないかという気がしているのです。

　高木　最初の床ライナーの件についてはまさに基本設計なのか詳細設計なのかという、そこの論点で高裁の判断を覆すということはわかるわけです。蒸気発生器の高温ラプチャの問題と、それからその3つ目の論点のいわゆる5項事象(液体金属冷却高速増殖炉の安全評価において、「事故」より更に発生頻度は低いが結果が重大であると想定される事象)というところはむしろ行政の判断に不合理な点はないからという形で破棄している、そういう問題はあろうかと思うのですね。

　それから先ほど斎藤さんがおっしゃった判断代置をすべきであるという、その発想はよくわかるわけです。ドイツも一時はそれをやっていたわけで、それは非常に魅力的ではあった。ただし、日本ではそこまで踏み込む説は少なくて、阿部先生も判断余地説的な立場、すなわち、広い裁量は否定する、しかし判断代置まではいかないので、その中間をとるという説をとられていたわけでして、結果的

にはドイツも後で軌道修正しましたので阿部説のあたりに落ち着いているということです。確かに比較法的に見ればアメリカとかフランスは非常に甘いわけですね、裁量を広く認めるということで。およそ原発訴訟の実体判断で住民が勝つなんていうことは考えていないようなことでやっているわけで、ドイツだけやや特殊だったと考えれば日本の現状もやむを得ないかなということです。あとは、そうしますときちんと手続を踏み、考慮すべきことは考慮してやったのかどうかという、そこはチェックすべきだろうというあたりが到達点であったわけです。今回の最高裁判決がそういう要請に本当にこたえているのかとなるとやや疑問で、そもそも行政に神戸税関がいっているような広い裁量があるという前提で判断しているようにも見えるし、他方で隠れた実体判断をして、これはもう十分安全なんだから、高裁はとんでもないといっているようにも読める。そういうちょっと妙な判決じゃないかと感じております。

5　行政裁量の濫用、原告適格、処分性

　斎藤　永源寺第二ダムの判決も読んでみたら、あの行政の判断というのは非常にいいかげんだったというのはわかりますよね。これは、伊方方式でも極めて明解に裁けると思うのですけど、それをもっと超えて、もっと複雑な「もんじゅ」のような事件では、裁判官は高木先生がおっしゃる鑑定書判決にならずに自分で裁けるのか。そもそも鑑定書判決という非難はいいのだろうか。というのは、裁判官は地代賃料は幾らにしたらいいかということでも、自分でやる人もいますけれども基本的には鑑定書でやりますよね。実際には鑑定書と判決はほとんど変わりません。だから鑑定書方式がいかんというのではなくて、鑑定書も見た上で裁判官は判断するわけです。永源寺第二ダムのようなケースを超えて「もんじゅ」に至る間のどれぐらいのところから、裁判官はもう基本的には自分では無理よ、自分で代替するのは無理よという判断があるのかの基準も明確でありません。そもそも伊方最高裁判決が不十分だったのだと今は思っています。伊方の原審までで争われていたことのひとつに原子力委員会若しくは原子炉安全専門審査会の公正性、審議手続の問題がありました。行政が独立、中立でない専門家機関に許可の判断を丸投げして、それを司法もチェックしなかったところに伊方判決群の限界があるので、専門的技術的判断の裁量統制は仕切り直しすべきだと思うのです。事故を起して停止されていたもんじゅ事件がその仕切り直しには最適例ではなかったかと思い残念でなりません。原子力問題で日本のように推進機関、それは当然チェック機関にはなり得ないのですから、そういう機関が専門機関という扱

二　行政裁量について

いを受ける国はないでしょうから。
　ただあまりそればかりいっても仕方ありませんね、将来の課題ですが。
　阿部　永源寺第二ダム訴訟の判決要旨ですと、ちゃんと調査すればダムの規模は少なくとも約10％以上大きくなることは明らかになるのですが、10％ぐらいだと誤差の範囲という気がするのだけれど、それに伴ってダムの総事業費が大幅に増大することになったというので、これも瑕疵の１つになっているのですね。だから、これがどの程度なら許容されるのか。
　斎藤　もうお読みのように、測量その他を全くしていないところから来ているから。それを２つ合わせているから、これはずさんですよね。
　阿部　なるほど、真面目に調査しなかったからということですね。
　斎藤　もんじゅと比べれば、永源寺訴訟はやりやすいでしょうね。ただ、初審は逆（原告敗訴）なのですから、簡単な事案だなどといっているわけではありません。
　高木　こういう比較的踏み込んで裁量をコントロールしている裁判所というのは、先ほど阿部先生がおっしゃったように行政庁が誠実に職務を遂行したかどうかという、そこに着目しているのではないかと思うんですね。ですから結論が怪しいという感触はもちろんだけれども、そうではなくてやり方がずさんであるということになると、それによって裁量乱用といえるという、そういう発想ではないかと思います。ですから方向としてはよい方向に向かっていると思います。
　阿部　小田急の藤山判決は、騒音が受忍限度を超えると、その事業自体違法だといいましたね。世の注目を浴びているわけですが、確かに違法行為を続けることを許して後で賠償だけというのは法治国家ではないわけですから、もっともだと私は思います。
　斎藤　今度の小田急事件大法廷判決（平17・12・7）の町田長官の意見がそうでしょう、補足意見。
　阿部　藤田宙靖判事と一緒の意見ですね。
　斎藤　ある司法関係の報道の人に聞くと、長官の補足意見というやり方は大きく判例を変えるときに過去にも使った手だということでした。定数是正訴訟なんかでやったということです。だから、あれが藤山さんのいっていること、あるいは今度の９条２項の４項目の考慮事項（「当該利益の内容及び性質を考慮するにあたつては、当該処分又は裁決がその根拠となる法令に違反してされた場合に害されることとなる利益の内容及び性質並びにこれらが害される態様及び程度をも勘案するものとする」）のことをいっているんですよね。
　阿部　あれは４項目目を使ったことになるのですか。

第三部　さらなる行政訴訟制度の改革について

　斎藤　私の理解ではそれのことをいっているんですよ、あれは、あの長官の意見は。

　阿部　原告適格の話に入ってしまいますが、水野武夫弁護士がそれを口頭弁論で主張していました。しかし、あの判決の文言だけを見ると、「法律上の利益」については従来の解釈どおりなんですよね、「『法律上の利益を有する者』とは、当該処分により自己の権利若しくは法律上保護された利益を侵害され、又は必然的に侵害されるおそれのある者をいうのであり」として、「必然的に侵害する」ことが必要という議論ですから。では、90％とか80％侵害されるときは争えないのか、おかしいじゃないか、9割9分殺される可能性があっても、1％殺されない可能性があれば警察が助けに来なくてよいなんて馬鹿な議論がどこにある？と私は日頃から思っているわけです。ここで、必然性をなぜ蓋然性と変えないのか。地域医療計画に反して病院を造ろうという者に対する「病院開設中止の勧告は、医療法上は当該勧告を受けた者が任意にこれに従うことを期待してされる行政指導として定められているけれども、当該勧告を受けた者に対し、これに従わない場合には、相当程度の確実さをもって、病院を開設しても保険医療機関の指定を受けることができなくなるという結果をもたらす」として勧告の処分性を認めたわけです（最判平17・7・15）。こちらは必然性を要求しないので、私は判決が矛盾していると思う。小田急最高裁判決は、それを2項の方の解釈で少し緩めてきたのですかね。

　斎藤　と思いますけれどね。

　阿部　そうすると裁量については解釈論でもかなりいけるから、今、立法しなくてもかなり進みそうだという感触はあるのだけれども、しかし、どうせやるなら明確にやった方がいいか、それとももう少し様子を見て、よりよい条文が練れるまで待った方がいいかということはあるのかと思いますが、どういうものでしょうかね。

　原発訴訟では確かに原告は勝ってはいないけれども、とにかく原告があれだけやっているから原発の安全性が飛躍的に高まったのですね。私は、「もんじゅ」だとあれだけの大事故を起こしているのだから、原告を勝たしたままでよかったのじゃないかという気持ちを持っています。裁量の点では、第三者から見て大事故を起こすリスクが払拭されていなければ、とりあえず取り消してやり直させればいいと思う。被告が勝ったので、安心してまた事故を起こすのではないかと心配です〔追記：ここで、もんじゅでも、最高裁が違法判決を下しておけば、原発の見直し機運ができて、地震・津波対策も見直され、福島原発事故を防げたかもしれない〕。

　　　　　　二　行政裁量について

斎藤　それはそうでしょうね。

阿部　反対する人がいないとみんな怠慢になって、多分、事故を起こしたのじゃないか。原告は、形式上は勝訴していないけれど、ものすごい貢献だと思いますよ。私も、おかげで反射的利益で生きてきていられるのじゃないかという気もしますしね（笑）。

　普通の原発については、日本のものについては、やはりまだ取り消すというほどの大きな違法事由というのは見つかっていないのでしょう。

斎藤　そう書いておられましたね。高橋滋さんだったか、書いておられましたね（追記　高橋滋教授の議論について斎藤浩編『原発の安全と行政・司法・学界の責任』（法律文化社・2013年）で批判した）。

6　リスクアセスメント

阿部　話が飛んで恐縮ですが、私の地元の神戸空港では、きのうもテレビでやっていましたが、神戸は山と海の間に小型機がたくさん通る。六甲おろしで危ないから海の方を飛びたいのだが、海の方に神戸空港ができたものだから、小型機は神戸空港と山の間の狭いところを通らなきゃいけない。「危ない、危ない」とパイロットが言っていました。これは魔の交差点に近いが、立体的なものでもっと危ない。しかし、それでも飛行機が何回か落ちないと、設置許可に瑕疵があるとはいってくれないでしょうね。そういうものも裁量濫用だというか、合理的判断をしていない、だからもう1回これを考え直せということがいえるかどうかですが、そういうときはどういう考え方をすればいいのでしょうか。

斎藤　今日は最高の理論家が2人おられるので、要するに小さいところから大きいところまで共通に適用される裁量統制基準を作るか、場合に分けての基準を作るか、そのあたりのけじめをつけて、その理論を作ってもらいたい。加えてその場合の行政統制には裁判がいいのか何か別なやり方がいいのか、というような議論をしてもらったら納得するのですけれどね。

阿部　なるほど。しかし、今はその答えが浮かばないので、次の例を考えてみます。神戸空港の場合だと、空港に小型機が通る道を造るが、その道が非常に狭くて、ぶつかりやすくしたのは違法であるかどうかという判断を裁判所が正面からするのではなくて、そういう問題があるから、これはしかるべき専門家と住民が入る委員会を作ってちゃんと議論して、世間に発表して、筋が通ったものか、考えられるリスクを合理的にすべて回避するような仕組みを作ったかどうかというように、多少間接的に審理するというのが合理的なやり方ではないかと。

斎藤　それは何に入れるのですか、行政手続法かなんかに入れるのですかね、実体法ですか。

　阿部　この場合は空港設置許可手続ですが、そこに公聴会については中途半端だけれども規定があります（航空法39条2項）。これは重大な安全性が託されている問題だから、公聴会の仕組みの裁量に、安全性を確保するという観点から制約があるのだと読み込む。ただ裁判所がこのぐらいの安全性の基準がいるという積極的な判断はしないで、安全性により踏み込んだ合意形成手続をとれとか、その点で寄せられた疑問に十分に答えているかを審理するという法創造ですね。

　斎藤　それは実体法に入れるのですか。

　阿部　行政手続法の中でも、今までのように不利益処分の相手だけじゃなくて、広く社会の合意形成を図るような行政手続を義務づけるということになります。裁判所が「こんな危ないと心配されるものについては、空港を造るなとはいわないけれども、もう1回丁寧に検討してこい」というような判例なら、アメリカだったら作りそうなものじゃないかという気はします。日本でもそうあってほしいが、立法化で道を開く方が確実ですね。

　高木　そういう環境アセスメントだけじゃなくて、リスクアセスメントもきちんとやらなくてはいけない。やらないで進めようとしているときにはとりあえずとめる、多分アメリカならそういう発想になると思うんですね。日本式にいくとすれば、いろんな手順を踏んで、代替案も考慮してからじゃないとそういう決定をしてはいけないという法律を作り出せば、そういう手続を踏まずにやった決定はとりあえず違法になっていくから取り消される。そうなったら行政庁がやり直すということになるのでしょうかね。

　阿部　日本でもそうした法創造を裁判所にも試みてもらいたいのです。昭和46年の最高裁個人タクシー事件など、以前はそういう法創造をしていたのですよ。

　高木　またそれは、裁判所サイドからすれば、そういうのはきちんと手続立法してほしい、立法的に解決してほしいと、こういうのでしょうね。

　阿部　そうすると、次の計画に対する訴訟の話になってくるのですね。

　斎藤　そうそう、つながっていきますね。

　高木　ですから多数の人の利害にかかわるものについては、まずはそういう仕組みを作って、それに応じてその行政庁が誠実に決定したかどうかを裁判所が後から見ると、これが一応合理的な役割分担だろうということになりそうですね。

　斎藤　それではこの項の最後に、日弁連行政訴訟法案の発表のあと考え、今日の議論もお聞きしての私の裁量統制の立法論を申し上げます。日弁連行政訴訟法案の第35条はさきほど申し上げたような内容になっています。そこで、これは

維持しながら、さきほど申し上げた専門技術的判断の部分の統制のために3項を追加したいと思うのです。それは「3　前項の法令の趣旨、目的を判断するにあたっては、行政主体が行政決定をするにあたり専門家または専門機関に関与させる場合には、当該専門家または専門機関の当該行政主体からの権限、人事および財務上の独立性を審査するものとする。」というようなものです。

阿部　なるほど、これが先ほどの問題提起ですね。専門家といっても、独立していなければ、耐震偽装の元建築士みたいに、仕事を取るために「弱い自分がいた」ということになります。その意味でも、立法的な解決が必要ですね。

三　行政立法・行政計画に対する行政手続・争訟手続の整備

7　計画に対する救済手続と確認訴訟の活用可能性

阿部　次に、「行政立法・行政計画に対する行政手続・争訟手続の整備」という項目が挙げられています。今も既に話題になりましたが、日弁連の方からも新しい訴訟制度を整備して、あわせてその前段階として行政手続及び参加手続、不服申立手続を整備するということになっています。

実は国土交通省関係でこのような「計画に対する訴訟の仕組み」が検討中ですね。ところが、表に出されていない。表に出たときにはもう案がまとまっていましたといって、意見をいわせてもらえないか、いっても相手にされないということでは、そもそもが、その案の作成手続に関する訴訟を起こしたいという話になりかねない。普通の審議会では、会議の公開、議事録公開時代ですから、案も見せないというような非民主的なやり方でいいのか。私は非常に不満です。

これについてもいろいろな角度から議論されるでしょう。従来の取消訴訟、あるいは今回の当事者訴訟でいける範囲というのもあるし、足りないところを立法化するかというような話もあります。それでとりあえず思いついたことですが、まずマスタープランのたぐいは内容が拘束的ではない。将来の国の目標という程度のものだから、訴訟にはなじまないと一般的には考えられます。権利義務を左右する計画、例えば都市計画は、広いまちづくりとはいえ、個人の土地利用を制限します。土地区画整理事業計画も同様です。最高裁判例（昭41・2・23民集20巻2号271頁）は処分ではないといっていますが、これは、訴訟には適すると考えるべきではないか。これは、権利制約は付随的といっていますが、それは詭弁だという気がしています。法的判断も可能だし、違法な権利制限はやめさせる必要がある。解釈論でこれを処分とすべきだとも思いますが、ただ、処分とした場合にはうまくいかないところもいろいろあるということです（追記：その後最大

第三部　さらなる行政訴訟制度の改革について

判平成22・9・10民集62巻8号2029頁がその処分性を認めたことは周知の通りである）。

　多くの人に関係があるものは、1人ひとりが争うのでは必ずしも適切な解決が行われるわけではない。それで立法的な対応が望ましいのですが、ある特定の人についてだけかかわる場合はその人についてだけ取り消されるというのでいい。一般的な理由によって取り消されるとか違法判断がなされる場合は画一的に効力を生ずるようにする代わりに出訴期間をおいて、対世効を認めて、別訴禁止で敗訴の場合に再び訴えることはできないし、他の住民も訴えることはできない。それは地元に公示する、というのがとりあえず普通にいわれる改革案だと思うのですが、ものによっていろいろ違ったりしてしまう。

　例えば、都市計画の用途地域の指定替えですと、宇都宮地裁であった例（宇都宮地判昭50・10・14判時796号31頁、判タ334号130頁）ですが、指定替えを処分とし、住民に原告適格を認めた上、住民の意思及びその既得利益に対する正当な配慮がされたとは認められず、信義則に反するやり方でされたものであるとして違法としました。もっとも、東京高判昭53・4・11行集29巻4号499頁、判時886号12頁、判タ361号133頁は、住民は知事のした準工業地域指定処分の取消しを求める訴の利益を有しないとしたのですが、処分性、原告適格が緩和されていますから、今後はこの地裁判決のような判例が出てくることが期待されます。そして、住居地域が準工業地域に変えられて工場が進出してくるとき、自分たちのところは純粋な良い住宅街のまま残したいという住民が、自分の家だけ住居地域に戻してもらっても何の意味もないので、すべて戻せという取消訴訟でなければならない。対世効がなければいけない。しかも、それを忘れたころにやったら、進出した工場も困るし、というので、それは早期にやらなければいけない。だから計画を立てるときに住民参加を行って、あとは訴訟をすぐ起こして、さっさと解決する。後の段階ではもはや違法性の承継はないという制度を作るしかないのだと思います。そうすると、行政側も助かります。

　でも小田急訴訟のような例で、自分の土地が収用予定地に入っているという場合、自分の土地だけ抜いてもらえばいいわけです。むしろ収用対象になったらうれしいという人もいますから、これは都市計画決定が取り消されてもほかの人には関係ないというのだったら、これは都市計画決定取消訴訟ではなくて、自分の家は都市計画決定区域に入っていないということの確認訴訟でもいいかという気もするのです。ただ、その確認訴訟に仮の救済がなければ、やはり都市計画取消訴訟と執行停止というのが欲しいと思のです。私は「確認訴訟があるから」とだけいわれても不満なのです。

　都市計画道路についてある人だけ建物を建ててもよろしいという趣旨の判決が

出た（東京高判平成17・10・20）ということを先にお話ししましたが、そうすると、結局そこの道路は非常に作りにくいことになります。それでも売りたい人がいるかもしれないので、これは対世効を認めないでいいことになるのでしょうか

　審理が進んでも、事情判決の問題も起きるので、こういうのは仮の救済をやって、そこでもう終わりというような制度を作ることはできないのか、少なくとも、1審でもう終わりという制度を作ることはできないのか。憲法違反と言われないようにするためには百日裁判の規定でも置くしかないかもしれませんが。本案の話になりますと、さっきの裁量の問題ですが、被告は自分の処分の根拠となるものを速やかに提出して、さっさと審理を終わるという仕掛けを同時に作っておかなければいけないという気がします。

　このように、種々問題があり、現行法のままでは、かえって行政側も困る事態が起きるので、早急に立法化したほうがいいと思います。

斎藤　どこからいってもいいのですけれど、確認訴訟で一定の効果があるのかというのは中川丈久さんなどに盛んに言っていただいて、僕らは賛成と言っているのですけど、大体理論的な決着は図られているのですかね。成熟性があればいいということになるのですよね、結局は。訴えの利益というか、確認の利益というか。

阿部　そうでしょう。「確認の利益は、判決をもって法律関係等の存否を確定することが、その法律関係等に関する法律上の紛争を解決し、当事者の法律上の地位ないし利益が害される危険を除去するために必要、適切である場合に認められる」（最2小判平16・12・24平成14年（受）第1244号総会決議不存在確認請求事件）とされています。

斎藤　そうですよね。だったら今、苦労している、例えば区画整理が一番かたいのかもしれませんけれど、区画整理なんかの最初の方の段階でも確認訴訟の成熟性とか確認の利益はあるということになりますかね。

阿部　土地区画整理事業計画で決めることと仮換地処分で決めることはずれていますね。土地区画整理事業計画では、区画整理の区域と事業費と減歩率、主要幹線道路、公園は決まりますね。自分の土地がどこに行くかは仮換地処分で決まります。事業計画の段階で自分の権利に影響が大きいものであればというか、影響があれば確認の利益はあると思いますが、一番典型的なのは、区画整理の区域内に入れられるべきでないのに入れられてしまう例です。悪い業者がやるのだそうですけれど、山を開発するとき、道路を造って町の中を通さなければならないが、町は密集市街地であって道路用地を買い取ることは無理である。それで、その密集市街地まで含めて広い土地で組合区画整理を計画する。それで3分の2の

同意があれば組合は設立できて、これは公共組合で強制団体だから、権力団体だからといって、みんなから受益者負担金まで取って市街地の中に道路を造る。そうすると山の方のニュータウンは非常に便利になって値打ちが上がる。要するに自分が入りたくないのに合理的な根拠もなく区画整理に入れられたという場合であれば、仮換地の段階で争うというのは何の意味もないわけで、事業計画の段階で争わせたい。その次に事業計画取消しでも、違法の確認でも私は同じことだと思うけれども、取消しだったら従来の発想では恐らく対世効ですが、当事者訴訟でいけば訴えた人だけが外れるので、訴えた人の土地だけ区画整理から外して区画整理を進める。それで事業ができると思ったらやってください、できないと思ったらやめなさいというだけの話になるのですね。

そうすると、訴えない人は、権利の上で眠っているのだから放っておけという議論と、こんな訴訟をやるのは大変な負担ですから、訴訟を起こさないからといって権利の上で寝ているほどではないのだと思えば、その場合の区画整理の計画案がこの人との関係で違法だという特殊事情ではなくて一般的に違法であるということであれば、ほかの人との関係でも、区画整理賛成の人も含めて全部とりあえず違法になって、あとはもう1回計画を作り直すというのが筋ではないか。今回、当事者訴訟を使えますよというメッセージは出ていますが、だからといって処分性の範囲をここで制限することはなくて、処分で争うという道も広げておいて、多面的なやり方をこれから工夫していくべきです。それに、当事者訴訟は、判決の効力は当事者間だけだし、仮の救済もなく、欠陥制度ですから。

とにかくこの改正法でもまだまだ不十分で、混乱するだけなので、立法化が必要ですね。

計画といいましたが、行政立法も、通達なんかも一緒にして議論しましょうか。

斎藤 そうしましょう。ただ、今のところですけど私が申し上げたいのは、取消訴訟、処分性の拡大の視点をやめようということではないのです。判例で、土地区画整理組合設立認可（最判昭60・12・17民集39巻8号1821頁）、土地改良事業認可（最判昭61・2・13民集40巻1号1頁）、第2種市街地再開発計画認可（最判平4・11・26民集46巻8号2658頁）、第一種市街地再開発計画決定（福岡高判平5・6・29行集44巻6＝7号514頁）の処分性を認めている状況からすれば、処分性をそろそろ認める大法廷判決を出せばいいと思うのです。その大法廷判決が出る前には、今回の確認訴訟ツールを積極的に活用することが必要だと考えているわけです。

8 通達と確認訴訟の可能性

阿部 通達の取消訴訟については、従来、通達自体は対外的な法的拘束力を持たないから取り消す対象にはならないとされてきて、通達に基づく具体的な処分を争えということになっているわけですが、通達も実際上は大きな影響があって、間に何か争うものがない場合は通達を争うしかないというので、いわゆる計算尺の判例（東京地判昭46・11・8行集22巻11＝12号1785頁）がありますね。墓地埋葬法の正当な理由がなければ埋葬は拒めないという制度の下で、異教徒の埋葬は拒めないという通達が出て、後で墓地経営の許可の取消しとか刑事訴訟で争わせるのは非常にきついから、通達を争わせようかというときに、通達は処分でない（最判昭43・12・24民集22巻13号3147頁）というのなら、通達の違法確認訴訟を認めるべきだということになってきました。そのときに問題は確認の利益ですが、私は後で争わせるのは苦難を強いると考えると、この段階で争わせるだけの成熟性があるというか、必要性が十分あるということになる。これは高木説でも当事者訴訟でいけるという説明ですよね。

高木 そうですね。中川さんがいろいろ細かく分析されたように、理論的には確認訴訟でかなりの部分が一応カバーできて、権利救済の漏れはとりあえず当人にとってはなくなるという段階まで来たと思うのです。ただし、それでは問題はやっぱり解決されていなくて、特に計画などの場合にはそこのレジュメにありますが集合的決定とか、あるいはそういう問題がありますので、単に当事者訴訟の活用ができるからということではないと思うのです。本来個別の処分は確かに個別の人が争えばよいし、個別のその他の行為はまた取消訴訟以外の別の訴訟で争えばとりあえずいいというわけですけれども、そうでないものについてはやはり別の仕組みが必要だということです。要するに今回の改正はとりあえず、悪くいえば一時しのぎ的なものですから、きちんとそういう利益状況に応じた仕組みを作り、そしてそれをコントロールするための適切な訴訟を作るのがやっぱり大事だと思います。都市計画についてはもう既にいろいろ議論されていますように、1人だけ争って、その人だけ勝てばいいというものではないというのが典型的に現れるケースだと思います。

それから国土交通省で検討しているということですけれども、これは確かにこのままでは確認訴訟でズタズタにされるのではないかという恐怖心がまずあって、そこで当局としても受け入れやすいような形で何とか軟着陸できないかということで多分内部で検討されているのではないかと思います。外部の方にその案が全然見えないというのはちょっと困ったことですね。

第三部　さらなる行政訴訟制度の改革について

斎藤　昔帰りになったら困ります。昔はかなり秘密っぽいやりかたの研究会がありましたが、今は何らかの方法で公にして進めないと正当性を持ちませんし、変に疑われてせっかく真面目にやろうとしていてもそのような目で見られるのは参加している学者にとっても片腹痛いことでしょう。国土交通省の検討は全然漏れてもきていないのですか。

阿部　多少聞こえてはいますが。行政法研究フォーラムでも報告してもらおうと思ったのですが、実現しなかったのです。

斎藤　大体の方向、どんなことを考えたかは教えてほしいものです。

阿部　私が昔書いた『行政訴訟改革論』（有斐閣、平成5年）の中で、「相対的行政処分」を提唱しましたが、そこで論じているものを参考にはしているみたいではあります。あれは解釈論でやっているけれど、今回は立法で、とにかく基本的には、計画はその段階で争わせて、出訴期間をつけて、後ではもう争わせない、違法性の承継はないということらしいですが。多分、対世効を認めて（追記：その後、大橋洋一「都市計画争訟制度の発展可能性」新都市63巻8号、2009年、同「都市計画の法的性格」自治研究86巻8号、2010年）。

高木　おそらく計画自体を訴訟との関係で処分というのはかなり苦しいので、まず異議の申出のようなものをさせて、裁決をかませる。そしてその裁決の取消訴訟という形にすれば自然に乗るだろうと、こういうアイデアのようですね。特殊法人の情報公開のときにも何かそんなアイデアがありましたけれども、確かに1つのアイデアとしてはあり得る選択肢だと思うのです。

阿部　さらに、作ったときはそれなりにその地域にふさわしいのだが、世の中が変わってこの地域におよそふさわしくない計画について失効確認訴訟というのが考えられます。先の土地区画整理事業計画に関する大法廷判決（昭41・2・23民集20巻2号271頁）があった事案はその適例です。

高木　高円寺の事例ですね。

阿部　はい、最高裁は、事業計画が進んでから、仮換地処分を争えばいいというのですけれど、あれは権利が制限されているまま、仮換地処分に進まないから不満だと争っている例です。最高裁は全然事実を見ていない、ピントが外れている。そこで、事業計画の失効確認訴訟、後発的違法確認という形で争えば問題がよりクリアでということだったのですね。

それで、事業計画について最初に争え、あとは争えないと決めても、失効したらまた別ですよというルールを作っておかなければいけないのですね。今、東京でも大阪でも都市計画道路がたくさんあって、大震災が来て焼け野原になってもとても道路を造ることは無理といわれているわけですね。だから、もう諦めたと

三　行政立法・行政計画に対する行政手続・争訟手続の整備

ころは都市計画決定を取り消して家を建てさせたらいいのだけど、そのまま放ってある。そうすると、それについて補償請求訴訟を起こしたいところで、この前、最高裁の藤田さんが、田舎ならともかく都会だったら補償をもらえるかもしれないという趣旨のことを書いていましたね（最三小判平17・11・1判時1928号25頁、判タ1206号168頁）。あと都市計画決定の失効確認訴訟をやりたい。そのときに1人だけではとても採算が合わないから、みんなその同類の人が集まって、まとまって訴訟を起こしたいというのが戦略です（阿部泰隆『対：行政の戦略法務』（中央経済社、2007年）173頁以下）。

　これは、応用問題ですが、最高裁判決（平16・10・15民集58巻7号1802頁、判時1876号3頁）で、水俣病の認定を受けていない人でも、認定基準に合わなくても、水銀中毒であれば損害賠償はとれることになりました。だから水俣病の認定を受けた患者と、認定を受けていないが水俣病の被害を受けている患者との2種類がある、それはおかしい、賠償金をとれる人には水俣病の認定をすべきだと主張されています。これに対して、それを妨げているのが環境省の昭和52年判断条件というもので、いろんな症状が組み合わさらないとだめで、1つだけでは水俣病と認定してやらないという基準なのですね。この判断条件は環境省から熊本県知事への通達なのですが、その違法確認訴訟を当事者訴訟でやりたい。元を絶てばいい。そして今、熊本県がその52年判断条件によって判断するはずだが、委員が皆辞めちゃって、動かない。52年判断条件が違法となれば熊本の委員会も動くのではないか。そういう確認訴訟というのは too remote なのか。要するに認定申請を拒否されてから争えというのが本来の筋だが、なかなか進まないから。

　あともうちょっと細かいことをいうと、熊本の人たちはそれでもいいかもしれないが、関西にいる水俣病訴訟の被害者たちは熊本まで行って訴訟をやるにはコストがかかる、大阪でやりたい。それで今度の行訴法改正を使いたい。国を相手の訴訟も大阪地裁でやれるから、国を相手にこの52年判断条件の違法確認訴訟を大阪地裁でやって、勝てば熊本に認定申請を出せば黙って通ると、こういう仕かけをやりたいと思っているのだけれど、これについては通達に対する訴訟だけれど当事者訴訟としてやったら成熟性ありといってくれるか、まだないといわれるか。最近、判例は処分性を結構広く認めているし、原告適格も広げているから、確認の利益もちょっと緩めるべきではないか。50年も水俣病患者が法的に救済されないのは司法の怠慢のせいだから、裁判所は少し責を負って、さっさとこれを助けてくれということをいったらどうかと思いますが。

　高木　私はそういう行為を直接にたたく、そういう当事者訴訟が認められれば

よいなと思っているのですけれども、在外邦人の選挙権の判決を見ますと、やはり何か権利義務に引き直せるときはそちらの方に法律構成した方がよいというのがどうも最高裁のメッセージのようですから、そうすると、今の例ですと、水俣の古い基準が違法であることの確認というのではなくて、新しい最高裁の基準に従って認定を受けるべき地位があることの確認とか、何かそういうふうに持っていった方がいいかもしれませんね。

阿部 では、昭和46年判断条件に基づいて認定を受けることができる地位の確認ということですね。この辺ももっと明確な規定がほしいところです。

髙木 そんな感じになりますかね。同じようなことを法律構成が変わるだけですけれども、いずれにしても救済しなくてはいけないというふうに裁判官のスタンスが変われば何かしら解決が出てくるということなのでしょうね。

9 処分性の肯定と公定力、違法性の承継

阿部 この計画のたぐいで有名なものとして、昭和40年代、医療費値上げの職権告示に関する東京地裁の決定（昭40・4・22行集16巻4号708頁）がありますね。医療費値上げを中央医療審議会にかけるはずが、もめたから大臣が職権で値上げした。それを医療機関が争った。これも一種の計画に対する訴訟ですよね。あの決定は個別効力説で、争わない人は権利の上に眠っているから関係ないといったけれど、処分性は認めた。それなら、処分の取消訴訟で済みそうなもので、計画に対する訴訟をわざわざ作る必要はないのか、あの判例を発展させればいいのか、やっぱり少し工夫をしてあげたらいいのか、立法的な解決の方がいいのかという議論が出ますが、立法化しないと、議論百出で混乱しますね。

髙木 ですから多数人にかかわる決定については、ただ争えなくちゃいけないだろうしということなんですけれども、逆に何度も何度もばらばらに訴訟に乗ってくるということでは制度としてあまりよくないので、どこかで集中的に決める。逆に出訴期間的なものがあるとか、そういう仕組みはやっぱり工夫する必要があると思います。

阿部 あのときにさんざん議論になったのは、取消訴訟の対象にすると不可争力がついて、個別訴訟で争えないのではないか、それはかえって原告に不利ではないかという点でした。保険医療機関の指定に先行する病院開設の許可のときの減床勧告の処分性を認めるに際し、最高裁平成17年10月25日第三小法廷判決で、藤田宙靖判事が、勧告を「取消訴訟の対象とする以上は、この行為を取消訴訟外において争うことはやはりできないものというべきであって、こうした取消訴訟

三　行政立法・行政計画に対する行政手続・争訟手続の整備

の排他的管轄に伴う遮断効は（これを公定力の名で呼ぶか否かはともかく）否定できないものというべきである。」といっていましたね。

　同趣旨の判決は幾つかあって、第三小法廷にかかって、藤田さんの番に来たときに藤田さんがそういう意見を述べているのですけれど、私はこれには基本的に賛成できないのです。というのは、訴訟で争うことはできるというのと、争わなければいけないというのとは、普通の法律家はすぐ一緒にしてしまうけれども、争うことができるといったからといって当然、争う負担を負わなきゃいけないかとは別です。そんな too remote なものを、争うチャンスを与えてもらったからといって、みんな争わなきゃ失権するというのは非常にきついのです。しかも、それを争うことができるとあらかじめ明示されているわけではない。藤田宙靖判事は、「この勧告につき処分性が認められることになれば、今後は、通常の場合、当事者において、まずはその取消訴訟を通じて問題の解決が図られることになるものと予想される外、必要に応じ、行政事件訴訟法46条に定める行政庁の教示義務、出訴期間等徒過についての『正当な理由』条項（同法14条1項及び2項における各ただし書を参照）等の活用がなされることにより、対処することが可能であると考えられる。」としていますが、取消訴訟を起こす負担がとても重いので、通常の場合にそのようになるかも疑問であるが、教示義務違反は、救済方法の間違いを当然には救済しないし、「正当の理由」が認められるかどうかは不確定です。そんな法制度は不明確ですから、それで救済のルールを固定してはならない。それはプラス・アルファと思っているのです。

　事業認定の違法性が収用裁決に承継されるかという議論でも、従来は事業認定の取消訴訟を起こさないで収用裁決の段階で収用委員会相手の取消訴訟でも事業認定の違法性を主張することはできるとしていました。私は、事業認定取消訴訟を起こせますとなったからといって、この地域の人たちがみんな取消訴訟を起こさなければ失権する負担を負うというのは非常にきつい。事業認定があったからといって当然収用されるわけではないし、話合いをして補償金が高かったらそれで終わりだし、補償金が安い、事業もおかしいということになってぎりぎりのところでごく少数の人が争うわけでしょうから。

　そして、役所の方は親方日の丸ですが、庶民が大国土交通省なり都道府県を相手に訴訟を起こすなどというのは「ネズミがライオンに挑む」ようなもので、そうしなかったら失権するという議論はおかしい。だから違法性の承継なしという制度を作る前に、その段階でみんなが負担がなく、まとまって訴訟を起こしやすい制度を同時に仕組んでいなければならないと私は思っているのです。違法性承継なしの方がすっきりするのだけれど、そのためには、事業認定を事前にちゃん

と1人ひとりに告知して、かつ集団訴訟を認めて、1人当たりの負担を軽くすべきです。今回は、出訴期間を6カ月に延長しましたが、それでも集団訴訟を起こすには住民が団結して弁護士に頼んでというのは大変な話で、期間を相当緩めて、かつ費用もそれこそ1人ひとりの負担が安くなるようにクラスアクションでも作って、この指にとまらなかったものは後で損するといった制度を同時に作らないとうまく動かないのじゃないかという気もするのです。そこまで来るとまたもう1つ大変な話ですが、さしあたりは、とにかく違法性の承継を遮断するようにしないと行政も困りますから、そのための手当だけでも立法化すべきですね。

10　計画と行政手続法

斎藤　計画も立法も2つあって、まず行政手続法にどんなものを入れたら有効かという問題で、計画は非常に広いものですから、例えば都市計画法だったら公聴会から始まって、縦覧とか、それからいろいろ審議会の問題とかちゃんと定められているけれど、そうでない計画もいっぱいあるわけで、まず行政手続法に入れるのはどんな内容か。入れる可否の問題と、内容はどんなものか。次にそれがまだ入っていない段階では、訴訟形態としてはどんなものでやるのか、そして行政手続法に新しい手続が入ったらそれを受けてどんな訴訟形態を考えるのかという段階があると思うのです。今、議論されている国土交通省のものは行政手続法にまだ入っていない段階で、今の状態のままで何か争わせる方法を考えるというようなことなのですか。

髙木　恐らく都市計画法の改正で対応しようということですから、その中にまず手続規定を整備し、そしてその行政上の不服申立てというのですか、そういうものを作り、そしてそれを訴訟につなげると、そういうアイデアではないかと思うのです。

斎藤　一般的計画としてはずっと広げてもらうと、行政手続法の中での定めるべき計画に関する規定というのはどんなことが今考えられますか。

髙木　行政手続法というのは省庁横断的な一般法ですから、そこに置く場合にはその対象となる計画のカタログを別表かなんかで置いてという、そういう技術が必要になるかと思うのです。恐らくそれをやるにはまだ熟していないというのですか、検討が熟していないという認識ではないかと推測します。だから国土交通省は、まずは自分のところでできるものを練る。それがもしできれば、それに合わせて似たような状況にあるところはまた作っていく。それがそろえば行く行くは一般法に入ってくると、こういった順番になるのではないでしょうか。

斎藤　じゃあ、都市計画法の今の手続規定に加えて、さらに検討されているかもしれない手続規定というのはどんなものがあり得るのでしょうか。都市計画法は、先ほど申し上げたように意外とここを書いていますよね。

高木　恐らくその都市計画決定に対して異議の申立てのようなものを置くのだと思います。

斎藤　先ほどのお話しですね。なるほど。その場合は、不服申立て前置と考えると、原処分主義との関係も見直さないと裁判手続としては機能しないのではないでしょうか。

阿部　さきほど私が申し上げたところですが、住居地域が準工業地域に変更されたものを取り消して、もとに戻せという訴えでは、住民に原告適格があるかという問題もあるので、それを肯定するようにしくみを作るべきです。

高木　その主観訴訟の制度でどこまでカバーできるかということですよね。この立法とか計画に関するものをどういうふうに仕組むかということで、主観訴訟の延長で考えるのか、それとも思い切って独自の法律によって作られた仕組みだというふうにするかという、そこが多分まだ今までの検討でははっきりしていなかったところで、亘理格さんの発想だと客観訴訟的な要素も含めて制度設計すべきだということだったかと思います（亘理格「行政訴訟の理念と目的」ジュリスト1234号8頁）。

阿部　亘理さんは客観訴訟というか、集団的な利益としていますね。

高木　集団的利益については、それに即した制度を作るべきだと。

阿部　私も後で、1人ひとりの利益は非常に薄いけれど、集めれば結構大きくなるというものについて争えるようにという提案をしますが。

高木　団体訴訟の議論ともまた関連してくると。

11　制度を整備する方が行政にも得

阿部　はい。一体こんな制度を作る必要があるかどうか、いろいろ議論があるからやめようと言われそうですが、そうではないと思います。計画の段階で争えなければ後の具体的な処分段階で争われることになる。その段階では事業も進んでしまって、結局は権利救済の実効性がなくなります。それは当局にとってはその方がありがたいということになりそうです。あの圏央道訴訟で執行停止を申請したら回復困難な損害はないというのが最高裁の決定なのです。1審の東京地裁（平15・10・3判時1835号34頁、判タ1131号90頁、判例自治245号67頁）は認めたが、東京高裁（平15・12・25判時1842号19頁）、最高裁は否定した（第三小法

第三部　さらなる行政訴訟制度の改革について

廷平 16・3・16 平成 16 年（行フ）第 2 号事件）のですね。しかし、土地収用について後で取り消されたら土地が返ってくるからいいんだというのは完全に間違いで、土地収用の場合は 1 回取られていて、よそに引っ越しているわけですね。それで収用裁決が取り消されて元に戻るときは、補償金を返さなければならないのです。1 回よそへ引っ越して家を買っていますから、今度はこれを売らないと戻れないが、売り買いだけで大損するのです。1 回買った家は中古になっていますから、それで前の補償金を返して土地を返してもらって、そこで建てるというのは実際上無理なのです。あれは回復の困難な損害があるのです。それを最高裁はよくわかっていない。

　要するに、制度全体をフォローして最後までいったらどうなるかというシミュレーションをしないで判決を書いているのではないか。そうすると、原告の救済の点から見て、それは早期に争わせるべきだ。早期に争わせなかったものは助けないという不利益が生ずるとしても、早期に争わせるという道を作った方がいいと思う。

　逆に役所から見て、今はこういうふうにして権利救済の道が非常に狭いので、住民を押さえ込める。多分、役所が震撼しちゃうような取消判決が出るのは前代未聞だからと安心しているのだと思う。

　しかし、今批判しましたように、私は代理人として、これからは執行停止を採るつもりです。そうとすれば、役所も、事業が進んだ頃に違法だといわれてずたずたになって仕事が進まないので、困ってしまう。最初から、これは 1 年、2 年間訴訟をやっても、あとは、これは適法ですといってもらった方が、事業がスムーズに進んで楽ですよという時代になります。先にお話ししたように、計画自体が違法だという判決がどんどん出てくるようになりましたから、計画に対する訴訟制度を早く作った方がいいですよというのが私の提案です。

　高木　確かに訴訟に費やすコストを考えれば、事前に手続をきちんとやった方がトータルでは当然おつりが来るということになると思いますよね。

　阿部　もともと行政手続を作るときにはそういう議論があったのですね。行政は、行政手続がない方が速やかに動けて、仕事ができるといっていたのが、行政手続がなくても住民の反対運動のため結局頓挫してしまう。たまには裁判所が手続に瑕疵があるからと取り消す。それなら、自分たちはルールがあった方がいい。ルールどおりにやれば問題はないのなら、面倒くさいけれどルールを作ってくださいというのではないか。ドイツで連邦行政手続法ができたのはそういう趣旨なのだそうです。先に判例ができて、判例は複雑でわからないから、明確なルールにしてくれた方が行政も助かると。アメリカの APA、連邦行政手続法もそうい

う趣旨で、先行した判例の集大成なのですね。日本では判例が先行しないからそういう行政手続法がなかなかできなかったわけですが、世の中が変わって、裁判所が少し積極的になってくれば、それはルールをちゃんと作ってくれた方が役所も助かるという時代だということです。

そして、計画などを作るときは途中でいろいろなプロセスがあるから、ちょっとしたミスがいっぱいあるわけですよね。そうすると、些細なミスで取り消されると混乱する。そこで、それでは取り消さないという規定がドイツにありますが、真似たらどうでしょうか。

　斎藤　私は今日の議論も聞きながら、また２月に開催される「日独行政法シンポジウム──行政裁量とその裁判的統制」に来日し報告するエッカルト・ヒーンドイツ連邦行政裁判所長官の報告案の事前配付を見ながら思うのですが、今阿部先生が言われたように、ドイツではなっているようですね。すなわちヒーンさんは「計画主体が、計画された道路によって隣接居住地域に対して騒音と有害物質による侵害が引き起こされることを見落としている場合、たしかに、その点では、衡量の欠如（Abwaegungsmangel）が存在する。しかしながら、計画全体の破棄が問題となるのは、当該侵害が、防音壁や速度制限のような計画を補完する保護措置によっては補正不可能である場合に限られる」と述べる予定でおられるので。ただ同時に計画主体は、関係するすべての公益及び私益を顧慮したうえで衡量しなければならないわけで、いうところの「当該侵害」の法益判断はかなり広いと思われるのです。

ですからこれらを踏まえ、また優れた判例がいおうとしていることを踏まえ、立法論としては、第１には、いま国土交通省での研究がやられているような、都市計画法では計画に対する審査請求をかませ、いわゆる裁決主義の訴訟形態で、原処分（原計画）の問題も取り上げるというようなアイディアは、それはそれで結構だと思います。こういう各単行法での努力が行われる必要があります。加えて第２に、大半の行政計画に適用される基準を行政手続法にしっかりと書く必要がある。その内容は、当該計画が目的とする便益と、当該計画が影響を及ぼす法益及び関連法益に関する影響との衡量を具体的に行い、それを公にするというようなことでしょうか。この場合、計画がどの段階まで来たらそれを行い公にするかも非常に重要だと思います。

次に行政立法ですが、これについては平成17年の行政手続法改正の運用を見ながら更にらに考えていきたいと思います。

　阿部　よくおまとめいただきました。

四 団体訴訟

12 ちりも積もれば主観訴訟

阿部 次は「団体訴訟」に進みましょう。消費者団体や環境保護団体が原告となり、拡散的集団利益を守るための客観訴訟を提起することを認める団体訴訟を創設するというのが第2弾改革の1つの提案です。というのは、今回改正された行政事件訴訟法は法律上の利益という概念をそのままに2項に考慮事項を入れただけなので、従来の主観訴訟と客観訴訟の区別というのはそのままにという前提ですよね。それで環境保護団体、消費者団体が訴えを起こすのは自分の利益のためでもないし、それ自体法律上の利益が侵害されるということでもなく、社会の利益を守るためということだから主観訴訟ではない。そこで、特別の法律が必要である。そして、訴訟の対象とすべき範囲とか、争える団体の資格、主観訴訟との調整、判決効とか種々難しい問題があるということで、行政訴訟検討会でもたくさんの論点を作っているのです。本日、これについて全部議論する余裕はないので、基本的な話だけお話ししたいと思います。この団体訴訟はドイツでは基本的には認められておりませんが、最近州法で認められ、さらに、連邦自然保護法に入ったのです。ところが、フランスやアメリカでは判例法でかなり認められているのですね。フランスやアメリカでは日本流にいえば主観訴訟の枠内で、法律上の利益的なものが非常に薄められて認められているということです。ドイツの制度は比較法的に狭いが、日本法はもっと狭いということです。

　環境とか消費者という領域では、事業者側には原告適格があるに決まっているわけですね。それで環境や消費者側には原告として争える者がいないということになると非常に不公平だし、環境が害される制度的な要因にもなるわけです。そこで環境側も対等に争える仕組みが必要だ。それで自然にも原告適格を認めよう、樹木に原告適格があるという議論や、アマミノクロウサギ訴訟やムツゴロウ訴訟などというのもあるわけです。私は立法政策論として両当事者のバランスというか、個人の権利救済だけではなくて行政の違法行為を是正するというのも法治国家の大きな柱であり、それを司法権の任務にしたいと思っているのですが、理論的にいって、本来、原告適格がない者に原告適格を認めるということについて一体司法権の範囲内だろうか、法律上の争訟といえるのだろうかということが問題になるというのが、大阪大学・松井茂記さんの大阪弁護士会講演「国民訴訟の可能性」（2003年1月21日）です。ただ、よく読んでみたら、松井さんの主張は、国が財政上の利益を害されていれば争えるのだから、それを国民に争う資格を与

四　団体訴訟

えるという構成であればできるのだといっているのです（したがって、後で議論する国民訴訟は許される）が、環境ということになると国は環境を害されたといって争う資格はない。それで国民に争う資格を与えることができるのか、ないものは与えられないだろうという趣旨です。だからアメリカでも純粋市民訴訟というのはいかがなものかという議論があるということなのです。

　それで、私は新説を出してみたいと思っています。原告適格について従来は原告の1人ひとりについて判定するという発想だったわけです。そうすると、1人ひとりの利益は非常に薄い、けれど原告が何百人も集まると全体としての利益は非常に大きいということになるのですね。被告側は原告1人ひとりを相手にしていても、そういう1つひとつの利益で応対しているのではないのです。被告はその全体の利益を見て相手にしている。そうすると、被告は全体で相手にして、原告は1人ひとりでやっていたら、片方では原爆を持っていて、片方では竹ヤリを持っている戦争みたいなのですよ。これはおかしい。だから、被告側が社会全体の利益を代表したつもりでいるのなら、原告も大勢で訴えを起こせば、その利益の総体を基本として原告適格の有無を考える。そうすると侵害される利益は非常に大きいから、1人ひとりで争うのならともかく、集団としての原告適格を認めるべきではないか。例えばパチンコ屋の近隣の診療所にはパチンコ屋の許可を争う原告適格がある（最判平6・9・27判時1518号10頁）が、周辺住民には原告適格がない（最判平10・12・17判時1663号82頁）とされているけれども、周辺住民の何百人もがこのパチンコ屋は著しく環境を害するといって争うのなら、その利益を全部合わせると結構大きく、診療所1つよりもはるかに大きいのではないか、そういうふうに原告適格の判断の際、原告すべての利益を合計することはできないかという発想ですね。今までやっていないとは思うのだけれども、そういうふうに読み方を変えるということが解釈論でできないか。できないとしたら、立法論ではできるのではないか。そのような考え方をすると、団体訴訟の立法的な根拠は容易に導けるのではないか。その場合はもちろん、訴えをみんなで起こす必要はないけれど、訴えを提起する以上は合一確定が必要なので、類似必要的共同訴訟になるというわけです。こういうふうにすると、団体訴訟というのはそういう原告の利益を代表すると考える、だから主観訴訟だと。

　団体の資格という議論をされていますが、前から環境保護活動を一生懸命に真摯に行ってきた実績のある団体にだけ認可を与えて、原告適格を認めるという考え方が多分たくさんあります。そうだとすると、何か事件が起きたときにアドホックに何とか対策会議というのを作っても争えないのですね。例えばアマミノクロウサギを絶滅させるような開発プロジェクトができるというのでアマミノクロウ

サギを守れという団体を作っても、これは争えないわけですけれど、普段からやっていなきゃいけないのか。アマミノクロウサギを守ろうという人たちが集まって大勢の団体を作れば、それに原告適格を認める方が紛争は的確に処理されるのではないか。こういうふうに考えていくと、憲法の司法権の範囲内に入るという説明はできるのではないかと思うのです。請求認容判決の効力は第三者に及ぶので、これでいいのかという議論がされるけれど、取消訴訟ならとりあえず出訴期間があるからどっちみち第三者は争えなくなっているし、出訴期間をなくしたところで、それで争わなかった者がもう1回争うのは滅多に期待できない。仮にあっても、前の判決を参考にしながら判決を書けばいいわけだからそんなに気にする必要はない。いずれにしても団体訴訟がないことが社会全体の利益が害される大きな原因で、これからは1人ひとりの権利救済というだけではなくて、行政活動の中でも非常に大きな違法性があるものは社会全体の利益のために司法的なチェックが必要だ、そのための手立てを作るという時代ではないか。諸外国も結構そう進んでいるという話です。

13　消費者団体訴訟

斎藤　まず日弁連行政訴訟法案は原告適格条文の2項で、それぞれの原告適格を有する人が団体を作ったらその団体は起こせるということと、それから3項で客観訴訟というのを両方作ったのです。そのことは、それぞれが適格を持っている人が団体を作ったら当然じゃないかということがいえるかどうかという問題と、客観訴訟説はだめだという人があるために3項を作ったのです。

ただ今の阿部先生のご提案は後でまた議論させていただければと思いますが、民間の消費者団体訴訟の方が進んでいて、次の通常国会にも法案になるというのですね（追記　2006年消費者契約法に団体訴訟制度が盛り込まれ適格団体に契約や勧誘の差止めの適格を認めた）。これはもちろんご存じのように適格消費者団体というのをかなり厳格に定めて、だからさっきの阿部説の提案との関係でいえば薄い人がどうかというようなことも含んで、どういう団体、どれほどの活動をしてきた団体に認めるかというような非常に厳しい規制をかけているのが1つです。

その規制をかいくぐってというか、もちろん認めるために作っているのですけれども、今や消費者機構日本という団体もできた。会長、代表者は根来泰周さんになっていて、大いに全国的に活動しようとしております。それから各ブロックで活動するための団体というのが今、全国で作られようとしています。この制度

四　団体訴訟

の特徴は、新しい民事訴訟の制度と答申はいっていまして、消費者契約法だけを対象にする（他方運動団体は特定商取引法、独禁法、景品表示法など他の法律も入れよと要求しています）、差止め（実効性確保、周知・公表など）だけをさせる、損害賠償はさせないとか、それから個別救済ではないので管轄は被告の住所地だとか、既判力、同時複数提訴などに特別の規定を盛り込んでいます。それを行政訴訟検討会の最終まとめでは大いに参照すべきであるといっている。

　具体的イメージとしては、やはり団体というのを阿部先生もおっしゃったようにアマミノクロウサギを保護したいと思うだけではだめで、どういうふうに保護の活動をしてきたかという団体の基準の問題が１つあるのです。それから、これを行政訴訟に移して考えた場合、果たして原告適格のところだけをつつけばこの問題はいいのか、もう少し、例えば特別の判決の効果のところにも特別規定を入れなければいけないのかなどを議論していただけたら私はありがたいのですが。

高木　１人ひとりとしての原告適格を持った人が集まっていて、ほかに選ばれた団体がいわばスタンバイしていて、何か違法な環境を侵害するような許認可が出されたらそこに駆けつけて行って訴訟をすると、こんなイメージですね。

斎藤　そうですね。

阿部　行政訴訟検討会の資料の団体訴訟によれば、団体訴訟が問題となるものには種々の類型があります。団体の各構成員に法律上の利益が認められる場合は既存の訴訟制度において各構成員の訴えが可能であるが、立法により団体に訴訟を担当させることも可能だという。しかし、それはドイツでは私益的団体訴訟といって、必要性が乏しい。やはり各個人が原告適格を持っているのなら、それが集団で訴えを起こすことが可能だから、団体がわざわざ代わりに訴訟を起こすほどの必要性があるかという問題があります。私は、それはさておいて、それぞれ１人ひとりについては原告適格がないと判断されても、みんな集まったら侵害性や利益の総体は大きいのだから、それを無視するのかということを強調して、それを認める制度を、解釈論では簡単ではないのなら、立法論でという説明をして行きたいと思っています。

斎藤　きょうの話ですね。

高木　阿部先生のは解釈論でもかなりいけそうだという……。

阿部　いや、いけそうだというしっかりとした見通しはなくて、阿部が神様であればそういう判決を下すかもしれないと言っているだけで（笑）。だからこそ、立法論がいります。

第三部　さらなる行政訴訟制度の改革について

14　団体独自の訴訟適格

高木　ところで、それぞれの利益をどういうふうに評価するかというところにかかわってくる問題で、それと客観訴訟になってしまうとどうかというのは限界がちょっと微妙な感じがしますね。

それで今一番問題になるのは、その各構成員には個別の利益が認められそうにないとか、あるいは近くの人は全然訴える気がないというときに、その団体が乗り出せるかと。ここがポイントで、やはりそういう場合に周りの人は争わないにしても、団体が争う方が適切だという政策判断があるとすれば、やはりそれは立法によって団体訴訟を用意しておくべきだと。恐らく環境利益などの場合には、特にそういうものを用意しておく必要があるかもしれませんね。

阿部　私は、1人ひとりの不利益は薄いけれどもそれらを合わせると大きくなる類型について申し上げたのですが、さらに、1人ひとりについて法的には不利益はないが、国民全体が将来のために残すものについてはまた別の団体訴訟が必要ですね。アマミノクロウサギは文化財だということで、後世に残すというものである。伊場遺跡訴訟なども同じです。それがまたよりよい行政を担保するゆえんであると。

斎藤　それが団体訴訟のもともとの議論ですよね。

高木　ですから通常の政治過程では無視されがちな利益を守る仕組みとして用意すべきだということで、アメリカやフランスの発想をとる人であれば当然ということになるのですね。ドイツ的に考えるとどうもハードルが高くなってということで、そういう意味では日本の仕組みは妙にドイツ的なところが残っているのですね。それが例えばフランス派の橋本博之さんあたりからはかなり批判されているわけで、先ほど議論を省略しましたけれども、行政立法が争いにくいというそれがフランス派にとっては非常に奇異に感じるらしくて、個別の処分以上に行政立法というのは法律を直接具体化するレベルですから、法律による行政の原理とかそういうものが強く妥当すべき領域なので、そちらが争えないのはおかしいと、そういうことになるようです。

斎藤　そうするとこの問題は、民間もそうであるように行政分野においても当然、理論的には問題なく採用されるべきであるということですよね、今のところは。

高木　必要性はあると思いますね。ただそれが、消費者保護の場合には消費者契約法をより実効的に執行するためには団体の力も借りた方がいいとか、そういうことなのですけれども、行政法規の場合は何となく行政法規の実効性は行政庁

四 団体訴訟

が担保するという、そういう確信のようなものが霞が関にありますから、別に団体の力なんて借りなくてもうちはやりますよと、そういう議論をまず打ち破らなくてはいけないということですよね。

阿部　その話は、役所に監視させるということは「猫に鰹節の番」をしてと頼んでいるのとあんまり変わりない場合が非常に多いものだから、猫を監視する人がやっぱり必要だということですよ（笑）。

高木　そこはもうまさに基本哲学の問題ですね。霞が関はきちんとやりますからというそれが田中理論の背景だったわけで、そこはもう崩れているわけですね、今は。

阿部　そうです。役所はやっぱり、社会全体の利益というよりも我が省の利益を守る、咳印は回避するということが非常に多いですから。それで、だれでも監視されなければ、専制君主になってしまう。そして、どこの絶対王制も長く続いたという歴史はありません。皆、途中からボンクラ王様が出てくるわけですから（笑）。

15　裁判管轄の問題

阿部　この「団体訴訟」の「管轄」は非常に難しいと思う。同じ問題について複数の団体が争うときに一本の訴訟にする。そうするとどこの管轄にするかで、その問題があるところ、アマミノクロウサギなら鹿児島地裁と決めることはできるのだろうけれども、もうちょっと一般的な問題だと札幌で先に訴訟を起こされたら札幌地裁になるのか、後の国民訴訟がそうですよね。そうすると、争われたら困る者がわざと札幌で訴えを起こして、全国からたくさんの者が札幌には来ないうちに、札幌でわざと負けるという手を使われてしまう。そこまで高等戦術を使うかですけれど、こういうものの管轄というのは非常に難しくて。

斎藤　だから、民間の方のものはさっき申し上げたように被告の管轄になっているのです。それに対して消費者団体は今盛んに反対して、私らと同じ議論をしているのです。

阿部　どうするのでしょうね。そうすると全国何カ所でも同じ訴えを起こせるということになるのですか。情報公開訴訟は全国８カ所で起こせるのですね。同じ請求が同じく拒否をされて、あちこちで訴訟を提起すると、判例は最高裁でしか統一できないわけですよ。被告も最高裁まで頑張る。だから、私は、それは不合理だ。一応、官庁の情報は東京地裁で争って、地方の原告には東京まで来る出張旅費を出せばいいのだと主張していますが、そういう発想はだれもないものだ

から相手にされていない。難しい制度だと抵抗があって進まないといわれる。本当は、提案は簡単な方がいいのですけど。

斎藤 民間の方のいいところは、もう訴額は算定不能としているのですよ。

阿部 でも、あれは差止めだから。損害賠償は何で団体訴訟をやらせないかというと、損害賠償なら普通の民事訴訟で原告側が集まればいいでしょうということだろうけれど、ただ、少額の場合は原告が集まるのだけで大変です。クラスアクションにすればいいのだけれど、ないですしね。そこで、団体が訴訟を行って、勝訴すれば分配してしまうという制度を作れないか。まだ非常に先の話だけれど、独禁法違反で公取が課徴金を取るけれど、国が人の被害を原因にして儲けるのはおかしいじゃないか、被害者に分配しろと主張したい。犯罪者から、国が犯罪利益を没収するなんて不合理で、あれは被害者に全部返すべきです。訴訟を行って取り返すのは大変だから、合理的なルールで返す制度を作るべきなのですね。

16　団体訴訟の設計

阿部 新しい課題ですから、ここでそれを言い出すとまた頓挫しますけれど、本当はそこまであった方がいいのかもしれません。今のところはそんな面倒くさいことをいわないでも、アドホックに真面目にやる団体には原告適格を認める。それを裁判所が判断する、訴訟を真面目にやりそうだと思ったら相手にしてあげるというだけでいいのではないかと思います。不真面目にやったら、すぐはねればいいんですから。

あとは第三者に対する効力というけれど、これを新しく作るのなら一定期間、出訴の催告でもして、ここに乗ってください、乗らない団体はもうだめですよと決めるのが合理的ですが、それは計画に対する訴訟でもそうですけれど。一定期間内に申し出てくれたら一緒に訴訟をやります、それ以外はもう乗せませんという訴訟を作らないとうまくいかないです。

これは、日本社会を更に透明にするために、合理的にするためには必要です。今、役所は訴訟を起こされたらかなわないから、このような訴訟を認めてもらっては困ると抵抗するのですけれど、社会に対する説明責任があって、訴訟を起こせないということに安住する時代ではないのですから、訴訟で堂々と説明してください。ただし、訴訟では細かい論争に入らないように大きなことをちゃんと説明してもらって、それを争点にして、さっさと裁判所が審理判断するという仕掛けを作ってほしい。また原告の方も、細かい論争で長年裁判をやられたらくたびれてかないませんから、そして金もありませんから、数回で裁判が片づくような審査

四　団体訴訟

をやってほしいと思っています。

斎藤　この団体の認定がまた難しいですよね。消費者団体は、生協とか消団連とかがありますけど、環境団体ということになるとなかなか難しくて、それをまた行政が認定するということになって、またその訴訟が起こるかどうかとか、そんな難しい問題が1つあります。山本隆司さんの論文によると（山本隆司「行政訴訟に関する外国法調査――ドイツ」ジュリスト1239号112頁）、ドイツの環境分野の団体訴訟が団体の認定を行政庁にゆだねている点で、同じような問題意識だそうですね。

阿部　だから私の説ですと、これはアドホックに作ってもよろしいと。一般的に日ごろから環境運動をやっていなくても。例えば所沢の廃棄物焼却施設からいっぱいダイオキシンが出るということになったら、所沢の住民が団体を結成して争う。そうすると、よそではその人たちは活動しないけれど、ここで急に活動する、でも真摯な訴訟だということだったら裁判所が相手をするので、裁判所は訴状を見て、これは真面目な訴訟だというのだったら相手にすればいいし、真面目でなかったら訴えを却下するか、それとも審理したけれどさっさと片づけてしまうかどっちかだということ。

斎藤　それは制度設計とは関係ない話ですね。

阿部　いや、団体訴訟を起こす団体について資格認定制度を置くかということになると置かないという説です。

斎藤　置かないで、裁判所が認定するということ。

阿部　そうそう。そのためにいちいち、認定制度取消訴訟などではなくて、裁判所がこれは真面目に訴訟をやっているということであれば、資格を認めることとするのです。

斎藤　ただ、この民間が先行している制度案のアイデアをかりると、その点は連動してしまうから、アドホック団体説は難しいでしょうね。

阿部　比較法的にいうと、団体訴訟については団体についての認定が必要だというところまで、当然ではないですね。判例で認めているものはいちいちそんな認定はないはずだから、アメリカでは団体訴訟が広く認められているが、団体認定手続はないでしょう。

高木　そこも、アメリカでやっている人からすれば当然のことが、日本ではなかなか制度が通らない。それでまた、消費者団体についても認定するということになったのですね。

阿部　私が消費者の団体訴訟を理解できないのは、損害賠償はできない、差止めだけだとなると、その団体は儲からないから、どうして活動資金を得るかです

が。

斎藤　大変なのですよ、それは。私はその相談を受けております。

阿部　その団体が損害賠償訴訟で勝って、ある程度儲けて、その余力で差止めもできるという形でないと続かない。

斎藤　だから結局、日本生協連とか生協とか貴重な団体になっていくのでしょうね。

阿部　ただ生協も、自分のため、組合員のためだけじゃない、社会のためにやるわけですよね。割に合わないですね。

斎藤　あわないけれど、そういう組織でしょう、生協は。だから、やるのですよ。苦しいけどやるのですよ。

阿部　それなら、後の話だけど、その訴訟で勝てば、更に敗訴者から弁護士費用を数倍取れるぐらいでないとバランスがとれませんね。

斎藤　民間の先行を横目で見て行政分野の団体訴訟を考える場合、必要性はもう議論し尽した観があります。検討会の最終まとめでも論点は良く整理されています。ここは早く政治的な検討を加えていただき、小さく産んで大きく育てる方式でもいいから導入していただくだけですね。

阿部　はい、ほんとにそうですね。是非実現してほしいものです。とにかく、日本の行政訴訟制度は、今回の改革にも拘わらず、まだまだ発展途上国のレベルですから、国際シンポジウムでは恥ずかしくてしょうがないのです。

五　公金検査請求訴訟制度

17　国民訴訟創設の提唱と住民訴訟の問題点

阿部　では次に、公金検査請求訴訟制度の創設、いわゆる国民訴訟の提案について報告させて頂きます。地方公共団体においては、財務会計上の違法をチェックするため、住民は誰でも、たとえ1人でも、住民監査請求に続いて、いわゆる住民訴訟を起こせることになっていますね（地方自治法242条、242条の2）。これが自治体の不正、あるいは違法支出を阻止するのに大きな役割を果たしています。最近、自治体では、いわゆる官官接待などはもうなくなりましたが、国のほうはこの制度がないので違法な財政運営がたくさん行われています。防衛施設庁の官製談合などもその典型例です。会計検査院が違法行政を必ずしもうまくチェックしていないので、国でも同じように財務会計行為の違法を国民が監視する訴訟制度を作るべきではないかという提案です。これについてもちろんいろいろ難しい議論はあるわけですが、まずはこの制度は非常に広くて、世界に例がないもので、

五　公金検査請求訴訟制度

　訴訟も頻発して、裁判所はパンクしてしまうであろうと反論されます。財政上の違法と政策の失敗との区別がなかなかつきにくくて、こういう制度を作ると、青函トンネル建設とか整備新幹線建設等に対する訴訟がたくさん出てくると思うのです。私は、青函トンネルは世界の三大馬鹿公共事業の1つと言っていますが、あれはやっぱり政策のミスにすぎない。整備新幹線も大赤字ですが、政策問題で、違法性の承継を遮断するほうがすっきりします。また、そうでないと、だれもこの訴訟制度は怖くて賛成できるとはいわないと思います。そこで、政策問題などは争えないように、違法の範囲を限定するべきです。

　理論的に特に問題になるのは、これが憲法違反にならないのかという議論です。誰でもがこういう訴訟を提起できるとすると、それは「法律上の争訟」（裁判所法3条）になるのか。法律上の争訟というのは、当事者間の具体的な権利義務に関する争いなどといわれておりますが、1人ひとりの権利義務には直接関係ない問題だから、法律上の争訟にならないのではないかという疑問が出されているわけです。その点について、大阪大学〔当時〕の松井茂記さんの論文では、アメリカでは国家がその違法行為について損害賠償請求できる権利を国民みんなに与えるという構成で、憲法違反にならないのだという説明をされているのです。アメリカにQui Tam訴訟というのがあります（碓井光明「私人による政府の賠償請求権の実現(3)アメリカ合衆国不正請求法によるQui Tam訴訟の検討」自治研究75巻6号56頁以下、1999年）が、もしそういう考え方に立てば、立法政策の問題になると思います。

　それから、この訴訟の作り方ですが、私はまず、国民訴訟の前に住民訴訟のほうをもう少し緩めてほしいと思っています。現行法（地方自治法242条2項）では、行われてから1年を過ぎたら「正当な理由」がないと争えないということにされています。判例では、この「正当な理由」が意外と厳しく解釈されていて、決算書等に何か載っていると、素人目にも知れたはずだからもう争えない（最判平成14・9・12民集56巻7号1481頁、判時1807号64頁、判タ1110号87頁）というのだけれど、決算書を見てもよくわからないですね。実態を見ないと違法かどうかわからない。それで情報公開を請求する動機もない。新聞なんかでインチキだとわかって初めて、情報公開請求をして調べて、違法を発見できます。そのときはもう期間が過ぎているとされかねませんが、普通の市民が気がついてから普通に努力したら、争えるようにできないかということです。この日弁連の案では、「正当な理由」というのを「相当な理由」と変えており、気がついてから3カ月が6カ月になっている。住民訴訟をそう改正してほしいと思っているのです。

　それから、平成14年の住民訴訟制度の改正では、いわゆる4号請求訴訟の被

告を個人から首長というポストに変えました。その理由は自治体に説明責任を果たさせるためということですが、被告は説明責任なんてまったく果たしていませんし裁判所は被告に釈明しない。そういう趣旨にするのなら、やはり被告は説明をしなければならないという条文を1カ条入れるべきだったのですね。それで、市民の税金を泥棒した者の弁護をまた市民の税金で行っているので、市民は二重の被害にあっているというのが私の言い分です。

　それで、こういう不当抗争する役人には費用を負担させたいと思うのだけれど(笑)。それをどういう制度にしたらいいか。日弁連の案では、従来の住民訴訟に戻って、違法行為をした公務員を相手に訴訟を起こせということにしているわけです。ただ、公共事業などは巨額に及びますから、それを1人に負担させるのは気の毒で、できれば分割責任にしたい。地方自治法243条の2は、違法行為をした公務員たちに賠償命令を出す制度ですが、分割責任になっているのです。また、場合によっては重過失責任になっているのです。今、首長についてだけ軽過失責任で、しかも分割しないで、すべて一手に責を負わせるというようになっているのは気の毒だから、ある程度責任を分割して安くするか、それとも株主代表訴訟みたいに原則として年俸の最高6倍などの上限を設ける(現行会社法425条)というふうにすべきです。さもないと、京都の前の市長みたいに、いわゆるポンポン山訴訟(大阪高判2003年2月6日判例自治247号39頁、最高裁で不受理確定)で26億もの債務を負わされ、ご本人は亡くなったのだけれど、奥さんは相続放棄又は限定承認をせざるを得ないでしょう。生きていれば自己破産ということになりかねない(遺族は8000万円を払ったと聞く)。私は次に『市民破産』という書物の出版を用意しているのです(信山社から2013年7月に出版)が、本当にかわいそうなことになるわけです。違法行為にはそれなりの責を負ってもらわなければいけないのだけれども、ただ、1人で決定しているのでなければ無限の責を負わせるのではなくて、それ相応の負担ということで私は我慢します。国の場合もその辺を適当に目配りしないと、抵抗勢力が多くて恐らく制度は実現しにくいでしょう。

　それから、これも管轄の問題がありますよね。国民だれもが自分の住所地で訴えを提起できるということになると、同じ訴訟が全国でバラバラに提起されます。最初の原告の住所地に訴訟をまとめるというのが日弁連の案ですよね。そうすると、早い者勝ちになって、危ないことをやっている役人のためにどこか田舎で訴訟を起こして、ほかの国民は訴訟を起こせないようにするインチキ訴訟が少しは起きるのではないかという心配をしているわけです。それよりもやっぱり違法行為が行われた地の専属管轄にして、国の役所の者でも、霞が関での違法行為は東

京地裁で、沖縄事務所の違法行為は沖縄地裁でやってということで、管轄は違法行為が行われたところを基本とする。ただ、そうすると、公共事業は各地にまたがり分けることはできない場合がありますが、それも１カ所に移送するというような工夫が要るのかなと思うのです。

18 弁護士報酬の問題

阿部　それから原告のほうが勝ったら自治体から「相当な」弁護士報酬を請求できることになっている（地方自治法242条の2第12項）けれども、その額は、訴額に応じて従来の弁護士会の報酬基準を使うのか、それとも算定困難として非常に低額になるのかという問題があります。原告が訴えを起こすときの印紙代は、原告個人の利益は幾らかわからないから算定不能でいいのだけれども、原告が勝ったときはその利益は地方公共団体に帰属するわけですね。そうすると、地方公共団体はそれだけの利益を受けるのだから、今度の弁護士報酬を算定するときの基準はやはり算定不能ではなくて勝訴額を基準とすべきではないか。例えば、1億円を自治体のために勝ち取ったら、自治体に1億円が行くのだから、損害賠償訴訟で1億円取ったと同じく考えて勝訴報酬を弁護士に出すべきではないかと思う（大阪地判平成平成16年4月22日判時1869号26頁例タ1166号155頁）のだけれど、議論があります。〔この点については、最判平成21年4月23日（判時2046号54頁）により認容額が基準となることとなった。参照されたものとして、阿部泰隆「住民訴訟における住民側弁護士の『勝訴』報酬の考え方―判例の総合的検討」判時2007、2009、2010号、2008年、「住民訴訟における住民側弁護士の『勝訴』報酬の考え方（再論）」判時2062号、2010年）。

　それから、被告のほうが払ったので、原告は、訴えを取り下げた場合、「勝訴」になるのかという問題があります。平成17年4月26日の最高裁第三小法廷判決では住民訴訟の弁護士報酬を、画一的に判断するためなどといって、実質勝訴ではだめだ、形式的に勝訴しなきゃいけないというのです。弁護士は、被告が「払いますと」言ったら弁護士報酬をもらえなくなってしまうのですね。しかし、自治体が得するのだし、「勝訴」とは当事者から見た概念だから、払ってもらったら、原告勝訴ではないのか（この点はその後自治研究に判例評釈を発表）。これも立法的に明示してほしいです。

19 監査委員の問題点

阿部　会計検査院でうまく違法を除去してもらえるかということですが、今の

住民訴訟だと、監査委員はもっぱら役所の防衛隊になっているのですね。監査委員は、首長が議会の同意を得て選ぶわけです（地方自治法196条）から、首長や議会の生命線にかかわるようなことはやらない、下っ端がやったことだけチェックするわけです。ですから、私からいわせると、「泥棒に番犬を探してきてもらう仕組み」なんですね。それをどう是正するかが問題なのです。私は、監査委員は、首長選挙のときに監査委員との重複立候補を認めて、首長に落ちたら監査委員になるということにすれば真面目に監査するはずだという説なんですけれど（笑）。監査請求ではねられたら、監査委員を相手に訴訟を起こせることにしたらどうか。監査委員も被告になるのはくたびれるから、真面目な監査をしないと苦労するシステムですね。会計検査院は、自治体の監査委員よりははるかに独立しているが、まじめに対応しないことは考えられる。ずさんな監査をやられたら、はねた会計検査院を相手に訴訟を起こすという方法が考えられるかどうか。どういうものでしょうか。

20 日弁連提案の経緯と論点

斎藤 それでは、ちょっと経過について申し上げます。まずこの制度は、我々の内部の話ですけれども、大阪弁護士会の若手の連中から議論がありまして、そのときにいずれも大阪大学におられる村上武則さんと松井茂記さんをお呼びしたのです。だから2003年のときに大阪弁護士会の若手が作っていた案について、この両教授がコメントをされた。その時の松井さんのレジュメを阿部さんにお渡しして、先ほど感想があったように阿部さんもお読みになったという経過です。当時の大阪弁護士会の案は、地方自治法の住民訴訟の規定の改悪後、せめて国でもこの程度のものは作るべきだという視点から、現在の規定に忠実にして、監査委員を会計検査院に直して作ってあったのです。今日の冒頭でご説明した日弁連案は、その後日弁連でかなりの時間議論し、代位請求もできるように直し、その他の知見も取り入れて作りました。日弁連法案は日弁連のホームページでご覧いただけます。

　論点は3つほどあって、第1の論点は、憲法上の問題です。会計検査院の憲法上の位置という問題です。塩野宏先生も、検討会で、水野武夫委員が日弁連案を発表した時に、それをちょっとおっしゃったように思いますけれども、いつも議論がありました。

　第2は、新しく作る制度と会計検査院との関係です。行政訴訟検討会では水野さんが発表して、福井秀夫さん、成川秀明さんが賛成意見をいわれた。この案を

五　公金検査請求訴訟制度

自民党の有力議員が作っている、「国民と行政の関係を考える若手の会」が支持しまして、自分たちの案に入れてくれています。この若手の会の意見もそのホームページ（http://www.kokumin-gyosei.jp/index.htm）でみることができます。これからの与党というのは、やっぱりこういう制度を作らなければいけないということをちゃんと察知しておられる方が相当いらっしゃるということで、私共にとっては、有利な点がございました。会計検査院との関係は、小早川光郎先生が、検討会で、裁判所の役割の問題、会計検査院の意思も重要というやや疑問を呈された。塩野先生の水野さんへの質問は、合法性、妥当性とかその辺の範囲はどうかというものでした。水野さんも20条3項の正確性、合規性、経済性、効率性、有効性といろいろ書いてあるうちの違法性に絞っているという回答をいたしました。

次に、2003年3月1日の日弁連シンポジウムは、阿部先生と小早川先生に来ていただきました。小早川先生は会計検査院に十分機能を発揮させるような立法論が必要で、会計検査院法35条の「会計検査院は、国の会計事務を処理する職員の会計経理の取扱に関し、利害関係人から審査の要求があつたときは、これを審査し」という条文、これをもっと強めていけば、裁判所までつなげなくてもだいぶよくなるのじゃないかというご意見をおっしゃいました。

それから、3番目は、客観訴訟として具体化するのはいかがかというので、阿部先生はそのときのシンポジウムで、「会計検査院に検査の請求をして、それが拒否されたら主観訴訟としての取消訴訟を起こせるようにするのも1つの方法だね」という感想をおっしゃっていました。それに関連して前述の松井さんの議論があるということであります。松井さんは、主観訴訟でやるべきで、それは国家が賠償請求できるようなものに絞ったらどうかという議論です。

これが今までの議論の成果ですが、松井さんに従わずに日弁連は、もう長く議論してきたので客観訴訟説でいこうと。私は、行政訴訟センターの当時は副委員長としてかなり主観訴訟説も唱えたのですけれど、全体としては、昔から議論の深まりの経過があるので客観訴訟でいこう、執行部も客観訴訟説でいこうということになりました。これがこの案の経過でございます。

　客観訴訟かどうか。

阿部　その客観訴訟説は、憲法違反ということになればすべて瓦解するので、そこについてはどう防御するかです。情報公開請求訴訟がなぜ認められるかというと、あれは客観訴訟ではなくて、情報公開請求権を個々人に具体的に与えたので、それを拒否されたら主観的権利が侵害されると構成しているのですね。世界中の人に情報公開請求権を与えた、お金を100万円あげると言ったのと一緒だか

ら争う資格があるんだ、というのでしょう。もしそういう構成で成り立つのなら、住民訴訟は、当然住民1人ひとりに争う権利を与えたのだといっていいのかもしれない。国民訴訟も法律で「国民の何人もが会計検査院に違法行為の是正について申請することができて、拒否されたらそういう訴訟を起こせる」と書いでしまったら、そういう会計検査院の拒否を争う主観的権利を与えたことになる。しかし、そういうふうに考えていくと、そもそも主観訴訟、客観訴訟の区別というのはどこにあるのだということになります。また、憲法上の限界はないのだということになってきそうで、その議論がおかしかったら、そもそも情報公開請求訴訟というのが司法権の範囲においてできるのかという議論に戻っちゃうわけですね。しかし、それを今、蒸し返す人は多いないから、それをどう整理したらいいでしょうか。

髙木 情報公開は、請求者に実体的な権利を与えているというふうに読んでいる。それで、もらった情報がその人のためになるという理解です。ところが、違法な財務会計行為を是正する権利というのは、それと同じような実体権ではない。そこがやっぱりネックになるということですね。タックスペイヤーの場合には、国とか公共団体がいくら損をしました、だから損害賠償請求権がありますといえても、その分け前を持っているわけではないので、そこがやっぱりちょっとつらい。情報は、フィクションとして紙で出てくるので、何となくみんなで納得しているだけなのかもしれません。

阿部 なるほど、実体法上の権利は世界中の人に与えても、主観訴訟だが、訴訟法上の権利を世界中の人に与えると、客観訴訟になってしまうということですね。

斎藤 ただ、情報公開権もそういうふうに定めましたけれど、その内容は全然関係ないものをやっていいのでしょう。だから、そこは紙一重ですよね。

髙木 フィクションとして紙で出てくるので、何となくみんな納得しちゃっているだけなんですよね。

先ほどの、松井さんの議論というのは、まさに住民訴訟についてもあり得るわけで、松井さんの議論からすれば当然、今の住民訴訟も主観訴訟なんですよね。単に法律上の争訟についての原告の資格をほかの人に委ねているだけの話であって、争っているのは損害賠償請求権であるとか不当利得返還請求権というのがメインですから、そこはもう、法律上の争訟は全部問題がないという、そういう整理なんでしょうね。だとすればそれは、一応国のレベルでも理論上はあるはずだと。あとは何かいろいろな政策的な判断によって、場合によってはだめだということなんですかね。

それから、通念として国の裁判所が自治体のいろんなものをコントロールするのはいいけれども、国の裁判所が国の会計検査院の仕事にくちばしを入れるのは何となくはばかられるという、こういう常識論があるのでしょうか。常識論と言ったら怒られますかね（笑）。

　憲法学上、統治構造上の問題が残っているというべきでしょうか。ただ、それがだんだん大きな議論になって、会計検査院の憲法上の位置づけ論から裁判所の関与を全く排除するという結論になるのは納得できません。

21　国民訴訟の対象

　阿部　特に今の最後の点は、裁判所は、国会の作った法律の合憲性審査もできるわけですから、公務員がした違法支出のチェックぐらいは今のバランス上は大丈夫なんでしょうね。ただ、範囲が非常に広くなるので、相当絞らないと運用も難しい。

　高木　政策的にはやはり絞ったほうがいいということは最低限いえるでしょうか。

　斎藤　「ジュリスト」の増刊（「改正行政事件訴訟法研究」）で、芝池義一さんがおもしろい言い方をされています。「国において住民訴訟を導入することには、私は割とシンパシーを感じるのですが、若い研究者の中に慎重論が結構あるのです。私などは、戦後民主主義の洗礼がまだ残っておりますが、若い人の間には慎重な意見が割と強いようです」と。戦後民主主義とどう関係するのかちょっと論証しなければいけないと思いますけど、「国で住民訴訟を導入すると公共事業も全然進まなくなるのではないか、一種の濫訴ではないかといった懸念があります」と。そういう傾向がやっぱり少しありますかね。

　高木　いや、どうでしょうかね、それはするべきなのでしょう。

　阿部　小泉首相の靖国参拝も、ご本人には勤務時間がないわけだし、公用車で行かないで、ポケットから金を出すから公金を使っていないと言ったって、小泉さんが行けば警護の人がついて行かなければならない。それは公費で給料を出しているでしょうから、これまた国民訴訟の対象になる。今は、結局は「損害はない」と請求を棄却しますが、蛇足判決（傍論判決）であって初めて憲法違反の判断がなされますが、国民訴訟では正面から裁判所が判断することになって、種がふえすぎるかもしれない。

　私は、国民訴訟は特別の制度だから列記主義として、一定額以上の公金支出にかかる違法性とか、その違法上比較的明確なもの、それこそ公金を横領して飲み

第三部　さらなる行政訴訟制度の改革について

食いしたとかいうようなものに限るのはどうでしょうか。それでも厚生労働省の兵庫の労働基準局のように組織ぐるみで公金をごまかしていたという事件はチェックできるでしょう。公共事業一般が違法だというような政策の問題は対象外とする。そうすると、広く合意を得られるのじゃないか。

斎藤　高木さんと阿部さんとが賛成すれば話は大体うまくいくと思うのですが、ともかくどこかで壁を破ってもらいたいと思います。どんどん制限をつけてもらってもいいし、賠償額も制限したらいいと思うのですけれど、どういうふうにやれば何か壁が破れますでしょうかね。

高木　その辺はやっぱり組織的に巨額の税金をむだ遣いしている、それで社会的関心も強いというところをターゲットにするか。

斎藤　ダムとかは政策問題となり、だめでしょう。

高木　官製談合のような場合は、当然社会的関心も強いし、多分、その証明さえできれば違法だということはいいやすい。事実さえ確定すれば違法というのはすぐ出てくるよ、などという言い方をすれば、割と裁判所も扱えるのじゃないかと思います。

阿部　行政訴訟の違法とこちらの違法とは必ずしもリンクさせない。先ほど（前号）お話しした永源寺ダム訴訟で、取り消されたら、ダムの建設にかかる今までの支出を国民訴訟の対象とするとすれば、やっぱりちょっと広すぎる。

高木　組織的な裏金づくりとか、そういう非常にわかりやすいものをつかまえてまず制度を作って、うまくいけばそれをだんだん育てていくというのがいいのではないでしょうか。

斎藤　どんな方法になるのですかね、それは。やっぱり単行法ですかね。1つひとつの法律に組み込むわけにはいけませんから、やっぱり……。

阿部　いや、個別法では、それぞれの法律の所管省にごまかされる。共通法にした方がいいと思うが。

高木　会計法とかなんか、そういうところに一部解釈で押し込むのですか、場合によっては。まあ、難しいですかね、そちらのほうはアイデアとしては。

阿部　それから、契約の違法というのも、随意契約か一般競争入札するかといった非常に微妙なところでは、間違えたからといって巨額の賠償金を取られるというのはきつい。合理的な手続きをとってやれば、後で違法であっても過失がないということにしてやるべきです。それで私は、軽過失で責任を負わせるのは非常に気の毒だから、やっぱり重過失に限る、分割責任がいいと思っています〔この点は今改説して、軽過失では責任の限定をすればよいと思う〕。

高木　今まではもうほとんど、予算、決算さえクリアすればもうやり放題とい

五　公金検査請求訴訟制度

う世界だったわけですから、そこをどこか風穴をあけるだけでも随分違ってくるのじゃないかと思いますけれども。

斎藤　ともかく大臣にもなっているような有力議員が作っている前述の若手の会もいってくれているので、あとは理論家のお2人にこういうところはいいのじゃないと言ってもらうと箔がつくんです、転がるんですよ（笑）。

高木　私は割と憲法論はあまり気にしていなくて、法律をもってすれば訴訟を作っても憲法違反の問題というようなことはないと考えていますので、アメリカ派の人などがいろいろ気にするというのはちょっと不思議な気がしています。アメリカはもちろん、日本でいう主観訴訟によってほとんどのものを賄うという伝統のあるところだからこういうシリアスな議論をしているのでしょうけれども、日本はそうはなっていないんですよね、むしろ。主観訴訟のほうが割と狭くなっているわけですから、立法で何か作るという必要性が高い土壌だと思うんですよね。そのときに逆に持ってきて、こっちでできるのだからというのは何か足を引っ張っているような議論だという気がしますね。

確かに松井さんのレポートでおもしろいのは、連邦レベルで政教分離だけができるという、憲法的な価値を実現するということにすごく重点を置いているというのが印象的でした。だから、もしこういう発想だとすれば、むしろ小泉さんの参拝について争えるようなものをまず作れという話にもなってきそうですね。

阿部　それはいわゆるフラスト（Flast）判決というものでしたが、私学助成は憲法89条違反かといった論点は、アメリカ流でいえば今でも国民訴訟を起こせるということになるのですね。

高木　人によって何が大事かということは、違ってくるのでしょうけれども。

阿部　賠償責任が認められたら、後に国会の議決で免責を認めるべきかという論点があります。たとえば青函トンネル違法・賠償判決でも出たら。

高木　ただ、ああいう政策の当否自体をターゲットにするというのは、あまり好ましくないという感じがしています。

阿部　私は制度ができればそんな訴訟が起きそうなので。

斎藤　そうなんですね。

高木　そこはやっぱりある程度政策判断といいますか、それがありますので。ところで、額についてのしばりですが、何かで1,000万円という数字を見たような気もしますが。

斎藤　我々の流れではないですね。

高木　ある程度大きな額にしておけばそんなに濫訴のおそれはないということはいえても、具体的な線引きは難しいのでしょうか。支出する主体の方の限定は

どう考えられますか。

　斎藤　それと、日弁連法案は独立行政法人までしか入れていなくて、特殊法人は入っていないので、「なーんだ」といって理事会でもだいぶ批判されましたけれど、とりあえず法案を作ろうよといって作っているので、限界もあります。

　阿部　住民訴訟の場合、自治体が対象で、いわゆる三公社は入らないでしょう。土地開発公社という、派手に借金をして買った塩漬け土地をたくさん抱えている組織、売れない住宅を造っている住宅供給公社、ほかに道路公社もありますが、この三公社は100％自治体出資ですし、その経営は乱脈ですから住民訴訟の対象にしなきゃおかしい。でも形式的には自治体から外して、そして機動的に経営することが意味があるからといっているわけです。ただ、それでも三公社は今、情報公開の対象にはしていますから、別組織という意味からはずれているわけですね。それなら住民訴訟の対象にすればいいのですが、ほかに、株式会社になっていて、役所以外が出資しているものをどうするかという非常に難しい問題があります。道路公団は民営化されて、情報公開逃れをしたんですね。悪いことを隠してしまうという問題があって、あの種の特殊会社は当分の間、本当に民間会社で十分軌道に乗るまでは、国民訴訟の対象とし、情報公開法の対象とするという特例を置きたいところなんですよ。それでは民営化した意味がないか。

　高木　そこは厄介ですね。民営化というのは普通はマーケットにさらされるからというフィクションでやっているわけですけれども、なかなかそうではなくて、ただ単にだんだん国民のコントロールが及びにくくなるだけの話だということですね。

　阿部　それで税金だけが出ているとかね。

　高木　神野直彦先生の分析ですね。

　阿部　あれは事実上、国民から強制的に通行料を取ってしまっていますからね、税金に準ずるような金の取り方をしている。

　高木　それなのに、形だけが会社になるという話ですね。全体としてみると、村上武則先生も強調されていますように、日本国の状況はかなり深刻なので、何かしら手を打たないと大変なことになる。

　阿部　この国の財政難が問題ですね。これを打破するのにはもちろんむだ遣い、違法支出をやめさせることが必要で、そのための方法として、国民訴訟を作って国民に関心を持ってもらえるようにすれば、取り返す金は知れていても、それで行政の違法行為が激減して、相当経費節減になりますから。

　斎藤　談合も随分減りまして、私どもの事務所に来る建設業者の中の倒産の事例が、「談合がなくなったのでもうからなくなりました」というのが複数あるの

です。ですから、自治体がそういうふうになりつつありますので、あとは国ですよね。それはもう、ぜひ作っていただきたい。

阿部 そうですよね。国の財政規律をきちんとさせて、財政支出を合理的に減らして、財政再建にも役立つ。だから、国家の施策としてこれを導入したら得なんだという主張ですよ。

斎藤 それはだいぶ日弁連の中ではいっているのですけれど、まだなかなか外には流れていっていないですね。

六　訴え提起の手数料

22　訴訟の印紙代

阿部 それでは先に進ませていただきます。次に、訴え提起の手数料の合理化というか、いわゆる印紙代の軽減を報告させて頂きます。これについては、詳しくは、私の「基本科目としての行政法・行政救済法の意義(5)」自治研究77巻9号（2001年）で述べたのですが、要点を申し上げます。印紙代は「訴えで主張する利益」によって算定されます（民事訴訟法8条）が、非財産権上の請求、財産権上の請求でも訴額算定至難なものは、訴額を160万円とみなされています（民事訴訟費用等に関する法律4条）。これは行政訴訟も同じく扱われていて（行訴法7条）、その具体的な考え方は最高裁の民事局が示しています。

これは、私から言わせると、行政訴訟の特殊性を理解せずに決められているので、解釈論と立法論を共に変えるべきだということです。

例えば、1億円の課税処分を受けたら、この前の費用法改正で安くなったけれども、最高裁までで計144万円かかります。税務訴訟では、実質勝訴率は3％といわれておりますから、弁護士費用を入れると平均したら大赤字になって、やるだけ無駄なわけですね。だから、提訴する以上は事件を選んで、勝つべき事件だけやればいいのだということではあるのですが、それにしても高い。

また、土地収用裁決の取消訴訟だと土地代が基準になります。1億円の土地収用裁決を争うと144万円かかるが、まず勝てない。勝ったとして土地が返ってきたら補償金を返さなければならないのだから、経済的に得るものは何もないわけです。ただ主観的に、その土地を所有していたいというだけで争ってきたわけですよね。だから、これは訴額算定不能のはずですが、土地を返せといっているものですから、それだけの印紙代を取られる。売買契約を結んで土地を売って代金をもらったが、やっぱり売買契約無効で土地を返せというのと同じだけ印紙代を払わなきゃいけない。民事法と同じですといわれるのだけれど、私は民事法の扱

いが間違いだと思うのです。今、単に1億円を返せというだけの訴訟と、土地を返せ、1億円返すからというのでは、訴えによって主張する利益は同じではない。換地処分の場合、照応の原則違反だとして、もうちょっと形のいい土地に換地してくれというようなことで争うわけですね。そうすると、訴えによって主張する利益はその土地の値段ではない。それはその2つの土地の差ですから、算定不能であるというので、解釈論としても印紙代は1万3,000円にすべきであると思います。このように、民事訴訟の発想で行政訴訟を考えてはいけない。

　勝訴率に着目しますと、民事では、普通の事件では原告勝訴率が8割といわれているのです。それなら訴え提起の際に印紙を張りなさいというのもわからないではないのですが、医療過誤訴訟では、一部勝訴を入れて3～4割も勝っているかな。行政訴訟の勝訴率は、10％以上と言われますが、それはごく一部の勝訴や手続きミスも含めてですし、上級審で敗訴するものもあるから、実質的には数％でしょう。数％しか勝てない訴えを起こす残りの原告がおかしいのだからしようがないと考えるのかどうかなのですが、訴訟で勝つべきものが負けているというか、訴訟要件の障害でうまく本案にもたどり着けないというのが非常に多いわけです。また、私の経験では、裁判官が、被告側に傾いた訴訟指揮をしたり、誤解して原告を敗訴させることもあります。そこで、考えが足りない人ばかりが訴えを起こしていると断言するのは無理な状態だと思うのです。もう少し訴訟を起こしやすくしてやるべきです。だって、日本の行政訴訟数は、台湾や韓国と比べても、人口比で20～30分の1、ドイツと比べたら300分の1か500分の1ということです。だからまだまだ濫訴の弊ではなくて、むしろ普通にスムーズに訴訟を起こせるように持っていくべきで、またそれが今回の司法改革の理念でもあったのです。

　そのほかにも論拠があります。行政訴訟では行政処分がなされたら国民のほうから争うことになっていますが、例えば、課税処分なら本来行政のほうから請求すべきではないか。行政法がなければ、英米流のようにすべて基本は民事法ですから、役所から請求するという原則になるわけですね。そうすると、役所が印紙代を払って請求することになるはずだと思うのです。それを国民から争うということとしただけで、国民が印紙代を払わなければならないというのはいかにも不合理じゃないか。しかも、国が違法な課税処分をしたので、助けてくれというのに、国に印紙代を取られるというのはおかしいじゃないかといいたいところです。

　これに対して、ある方から、「いやいや、民事だって債務不存在確認訴訟を起こすときに印紙を貼るんだよ」という反論を受けました。しかし、民事では、請求するほうが訴えを起こすのであって、債務者から債務不存在確認訴訟を起こす

必要はめったにないわけですよ。しかし、課税処分には執行力があるから、納税者はしようがないから訴訟を起こすわけでしょう。そうすると、税務署のほうが課税処分をする権限だけでなく、執行力を持っていることから、納税者に印紙代まで払えというふうにつながっていくのでしょうか。行政行為の公定力理論も、そこまでは考えていなかっただろうと思います。もともとの基本的なテーゼとして、法の前には両当事者は対等である、違法行為は是正しなければならないと考えると、やはり印紙代は取れないのだということになりませんか。仮に取るとしても、算定不能とはいえませんか。台湾の行政訴訟法98条1項では裁判費用は無料です〔その後定額制＝低額制になった〕。それが、行政訴訟が人口比で日本の数十倍多い1つの理由でしょうね。

もう1つつけ加えますと、先にお話しした課税処分取消訴訟では、税額を主張していることになっているけれども、民事だと払うか払わないかどっちかですが、行政訴訟は「やり直せ」というだけです。課税処分では理由不備や手続ミスで取り消され、結局は同じ課税がなされることがありますから、行政訴訟で主張しているのは、金幾ら払えという経済的利益ではなくて、違法行政を是正せよという非財務的な主張と考えると、訴額算定不能になるわけですよ。このように、行政法の特質にあうように、解釈論でもいけるはずですが、しかし立法できちんとしたほうが合理的で、国民の権利の救済にも大いに資するはずだと、私は主張しているのです。

この私の主張を、印紙貼付命令の取消訴訟で実現したいのですけれど、これを急に1人でやってもいいかげんな判例ができてしまうから、まずは理論的に承認を得て、それから、大弁護団を組んで、大きい事件で印紙代を取り返す訴訟をやって、裁判所を説得したいと思っているところです。

それから、この前、航空機リース訴訟の名古屋高裁（平成17年10月27日判決）で原告が勝ちました。税務署は、負けたら、ほかで争っている人の分まで課税処分を職権で取り消すというようです。そうすると、その訴訟は、訴えの利益を失って「訴訟費用を原告負担とする」という判決が出そうだというのです。しかし、これは原告実質勝訴ですから、印紙代を被告の負担にしなければおかしいですよね。民事訴訟法では訴訟費用は敗訴者負担の原則ですが、例外の62条を活用して、訴訟の経過にかんがみて形式上勝ったほうに負担させることとすべきです（もっとも、この点は訴えを取り下げて、民訴法73条により訴訟費用の裁判を求める方法があるようである）。

斎藤 日弁連の案も、先生ほど緻密ではないでしょうけれど、同じ趣旨の主張をしております。ちょっと妥協しているのは、印紙がただというのもどうかと思

いますので、1,000円ということにしたらどうかということです。一律1,000円、何で1,000円なのかとだいぶ批判はありましたが、一番安い単位で100円というわけにもいかないからというので、1,000円にしたのです。今の先生のお話の思想は入っていると思いますね。

23　複数の原告が争う場合の訴額

阿部　複数の原告が同一の処分の違法を争う場合の訴額について、最高裁の判例（平成12・10・13判時1731号3頁）は、ゴルフ場のための林地開発許可取消訴訟を提起した場合に、住民1人ひとりについては訴額算定不能として、訴額は現行法では160万（当時は95万）としたが、複数の原告の訴額を全部合算したものを基準に印紙代を計算する。印紙代逓減の原則がありますので、1人ひとりの支払額は1万3,000円ではなくて安くなりますが、いずれにしても相当の額を払わなければならない。最高裁は、1人ひとりの利益は別別だといっているのですが、私はそれは解釈論として間違いであると思うのです。原告はそれぞれ水利権とか、騒音被害とかを主張していても、それは訴えによって主張する利益ではなく、単に請求の原因にすぎない。主張しているのは、処分の取消しだけです。だから最高裁判決は間違いであると思いますが、こういう判決が出た以上、これはやはり立法的に整理していただいて、印紙代は1人分としてもらいたい。それに実際上も、こういう訴訟は、原告としてたくさんの人が参加しないと、運動論としてもうまくいかない。ところが、印紙代だけで100万もかかるとなると、運動は進まないわけですね。ただ、その次に弁護士の実践論としては、原告として何百人も必要ではなくて、死なない人が数人いればいいんですよね。ほかの人たちは原告になる代わりに、補助参加すれば500円で済むのです（民事訴訟費用等法別表第一17ニ）。それで「おれたちもやっているぞ」という意思を裁判所に伝えることはできるわけです。ですから、それでいいのかもしれないけれど。

斎藤　日弁連の案も、69条4項で、今の先生のお話のように、12年10月13日の判例を変更する、立法化するということにしています。

24　提訴手数料のものの考え方

高木　今までの裁判所は、一応、民訴の原則に従って、あとはある程度硬い感じでやってきたわけですね。やっぱり訴える側の立場に立って解釈しようという、そういう視点がなかったということでしょうか。

阿部　そうですが、そのほかに、私は最高裁民事局が解釈しているから、行政

法がわかっていないのだといっているのです。

高木 あるいは穿っていうと、なるべく行政訴訟を起こしにくいようにという、疑わしきは行政庁の利益という感じで、費用についても印紙代についても解釈がなされてきた。とすれば、そこは立法で打ち破る。それが今回の改正の趣旨にも合うわけだし、一見細かいようであるけれども、実際、実務に携わってみると重要だというふうにご指摘があったわけですから、特に国のほうは別に印紙を張ってもらわなくても困らないわけですからね。それは改める方向で立法すべきだということですね。

阿部 被告のほうは濫訴の弊を防ぐだけでいいはずですし、原告が1人でも100人でも、被告の困り方はほとんど変わらないんですよね。ただ、裁判所の手間暇ですが、原告が増えたからといって印紙代をたくさん取るほどではないと思います。原告は、少数で訴えると、孤立無援の訴訟か、大部分の人は納得しているのに、一部の者が不満を持っているだけだと見られて、裁判所に対しても世間にもインパクトがないから、みんな原告として名前を連ねたいというだけです。

高木 あとは、もともとの根本問題として、争っている金額に応じて取るという発想自体が正しいのかということはあるのですね、当然。

阿部 そうです。それは民事訴訟でも論じられていますが、今はその観点から逓減制にはしているのですが、それでたりるかですね。

七　弁護士費用の敗訴者負担

25　弁護士費用敗訴者負担原則導入断念への追込み

阿部 次は、弁護士費用の問題を取り上げます。その中でも、特に行政が負けた場合だけ行政に原告の弁護士費用を負担させる、原告が負けた場合は被告の弁護士費用を原告には負担させないという、片面的負担の話をしたいと思います。司法制度改革の中で、弁護士費用の敗訴者負担原則の導入が企図されたのです。これは、どちら側でも負けたほうが相手の分を負担するというもので、その理由は、訴訟で勝ったが弁護士に報酬を払うと結局、権利は目減りしてしまうということです。例えば1,000万請求訴訟で勝ったが、弁護士に150万払えば850万しか入らないというので、権利が目減りしてしまいますから、1,000万の権利を確保するために150万も相手から取りたいという話ですね。これは今でも不法行為については一割は判例上認められているし、民事訴訟学者のかなりが賛成していたのですね。ところが、これでは弱者が敗訴の場合の負担におびえて訴訟提起できない。政策形成訴訟などというのは、訴訟としては負けるけれど社会を前進さ

せるという面があるわけです。原発訴訟なども負けるけれども、しかし、あの訴訟があるから原発が安全に管理され、社会に大いに役立っているわけです。そういう政策形成訴訟が死滅する。そこで、弁護士会が全国的に大反対をして、今回、断念に追い込んだ。途中で、当事者が合意すればいいなんていう案ができたけれども、それも潰した。法案ができたあとで潰すというのは珍しい話です。

私自身は本誌に書いたことがあります（「基本科目としての行政法・行政救済法の意義(6)」自治研究78巻1号、2002年）が、この段階では敗訴者負担原則導入反対という守りの戦いだったけれども、今、私は弁護士費用をいずれが負担するのが公平かという観点から、もう一回見直してみたい。そもそも勝ったときに弁護士費用を負担して権利が目減りするのを不当と考えるか、負けたときに相手の弁護士費用まで負担させられて、泣きっ面にハチ、往復ビンタとなるのが公平なのかという問題がもともとあります。敗訴者負担の原則は、裁判がきちんとしたルールで両当事者対等で、本当に勝つべき者が勝つ、負けるべき者は負けるというすっきりした制度であって初めて妥当する議論だと思うのです。

それから、そもそも勝訴して、弁護士費用を払う段になって、高いなあと思うのは、勝訴しても相手から金をいくらも取れない場合だと思うのです。相手から1億円取れたら、弁護士に1,000万円払っても、9,000万円入るからいいやという気持ちになるけれど、相手から100万しか取れないのに、弁護士に何十万円払うのは割に合わないということでしょう。私は、賠償額が安すぎる場合が多いと思う。京都市役所で、市の職員から、「殺したろか。」と怒鳴られた市民が、外傷後ストレス障害（PTSD）になったとして、市に対し、損害賠償（慰藉料）500万円を請求して、50万円が認容された事例があります（京都地裁平成17年(ワ)第32号平成17・12・14）が、50万では多分、弁護士費用で消えているでしょうね。賠償額が安いからこの弁護士費用の敗訴者負担という議論が出てくるのではないか。慰謝料や賠償額を高くしろと私は思っているのだけれど。

26　行政側敗訴の場合の片面的負担原則の提唱

阿部　次に、弁護士費用の負担のさせ方について、多少原理的に考察しますと、訴訟はそもそも対等者間の争いと擬制されているのですが、現実はおよそ対等ではない。私の表現では、ネズミがライオンに挑むような訴訟が極めて多い。市民が提起する訴訟はもちろん、大企業が提起するものでも、行政訴訟では、被告の行政庁は巨費と無数の職員を動員して、その非公開情報を活用して、さらには種々の権限を乱用して押さえ込みにかかる。とてもじゃないけど対等ではない。その

七　弁護士費用の敗訴者負担

上、私は神戸市相手の住民訴訟を代理していますが、こっちのほうはヒヨコ弁護士一匹で、向こうはオオカミ8匹くらいも出てくるのですからね。

　保険会社の保険金不払い訴訟もやっていますが、保険契約者の事件は1つの事務所に集中しない。保険会社は、専門の弁護士をつけていてノウハウも持っているわけです。医療過誤も明らかに医者が有利だし、労働訴訟は、会社側なら大金をかけてやるわけです。原告はきわめて小さい虫けらと同じです。訴訟で争われる価値が原告と被告では違う。課税処分なら、原告は自分の税金だけ取り返したいのですが、被告としてはそれが取り消されたらほかに波及して、みんな取り消さなければならない。額が非常に大きくなるから争うわけですよね。小田急訴訟でも、原告としては自分の家の騒音がひどくて土地の値打ちが下がる、引っ越すときに損をするというだけの話です。ところが、被告にとってはあの大事業ができるかということですから、大変な金をかけて争うわけですよ。おまけに被告のほうは、訴訟で金がかかったという意識がないのですね。というのは、既に雇っている役人を使うだけで追加費用がないからですよ。会社ならすべて経費、損金に入れられるし。ところが、原告は自分の資金で新たに弁護士を雇わなければならない、そして、自分も一生懸命に努力しないといけないから、追加負担なのですよ。被告は役人が暇か忙しいか、それだけの話なのですよ。およそそういう点も不公平ですよね。ですから、ラムザイヤー・マーク「国税庁はなぜ勝つか？」ジュリスト934号130頁という論文の説明になるわけです。こういうふうに不対等関係であるから、本来、勝つべき者もなかなか勝てないのですから、勝ったら殊勲賞で、朝青龍と相撲を取って勝ったと思うべきなんですね（笑）。したがって、負けた場合は何も払う必要はない、勝った場合は相手から弁護士費用を回収できて多少公平になるという言い分です。

　現行法でも、不法行為では弁護士費用は、被告が敗訴したときには被告から認容額の1割を取れるということになっている（判例法、最判昭和44・2・27民集23巻2号441頁）ので、それを広げるかということです。その根拠は、不等応訴説、因果関係肯定説、具体的公平説といろいろあるそうですけれど、最近、課税処分を争っているうちに、それが職権取消しされた事案で、国から弁護士費用も取ることを最高裁が認めたのです（最判16・12・17判時1892号14頁）。これでいくと、行政処分取消訴訟のほかに、弁護士費用の国家賠償請求を併合請求できそうです。

　さっきの永源寺ダム訴訟というのも、取消しだけでは金は入ってこないから、原告の弁護士も大変です。ダム建設は土地改良事業でやっているが、農民が負担金を払わなくて済むという程度の話なのですよね。これでは報酬はたくさん取れない。しかし、国のほうは膨大な費用をかけてあの訴訟を維持してきたのだから、

原告側も、勝ったときはそれだけもらって対等という説明です。それでさえ勝訴率は低いから、原告弁護士は全然割に合わないというわけです。

27　被告敗訴の片面的負担の根拠

高木　2つ論点があると思うのです。当事者が対等でないという話と、それから違法な行政を是正することに貢献しているのだというその2つがあって、前者のほうは行政法に特有ではなくて、例えば大企業を相手にする場合にも似たようなことがあるというわけですね。阿部先生の基本的な立場は、きょうのプレゼンテーションでは対等性のことに重点を置かれていたようですけれども、以前はむしろ法治行政に貢献しているからという面を強調されていたと思うのですが、そのあたりはどういう違いがあるのでしょうか。

阿部　いや、あまりよくわかっていなくて、両方いろいろ考えてみたのです。それともう1つ追加ですが、敗訴者片面的負担原則は不法行為の場合には今の判例で使われていますが、契約法には適用されていない。行政処分というもののうちでも、不利益処分は契約関係がなくて一方的に行うものですら、一方的に殴られたのと似たようなもので、不法行為に準ずるということです。そうすると、行政処分の取消訴訟については不法行為訴訟と一緒で、基本的に敗訴者片面的負担とすべきです。

高木　不利益処分についてはそうすべきということでしょうか。

阿部　そうです。受益処分の拒否は別ですが、不利益処分は一般的にそうだと主張したいのです。

斎藤　受益者分の給付の拒否の場合は、ちょっと違ってきてしまいますが。

阿部　給付の拒否は、不法行為ではないと考えるか、法律上で認められるべき給付を拒否するのだから、契約とは違うと考えれば、不利益処分と似たようになるかもしれない。

28　刑事訴訟の場合

高木　そうすると、ちょっと別の場面だと、刑事訴訟がありますよね。検察官が起訴して、「あなたは犯罪者だ」というと、被告人は防御しなければならない。そして、無罪判決をかち取るためにすさまじく弁護士さんを動員したというときにも、弁護士費用は返ってきません。

阿部　そうです。それは極めて不公平です。しかも、国家賠償訴訟では、検察官が起訴当時、あるいは訴訟遂行当時には、有罪判決を得ることができると思え

七　弁護士費用の敗訴者負担

るだけのそれなりに十分な資料があったなんていうことにされると、過失がない（芦別国家賠償請求事件最判昭和53・10・20民集32巻7号1367頁）から刑事補償だけです。しかも、刑事補償は保釈されている期間は出ない。捕まっている期間に応じて最高1万2,500円もらえるだけで、弁護士費用はまったく出ないのですね。

高木　阿部説でいくと、刑事補償のほうもやっぱり何か手当てしなくてはいけないということになるんですね、当然。

阿部　基本的にそうですね。警察側からいわせると、無罪になっても灰色無罪だ、本当はやっているんだという言い分があるものだから、なかなか話が進まないんです。しかし、国が有罪を立証できなかったら、それは灰色じゃなくて完全無罪と見なして、保釈中でも補償すべきだし、さらに進んで、弁護士費用も出さないと不公平だと思う。そういう制度がないから、無実の人でも、何十万を払って告訴を取り下げてもらったほうがいいということになります。これは、およそ法治国家ではありません。

さらにいえば、たとえば、痴漢で捕まった場合、無実の主張をすると、長期間勾留されて、職を失ってしまうことが多いようです。都迷惑防止条例違反の痴漢で法定刑は罰金5万円以下なのに否認したため起訴後も78日も未決勾留された事案で、裁判所は、不必要な長期化を避けるための配慮が十分であったとはいえないとしつつ、これを刑に算入しなかったことが著しく正義に反するとは認められないとしました（最二決平成14・6・5判時1786号160頁）。有罪になった場合でも、この未決勾留はおよそ比例原則違反で、国家賠償すべきではないでしょうか。裁判所の裁量が広すぎ、被疑者の人権はどこかに飛んでいます。

高木　ちょっとうろ覚えなんですけど、この敗訴者負担原則というのはドイツではそういう基本をとっていて、そのかわり弁護士保険というのでカバーしているという話があったのですが。

阿部　そうです。それで、弁護士費用も法定されております。

高木　保険でカバーできないとすれば、あとはやはりそういう個別のケースを見て解釈論なり立法論でルールを変えていかなければならないということになるのでしょうか。

阿部　もちろん弁護士費用敗訴者負担の制度を導入しても画一的になると思うから、実際にかかる費用よりはずっと安くなるのですね。通常の事件はともかく、大事件ではそんな普通の弁護士費用では間に合わなくて。

高木　斎藤先生いかがですか、この部分は。

29　行政訴訟勝訴報奨金制度

斎藤　今の話は、その限りでは阿部先生の話にほとんど異論はないのですけれど、先生はきょうは報奨金の話はなさらなかった。以前は報奨金のお話しをされていましたね。それで日弁連の案の解説に書いておりますけれど、これは評判が悪かったのですよ。報奨金までは、何か弁護士費用に20を掛けた額を限度とする範囲で払えとかなんとかいうのがありまして、真面目に議論したのですが、これはちょっと、どうかなというのでやめまして、敗訴者負担のところはきょうの理由づけは高木先生が分析されたように、少し変わったのかもしれませんけれど、基本的には、そうだねということになって我々の法案にもそのまま入れさせていただいているという、こういう関係です。

阿部　私は、原告勝訴の場合には、それが原告だけの利益になるのではなく、行政の違法を一般的に是正して、社会に大きな貢献をすることが多い。その一部を原告代理人に褒賞金として出せば、行政訴訟も活性化し、社会もその恩恵を受けると思う。しかし、皆さん賛成しない。余計に儲かるのはおかしいじゃないかと反論される。懲罰的賠償に対する反対も同じで、受けた損害を超える賠償をさせるのはおかしいじゃないかといわれる。しかし、儲けさせたって社会全体がより儲ければいいではないかと思う。ただ、現状では、そういうと、通るものも通らなくなるから、私のほうにもかなり自粛効果が働いて、今日は少しおとなしく言っただけなのです（笑）（追記：阿部泰隆『行政法解釈学Ⅱ』（有斐閣、2009年）277頁でその要点をまとめた）。

斎藤　この弁護士費用の敗訴者負担問題については、随分大きな運動を日弁連はしたので、不導入は非常にいいことだと思います。行政訴訟をどうするかというときに、お金の問題を議論するというのはなかなかないんですね。結局、行訴の本体のほうがもっと難しいものだから、そこまで目が行っていない。阿部先生のように本当に全部わかっている人が見たら、「これも大事だ」といっているという議論なので、大事だということは私は全然逆らわないのですけど、私らの今回の文書でも、「その他の課題」に落とし込んでいるというような感じですね。

阿部　日本では、お金が儲かるという話を提案するのはけしからんと思う人が非常に多いのですね。やはり正義ならただでやってくれと思っている人が非常に多いのです。お金を儲かるしくみができれば正義が実現されると考えてほしいのですが。

高木　阿部先生は最初の留学はドイツですけれど、その後はアメリカに行かれて吹っ切れて帰ってこられたわけですよね。

阿部　アメリカをよくわかっていないけれど、アメリカナイズの発想だと私はいっているのですよ。私が好きな経済的手法というのは、ドイツ人は嫌いなのですが、アメリカ人は大好きなのですよ。

高木　経済的手法と情報ですか、それですべてという考えですね。

阿部　それで全てではありませんが、それを重要視します。ドイツ人は金で解決することが嫌いなのです。

高木　ええ、建前としてですね。本当は儲かりたいと思っているのですけれども、あんまりあからさまにいってはいけないという意識がある。

阿部　そうですね。日本も、ドイツ流のそういう感覚のある国ですから、正しいことはボランティアでやれ、おれはやっていると。弁護士が行政訴訟で勝ったら報奨金を出せなどということは、金儲けのために提案しているのじゃないかという抵抗が多いのですね。

高木　それは、行政法の世界でもやっぱり同じですね。

八　不服申立期間

30　行政不服審査法の改正作業

阿部　では次に、「行政不服申立て、行政審判の改正」ということですが、今、小早川先生がこの検討をやっておられるのですね（追記　総務省からの検討要請を受けた行政不服審査制度研究会　小早川光郎座長）。それをフォローしてちゃんとした案を提示するというか、修正案を述べるとかいう作業をすることは必要だと思うのですが、いつごろ中間報告ができそうですか。

斎藤　まず、冒頭に申し上げたように、委員の有力な先生方からはそんなに改正論は出ていません。日弁連は、2005年12月9日付で、「行政不服審査法の抜本的改正に向けた検討を求める意見」を正副会長決済で作っております。これは、その行政不服審査制度研究会のヒアリングで発表しました。

阿部　ちょっと紹介していただけますか。

斎藤　小早川先生の研究会には、この意見を担当副会長が出て報告し、越智敏裕君が補足説明し、京都弁護士会の湯川二朗君が豊富な事例紹介をしました。湯川報告は非常によくまとまっていて、8個も具体的な事例を発表いたしました。

　ちょっと日弁連の意見を紹介しますと、今の不服審査制度は全然役に立っていないので、もうこんなものはなるべく早くやめて訴訟に行くなり、やめるなりしたいという説と、やっぱり重くして適正手続きをきっちりして、できれば法曹が、資格を持った人が判断したほうがいいという説と、議論は両方に分かれるのです。

その議論がまとまりませんで、両方入ったちょっと鵺的な意見でまとまったわけです。項目だけを申し上げますと、1つ目は不服申立期間の延長、2つ目は原告適格の拡大、それから3つ目はより広く、より早期の段階での行政不服審査制度の創設、4つ目は救済方法の多様化、5つ目は執行停止要件の緩和、6つ目は審理方法の改善、7つ目は審査請求前置の原則不可の解消です。それで、研究会ではヒアリングが一応終わりましたらまとめをして、そのまとめを持って検討会のようなものをもう一回作り直して、そこで改正案を作るのではないでしょうか。総務省のほうは改正をしたいという方向で動いているようです。しかし世論はあんまり沸騰していない、こういうのが今の状況のようです。

阿部 斎藤さんに、不服申立の改正についてまとまった論文を書いていただくということができればいいのですが。

31　不服申立前置主義は必要か

阿部 いずれにしても今のままでは、不服申立期間が短すぎる。行政訴訟の出訴期間も3カ月を6カ月に延長したわけですから。特に前置主義がおかれている場合には、不服申立期間を徒過すると、行政訴訟の機会を失いますから、少なくとも6カ月まで延ばすべきです。前置主義をとっていないのだったらまだわかるけど。

斎藤 この改正はやはり要りますか。日弁連のさっきご説明した意見書でも、今、先生がおっしゃったような意見にしていますが。私は個人的には不服申立期間は不必要だと思っているのです。行政だけを特別に扱う必要を少しでも減らすべきだという考えからです。

阿部 私は、不服申立て期間は要らないのを原則とすべきだと主張しているのです。期間を長くしたら争うのが遅くなる。そうすると、勝つのが遅くなる。これは被告には不利ではない。執行停止が効いていると、役所が困ることはあるけれど、執行停止が効かなかったら、役所としては事業を勝手に進める。あるいは公務員をクビにしたままだから1つも困らない。営業許可の取消しでも、商売ができるのが先になるだけだから役所は1つも困らない。課税処分だって、税金を返すのが先になるだけだから1つも困らない。役所の書類整理だけなら、税金なら最長7年まで遡って取るのだから、60日で書類を捨てているはずはない。出訴期間も不服申立期間も3年くらいには延ばしていいはずだ、執行された後にひっくり返ったらどうするといったら、それでかかった費用を少し原告から取って税金を返せばいいのです。税金を返したり執行したりと大変な苦労をしたとい

うのなら、執行費用だけ差し引いて税金を返せばいいのです。オール・オア・ナッシングで全然争えなくなるのは極端で、しかも一日一秒違っただけで、争えなくなって、大損するのは、およそ比例原則に反する立法です。

　もちろん、さっきの計画の訴訟などでは、期間をつけたほうがいいですが。

　前置主義が必要かどうか。不服審査で救済しているのがどのぐらいあるかということですが、私は自治体の公平委員会などというのは無駄だと思う。市長に逆らって処分をひっくり返すということはめったにないからです。国の人事院の公平審査もほとんど役に立っていない。あれは人事官が決めるわけではない。その下の審査官が決めるのだけれど、あれも全然裁判らしくないから、無駄な手続きです。自治体の例えば個人情報保護審査会とか情報公開審査会などは、前置主義ではないので、また裁判をゼロからやるんですよね。私は、本来なら行政法の学者か弁護士でそういう委員会の委員になる人が地裁の判事を陪席で兼ねて、そういう事件をちょっと処理するというほうがいいのではないかと思うのです。ドイツも行政法学者が高等裁判所の陪席をよくやっていますね。そういう気はするのだけど、どちらがいいのでしょうか。

　ただ、情報公開審査会はそれなりにチェックしているのですよね。

　高木　ええ、そうです。ですから問題は、審級が増えるということですね。基本は全部、地裁から始めるということにしていますから、せっかくきちんとした不服審査をしても、また残り3回戦ある。それはやっぱりいかにもおかしいので、ドイツの行政裁判の歴史を遡っていっても、そんなに全部4つ、5つになるというような仕組みはなかったわけですから、もうちょっと簡素化するほうがいいと思いますね。

　阿部　その点、問題は労働委員会ですよね。

　高木　あれが一番ひどいですね。

　阿部　労働委員会の中労委までやったら地裁省略でいくか、という議論をされているのですが、労働委員会の審理のやり方はまだ裁判に準じていないとの見方がある。まして情報公開審査会を地裁並みとは、裁判所は絶対に思ってくれないから、まあしようがないでしょうね。そして裁判所のほうがそんなに行政法専門家を雇えないというのだから、これは現状維持ですかね。ただ、情報公開審査会は前置主義ではないからまだいいのです。

　高木　あとは、韓国の行政審判といわれているものはかなりよく機能しているという研究がありまして、特に規模の利益というのでしょうか。たくさんの事件を扱い、しかも何カ月以内に決定しようという縛りがあるものですから、かなり頑張っているという認識があります。もしやるのであれば、ばらばらに全部やる

のではなくて、まとめたところで処理するということで、そういうことが立法論的には考えられると思います。

阿部 例えば、韓国では大法院と憲法裁判所とが競争していい判決を出すようにと、そういう競争意識を持っているというのですよ。

高木 ええ、善意の競争ですよね。それと、先ほども申し上げたとおり審判庁それぞれが……。

阿部 ところが、日本では競争しないで、どっちともさぼりたいというふうになっているようなので、競争して成果を上げないとその組織をお取りつぶしにするという制度を作るべきですね。人事院の公平審査は、まず救済しない。それで処分が裁判で取り消されるなら、そんな組織は要りませんよ。職員ごとなくしてしまえばいい。

そのためには前置主義という法的独占をやめるべきなのですよ。前置主義というのは、無能でもお客が来るという仕組みですから。そうではなくて、市場でお客が来るようにすることです。要するに、人事院に不服申立てをしたら裁判所より簡易に迅速に救済してもらえるならお客が来る。そうでなければお客は来ないですよ。こういうのは前置主義の縛りをやめて市場で競争させて、お客が来なかったらその組織はつぶすということに自然にならざるを得ないようにしたほうがいいと思うのですよ。

それから、審理手続の改善でよくいわれているのは、審査庁が自分で証拠を集めてきて、それを原告、申請人に見せないで裁決を下してしまうというものですね。あれはあまりにもむちゃくちゃだし、処分庁が異議申立ての審理をするとかいう場合だったらなおさら、おかしいし、審査庁であってももとの処分庁と仲間同士だから、結局まともな審理はしない。家内が駐車違反でレッカー車で車を持っていかれたときですが、それはバス停用に歩道を削ったが、バス停にはなっておらず、全く使っていない空間だったので、駐車禁止は無効だと、家内の代理で審査請求を行ったのですけれど、公安委員会の職員と担当の警察官は仲間同士ですから、まともに取り合ってくれません。制度を適切に政策評価する仕組みがなければいけない。今は政策評価もあるのですから、あまり役に立っていない組織、仕組みはつぶすということで審理してほしい。

行政審判の場合はたくさんあって、それぞれ理由が違っていて大変でしたね。

斎藤 10年ぐらい前に、小早川先生が主催で行った研究会（「事後救済制度調査研究委員会報告書」平成10年6月4日、ジュリスト1137号159頁以下）、あれを読んでよくできていると思うのですけれども、その報告書でも不服申立ては簡素化したほうがいいのか、適正手続的に重装備したほうがいいのか整理ができていない

　　　　　　　八　不服申立期間

から両方がやはり混在していますね。

　阿部　人的資源の問題があって、裁判所にやってもらおうと思ったら、裁判所は行政法の全体に詳しい人の数が足りない。それで役所にやってもらうといったら、役所もそんなに専門家を雇っている余裕はないというのでどこもやる人がいないものだから、それで行政審判庁を作るかという話が出てくるのです。しかし、労働保険、年金、税金などのすべての行政にかかわる不服申立てを1カ所のところでやることは、人間の能力上無理なので、専門部を作るということになる。それなら、それぞれのところに不服申立機関を置く今の制度とどれだけ違うのか。共通ルールを作っておくことは必要ですけれど、組織を行政審判庁として1つにするほうがうまくいくのかよくわからないんですね。それよりは、自治体の税金についてまともな不服申立機関はないから、地方税についても国税不服審判所に全部持っていけるようにして、その調査官は税務署から呼んでも、移籍した人だけにすべきです。国税不服審判官も次に税務署長になれるのだと思って来る人はだめです。退路を絶つぐらいにすべきです。

　斎藤　塩崎恭久さんという有力衆議院議員が発議されて、すべての準司法手続きを持っている官庁にアンケート調査をやったのです。それをみてみますと、日弁連のほうで整理してみたら回答がありまして、一番は比較的多く利用されているもの、2番はあまり利用されていないもの、3番は比較的新しく創設され運用実績に乏しいもの、4番は近時法改正がされたのでまだわからないというもの、この4つか5つに分けますと、比較的多く利用されているというのが人事院と公正取引委員会と国税不服審判所と厚生労働省の労働保険審査会、あるいは社会保険審査会、国土交通省の海難審判庁、ここまでです。あまり利用されていないと役所がいっているのですから間違いないと思いますが、総務省の電波管理審議会、公害等調整委員会、法務省公安審査委員会、法務省中央厚生保護審査会、環境省公害健康被害補償不服審査会。それから比較的新しく創設されているのに運用実績が乏しいものとして、金融庁の審判部門で、近時法改正がなされたもので特許庁の審判部、厚生労働省の中央労働委員会、国土交通省の船員中央労働委員会というふうに分かれて、利用されているのはわずかなんですよね。それをどう整理していくかで阿部先生が随分ご苦労なさったのですけれど（追記　この自民党の司法制度調査会の取り組みとその取りまとめに関しては、ジュリスト1352号2008年が、研究者による座談会と論文を掲載している）。

　阿部　その前に不服申立が前置主義になっているのは、利用されているのではなくて利用を強制しているというのです。利用を強制しているかどうかで分類する必要がもう1つありますね。人事院への審査請求が前置されているので、やむ

をえず申し立てる。それで権利救済は3カ月遅れて、3カ月たって出訴すると（行訴法8条2項1号）、また人事院の審理が進まなくなるのです。

高木　1年以上かかってしまうものがかなりあるとか、それで何とかしなくてはいけないとか、そういうのもあったんですね。

阿部　人事院はほとんど勝たせていないから原告はすぐ裁判所に行っちゃうんですよ。

やはり私は自由競争がいいと思いますね。不服審査を前置主義とする例外を厳格に判定する必要があります。

私は税金が前置主義でいいと思うのは、課税処分はすぐ執行されるわけじゃないからです。ところが、公務員の免職処分は発せられたら直ちに執行されていますから、早く助けなければいけない。年金とか生活保護などは、どうですかね。

32　行政審判庁と行政裁判所

斎藤　さっきの私の質問ですが、両先生はどうでしょうか。簡単にすべきであるのか、やはり適正化したほうがいいのじゃないか、長くかかるかもしれないけれどという2つの逆方向の意見は？

阿部　行政だけで丁寧に手続をやって、また裁判所に行くと二重になるから、行政の段階であまり手間ひまかけないで少し改善して、あとは裁判所へ持っていってしまうほうがいいか、それとも行政裁判所をつくってしまうか。

斎藤　極端にいえばですね。

阿部　行政審判庁をつくって、実際は行政裁判所と理解して、あとは高裁しかないのはどうか。

高木　審判庁をつくって、あとは高裁へ持っていくというのがいいのかと私は思います。

阿部　ただ、高裁は行政事件に専門的かという問題も出ますね。高裁は、民事と刑事に分かれているだけで、行政部をおいていませんので。

高木　そうですね。だから事前手続をきちんと経たものはすぐに裁判所に持っていく。どっちかにしないと何か、全部中途半端になりそうな感じもします。

阿部　日本の制度は本当に中途半端です。行政審判庁をつくって、それが1審の代わりになるとして、高裁で続審で全部審理し直すのか。今の民事はそうですね。それとも公取みたいに実質的証拠の法則を与えるのか。それほどの話かということなのですよ。

高木　分野によって分けるのでしょうか。分野ごとに、ある分野は事前手続を

九　その他の残された課題

重くして、ある分野はダイレクトに訴訟に持っていく。仮の処分のようなことをやっておいて、審判庁による審判を受けて、高裁に行くとか、全体を通して丁寧にやるところ、事実認定的なところは１回かせいぜい２回にするというふうにするのが合理的な制度設計といえるかと。

阿部　そうすると、どういうふうに分類するかで大変ですね。ただ、普通の事件はそんなに裁判所ができないほど難しいものではないですよね。裁判官がちょっと、半年ぐらい勉強すればいいんですよ。だって、廃棄物処理施設の許可取消しなど、最近各地で問題になっていますけれど、こんなのは裁判所でわかるはずで、事前手続きを一応ちゃんとやってもらえば争点がはっきりしてくるからやりやすいですよね。

高木　ただ、そこも冒頭の裁量の問題と関連して、どこまでチェックするかということで、手続きと過程だけをみるのであればそんなのは必要ないというか。

阿部　いや、手続きだけではなく、もちろん裁判所は実体に入るのです。裁判所が入れないほどの専門技術的なものなら別だけれど、普通のものは被告に処分する理由をちゃんと説明してもらって、争点を明確にしてもらえば、ひどいミスかどうかというのは判断できますよ。

高木　原子力訴訟は、地裁からやること自体が何となく違和感があるということはありますね。それで、地裁がここは十分安全だといい、高裁はそうじゃないといい、最高裁がまた逆のことをいう。それぞれどういうふうに工学的合理性を理解するかによっても全部、判断がぶれるというのはちょっとどうかと思いますよね。何のための原子力安全委員会なのかという気がしますね。

阿部　そろそろ時間もなくなってきたのですが、残された課題として何がありますか。

阿部　私は、今回の改正で行われなくて、やるべきだったと思っておりますものに、公権力の行使について仮処分禁止の規定（44条）を廃止して、何か工夫してほしいということがあります。これはあまり動いていない。ただ、廃止するにはまだ抵抗があると、みんないうんですよね。それから今回、義務付け訴訟や差止め訴訟に対世効を認めていないのでうまくいくかというのが問題です。本当はこれはやっぱり取消訴訟と一緒で、原告勝訴判決の対世効を認めるというのが筋だったのではないか。行政法関係はそもそも画一的なのだからと思っています。これが、残された課題の１つです。

九　その他の残された課題

斎藤　恒常的な機関の設置の話をしていただきたいのですが。

第三部　さらなる行政訴訟制度の改革について

阿部　これは斎藤さんにお話しいただきたい。

斎藤　先生方のほうがお詳しいと思うのですが。中川丈久さんに聞いたことの受け売りですけれど、イギリスとかスコットランドではLaw Commissionという制度があって、恒常的に立法提案をしている。アメリカでは例のエイカス・Administrative Conference of the United Statesがあって、一時廃止されましたけれど、またできて、実体法も含めてチェックする恒常的機関があるというので、そのアイデアで日弁連も若手の会もそういうことをずっといってきたのですけど、実際にはなかなかできません。まず、どこに作るかというので、どんなイメージかということがあって、この間あった推進本部のような内閣総理大臣を本部長とするようなものは、今のように潮が引いた後、なかなかできにくい。そうすると、国家行政組織法8条の合議機関、地方分権推進委員会のようなイメージでいろんなことができる組織がいいのかとか、政策提言型審議会、諮問委員会のようなものがいいのかとか議論はいろんなところでしたのです。与党でもしていただいたのですけど、潮が引いているからできないという問題と、うまくはまらないという問題点と両方でまだできていないのです。

両先生におかれては、無理のないところで例えばこういうものをしたらどうかというのでご意見を伺いたい。

まず日弁連はそういう推進本部のようなものを先に言っていたのですけれど、一向にできないものですから、最近の要望書では、まず審議会のようなものをつくっていただいて、そこで2～3年かけて議論をして、そこで議論がまとまったものを今度はもう1つ上の推進本部として作るというように、ちょっと二重にしてでもいいから何か作ってほしいといっているのが、この第2次改革の要望書の最後のあたりなのですけれど、先生方のご意見をお聞きしたいと思います（追記　日弁連は2011年8月、ワシントンに上記ACUSのほか2機関の調査団を送り、その結果は会内向け報告書—行政救済制度3論点に関するアメリカ調査報告書—にまとめた。必要な方は日弁連法制一課に問い合わされたい）。

高木　これは私が一番苦手な分野ですので（笑）。今日出た話ですと、国交省に行政計画についての何か研究会が設けられている。それから総務省に、行政不服申立てですか、その見直しの委員会が設けられているという形で、まずは個別のイシューごとにそれぞれの関係のある省庁で委員会があって研究し、それが煮詰まってきたら何か表に出ると、こういうのが現状ですよね。そういうものを打ち破ろうというのがまず日弁連の立場で。

斎藤　それはそれでいいけれど、それ以外にもということですね。

高木　はい。もう少し全体を見て、行政訴訟の利用者というサイドからやるべ

九　その他の残された課題

きだと。確かに当事者が見直しというだけではやっぱり不備なところが出ますので、国民の立場に立ったそういう提言する機関が設けられるということは非常に望ましいことだと思います。ただちょっと、具体的なアイデアはあまりないので、そのあたりいかがでしょうか。先生いかがですか。

阿部　これは、司法マターなのか行政マターなのかで、司法マターは法務省の管轄、行政マターは総務省管轄となれば、「泥棒につくらせる」ことになる。そこで、内閣官房に持っていくという話ですけれど、内閣官房に持っていくには政治力が要るでしょう、恐らくは。だけど行政横断的な話だったらね。

斎藤　総務省に置いたらだめなんですよ。上に持っていかないといかんのです。そのアイデアなんですよね。

阿部　この話全体として、全部つながっているから、ばらばらにそれぞれが担当するのではない。訴訟費用から弁護士費用から入っていると法務省マターであるし、計画なんかから入ると国交省などのマターでもあるが、全部まとめて、だから新組織と。

斎藤　それで事務局を今までの事務局じゃなくて若手の行政法学者にも入っていただいてというような、そういう恒常的事務局で、専任ではなかなか難しいので半専任でもいいからと、こういうようなアイデアも出しているんですけどね。

阿部　でも「分けられるでしょう」と言われるかもしれませんね。

斎藤　そうそう、そういわれるでしょうね。

高木　あとは、今回の司法制度改革のほうは特に年限を切られていたからできたという議論があるのですね。集められた人間が、元の組織に戻るためには、何か仕上げなければならないというプレッシャーが大きかったということもありますので、ちょっと微妙ですよね、その恒常的機関がよいのかどうかというのは。

斎藤　ですから、どんな理論家がいっても、波が引いちゃったらできませんからね、制度は。ですから、ともかくどこかで何の機関を作らないといけない。

阿部　その機関をつくる気を起こさせるには、これは結局、国家のためだよ、役所のためだよというのを思い込ませるような、といいますか、役所が正面から反対しにくいような説明を最初にしなきゃいけないわけですよ。

斎藤　それと、昔と違うのは、与党にもそれを対応する人が出てきていますからね、そこを活用して。

阿部　昔の利権政治の自民党では、もう世の中通らなくなったのだと。

斎藤　もう非常に賢いですからね、皆さん。

阿部　世の中の流れが変わったのだから、国民のためになるというか、正面から透明に違法を是正するというのが、むしろ我が政権も維持できるゆえんだ、政

権政策はそうやるべきだと考えてほしいですね。

おわりに

阿部 では、最後に一言お願いします。

斎藤 今日は論客のお2人と行政法制度分野の第2次改革の話をする機会を与えていただいたことに感謝します。最後にここまでのところでは申し上げていなかったことを申し上げます。裁判所の分野について言えば、ここ30年ほど続いた司法消極主義の呪縛が解けてきた感じがあるので、本来優秀なわが国の裁判官が、自己の見識にしたがって行政関係事件を取り組んでくれれば、制度改革がなくても大いに国民的な視点の裁判例を輩出できると思います。裁量はそのような分野であるとも言えます。他方、制度改革がなければなしえないこととして国レベルの住民訴訟（公金検査訴訟）があります。今騒がれている入札談合問題でも、地方レベルでは地方自治法の住民訴訟制度があるから不正はかなり防げていますが、国レベルでは公金検査訴訟法を作るか、入札談合等関与行為の排除及び防止に関する法律の中にそのような趣旨の制度を導入するような単独改正をおこなわないとだめだと思うのです。これは1例ですが、節目節目で国民にとって必要な制度提案ができる場を政府の高いレベルに置いてもらい、個別実定法の改良点検にも踏みだしてもらうことが非常に重要です。日弁連からもこれから種々提起しますので、学会のかたがたも是非第2次改革に参加していただきたいと思います。

高木 今日は、お2人の改革への熱意に改めて触れ、大いに啓発されました。
　私は、どちらかというと気が弱い人間で、あまり期待すると失望するだけだからという発想をしがちなのですが、壁が厚くても頑張ってたたき続けなければならないということを教えられたように思います。振り返れば、第1弾の改革が一定の成果をあげたのも、日弁連の「是正訴訟」の提案、それを理論的にバックアップした阿部先生の「相対的行政処分論」があったからこそだと思います。私の「当事者訴訟活用論」は、たまたま、最高裁判所がこれまでの判例政策の誤りを直接的な形で認めずに済むからという理由で採用されただけともいえます。処分性を拡大するかのような最近の最高裁判決は、見方によると改正法のメッセージである確認訴訟の活用を必要なしといっている面があるので、事態を複雑化しているのではないでしょうか。つまり、本来は阿部説が正しかったことを今回の改正論議で認識した、そこで判例変更して阿部説を採用すると最高裁が明言するならそれはいさぎよい姿勢ですが、従来の判例の定式は維持しておいて、おかしな「仕組み解釈」をすることで「判例による積極的な法創造」をしたつもりになっているとすれば困ったものです。

おわりに

　いずれにしても、処分性とか原告適格という入り口の問題は、実は 2 次的なものにすぎませんで、司法による行政のチェック機能の強化はようやく土俵が整備されつつある段階であるということでしょう。その意味で、本日議論になった「裁量統制」の領域でも裁判所がきちんと国民・市民の視点にたって「積極的な法創造」を行っていくのかを監視していく必要がありそうです。

　裁判所は、常に、自分たちは腰が引けているわけではない、行政法規がきちんとできていないからだ、という言い方をするのですが、それでは、結局は現状肯定、秩序維持優先になってしまいます。少数者の利益を守る、つまり法律という形で自己の利益を明示的に保護してもらうことのできない国民・市民のために「積極的な法創造」をするのが憲法の予定する裁判所の役割だと思います。ただ、そうはいっても、すべて「憲法適合的解釈」でなんとかするということにも無理があります。そこで、行政計画についての争訟手続であるとか、公金検査請求訴訟であるとか、立法によって適切な利害調整の仕組みを工夫することが当然必要になってくるのではないでしょうか。その意味で第 2 弾の改革は必須であり、その実現のための努力を各方面で積み重ねるべきだということを感じました。

　阿部　本日はお忙しいところ、長時間にわたってありがとうございました。

　第 2 弾の改革ということで、長くなりましたが、私の問題提起を聞いて頂いて、御議論賜りました。不十分ではありましたが、とにかく、違法行政を減らし、国民の権利救済の進展を求めるには、更なる改革を行う必要があることが読者の方にもおわかりいただけたと思います。読者の方も、この議論をさらにブラッシュ・アップして、さらに国民的な運動を盛り上げることができるように、ご支援賜れば幸いです。

第四部　行政事件訴訟法第 2 次改正法案（日弁連）

一　日弁連・行政事件訴訟法第 2 次改正法案

2012 年（平成 24 年）6 月 15 日
日本弁護士連合会

当連合会が 2010 年 11 月 17 日付けで公表した「行政事件訴訟法 5 年後見直しに関する改正案骨子」につき、さらに検討を進め、次のとおり「行政事件訴訟法第二次改正法案」を条文として具体化した。

要旨（主要改正事項）

1　原告適格の拡大

現行法 9 条 1 項の「法律上の利益」を「法律上保護に値する利益」に変更するとともに、同条 2 項に個別的利益を要求しない旨の解釈指針を規定し、確実に原告適格を拡大する（改正法案 9 条）。

2　義務付け・差止めの訴えの要件緩和

いわゆる非申請型義務付け訴訟については、活用を阻害している「重大な損害」要件を削除し、申請型義務付け訴訟と一本化するとともに、差止めの訴えについては、「重大な損害」要件を削除し、活用しやすくする（改正法案 37 条の 2、37 条の 4）。

3　執行停止・仮の救済の要件緩和

制度の活用可能性を高めるため、執行停止制度については、「必要」がある場合にはできるものとするとともに、公益上重大な支障がない場合には仮の執行停止を行う制度を創設し、また、仮の義務付け・仮の差止めについては「損害」要件に緩和する。いずれの場合も本案訴訟の提起を不要とする（改正法案 25 条、37 条の 5）。

4　本案審理

実体審理に入りにくくする現行法10条1項を削除するとともに、裁量審査を強化すべく、裁量審査の方法を例示列挙するものとする（改正法案30条、37条の2、37条の4）。

5　行政計画、行政立法に対する訴訟

行政計画、行政立法に対する訴訟手続に関する規定を設け、個別法による争訟制度の導入を可能とする（改正法案41条の2〜41条の6）。

6　訴訟費用・弁護士費用の行政側負担制度

原告敗訴の場合も含めて、原則として原告に訴訟費用を負担させない制度とし、原告勝訴の場合には、その弁護士費用の支払いを被告に負担させることを命じる制度を導入する（改正法案47条〜49条）。

行政事件訴訟法第2次改正法案及び説明

第一章　総　則

> （目的等）［新設］
> 第1条　この法律は、行政事件訴訟の手続等を定めることにより、国民の権利利益の実効的な救済及び適法な行政活動の確保を図ることを目的とする。
> 2　行政事件訴訟については、他の法律に特別の定めがある場合を除くほか、この法律の定めるところによる。
> 3　この法律は、第1項の目的に沿うように解釈され、かつ、運用されなければならない。

【説明】

目的規定を欠く現行行政事件訴訟法（以下「行訴法」という。）は、国民の権利利益の救済という点で不十分なだけでなく、国民による行政のチェックという視点が十分でない。そこで、行政訴訟制度が、違法な行政の行為から国民を守る

第一章　総　則

という目的とともに、行政の違法な作用の是正という目的を持っていることを本条1項で明定することとし、さらに2項により、この目的に沿うよう本法が解釈運用されるべきことを求めている。

なお、3項については、より具体的に、次のように規定すべきとの意見があった。
2　この法律は、前項の目的に沿うように、違法行政に対する救済の実効性、行政と私人の対等性、救済ルールの明確性を旨として、解釈され運用されなければならない。

> （行政事件訴訟）
> 第2条　この法律において「行政事件訴訟」とは、抗告訴訟、当事者訴訟、命令訴訟、計画訴訟、民衆訴訟及び機関訴訟をいう。

【説明】
　行政事件訴訟に、第三章の二に規定する命令訴訟及び計画訴訟を追加することを規定している。

> （抗告訴訟）
> 第3条　この法律において「抗告訴訟」とは、行政庁の公権力の行使に関する不服の訴訟をいう。
> 2　この法律において「処分の取消しの訴え」とは、行政庁の処分その他公権力の行使に当たる行為（次項に規定する裁決、決定その他の行為を除く。以下単に「処分」という。）の取消しを求める訴訟をいう。
> 3　この法律において「裁決の取消しの訴え」とは、審査請求、異議申立てその他の不服申立て（以下単に「審査請求」という。）に対する行政庁の裁決、決定その他の行為（以下単に「裁決」という。）の取消しを求める訴訟をいう。
> 4　この法律において「無効等確認の訴え」とは、処分若しくは裁決の存否又はその効力の有無の確認を求める訴訟をいう。
> 5　この法律において「不作為の違法確認の訴え」とは、行政庁が法令に基づく申請に対し、相当の期間内に何らかの処分又は裁決をすべきであるにかかわらず、これをしないことについての違法の確認を求める訴訟をいう。
> 6　この法律において「義務付けの訴え」とは、行政庁が一定の処分又は裁決をすべきであるにかかわらずこれがされない場合において、行政庁

> がその処分又は裁決をすべき旨を命ずることを求める訴訟をいう。
> 7 この法律において「差止めの訴え」とは、行政庁が一定の処分又は裁決をすべきでないにかかわらずこれがされようとしている場合において、行政庁がその処分又は裁決をしてはならない旨を命ずることを求める訴訟をいう。

【説明】

抗告訴訟の定義は、6項を除き変更はない。

6項の義務付け訴訟については、申請型と非申請型で、訴訟要件上の区別を設けないこととし（37条の2）、定義をまとめたものである。

この点、「公権力の行使」について、給付行政（例えば補助要綱に基づく給付拒否）が含まれ、また、内部行為や包括的な行政権の行使（例えば航空行政権）が含まれないことを明らかにすべく、さらに具体的に定義することとし「法令（給付行政においては、要綱など行政内部措置を含む。以下同じ）に基づき私人に向けて行政機関に与えられた個別の権限の行使（作為、不作為を問わない）をいう」とすべきとする意見があった。

> （当事者訴訟）
> 第4条　この法律において「当事者訴訟」とは、次の各号のいずれかに掲げる訴訟をいう。
> 一　当事者間の法律関係を確認し又は形成する処分又は裁決に関する訴訟で法令の規定によりその法律関係の当事者の一方を被告とするもの
> 二　公法上の法律関係に関する確認の訴え、公権力の行使に当たらない公法上の行為に関する訴えその他の公法上の法律関係に関する訴訟

【説明】

当事者訴訟の定義を修正し、その意義を明確化したものである。

この点、社会保障訴訟において、処分の根拠規定の違法確認を求めても、その根拠規定が改廃されるなどして、過去の法律関係であるために、確認の利益がないとして却下されることが少なくないとの指摘があり、過去の法律関係に関する違法確認の訴えについても訴えの利益があるとの規定を置くべきとの意見があったが、理論上克服すべき点が多く、今後の検討課題としたい。

> （命令訴訟）［新設］

第一章　総　則

> 第4条の2　この法律において「命令訴訟」とは、行政手続法（平成五年法律第八十八号）第2条第8号に規定する命令等に関する不服の訴訟をいう。

【説明】

行政立法（命令）を対象とする訴訟手続（命令訴訟）の受け皿規定を本法に設けることとし、命令訴訟を定義したものである。

> （計画訴訟）［新設］
> 第4条の3　この法律において「計画訴訟」とは、計画（内閣若しくは行政手続法第2条第5号に規定する行政機関又は地方公共団体が法令に基づき、公の目的のために目標を設定し、その目標を達成するための手段を総合的に提示するものをいう。以下同じ。）に関する不服の訴訟をいう。

【説明】

行政計画を対象とする訴訟手続（計画訴訟）の受け皿規定を本法に設けることとし、命令訴訟を定義したものである。

> （民衆訴訟）
> 第5条　この法律において「民衆訴訟」とは、国又は公共団体の機関の法規に適合しない行為の是正を求める訴訟で、選挙人たる資格その他自己の法律上の利益にかかわらない資格で提起するものをいう。

> （機関訴訟）
> 第6条　この法律において「機関訴訟」とは、国又は公共団体の機関相互間における権限の存否又はその行使に関する紛争についての訴訟をいう。

【説明】

本条については、条文上、機関相互とされているにもかかわらず、国と地方公共団体の争いを機関訴訟と解釈することが多いが、それは国と地方の間を法治国家とした地方分権に反するので、これを排除すべく、次のように修正すべきであるとの意見があった。

第6条　この法律において「機関訴訟」とは、国又は公共団体の機関相互間における権限の存否又はその行使に関する紛争（国又は地方公共団体相互間の紛争を

359

第四部　行政事件訴訟法第２次改正法案

含まない。）についての訴訟をいう。

> （この法律に定めがない事項）
> 第７条　行政事件訴訟に関し、この法律に定めがない事項については、民事訴訟の例による。

【説明】

例えば出訴期間とかの正当事由、立証責任、釈明など、できるだけ１条の目的に適合するように解釈すべきことを明確にすべく、次のように改正すべきとの意見があった。

第７条　行政事件訴訟に関し、この法律に定めがない事項については、第１条の目的に照らして解釈するとともに、民事訴訟の例による。

第二章　抗告訴訟

第一節　取消訴訟

> （処分の取消しの訴えと審査請求との関係）
> 第８条　処分の取消しの訴えは、当該処分につき法令の規定により審査請求をすることができる場合においても、直ちに提起することを妨げない。ただし、法律に当該処分についての審査請求に対する裁決を経た後でなければ処分の取消しの訴えを提起することができない旨の定めがあるときは、この限りでない。
> 2　前項ただし書の場合においても、次の各号の一に該当するときは、裁決を経ないで、処分の取消しの訴えを提起することができる。
> 　一　審査請求があつた日から三箇月を経過しても裁決がないとき。
> 　二　処分、処分の執行又は手続の続行により生ずる著しい損害を避けるため緊急の必要があるとき。
> 　三　その他裁決を経ないことにつき正当な理由があるとき。
> 3　第一項本文の場合において、当該処分につき審査請求がされているときは、裁判所は、その審査請求に対する裁決があるまで（審査請求があつた日から三箇月を経過しても裁決がないときは、その期間を経過するまで）、訴訟手続を中止することができる。

第二章　抗告訴訟

【説明】
　本条2項各号については、次のように規定すべきとの意見があった。
　一　審査請求があつた日から三箇月を経過しても裁決がないとき（出訴後、判決までに三箇月を経過した場合も含む）。
　三　もっぱら憲法違反が争点であるとき
　四　その他裁決を経ないことにつき正当な理由があるとき。
　また、現行法では執行停止の裁判まで3か月間、訴訟手続が中止される可能性があるため、3項に次のようなただし書を設けるべきとの意見があった。
　3　……ただし、処分、処分の執行又は手続の続行により生ずる著しい損害を避けるため緊急の必要があるときにおいて執行停止の申立があるときは、裁判所はこれに対する決定をしなければならない。
　さらに例えば、弁護士の懲戒処分は、単位弁護士会の処分が即時に効力を生ずるが、裁決主義のため当連合会の裁決を経ないと出訴できず、その間、仮の救済が得られないことになることから、次のように4項を新設すべきであるとの意見があった。
　4　処分について、直ちに効力を生ずるが、裁決を経た後裁決に対してのみ出訴することができると定められているとき（いわゆる裁決主義）は、裁決を待たず、原処分の執行停止を求めることができる。この場合には、本案訴訟の提起を要しない。

（原告適格）
第9条　処分の取消しの訴え及び裁決の取消しの訴え（以下「取消訴訟」という。）は、当該処分又は裁決の取消しを求めるにつき法律上保護に値する利益を有する者（処分又は裁決の効果が期間の経過その他の理由によりなくなつた後においてもなお処分又は裁決の取消しによつて回復すべき法律上保護に値する利益を有する者を含む。）に限り、提起することができる。
2　処分又は裁決の相手方以外の者についての前項に規定する法律上保護に値する利益の有無については、処分又は裁決の根拠となる法令（これと関係する他の法令を含む）がその
者の利益を個別的に保護する趣旨である場合のほか、公益又は一般的利益として保護する趣旨である場合においても、法律上の保護に値する利益を有するものとする。

第四部　行政事件訴訟法第２次改正法案

【説明】
　大阪サテライト最高裁判決により、平成16年改正行訴法では、原告適格がわずかしか拡大しないことが明らかとされた。そこで、原告適格を拡大するために、「法律上の利益」という文言を「法律上保護に値する利益」に変更する（1項）。この変更は、原告適格の範囲を限定する趣旨では無論ない。
　そして、当該利益には、個別的利益を保護する趣旨を含む場合に限られず、原告の主張する利益が処分の根拠法令が保護する範囲に入れば原告適格を基礎づけるに足りることを規定した（2項）。2項にいう「これと関係する他の法令」とは、処分、裁決、処分又は裁決の根拠法令に関係する他の法令という趣旨である。
　この案については、さらに原告適格拡大の趣旨と方法をはっきりさせるために、次のような条文にしてはどうかという意見もあった。
　　第9条　処分の取消しの訴え及び裁決の取消しの訴え（以下「取消訴訟」という。）は、当該処分又は裁決の取消しを求めるにつき法律上保護に値する利益を有する者に限り、提起することができる。
　　2　処分又は裁決の効果が期間の経過その他の理由によりなくなつた後においてもなお処分又は裁決の取消しによつて回復すべき法律上保護に値する利益を有する者についても同様とする。
　　3　前2項にいう「法律上保護に値する利益」は、処分の根拠となる法令（関連法規を含む）が原告の利益を一般的に保護しており、原告がその処分によって相当な不利益を被ると想定される場合には認められるものとする。
　　4　前項にいう「相当な不利益」は、原告が複数であるときはその不利益を合算し、さらに、同様の事情にある者が被る不利益を合算して考慮することとする。
　　5　原告がその処分によって相当な不利益を被ると想定される事実は、原告が疎明しなければならない。ただし、その証明手段は、本案のそれと同じとする、
　なお、本条によってもなお基準が曖昧であるとの意見もあったが、原告適格に関する基準が制定当初に解釈の余地を残すことはやむを得ないと考える。
　狭義の訴えの利益の消滅理論について変更を求める強い意見があり、特に社会保障分野の行政救済における大きな障害となっているが、これをすべての行政訴訟分野に及ぼすことが適切であるか否かに問題もあり、国家賠償請求訴訟、事情判決との関係も含め理論的に克服すべき点が少なくない大きな問題であるため、同理論の限定方法を含め、今後の課題として引き続き検討すべきものと考える。

　　（取消しの理由の制限）
　　第10条　処分の取消しの訴えとその処分についての審査請求を棄却した

裁決の取消しの訴えとを提起することができる場合には、裁決の取消しの訴えにおいては、処分の違法を理由として取消しを求めることができない。【旧１項を削除】

【説明】

　近時、一部の合議体において、取消訴訟がことさらに主観訴訟であることを強調し、現行法10条１項の規定を活用して、厳格な主張制限を試みているが、これは行政訴訟の機能を減殺するものである。そこで、有害無益な10条１項を削除することとした。
　さらに、現在、解釈に委ねられている処分理由の追加・変更につき法定することとし、次のような条文を置いてはどうかという意見があった。
　第10条の２　被告は、聴聞又は審査請求を経た処分の取消訴訟においては、聴聞又は審査請求の際に掲げた原因となる事実もしくは考慮した要素と異なる事実及び要素を当該処分の理由とすることはできない。
２　聴聞を経ずになされた処分で、審査請求を経ずに提起された訴えにおいて、被告が、処分時に掲げた原因となる事実もしくは考慮した要素と異なる事実及び要素を当該処分の理由としようとするとき、第一回口頭弁論期日までにこれを行わなければならない。但し、正当の理由がある場合はこの限りではない。
　10条１項の削除については、存置しつつ適用範囲を明確にする改正をすべきとの意見があったが、削除するほうが明確であると考えられる。

　　（被告適格等）
　第11条　処分又は裁決をした行政庁（処分又は裁決があつた後に当該行政庁の権限が他の行政庁に承継されたときは、当該他の行政庁。以下同じ。）が国又は公共団体に所属する場合には、取消訴訟は、次の各号に掲げる訴えの区分に応じてそれぞれ当該各号に定める者を被告として提起しなければならない。
　　一　処分の取消しの訴え　当該処分をした行政庁の所属する国又は公共団体
　　二　裁決の取消しの訴え　当該裁決をした行政庁の所属する国又は公共団体
　２　処分又は裁決をした行政庁が国又は公共団体に所属しない場合には、取消訴訟は、当該行政庁を被告として提起しなければならない。
　３　前二項の規定により被告とすべき国若しくは公共団体又は行政庁がな

い場合には、取消訴訟は、当該処分又は裁決に係る事務の帰属する国又は公共団体を被告として提起しなければならない。
4　第一項又は前項の規定により国又は公共団体を被告として取消訴訟を提起する場合には、訴状には、民事訴訟の例により記載すべき事項のほか、次の各号に掲げる訴えの区分に応じてそれぞれ当該各号に定める行政庁を記載するものとする。
　一　処分の取消しの訴え　当該処分をした行政庁
　二　裁決の取消しの訴え　当該裁決をした行政庁
5　第一項又は第三項の規定により国又は公共団体を被告として取消訴訟が提起された場合には、被告は、遅滞なく、裁判所に対し、前項各号に掲げる訴えの区分に応じてそれぞれ当該各号に定める行政庁を明らかにしなければならない。
6　処分又は裁決をした行政庁は、当該処分又は裁決に係る第一項の規定による国又は公共団体を被告とする訴訟について、裁判上の一切の行為をする権限を有する。

（管轄）
第12条　取消訴訟は、原告の普通裁判籍の所在地を管轄する裁判所又は処分若しくは裁決をした行政庁の所在地を管轄する裁判所の管轄に属する。
2　土地の収用、鉱業権の設定その他不動産又は特定の場所に係る処分又は裁決についての取消訴訟は、その不動産又は場所の所在地の裁判所にも、提起することができる。
3　取消訴訟は、当該処分又は裁決に関し事案の処理に当たつた下級行政機関の所在地の裁判所にも、提起することができる。
4　国又は独立行政法人通則法（平成十一年法律第百三号）第二条第一項に規定する独立行政法人若しくは別表に掲げる法人を被告とする取消訴訟は、原告の普通裁判籍の所在地を管轄する高等裁判所の所在地（当該高等裁判所に支部が設置されているときは、その支部の所在地を含む。）を管轄する地方裁判所（次項において「特定管轄裁判所」という。）にも、提起することができる。
5　前項の規定により特定管轄裁判所に同項の取消訴訟が提起された場合であつて、他の裁判所に事実上及び法律上同一の原因に基づいてされた処分又は裁決に係る抗告訴訟が係属している場合においては、当該特定

第二章　抗告訴訟

> 管轄裁判所は、当事者の住所又は所在地、尋問を受けるべき証人の住所、争点又は証拠の共通性その他の事情を考慮して、相当と認めるときは、申立てにより又は職権で、訴訟の全部又は一部について、当該他の裁判所又は第一項から第三項までに定める裁判所に移送することができる。

【説明】

司法アクセスを拡大する観点から、かねて要望の強い原告の普通裁判籍の所在地に管轄を設けることとした。なお、従前の3項、4項をそのまま利用することもできることとし、さらに、高裁支部所在地の地裁にも管轄を認めることとした（4項）。

なお、あわせて「下級裁判所の設立及び管轄区域に関する法律」の第2条には「別表第五表の通り各高等裁判所、地方裁判所、家庭裁判所及び簡易裁判所の管轄区域を定める。」とあるが、高等裁判所の管轄区域を定める別表第五表を改正し、各高等裁判所支部に管轄がある形式に改めることになる。

> （関連請求に係る訴訟の移送）
> 第13条　取消訴訟と次の各号の一に該当する請求（以下「関連請求」という。）に係る訴訟とが各別の裁判所に係属する場合において、相当と認めるときは、関連請求に係る訴訟の係属する裁判所は、申立てにより又は職権で、その訴訟を取消訴訟の係属する裁判所に移送することができる。ただし、取消訴訟又は関連請求に係る訴訟の係属する裁判所が高等裁判所であるときは、この限りでない。
> 一　当該処分又は裁決に関連する原状回復又は損害賠償の請求
> 二　当該処分とともに一個の手続を構成する他の処分の取消しの請求
> 三　当該処分に係る裁決の取消しの請求
> 四　当該裁決に係る処分の取消しの請求
> 五　当該処分又は裁決の取消しを求める他の請求
> 六　その他当該処分又は裁決の取消しの請求と関連する請求

【説明】

改正法では、本条を当事者訴訟に準用することとし（41条）、当事者訴訟の場合も関連請求と認められるものとしている。

この点、本条については、さらに、次のように規定することで、六号の場合を追加するとともに、現在認められていない逆併合を認め（2項）、柔軟な処理がで

きるようにすべきとの意見があった。七号は、たとえば労災援護費の不支給のように、それが処分なら取消訴訟だが、そうでなければ給付訴訟とされる場合に、両者が関連するとされるのかは明示されていないため、適法な取消訴訟に関連する請求であることを明示する趣旨である。

六　当該処分とされる行為が処分でないとされる場合における公法上・又は民事上の請求
七　その他当該処分又は裁決の取消しの請求と関連する請求
2　取消訴訟の係属する裁判所は、事案の審理の経過、証拠の所在その他の事情により相当と認めるときは、申立てにより、取消訴訟を関連請求の係属する裁判所に移送することができる。

（出訴期間）
第14条　取消訴訟は、処分又は裁決があつたことを知つた日から六箇月を経過したときは、提起することができない。ただし、正当な理由があるときは、この限りでない。
2　取消訴訟は、処分又は裁決の日から一年を経過したときは、提起することができない。ただし、正当な理由があるときは、この限りでない。
3　処分又は裁決につき審査請求をすることができる場合又は行政庁が誤つて審査請求をすることができる旨を教示した場合において、審査請求があつたときは、処分又は裁決に係る取消訴訟は、その審査請求をした者については、前二項の規定にかかわらず、これに対する裁決があつたことを知つた日から六箇月を経過したとき又は当該裁決の日から一年を経過したときは、提起することができない。ただし、正当な理由があるときは、この限りでない。

【説明】

出訴期間については、より柔軟な救済を可能とすべく、次のような規定を置くべきという意見があった。

4　本項にいう「正当な理由」とは、天災地変その他客観的な不可能のみではなく、通常の私人にとってやむを得ない、障害の発生から合理的な期間が経過するまでをいう。
5　行政訴訟において民事訴訟法に定める即時抗告、特別抗告、許可抗告を提起すべき期間についても、正当な理由がある場合にはこの限りではないとし、前項の規定を適用する。

第二章　抗告訴訟

6　処分の取消訴訟中に処分が取り消されて、新処分がなされ、又は、処分が変更されたことなどのために、訴えの変更が必要となるときは、後訴の出訴期間については、被告又は裁判所から釈明があってから相当の期間内に訴えを変更したときは、正当な理由があるものとみなす。この訴えの変更については、高等裁判所においても、被告の同意を要しない。

（被告を誤つた訴えの救済）
第15条　取消訴訟において、原告が被告とすべき者を誤つたときは、裁判所は、原告の申立てにより、決定をもつて、被告を変更することを許すことができる。
2　前項の決定は、書面でするものとし、その正本を新たな被告に送達しなければならない。
3　第一項の決定があつたときは、出訴期間の遵守については、新たな被告に対する訴えは、最初に訴えを提起した時に提起されたものとみなす。
4　第一項の決定があつたときは、従前の被告に対しては、訴えの取下げがあつたものとみなす。
5　第一項の決定に対しては、不服を申し立てることができない。
6　第一項の申立てを却下する決定に対しては、即時抗告をすることができる。
7　上訴審において第一項の決定をしたときは、裁判所は、その訴訟を管轄裁判所に移送しなければならない。

【説明】

第1項につき、「故意又は重大な過失によらないで」との文言を削除し、裁判所の裁量で柔軟に、被告を誤った訴えの救済を拡大した。

この点、むしろ次のような規定を1項として置く方が良いのではないかとの意見があった。

第15条　取消訴訟において、原告が故意によらないで被告とすべき者を誤つたときは、裁判所は、原告の申立てにより、決定をもって、被告を変更することを許さなければならない。

なお、故意又は重大な過失のある者については救済する必要がないのではないかとの意見もあったが、正しい被告に変更するというだけの制度であり、故意に不当訴訟を提起したような場合には却下すれば足り、また、本人訴訟が多く制度が複雑な行政訴訟では、重過失があっても救済すべきものと考えられる。

第四部　行政事件訴訟法第2次改正法案

> （請求の客観的併合）
> 第16条　取消訴訟には、関連請求に係る訴えを併合することができる。
> 2　前項の規定により訴えを併合する場合において、取消訴訟の第一審裁判所が高等裁判所であるときは、関連請求に係る訴えの被告の同意を得なければならない。被告が異議を述べないで、本案について弁論をし、又は弁論準備手続において申述をしたときは、同意したものとみなす。

【説明】
　13条の改正と同様の趣旨から、3項に次のような規定を置くべきとの意見があった。
　3　第13条第2項は、本条も適用する。

> （共同訴訟）
> 第17条　数人は、その数人の請求又はその数人に対する請求が処分又は裁決の取消しの請求と関連請求とである場合に限り、共同訴訟人として訴え、又は訴えられることができる。
> 2　前項の場合には、前条第二項の規定を準用する。

> （第三者による請求の追加的併合）
> 第18条　第三者は、取消訴訟の口頭弁論の終結に至るまで、その訴訟の当事者の一方を被告として、関連請求に係る訴えをこれに併合して提起することができる。この場合において、当該取消訴訟が高等裁判所に係属しているときは、第十六条第二項の規定を準用する。

> （原告による請求の追加的併合）
> 第19条　原告は、取消訴訟の口頭弁論の終結に至るまで、関連請求に係る訴えをこれに併合して提起することができる。この場合において、当該取消訴訟が高等裁判所に係属しているときは、第十六条第二項の規定を準用する。
> 2　前項の規定は、取消訴訟について民事訴訟法（平成八年法律第百九号）第百四十三条の規定の例によることを妨げない。

> 第20条　前条第一項前段の規定により、処分の取消しの訴えをその処分

についての審査請求を棄却した裁決の取消しの訴えに併合して提起する場合には、同項後段において準用する第十六条第二項の規定にかかわらず、処分の取消しの訴えの被告の同意を得ることを要せず、また、その提起があつたときは、出訴期間の遵守については、処分の取消しの訴えは、裁決の取消しの訴えを提起した時に提起されたものとみなす。

(国又は公共団体に対する請求への訴えの変更)
第21条　裁判所は、取消訴訟の目的たる請求を当該処分又は裁決に係る事務の帰属する国又は公共団体に対する損害賠償その他の請求に変更することが相当であると認めるときは、請求の基礎に変更がない限り、口頭弁論の終結に至るまで、原告の申立てにより、決定をもつて、訴えの変更を許すことができる。
2　前項の決定には、第十五条第二項の規定を準用する。
3　裁判所は、第一項の規定により訴えの変更を許す決定をするには、あらかじめ、当事者及び損害賠償その他の請求に係る訴えの被告の意見をきかなければならない。
4　訴えの変更を許す決定に対しては、即時抗告をすることができる。
5　訴えの変更を許さない決定に対しては、不服を申し立てることができない。

(第三者の訴訟参加)
第22条　裁判所は、訴訟の結果により権利を害される第三者があるときは、当事者若しくはその第三者の申立てにより又は職権で、決定をもつて、その第三者を訴訟に参加させることができる。
2　裁判所は、前項の決定をするには、あらかじめ、当事者及び第三者の意見をきかなければならない。
3　第一項の申立てをした第三者は、その申立てを却下する決定に対して即時抗告をすることができる。
4　第一項の規定により訴訟に参加した第三者については、民事訴訟法第四十条第一項から第三項までの規定を準用する。
5　第一項の規定により第三者が参加の申立てをした場合には、民事訴訟法第四十五条第三項及び第四項の規定を準用する。

第四部　行政事件訴訟法第2次改正法案

（行政庁の訴訟参加）

第23条　裁判所は、処分又は裁決をした行政庁以外の行政庁を訴訟に参加させることが必要であると認めるときは、当事者若しくはその行政庁の申立てにより又は職権で、決定をもつて、その行政庁を訴訟に参加させることができる。

2　裁判所は、前項の決定をするには、あらかじめ、当事者及び当該行政庁の意見をきかなければならない。

3　第一項の規定により訴訟に参加した行政庁については、民事訴訟法第四十五条第一項及び第二項の規定を準用する。

（釈明処分の特則）

第23条の2　裁判所は、訴訟関係を明瞭にするため、必要があると認めるときは、次に掲げる処分をすることができる。

　一　被告である国若しくは公共団体に所属する行政庁又は被告である行政庁に対し、処分又は裁決の内容、処分又は裁決の根拠となる法令の条項、処分又は裁決の原因となる事実その他処分又は裁決の理由を明らかにする資料又は原告が主張しようとする事実を明らかにする資料（いずれも次項に規定する審査請求に係る事件の記録を除く。）であつて、当該行政庁が保有するものの全部又は一部の提出を求めること。

　二　前号に規定する行政庁以外の行政庁に対し、同号に規定する資料であつて当該行政庁が保有するものの全部又は一部の送付を嘱託すること。

2　裁判所は、処分についての審査請求に対する裁決を経た後に取消訴訟の提起があつたときは、原告の申立てにより、当該訴訟の審理に必要のない場合であることが明らかな場合及び当該処分をすることが公共の福祉に反する場合を除き、次に掲げる処分をしなければならない。

　一　被告である国若しくは公共団体に所属する行政庁又は被告である行政庁に対し、当該審査請求に係る事件の記録であつて当該行政庁が保有するものの全部の提出を求めること。

　二　前号に規定する行政庁以外の行政庁に対し、同号に規定する事件の記録であつて当該行政庁が保有するものの全部の送付を嘱託すること。

第二章　抗告訴訟

【説明】

　行政の説明責任の観点から、訴訟上、釈明処分の特則を拡張し、原告が主張しようとする事実を明らかにする資料についても、裁判所が必要と認めるときは、釈明処分ができるものとした。

　審査請求に係る事件の記録については、実際の運用上、開示されないことが多いため、2項につき適用範囲を拡大した。

　また、立証責任について、次のような規定を置くべきとの意見があった。これは、処分をした以上は行政庁もそれなりに調査しているはずであるから、立証責任は行政庁にあることを明記する趣旨である。給付行政でも拒否する以上は同じであり、申請者の提出した資料では足りないとの主張立証をすべきことになる。ただし、それは調査義務の範囲内であるから、例えば課税処分における経費の細目まで課税庁に立証責任はない。

　第23条の3　被告は、その調査義務の範囲内において、処分の適法性を主張・立証する責任を負う。

（職権証拠調べ）
第24条　裁判所は、必要があると認めるときは、職権で、証拠調べをすることができる。ただし、その証拠調べの結果について、当事者の意見をきかなければならない。

【説明】

　本条については、裁判所が原告のために職権調査をすべきことを明定すべきであるとして、次のような改正をすべきとの意見があった。

　第24条　裁判所は、必要があると認めるときは、職権で、原告のために証拠調べをすることができる。ただし、その証拠調べの結果について、当事者の意見をきかなければならない。

（執行停止）
第25条　処分の取消しの訴えの提起は、処分の効力、処分の執行又は手続の続行を妨げない。
2　処分の取消しの訴えの提起があつた場合又は処分の取消しの訴えを提起することができる場合において、必要があるときは、裁判所は、申立てにより、決定をもつて、処分の効力、処分の執行又は手続の続行の全部又は一部の停止（以下「執行停止」という。）をすることができる。

第四部　行政事件訴訟法第2次改正法案

> 3　裁判所は、執行停止の申立てがあった場合において、公共の福祉に重大な影響を及ぼすおそれがないと判断するときは、職権で決定をもって、前項の決定があるまでの間、仮に処分の効力、処分の執行又は手続の続行の全部又は一部の停止（以下「一時執行停止」という。）をすることができる。
> 4　執行停止は、公共の福祉に重大な影響を及ぼすおそれがあるとき、又は処分の取消しの訴えを提起した場合にその本案について明らかに理由がないとみえるときは、することができない。
> 5　第2項の決定は、疎明に基づいてする。
> 6　第2項及び第3項の決定は、口頭弁論を経ないですることができる。ただし、第2項の決定については、あらかじめ、当事者及び決定の結果により権利を害される第三者の意見をきかなければならない。
> 7　第2項及び第3項の決定に対しては、即時抗告をすることができる。
> 8　第2項及び第3項の決定に対する即時抗告は、その決定の執行を停止する効力を有しない。
> 9　第2項の決定がされた場合において、処分の取消しの訴えが提起されていないときは、裁判所は、相手方の申立てにより、相当の期間を定め、当該執行停止の決定に係る処分の取消しの訴えを提起することを命ずることができる。
> 10　前項の期間は、2週間以上でなければならない。
> 11　前項の期間内に、同項の処分取消しの訴えが提起されなかったときは、第2項の決定は効力を失う。

【説明】

　執行停止制度のさらなる活用を図るべく、①本案提起を任意とする、②重大な損害要件を改め、必要な場合にできるものとする、③執行停止に関する判断をするまでの間、裁判所の裁量で仮の執行停止をすることができる、④本案要件につき、明らかに理由がないと見えるときに改めるという修正を行っている。

　25条6項により申立外の第三者の手続保障を図ることとしている。また、第7項が民事保全法と異なる定め方をしているのは、行政事件としての特質を反映したものである。

　なお、執行停止では関係人の損害をも適切に考慮することが必要であるとの認識に立っているが、この点については、上記②のとおり必要要件の中で適切に考慮されるものと考えられる。

第二章　抗告訴訟

　また、本条については、次のように改正すべきであるとの意見があった。これは、まず、2項において、執行停止期間を法定することで救済効果を高めることとし、上記の一時執行停止についてさらに具体的に規定する趣旨である。

2　……同文……執行停止期間は、第一審においては、特段の事情ない限り、判決後90日後までとする。ただし、執行停止は、公共の福祉に重大な影響を及ぼすおそれがあると具体的に認められるとき、又は処分の取消しの訴えを提起した場合にその本案について明らかに理由がないとみえるときは、することができない。

　　行政庁は、公共の福祉のため緊急に処分を執行することが不可欠な場合以外においては、第2項の決定があるまで、処分を執行してはならない。

3　裁判所は、執行停止の申立てがあった場合において、処分による不利益を受忍させることが原告に酷であると認められるときは、申立てにより、第2項に関する審理を待たず、短時間の期間を区切って、ただちに処分の効力、執行又は手続の続行の停止をしなければならない。ただし、公共の福祉に重大な影響を及ぼすおそれがあると具体的かつ明確に判断される場合はこの限りではない。

　なお、本条4項において「明らかに理由がないとみえる」として却下された場合には、本案訴訟の維持が困難になるため、その場合には本案審理の部を変更すべきとの指摘があった。傾聴に値するが、執行停止事件と本案訴訟の係属部が同一である現在の事務配分の問題も含め、裁判所全体の課題として問題提起していく必要がある。

（事情変更による執行停止の取消し）
第26条　執行停止の決定が確定した後に、その理由が消滅し、その他事情が変更したときは、裁判所は、相手方の申立てにより、決定をもつて、執行停止の決定を取り消すことができる。
2　前項の申立てに対する決定及びこれに対する不服については、前条第五項から第八項までの規定を準用する。

（内閣総理大臣の異議）
第27条　（削除）

【説明】
　学説で違憲説もある内閣総理大臣の異議制度を廃止する。
　本条については、単純に削除するのではなく、残すとすれば、1項を次のように改正し、7、8項を追加すべきではないかとの意見があった。

第四部　行政事件訴訟法第 2 次改正法案

第 27 条　第 25 条第 2 項の申立てがあつた場合には、内閣総理大臣は、国の処分に関しては所管大臣の申出に基づき、地方公共団体の処分に関しては、当該地方公共団体の長の申出に基づき、裁判所に対し、異議を述べることができる。執行停止の決定があつた後においても、同様とする。
2　前項の異議には、理由を附さなければならない。
3　前項の異議の理由においては、内閣総理大臣は、処分の効力を存続し、処分を執行し、又は手続を続行しなければ、公共の福祉に重大な影響を及ぼすおそれのある事情を示すものとする。
4　第一項の異議があつたときは、裁判所は、執行停止をすることができず、また、すでに執行停止の決定をしているときは、これを取り消さなければならない。
5　第一項後段の異議は、執行停止の決定をした裁判所に対して述べなければならない。ただし、その決定に対する抗告が抗告裁判所に係属しているときは、抗告裁判所に対して述べなければならない。
6　内閣総理大臣は、やむをえない場合でなければ、第一項の異議を述べてはならず、また、異議を述べたときは、次の常会において国会にこれを報告しなければならない。
7　内閣総理大臣の異議により執行停止が取り消され、又はなされなかつた場合には、処分又は裁決の効果が期間の経過その他の理由によりなくなつた後においてもなお処分又は裁決の取消しによつて回復すべき法律上保護に値する利益を有するものとみなす。
8　処分の取消訴訟に併合された損害賠償請求訴訟が認容されるべきときは、裁判所は損害額の三倍の賠償を命じなければならない。

（執行停止等の管轄裁判所）
第 28 条　執行停止又はその決定の取消しの申立ての管轄裁判所は、当該執行停止に係る本案の処分の取消訴訟を管轄する裁判所とする。

【説明】

25 条 2 項において、本案提起を任意としたことに対応した修正である。
　本条については、原告の権利利益救済を確保する観点から、次のようなただし書を置くべきだとの意見があった。

第 28 条　……同文……ただし、執行停止の申立てが本案について理由がないものとみえるという理由で却下された場合においては、裁判所は、本案審理の部を変更しなければならない。

第二章　抗告訴訟

(執行停止に関する規定の準用)
第29条　前四条の規定は、裁決の取消しの訴えの提起があつた場合における執行停止に関する事項について準用する。

(裁量処分の取消し)
第30条　行政庁の裁量処分については、裁量権の範囲をこえ又はその濫用があつた場合において、裁判所は、その処分を取り消すことができる。
2　裁判所は、行政庁の裁量処分が次の各号に掲げる場合のいずれかに該当するときは、当該処分が裁量権の範囲を超え、又はその濫用があるものとして、当該処分を取り消すことができる。
　一　当該処分について、行政庁がその処分の目的を達成することができる他の手段がある場合において、当該処分をするに当たり、当該他の手段との合理的な比較検討がされていないとき
　二　当該処分が根拠となる事実の基礎を欠くとき又は当該処分の根拠となった事実の評価が誤っているとき
　三　当該処分が根拠となる法令の趣旨又は目的に反し、又はこれと異なる目的を達成するためにされたとき
　四　行政庁が当該処分に当たり考慮すべき事情を考慮せず、又は考慮すべきでない事情を考慮したとき
　五　当該処分をするに当たり適用された行政庁の処分の基準が法令に違反し、又は合理性を欠くものであるため、その処分が合理性を欠くものであるとき
　六　当該処分が、その処分に関して定められた行政庁の処分の基準に違反してされたとき(前号に規定する場合を除く。)
　七　当該処分が、その目的を達するため必要な限度を超えた不利益を原告に課すものであるとき
　八　当該処分がされた手続が行政手続法その他の行政手続に関する法令に違反しているとき
3　被告は、当該処分が、裁量の範囲において行使され、かつ、裁量の濫用がないことについて、行政手続法第31条の3に規定する書面を作成すべき場合においては、当該書面等によりその理由を主張し、かつ立証をしなければならない。

第四部　行政事件訴訟法第2次改正法案

【説明】
　裁量審査を強化すべく、1項で原則を述べたうえで、裁量権の逸脱・濫用に当たる場合として取り消しうる場合を2項の各号に例示列挙したものである。なお、2項各号はあくまで例示であって裁量審査をこれらに限定する趣旨ではなく、裁判所は1項に基づき、別の理由で裁量権の逸脱・濫用を認めることは可能である。
　2項本文については「……しなければならない」とすべきだとの意見もあったが、立法と司法の権力分立への配慮も一定程度必要と考えられること、裁量処分ごとに各号の裁量審査の手法が確立しているとは必ずしも言い難く、裁量審査理論の発展を促す余地を残す趣旨から、「……することができる」という表現とした（37条の2、37条の4も同様である）。
　3項は、行政手続法31条の2、31条の3に裁量処分の特則を設け、同条に基づき作成された書面等により、裁量処分の適法性を主張、立証すべきものとした。この規定は、行政手続法の実効性を確保し、処分過程を可視化するためのもので、他の立証を許さないという趣旨のものではない。
　この改正案については、2号につき「重要な」事実に限定すべきではないか、8号につき行政手続条例も明記しておくべきだとの意見があった。

（特別の事情による請求の棄却）
第31条　取消訴訟については、処分又は裁決が違法ではあるが、これを取り消すことにより公の利益に著しい障害を生ずる場合において、原告の受ける損害の程度、その損害の賠償又は防止の程度及び方法その他一切の事情を考慮したうえ、処分又は裁決を取り消すことが公共の福祉に適合しないと認めるときは、裁判所は、請求を棄却することができる。この場合には、当該判決の主文において、処分又は裁決が違法であることを宣言しなければならない。
2　裁判所は、相当と認めるときは、終局判決前に、判決をもつて、処分又は裁決が違法であることを宣言することができる。
3　終局判決に事実及び理由を記載するには、前項の判決を引用することができる。

【説明】
　本条については、中間判決を含め、事情判決制度をより合理的なものとするために、次のように改正すべきとの意見があった。
　第31条　取消訴訟については、処分又は裁決が違法ではあるが、これを取り消すこ

第二章　抗告訴訟

とにより公の利益に著しい障害を生ずる場合において、原告の受ける損害の程度、その損害の賠償又は防止の程度及び方法その他一切の事情を考慮したうえ、処分又は裁決を取り消すことが公共の福祉に適合しないと認めるときは、裁判所は、終局判決前に、中間判決をもつて、処分又は裁決が違法であることを宣言しなければならない。
2　前項の中間判決の後、裁判所は、違法の是正方法、損害の補填その他の解決策について、和解の勧告をしなければならない。
3　被告が合理的な和解案を拒否したと認められるときは、裁判所は、終局判決において、処分を取り消すことができる。

（取消判決等の効力）
第32条　処分又は裁決を取り消す判決は、第三者に対しても効力を有する。
2　前項の規定は、執行停止の決定又はこれを取り消す決定に準用する。

【説明】

本条については、絶対的効力説を採用し、次のような改正をすべきだとの意見があった。
　第32条　処分又は裁決を取り消す判決は、第三者に対しても、第三者のためにも効力を有する。

第33条　処分又は裁決を取り消す判決は、その事件について、処分又は裁決をした行政庁その他の関係行政庁を拘束する。
2　申請を却下し若しくは棄却した処分又は審査請求を却下し若しくは棄却した裁決が判決により取り消されたときは、その処分又は裁決をした行政庁は、判決の趣旨に従い、改めて申請に対する処分又は審査請求に対する裁決をしなければならない。
3　前項の規定は、申請に基づいてした処分又は審査請求を認容した裁決が判決により手続に違法があることを理由として取り消された場合に準用する。
4　第一項の規定は、執行停止の決定に準用する。

（第三者の再審の訴え）
第34条　処分又は裁決を取り消す判決により権利を害された第三者で、自己の責めに帰することができない理由により訴訟に参加することがで

きなかつたため判決に影響を及ぼすべき攻撃又は防御の方法を提出することができなかつたものは、これを理由として、確定の終局判決に対し、再審の訴えをもつて、不服の申立てをすることができる。
2　前項の訴えは、確定判決を知つた日から三十日以内に提起しなければならない。
3　前項の期間は、不変期間とする。
4　第一項の訴えは、判決が確定した日から一年を経過したときは、提起することができない。

（訴訟費用の裁判の効力）
第35条　国又は公共団体に所属する行政庁が当事者又は参加人である訴訟における確定した訴訟費用の裁判は、当該行政庁が所属する国又は公共団体に対し、又はそれらの者のために、効力を有する。

第二節　その他の抗告訴訟

（無効等確認の訴えの原告適格）
第36条　無効等確認の訴えは、当該処分又は裁決に続く処分により損害を受けるおそれのある者、当該処分又は裁決の無効等の確認を求めるにつき法律上の保護に値する利益を有する者で当該処分若しくは裁決の存否又はその効力の有無を前提とする現在の法律関係に関する訴えによつて目的を達することができない者に限り、提起することができる。

【説明】

いわゆる一元説、二元説の争いにつき、二元説を取ることを明確にすることとした。

また、本条については、二元説の趣旨をさらに明確にするために、次のように改正すべきだとの意見があった。

　第36条　無効等確認の訴えは、次のいずれかの者に限り提起することができる。
　　一　当該処分又は裁決に続く処分により損害を受けるおそれのある者
　　二　その他当該処分又は裁決の無効等の確認を求めるにつき法律上保護に値する利益を有する者で当該処分若しくは裁決の存否又はその効力の有無を前提とする現在の法律関係に関する訴えによつて目的を達することができない者

第二節　その他の抗告訴訟

（義務付けの訴えの要件等）

第37条の2　義務付けの訴えは、行政庁が一定の処分をすべき旨を命ずることを求めるにつき法律上保護に値する利益を有する者に限り、提起することができる。

2　義務付けの訴えが前項に規定する要件に該当する場合において、その義務付けの訴えにおいて行政庁がすべきことを求める一定の処分につき、法令に基づく申請又は審査請求がされたにもかかわらず、相当の期間内に何らの処分又は裁決がされないときなど行政庁がその処分をすべきであることがその処分の根拠となる法令の規定から明らかであると認められ、又は、行政庁がその処分をしないことがその裁量権の範囲を超え若しくはその濫用となると認められるときは、裁判所は、行政庁がその処分をすべき旨を命ずる判決をする。

3　裁判所は、義務付けの訴えにより行政庁がすべきことを求める処分が行政庁の裁量処分である場合においては、当該裁量処分につき、行政庁がその処分をしないことが次に各号のいずれかに掲げる場合であるときは、行政庁がその処分をすべき旨を命ずる判決をすることができる。

一　行政庁がその処分をしないことについて、他の代替手段があることを理由としているときにおいて、その代替手段よりも義務づけの訴えに係る処分をする方が合理的であると認められるとき

二　行政庁がその処分をしないことの根拠とする事実が存在しないとき又はその事実の評価が誤っているとき。

三　行政庁がその係る処分をしないことがその処分の根拠となる法令の趣旨又は目的に反すると認められるとき。

四　行政庁がその係る処分をしないことがその処分の根拠となる法令と異なる目的を達成するためであると認められ、当該目的に合理性がないとき。

五　行政庁がその処分について考慮すべき事情を考慮し、又は考慮すべきでない事情を考慮しないこととしたときは、当該処分をすべきであるとみとめられるとき。

六　その処分をしないことについて適用された行政庁の処分の基準が法令に違反し、又は合理性を欠くものであるため、処分がされないとき。

第四部　行政事件訴訟法第2次改正法案

【説明】

　義務付け訴訟については、非申請型義務付け訴訟の活用の障害となっている重大な損害要件と補充性要件を削除し、申請権の有無で訴訟要件上の差異を設けないこととした（1項）。なお、「一定の処分」については、これを広げるためにより適切な表現が見当たらず現行法を変更していないが、事案が特定され、処分の根拠法規が特定されれば足りると解すべきである。

　2項は、裁量審査に関する一般的規定であり、不作為違法確認を含む申請型を統合したものである。

　3項は、2項のうち、個別規定により行政裁量が認められる場合の裁量審査方法について例示したものであり、30条と同様に、裁量審査の手法はこれらに限定されるものではない。

第37条の3　行政庁に対し一定の処分又は裁決を求める旨の法令に基づく申請又は審査請求がされた場合において、当該行政庁がその処分又は裁決をすべきであるにかかわらずこれがされないため、行政庁が当該一定の処分をすべきことを求める義務付けの訴えは、次の各号に掲げる場合のいずれかに該当するときに限り、提起することができる。
　一　当該法令に基づく申請又は審査請求に対し相当の期間内に何らの処分又は裁決がされないこと。
　二　当該法令に基づく申請又は審査請求を却下し又は棄却する旨の処分又は裁決がされた場合において、当該処分又は裁決が取り消されるべきものであり、又は無効若しくは不存在であること。
2　前項の義務付けの訴えは、同項各号に規定する法令に基づく申請又は審査請求をした者に限り、提起することができる。
3　第一項の義務付けの訴えを提起するときは、次の各号に掲げる区分に応じてそれぞれ当該各号に定める訴えをその義務付けの訴えに併合して提起しなければならない。この場合において、当該各号に定める訴えに係る訴訟の管轄について他の法律に特別の定めがあるときは、当該義務付けの訴えに係る訴訟の管轄は、第三十八条第一項において準用する第十二条の規定にかかわらず、その定めに従う。
　一　第一項第一号に掲げる要件に該当する場合　同号に規定する処分又は裁決に係る不作為の違法確認の訴え
　二　第一項第二号に掲げる要件に該当する場合　同号に規定する処分又は裁決に係る取消訴訟又は無効等確認の訴え

第二節　その他の抗告訴訟

4　前項の規定により併合して提起された義務付けの訴え及び同項各号に定める訴えに係る弁論及び裁判は、分離しないでしなければならない。

5　裁判所は、当該義務づけの訴えと請求の基礎を同じくする取消訴訟又は不作為の違法確認の訴えが併合して提起されているときは、審理の状況その他の事情を考慮して、これらの訴えについてのみ終局判決をすることがより迅速な争訟の解決に資すると認めるときは、前項の規定にかかわらず、当該訴えについてのみ終局判決をすることができる。この場合において、裁判所は、当該訴えについてのみ終局判決をしたときは、当事者の意見を聴いて、当該訴えに係る訴訟手続が完結するまでの間、義務付けの訴えに係る訴訟手続を中止することができる。

6　第一項の義務付けの訴えのうち、行政庁が一定の裁決をすべき旨を命ずることを求めるものは、処分についての審査請求がされた場合において、当該処分に係る処分の取消しの訴え又は無効等確認の訴えを提起することができないときに限り、提起することができる。

【説明】

申請型義務付けについては、現行法と同様に、併合提起を要するものとし、その場合の処理を定め、それに合わせて必要な法文修正をしたものである（1項、5項）。旧5項は前条に合わせて規定しているため削除している。

（差止めの訴えの要件）
第37条の4　差止めの訴えは、行政庁が一定の処分又は裁決をしてはならない旨を命ずることを求めるにつき法律上保護に値する利益を有する者に限り、提起することができる。

2　差止めの訴えが前項に規定する要件に該当する場合において、その差止めの訴えに係る処分又は裁決につき、行政庁がその処分若しくは裁決をすべきでないことがその処分若しくは裁決の根拠となる法令の規定から明らかであると認められるとき又は行政庁がその処分若しくは裁決をすることがその裁量権の範囲を超え若しくはその濫用となると認められるときは、裁判所は、行政庁がその処分又は裁決をしてはならない旨を命ずる判決をする。

3　裁判所は、差止めの訴えが、行政庁が裁量処分をしないことを求める場合において、当該裁量処分をすることが次の各号のずれかに掲げる場合に当たるときは、行政庁がその処分をしてはならない旨を命ずる判決

をすることができる。
一　行政庁が当該処分をするか否か、とりうる他の代替手段の有無につき、合理的な比較検討をしていないと認められるとき。
二　行政庁が当該処分をすることが根拠となる事実の基礎を欠くとき又は事実の評価が誤っているとき。
三　行政庁が当該処分をすることが根拠法令の趣旨又は目的に反し、これと異なる目的を達成するためにされようとしているとき。
四　行政庁が当該処分をするに当たり考慮すべき事情を考慮せず、又は考慮すべきでない事情を考慮したとき。
五　当該処分に適用される行政庁の処分の基準が法令に違反し、又は合理性を欠くものであるとき。
六　当該処分が適用されるべき行政庁の処分の基準に反してされようとしているとき。
七　当該処分が目的を達するため必要な限度を超えた不利益を原告に課すものであるとき。
八　当該処分に係る手続が行政手続法その他の行政手続に関する法令に違反してされようとしているとき。

【説明】

差止訴訟については、活用の障害となっている重大な損害要件を削除し、また、補充性要件を削除した（1項）。

2項は、裁量審査に関する一般的規定であり、3項は、2項のうち、個別規定により行政裁量が認められる場合の裁量審査方法について例示したものであり、30条と同様に、裁量審査の手法はこれらに限定されるものではない。

（仮の義務付け及び仮の差止め）
第37条の5　第3条第6項第1号又は第2号に規定する場合において、行政庁がすべきである一定の処分又は裁決がされないことにより生ずる損害を避けるため緊急の必要があるときは、裁判所は、申立てにより、決定をもって、仮に行政庁がその処分又は裁決をすべき旨を命ずること（以下この条において「仮の義務付け」という。）ができる。
2　第3条第7項に規定する場合において、行政庁の一定の処分又は裁決がされることにより生ずる損害を避けるため緊急の必要があるときは、裁判所は、申立てにより、決定をもって、仮に行政庁がその処分又は裁

第二節　その他の抗告訴訟

　　決をしてはならない旨を命ずること（以下この条において「仮の差止め」という。）ができる。
3　裁判所は、前2項に規定する損害を生ずるか否かを判断するにあたっては、損害の回復の困難の程度を考慮するものとし、損害の性質及び程度並びに処分の内容及び性質をも勘案するものとする。
4　仮の義務付け又は仮の差止めは、公共の福祉に重大な影響を及ぼすおそれがあるときは、することができない。
5　第二十五条第五項から第八項まで、第二十六条から第二十八条まで、第三十二条第一項及び第三十三条第一項の規定は、仮の義務付け又は仮の差止めに関する事項について準用する。
6　前項において準用する第25条第7項の即時抗告についての裁判又は前項において準用する第26条第1項の決定により仮の義務付けの決定が取り消されたときは、当該行政庁は、当該仮の義務付けの決定に基づいてした処分又は裁決を取り消さなければならない。
7　民事保全法（平成元年法律第91号）第37条第5項から第7項までを除く。）の規定は、仮の義務付けの決定及び仮の差し止めの決定に準用する。この場合において民事訴訟法第37条中「保全命令」とあるのは「仮の義務付け又は仮の差し止めの命令」と、「債権者」とあるのは「申立人」と、「債務者」とあるのは「行政庁」と、「本案の訴え」とあるのは「義務付けの訴え又は差止めの訴え」と読み替えるものとする。
8　第2項の申立がされたときは、同申立に対する裁判所の決定がされるまでの間、行政庁は申立に係る処分または裁決をしてはならない。ただし、公共の福祉に重大な影響を及ぼす場合又は緊急を要する場合はこの限りでない。

【説明】

　仮の義務付け、仮の差止めについても本案提起を任意するとともに（1項）、起訴命令制度を導入した（7項）また、償うことのできない損害要件を緩和した（2項）。

　なお、一時執行停止と同様に、「仮の仮の差止め」制度を設けるべきとの意見もあったが、同趣旨の制度として8項の規定を置いた。

（取消訴訟に関する規定の準用）
第38条　第十一条から第十三条まで、第十六条から第十九条まで、第二

十一条から第二十三条まで、第二十四条、第三十三条及び第三十五条の規定は、取消訴訟以外の抗告訴訟について準用する。
2　第十条の規定は、処分の無効等確認の訴えとその処分についての審査請求を棄却した裁決に係る抗告訴訟とを提起することができる場合に、第二十条の規定は、処分の無効等確認の訴えをその処分についての審査請求を棄却した裁決に係る抗告訴訟に併合して提起する場合に準用する。
3　第二十三条の二、第二十五条から第二十九条まで及び第三十二条、第三十四条の規定は、無効等確認の訴えについて準用する。
4　第八条及び第十条の規定は、不作為の違法確認の訴えに準用する。

【説明】

2項、4項は10条1項の削除に伴う修正であり、また、無効等確認判決についても第三者効（32条）を認めることとした。なお、義務付け判決についても第三者効を準用して紛争を一回的に解決すべきとする説もあった。

第三節　訴訟手続を誤った場合の特例

（訴訟手続を誤った場合の訴えの変更の特例）
第38条の2　抗告訴訟において、当該抗告訴訟に係る行政庁の行為が処分その他公権力の行使に当たらないことにより抗告訴訟の提起が不適法であるおそれがあるときは、当該行為に関する訴訟が次章の規定による当事者訴訟又は民事訴訟としては適法である場合に限り、当該抗告訴訟の提起の時に、当該当事者訴訟又は民事訴訟が提起されたものとみなす。
2　行政庁の行為に係る当事者訴訟又は民事訴訟が提起された場合において、当該当事者訴訟又は民事訴訟に係る行政庁の行為が、処分その他公権力の行使に当たることにより当該当事者訴訟又は民事訴訟が不適法となるおそれがあるとき、当該行為に関する訴訟が抗告訴訟として適法であるときに限り、当該当事者訴訟又は民事訴訟の提起の時に、当該抗告訴訟が提起されたものとみなす。
3　裁判所は、第1項の規定により当事者訴訟若しくは民事訴訟が提起されたものとみなされる場合又は前項の規定により抗告訴訟が提起されたものとみなされる場合においては、その旨を当事者に告知しなければならない
4　第16条第2項の規定は、前項の告知をする場合に準用する。

第三章　当事者訴訟

【説明】

　訴訟類型間のいわゆるキャッチボールを排除する趣旨の規定であり、抗告訴訟と、当事者訴訟・民事訴訟のいずれか、またはいずれもが係属している場合において、裁判所が適法と考える訴訟が当初から係属しているものとみなすものである。

　これについては、控訴審、上告審で見解が変わった場合に対応できないのではないかという意見があり、次のような規定にすべきだとの意見があった。

　処分であるか否かについて、判例が確定せず通常人が適切に判定することが困難である場合には、処分であることを前提とする抗告訴訟も、処分でないことを前提とする当事者訴訟又は民事訴訟も、いずれも適法とする。この場合には二つの訴訟を併合提起することができ、その場合にはそのいずれについても本案判決をしなければならない。最高裁判所においてのみこのいずれかのみを適法とすることができる。

　また、原告が当初の訴えを適法と考えた場合の扱いとの関係で、処分権主義に抵触するのではないかとの意見もあったが、救済方法が不明確であることに起因する不利益を原告に負わせないようにする趣旨であるから、必ずしも処分権主義を貫徹する必要はないと考えられる。

第三章　当事者訴訟

（出訴の通知）
第39条　当事者間の法律関係を確認し又は形成する処分又は裁決に関する訴訟で、法令の規定によりその法律関係の当事者の一方を被告とするものが提起されたときは、裁判所は、
　当該処分又は裁決をした行政庁にその旨を通知するものとする。

（出訴期間の定めがある当事者訴訟）
第40条　法令に出訴期間の定めがある当事者訴訟は、その法令に別段の定めがある場合を除き、正当な理由があるときは、その期間を経過した後であつても、これを提起することができる。
2　第15条の規定は、法令に出訴期間の定めがある当事者訴訟について準用する。

> （抗告訴訟に関する規定の準用）
> 第41条　第十二条、第十三条、第二十三条、第二十四条、第三十三条第一項及び第三十五条の規定は当事者訴訟について、第二十三条の二の規定は当事者訴訟における処分又は裁決の理由を明らかにする資料の提出について準用する。
> 2　第十三条の規定は、当事者訴訟とその目的たる請求と関連請求の関係にある請求に係る訴訟とが各別の裁判所に継続する場合における移送に、第十六条から第十九条までの規定は、これらの訴えの併合について準用する。

【説明】

当事者訴訟についても、特定管轄裁判所を含む管轄、移送の規定を準用することとした。

第三章の二　命令訴訟及び計画訴訟

> （訴えの提起）
> 第41条の2　命令訴訟及び計画訴訟は、法律に定める場合において、法律に定める者に限り、提起することができる。

【説明】

新たな訴訟類型として、別に法律で定める場合に、命令訴訟及び計画訴訟を容認することとした。

この点、命令訴訟及び計画訴訟を規定すること、個別法がない場合にはかえって司法救済の範囲が狭められるのではないかとの意見もあったが、この訴訟制度の創設は、個別法による制度創設がない段階で、当事者訴訟等による司法救済を限定する趣旨は全くない。なお、三権分立に反するような抽象的審査を許容する趣旨ではない。

> （抗告訴訟又は当事者訴訟に関する規定の準用）
> 第41条の3　命令訴訟又計画訴訟で、命令又は計画の取消しを求めるものについては、第九条の規定を除き、取消訴訟に関する規定を準用する。
> 2　命令訴訟又は計画訴訟で、命令又は計画の無効の確認を求めるものについては、第三十六条の規定を除き、無効等確認の訴えに関する規定を

第三章の二　命令訴訟及び計画訴訟

> 準用する。
> 3　命令訴訟又は計画訴訟で、前二項に規定する訴訟以外のものについては、第三十九条及び第四十条第一項の規定を除き、当事者訴訟に関する規定を準用する。

【説明】

命令訴訟、計画訴訟に関する本法の準用規定である。

> （移送）
> 第41条の4　裁判所は、命令訴訟又は計画訴訟が提起された場合であって、他の裁判所に同一又は同種の命令又は計画に係る訴訟が係属している場合においては、当事者の住所又は所在地、尋問を受けるべき証人の住所、争点又は証拠の共通性その他の事情を考慮して、相当と認めるときは、申立てにより又は職権で、当該訴えに係る訴訟の全部又は一部について、当該他の裁判所又は他の管轄裁判所に移送することができる。

【説明】

　命令訴訟、計画訴訟は、複数の裁判所に適法に提起される可能性があるため、特別の移送の規定を設けたものである。詳細は必要に応じ個別の法律により定められ、修正されることになる。

> （弁論等の併合）
> 第41条の5　請求の内容及び相手方が同一である命令訴訟及び計画訴訟が同一の第一審裁判所又は控訴裁判所に数個同時に係属するときは、その弁論及び裁判は、併合してしなければならない。ただし、審理の状況その他の事情を考慮して、他の命令訴訟及び計画訴訟と弁論及び裁判を併合してすることが著しく不相当であると認めるときは、この限りでない。
> 2　前項本文に規定する場合には、当事者は、その旨を裁判所に申し出なければならない。

【説明】

　命令訴訟、計画訴訟は、複数の裁判所に適法に提起される可能性があるため、特別に弁論等の併合の規定を設けたものである。

(特別の定めによる違法主張の制限)
第41条の6　命令訴訟又は計画訴訟の提起は、他の法律に特別の定めがある場合を除くほか、当該命令又は計画に続く、命令、計画又は処分に関する不服の訴訟の提起を妨げない。

【説明】

　命令訴訟、計画訴訟を提起しなかった場合でも、当然に失権効はなく、命令・計画の後続処分においても、法に特別の定めがない限り、当該命令・計画に関する違法主張は可能であるものとした。

第四章　民衆訴訟及び機関訴訟

(訴えの提起)
第42条　民衆訴訟及び機関訴訟は、法律に定める場合において、法律に定める者に限り、提起することができる。

(抗告訴訟又は当事者訴訟に関する規定の準用)
第43条　民衆訴訟又は機関訴訟で、処分又は裁決の取消しを求めるものについては、第九条及び第十条第一項の規定を除き、取消訴訟に関する規定を準用する。
2　民衆訴訟又は機関訴訟で、処分又は裁決の無効の確認を求めるものについては、第三十六条の規定を除き、無効等確認の訴えに関する規定を準用する。
3　民衆訴訟又は機関訴訟で、前二項に規定する訴訟以外のものについては、第三十九条及び第四十条第一項の規定を除き、当事者訴訟に関する規定を準用する。

第五章　補　則

(仮処分の排除)
第44条　行政庁の処分その他公権力の行使に当たる行為については、民事保全法に規定する仮処分をすることができない。ただし、当事者訴訟を本案とする仮処分については、この限りでない。

第五章　補　則

【説明】
　当事者訴訟の仮の救済について、民事仮処分を利用できるか否か、現行法上は明らかでないが、利用可能であることを確認的に明らかにした。
　本条については、同趣旨だが別の意見として、次のように改正してはどうかとの意見があった。
第44条　行政庁の処分その他公権力の行使に当たる行為については、本法によって抗告訴訟を提起することができ、仮の救済の対象となることが明らかである限り、民事保全法（平成元年法律第九十一号）に規定する仮処分をすることができない。

（処分の効力等を争点とする訴訟）
第45条　私法上の法律関係に関する訴訟において、処分若しくは裁決の存否又はその効力の有無が争われている場合には、第二十三条第一項及び第二項並びに第三十九条の規定を準用する。
2　前項の規定により行政庁が訴訟に参加した場合には、民事訴訟法第四十五条第一項及び第二項の規定を準用する。ただし、攻撃又は防御の方法は、当該処分若しくは裁決の存否又はその効力の有無に関するものに限り、提出することができる。
3　第一項の規定により行政庁が訴訟に参加した後において、処分若しくは裁決の存否又はその効力の有無に関する争いがなくなつたときは、裁判所は、参加の決定を取り消すことができる。
4　第一項の場合には、当該争点について第二十三条の二及び第二十四条の規定を、訴訟費用の裁判について第三十五条の規定を準用する。

（取消訴訟等の提起に関する事項の教示）
第46条　行政庁は、取消訴訟を提起することができる処分又は裁決をする場合には、当該処分又は裁決の相手方に対し、次に掲げる事項を書面で教示しなければならない。ただし、当該処分を口頭でする場合は、この限りでない。
　一　当該処分又は裁決に係る取消訴訟の被告とすべき者
　二　当該処分又は裁決に係る取消訴訟の出訴期間
　三　法律に当該処分についての審査請求に対する裁決を経た後でなければ処分の取消しの訴えを提起することができない旨の定めがあるときは、その旨
2　行政庁は、法律に処分についての審査請求に対する裁決に対してのみ

取消訴訟を提起することができる旨の定めがある場合において、当該処分をするときは、当該処分の相手方に対し、法律にその定めがある旨を書面で教示しなければならない。ただし、当該処分を口頭でする場合は、この限りでない。
3　行政庁は、当事者間の法律関係を確認し又は形成する処分又は裁決に関する訴訟で法令の規定によりその法律関係の当事者の一方を被告とするものを提起することができる処分又は裁決をする場合には、当該処分又は裁決の相手方に対し、次に掲げる事項を書面で教示しなければならない。ただし、当該処分を口頭でする場合は、この限りでない。
一　当該訴訟の被告とすべき者
二　当該訴訟の出訴期間

（訴え提起の手数料）
第47条　行政事件訴訟については、民事訴訟費用等に関する法律（昭和四十六年法律第四十号）第三条の規定にかかわらず、その手数料を納めることを要しない。

【説明】

行政事件訴訟の半数程度は本人訴訟であるが、司法アクセス拡充の観点から、不当訴訟でない限り、訴え提起手数料の支払いを不要とした。
「行政事件訴訟」であれば、第一審のほか、控訴審、上告審も同様である。

（訴訟費用の負担）
第48条　裁判所は、行政事件訴訟について、原告に対し訴訟費用の負担を命じてはならない。ただし、原告の訴えが不当な目的でされたことが明らかなときはこの限りでない。
2　前項ただし書の場合においては、裁判所は、民事訴訟費用等に関する法律に定める手数料の納付を命じなければならない。

【説明】

訴訟費用の負担についても、不当訴訟でない限り、被告が負担し、原告は負担しないものとした。

第五章　補　則

> （弁護士報酬の負担）
> 第49条　裁判所は、行政事件訴訟において原告が勝訴（一部勝訴、請求の認諾、処分の職権取消し及び和解を含む）した場合において、弁護士又は弁護士法人に報酬を支払うときは、被告に対し、その報酬額の範囲内で相当と認められる額を支払うことをその判決の中で命じなければならない。
> 2　行政事件訴訟において被告となった当事者が勝訴（一部勝訴及び和解を含む）した場合において、弁護士報酬を支払うべきときであっても、敗訴した当事者に対し、その額の支払いを請求することはできない。

【説明】

　住民訴訟を参照し、行政訴訟において、原告側が勝訴した場合、あるいはこれと同視しうる場合には、弁護士費用に付き片面的敗訴者負担制度を導入することとした（1、2項）。また、弁護士費用の支払いを改めて請求する必要はなく、当該行政訴訟の判決にといて弁護士報酬の負担についても判断するものとした。

　この点、報酬額の範囲内で相当と認められる額を判断するために必要な権限及び義務、裁判所の判断に対する独立した不服申立ての措置、不服申立ての方法について規定等をさらにすべきであるが、実際の立法化の段階での検討課題としたい。

　なお、本改正に伴い地方自治法242条の2第12項との関係が問題になるため、同項の改正が必要と考えられる。

> （和解）
> 第50条　当事者は、行政事件訴訟においても、訴訟上の和解をすることができる。ただし、他の法律に特別の定めがある場合は、この限りでない。

【説明】

　行政事件訴訟においても、事案に応じ、訴訟上の和解が可能であることを明らかにした。
　本条については、次のような規定にすべきではないかとの意見があった。
　第50条　事実関係について争いがある場合においては裁判所の関与のもとに和解により事実関係を確定することができる。

2　当事者は、行政庁の裁量の範囲内である限り、和解をすることができる。

行政手続法

第3章の2　裁量処分の手続

> 第31条の2　行政庁は、法律に基づく裁量による処分をする場合には、当該処分の基礎となる事実についての調査を行い、かつ、法令に定められた手続に基づいて、当該処分をしなければならない。
>
> 第31条の3　行政庁は、法律に基づく裁量による処分をする場合には、遅滞なく、当該処分に係わる事実及び考慮した要素を書面又は電磁的記録（電子的方式、磁気的方式その他人の知覚によっては認識することができない方式で作られる記録であって、電子計算機による情報処理の用に供されるものをいう。以下「書面等」という。）に記録し、これを保存しなければならない。但し、第13条第2項各号のいずれかに該当する場合にはこの限りではない。

【説明】

　裁量処分について、その判断過程を書面化、ないし電子媒体に記録・保存することとし、その旨の特則を行政手続法に設けることとした。行訴法30条3項により、行政庁は裁量処分の適法性を31条の3に基づき作成された「書面等」に基づき主張立証しなければならないものとした。

　なお、これらの文書乙は、公文書管理法4条3号の「他の行政機関等に対して示す基準の設定・経緯」あるいは同条4号の「個人又は法人の権利義務の得喪及びその経緯」に当たりうるが、目的が異なるため、本条とは別の規律として理解することになる。

二―1　環境及び文化財保護のための団体による訴訟等に関する法律案（略称「環境団体訴訟法案」）

2012年（平成24年）6月15日
日本弁護士連合会

　当連合会が2010年11月17日付けで公表した「行政事件訴訟法5年後見直しに関する改正案骨子」のうち、団体訴訟制度につき、さらに検討を進め、次のとおり環境団体訴訟法案を条文として具体化した。団体訴訟制度の実現により、我が国の行政訴訟の原告適格がようやく世界水準となる。

要旨（主要改正事項）

1　目　的
　これまで主観訴訟の枠組みの下で司法救済が得られなかった集団的・社会的利益への違法な侵害に対して、司法審査の機会を確実に与えるべく、一定の団体に原告適格を付与する団体訴訟制度を創設し、これに関する訴訟手続の特則を定める（1条）。

2　適格団体
　環境保護活動、文化財保護活動等を行う団体のうち内閣総理大臣等の認定を受けた団体を適格団体とする（2条）。

3　差止・撤廃・原状回復請求権
　適格団体は、環境、文化財が現に毀損され又は毀損されるおそれがあるときは、法令に違反する開発、建築の撤去等の事実行為を現に行い、又は行おうとする者に対し、当該事実行為の差止め、撤廃又は原状回復を請求できるものとし、差止・撤廃・原状回復請求の実体権を付与する（3条）。

4　団体訴訟・仮の救済
　適格団体は、行政事件訴訟法に定める抗告訴訟及び事実行為に対する差止・撤廃・原状回復請求訴訟を提起することができ（5条、6条）、併せて行訴法に定める仮の救済及び民事仮処分ができる（7条）。

5　行政不服審査

適格団体は、法定されている行政不服審査制度を利用することもできる（8条）。

6　その他

適格団体の認定に関する規定（9条～15条）のほか、訴額、移送、弁論等の併合、弁護士報酬等の負担の特例等に関する規定等を置く（16条以下）。

第1章　総　　則

二―2　環境及び文化財保護のための団体による訴訟等に関する法律案
　　（略称「環境団体訴訟法案」）

第1章　総　　則

（目的）
第1条　この法律は、違法な行政活動により環境及び文化財が毀損されることを防止するため、行政事件訴訟法（昭和三十七年法律第百三十九号）、民事訴訟法（平成八年法律第百九号）及び行政不服審査法（昭和三十七年法律第百六十号）等の特例を定め、適格環境団体に、行政機関に対する行政処分の取消し、無効確認、義務付け又は差止め及び事業者に対する事実行為の差止め、撤廃又は原状回復の訴え等を認めることにより、環境及び文化財の保護を図り、もって国民生活の質的向上に寄与することを目的とする。

【説明】
　本条は、団体訴訟制度の目的を述べるとともに、本法によって保護される利益を明らかにする。すなわち、これまでの訴訟の枠組みの下で原告適格が認められないか、または認められにくく司法救済が得られなかった集団的・社会的利益への違法な侵害に対して、司法審査の機会を確実に与えるべく、一定の団体に原告適格を付与する団体訴訟制度を創設し、これに関する訴訟手続の特則を定めることを目的とする。ただし、これは、集団的・社会的な利益侵害に対する住民等による訴え（主観訴訟）の原告適格を制限する趣旨ではない。
　本法は、行政事件訴訟法第42条にいう「法律」であり、客観訴訟としての団体訴訟について定めるものであるが、後述のように第6条は、本法により創設される民事訴訟である。
　なお、消費者分野においては、今通常国会に法案が提出され、さらに今後の改正も別途議論していることから、さしあたり、環境・文化財保護の分野に限定した導入提案としている。また、福祉分野においても例えば障害者団体訴訟制度の導入意見も出されているが、本法案はそれらの可能性を排除するものでは無論なく、対行政の団体訴訟制度の第1弾として提案するものである。

第四部　環境及び文化財保護のための団体による訴訟等に関する法律案

> （定義）
> 第2条　この法律において「団体訴訟」とは、第5条から第7条までの規定による訴訟をいう。
> 2　この法律において「適格環境団体」とは、次の目的を持ち、この法律の規定による団体訴訟を提起するのに必要な適格性を有する団体として、第9条の定めるところにより内閣総理大臣又は都道府県知事（以下「内閣総理大臣等」という。）の認定を受けた団体（以下「適格環境団体」と総称する。）をいう。
> 　一　公害若しくは健康被害を防止し、自然環境、生活環境、都市環境若しくは地球環境を保護するための活動又はこれらに関する研究、情報の収集若しくは提供のための活動（以下「環境保護活動等」という。）
> 　二　歴史的遺産若しくは文化財を保護するための活動、又はこれらに関する研究、情報の収集若しくは提供のための活動（以下「文化財保護活動等」という。）

【説明】

　本条は、団体訴訟及び団体訴訟を提起しうる適格環境団体の要件を規定するものである。

　第2項は、内閣総理大臣又は都道府県知事による認定を受けた団体に訴権を付与する。これは税優遇措置を受けているような全国的ないし継続的活動を行う比較的大規模な団体を想定したものである。公益社団法人及び公益財団法人の認定等に関する法律による公益認定を受けた法人は、本項の認定を受けたものとみなす旨の規定を置くことも考えられる。なお、現在の社団法人や財団法人については、経過措置を設ける必要がある。

　本項第一号については、制度導入の実現可能性の観点から、主観訴訟で原告適格が認められない分野に限定すべきであるとの意見もあったが、分野の限定については強い異論があり、幅広く認める形とした。なお、本法案では、さしあたり環境及び文化財保護といった従来までは原告適格や訴えの利益が認められていなかった分野を対象としているが、消費者保護や障がい者保護等の分野について団体訴訟を提起することを排除するものではない。これらの分野における導入に関しては、将来的な検討課題としたい。

　草の根の団体や問題が顕在化してから作られたような小規模団体についても、当該団体の活動目的や実績等から考えて、団体訴権を付与すべき場合があるとの

第2章　適格環境団体の請求権

意見が強くあった。この点、事案ごとに適正に訴訟遂行をする主体が誰であるかを判断するのは困難であること及び訴訟要件を巡る紛争を回避すべきであることから、さしあたって制度導入段階では、行政庁の認定した団体にのみ訴権を付与すべきとの意見（A1）を採用することとした。それ以外に、第2項の要件をより緩やかなものとして、それのみを適格環境団体とすべきであるとの意見（A2）があった。また、例えば「第2項第一号又は第二号までのいずれかの活動を行うことを目的として結成された公益活動を行う団体であって、構成員数、財政規模、訴状を考慮して、当該団体訴訟を適正に提起し、かつ遂行することができると認められる団体」としてはどうかとの意見（B1）もあった。活動実績を重視すると、新たに生じた問題に対応しようとして結成された団体は適格がないとされかねないが、そういった団体にも適格を与えるべきであり、真摯に争う団体には原告適格を認めてはどうかという提案である。

他方で、裁判所における認定の負担を考慮し、ドイツの例を参照して、「適格環境団体の認定を受けていない団体であっても、第2項第一号又は第二号のいずれかの活動を行うことを目的とし、実質的に適格環境団体の認定要件をみたし、かつ、適格環境団体の認定の申請をしている団体」としてはどうかという意見（B2）もあった。

さらに、個別法における行政手続の整備とリンクさせ、訴訟段階よりもむしろ行政過程における手続参加状況を重視して、団体の参加状況に照らして適格環境団体を決すべきとの意見（C）もあった。

本法案では、団体訴訟の早期導入を実現するため、さしあたりA1を採用したが、どのような事項を考慮して適格を判断するかについてはなお検討の余地があろう。

なお、適格消費者団体との混同を避けるため、団体訴訟を提起し得る団体については「適格環境団体」と称することとした。

第2章　適格環境団体の請求権

（差止・撤廃・原状回復請求権）
第3条　適格環境団体は、環境又は文化財が現に毀損され、又は毀損されるおそれがあるときは、法令に違反する開発、建築物の撤去等の事実行為を行い、又は行おうとする者に対し、当該事実行為の差止め、撤廃又は原状回復を請求することができる。

第四部　環境及び文化財保護のための団体による訴訟等に関する法律案

【説明】
　本条は、事実行為の差止め、撤廃又は原状回復に関して、適格環境団体に実体法上の請求権を与えたものである。本条に基づく請求権を実現するために、適格環境団体は、第6条に係る団体訴訟を提起することが認められる。
　また、本法案第16条の書面による事前の請求とあわせて、適格環境団体が、訴訟前にも行政ないし開発計画に対する意見を述べることが可能となる。
　本条に規定する「法令」とは主として環境、文化財保護に関連する法令を指すが、我が国の法体系に鑑み、必ずしもそれらに限定する趣旨ではない。ただし、団体訴訟の目的と全く無関係な法令違反は解釈上排除されることになろう。
　「法令に違反する開発、建築物の撤去等の事実行為」について、対象範囲が不明瞭となるおそれもないではないが、この点については、立法化段階での検討課題としたい。

> 第4条　前条の規定による請求は、次に掲げる場合にはすることができない。
> 一　当該適格環境団体若しくは第三者の不正な利益を図り又は当該請求に係る相手方に損害を加えることを目的とする場合
> 二　他の適格環境団体を当事者とする請求に係る訴訟につき既に確定判決が存する場合において、請求の内容及び相手方が同一である場合。ただし、当該他の適格環境団体について、当該確定判決に係る訴訟の手続に関し、第9条の認定が第15条に掲げる事由により取り消されたときは、この限りでない。
> 2　前項第二号本文の規定は、当該確定判決に係る訴訟の口頭弁論の終結後又は当該確定判決と同一の効力を有するものの成立後に生じた事由に基づいて同号本文に掲げる場合に当該請求をすることを妨げない。

【説明】
　本条は、消費者契約法に倣い、第3条の請求権の濫用を防止する趣旨の規定である。

第3章　団体訴訟

> （処分又は裁決に対する団体訴訟）
> 第5条　適格環境団体は、行政事件訴訟法第9条第1項、同法第36条、

> 同法第37条の2第3項及び同法第37条の4第3項の規定にかかわらず、同法第3条に定める抗告訴訟を提起することができる。
> 2 　適格環境団体は、当該団体の目的に関連しない場合には、前項の抗告訴訟を提起することはできない。
> 3 　適格環境団体は、第1項の訴訟に係る訴えを濫用してはならない。

【説明】

　適格環境団体は、団体の目的に関連する行政処分について、取消、無効等確認（行政事件訴訟法第3条第4項参照）、差止め及びいわゆる義務付けの訴えを提起することができる（第1項）。第1項の訴訟に関し、申請型の義務付け訴訟についても、（申請人ではなくとも）適格環境団体に訴訟提起を認めてはどうかとの意見もあった。本法案では差し当たり非申請型義務付け訴訟を念頭にしているが、適格環境団体による申請型の義務付け訴訟を排除するという趣旨ではなく、条文案ではその点についての限定はしていない。なお、取消訴訟と無効確認訴訟の関係は行訴法による。

　第2項の、「目的に関連しない場合」には団体訴訟を提起することができないという限定は、当該団体の活動と全く無関係の案件について訴権を行使することは認めないという趣旨である。文理上、団体の目的の範囲に制限はなく、団体の目的に記載があれば環境分野に限らず、すべての行政訴訟ができることと解されるが、この点に関しては、訴訟を適格に遂行できれば足りるものと考えられる。なお、訴訟対象の限定（「目的に関連しない場合」）については、適格要件を絞れば限定は不要であるとの意見や、対象としうる行政処分を法律にすべて書き込むべきだとする意見、例えば環境分野については、環境影響評価の対象となる事業についての許認可処分を対象とするなど訴訟対象を明確にすべきだとする意見などがあった。

　本法案に基づく民衆訴訟と行訴法に基づく主観訴訟が併存する可能性があるが、主観訴訟であるがゆえに要求される要件について変更するほかは主観訴訟と揃え、第18条以下で技術的な処理をすることとしている。

　この点、環境保護団体であれば環境関係の法令であるなど、団体の活動との関係で違法主張に制限を設けるべきとの意見もあったが、違法な行為は是正されるべきであるし、常に明確に峻別しうるとは限らず、違法主張の可否についての無用の紛争を回避すべく、そのような主張制限は設けないこととした。制度濫用については、そもそもそのような懸念がないとする意見も強いが、第3項の規定や適格要件により排除すべきと考える。

第四部　環境及び文化財保護のための団体による訴訟等に関する法律案

（事実行為に対する団体訴訟）
第6条　適格環境団体は、法令に違反する開発、建築物の撤去等の事実行為を行おうとする者又はそのおそれのある者に対し、当該行為の差止め、撤廃又は原状回復の請求に係る訴えを提起することができる。ただし、当該適格環境団体が、第5条第1項による抗告訴訟を提起できる場合は、この限りでない。
2　前条第2項及び第3項の規定は、前項の訴えに準用する。

【説明】

　本法案の想定する団体訴訟は、差し当たり行政立法、行政計画や行政契約等を直接の訴訟対象とする趣旨ではないが、本条は、行政過程に行政処分が介在しない場合であっても、個別法に照らし違法な事実行為がされることがありうるため、法令違反の事実行為をする主体を被告としてその行為の差止め等を求める訴訟を認めることとした。

　適格環境団体は本法3条により、行政法規に違反する事実行為の差止等の請求権を持つことになり、本条によりかかる実体権を訴権として行使することを明記したものである。

　本条により、例えば八ツ場ダム事件のように行政処分が存在しない場合でも、事実行為が行政法規に照らし違法であれば、ダム建設行為の差止めの訴え提起することができる。また、例えば近隣の開発等の場合において、建築確認や開発許可が不要とされる行為についても、工事の差止め、原状回復等が認められることとなり、団体による地域環境保護、文化財保護活動が飛躍的に拡大することが期待される。

　また、事実行為は多種多様のものを含みうるため、事実行為の例示をすることで対象につき一定の絞りを掛けることを意図している。

　ただし、行政過程に処分が存在し、当該処分についての抗告訴訟が提起できる場合には、本条による訴訟提起を認める必要性は必ずしも高くないため、公定力理論との整合性を図る趣旨から、本条1項ただし書により補充性を要求するものとした。

　なお、上記の訴訟のほかに、団体が個人の有する人格権等に基づいて差止請求等をしうるようにすべきとの意見があった。訴訟経済の観点からも、少なくとも構成員個人の資格に基づき民事訴訟を併合提起することは認められるべきであると考える。

第3章　団体訴訟

　本条については、特に公共事業の場面で、いわゆる公金検査請求訴訟（国に対して行うことができる住民訴訟）との関係をどう考えるかが問題となる。純粋な財務会計上の違法性をもって本条第1項の「法令に違反」しているとして訴えを提起できると考えた場合、公金検査請求訴訟による場合と団体訴訟による場合とで、同じ法令違反を問題にしていても、手続に差異が生じることになる。しかし、両訴訟は別個の制度であるから、両手続について特段の調整をせず、適格環境団体は、いずれの訴訟も提起できるものとし、任意にいずれかを選択することができるものとした。

（仮の救済）
第7条　適格環境団体は行政事件訴訟法に定めるところにより、第5条第1項の抗告訴訟に係る訴えを本案として、同法第25条に規定する執行停止の申立て並びに同法第37条の5第1項に規定する仮の義務付けの申立て及び同条第2項に規定する仮の差止めの申立てをすることができる。
2　適格環境団体は、前条第1項の訴えを本案訴訟として民事保全法（平成元年十二月二十二日法律第九十一号）に規定する仮処分の申立てをすることができる。
3　前2項の申立てにおいて、申立人に生ずる損害が当該申立てに係る命令を発する要件となっているときは、当該損害については、環境及び文化財に関する利益とする。
4　民事保全法第14条の規定は、第2項の申立てについては適用しない。

【説明】

　既成事実の形成を防ぎ、司法救済を実効的なものとするため、仮の救済制度については、さしあたり、本法案第5条に関して行政事件訴訟法の仮の救済制度を、本法案第6条に関して民事保全法の仮処分を利用可能なものとした。

　例えば、担保提供について関する民事保全法の規定がそのまま準用されるとなると、特に大規模工事の場合には、担保額が高額になることも考えられ、それゆえに団体訴訟制度の利用が阻害されるおそれが生じかねない。そこで、そもそも本法の定める団体訴訟は公益保護のための客観訴訟であるところ、主観訴訟である抗告訴訟の執行停止の場合でさえ担保提供が求められていないこととの均衡を考え、民事保全法第14条の担保提供制度は適用しないこととした（第4項）。

第四部　環境及び文化財保護のための団体による訴訟等に関する法律案

> （不服申立て）
> 第8条　適格環境団体は、行政処分について、行政不服審査法に規定する不服申立てをすることができる。
> 2　第5条第2項及び第3項の規定は、前項の不服申立てに準用する。

【説明】

　本条は行政上の救済の機会を付与する客観争訟について定めるものであり、適格環境団体は、団体訴訟と同様に、不服申立てもすることができる。個別法で不服申立前置とされているような場合には、団体もそれに従う必要があり、ただちに団体訴訟の提起はできない。この点、団体訴訟については、一律に不服申立を前置すべきとの意見もあったが、主観争訟との関係で不均衡が生じること、行政計画や行政立法など早期の行為を差し当たり対象としていないことから、主観争訟の仕組みと揃えることとした。団体の目的をどのように定めるかは団体自治の問題であるから、異なった分野の不服申立をしようとする団体は、目的を付加変更すればよく、行政庁の認可手続き等も不要なので、円滑な申立ができるものと解される。

　なお、訴訟提起前に行政庁に対する通知を要求すべきとの意見もあった。

第4章　適格環境団体

> （適格環境団体の認定等）
> 第9条　適格環境団体の認定を受けようとする団体は、政令で定めるところにより、内閣総理大臣等に認定の申請をしなければならない。
> 2　内閣総理大臣等は、前項の申請をした者が次に掲げる要件のすべてに適合しているときには、前項の認定をしなければならない。
> 　一　特定非営利活動促進法（平成十年法律第七号）第2条第二項に規定する特定非営利活動法人又は一般社団法人若しくは一般財団法人であること。
> 　二　環境保護活動等又は文化財保護活動等を行うことを主たる目的とし、現にその活動を適正に行っていると認められること。
> 　三　団体訴訟に関して知り得た情報の管理及び秘密の保持の方法その他の団体訴訟を適正に遂行するための体制及び業務規程が整備されていること。
> 　四　その理事に関し、次に掲げる要件に適合するものであること。

第4章　適格環境団体

　　イ　団体訴訟の提起を決定する機関として理事をもって構成する理事会が置かれており、かつ、定款で定めるその決定の方法が次に掲げる要件に適合していると認められること。
　　　(1)　当該理事会の決議が理事の過半数又はこれを上回る割合以上の多数決により行われるものとされていること。
　　　(2)　団体訴訟の遂行に係る重要な事項の決定が理事その他の者に委任されていないこと。
　　ロ　理事の構成が次の(1)又は(2)のいずれかに該当するものではないこと。
　　　(1)　理事の数のうちに占める特定の事業者（当該事業者との間に発行済株式の総数の二分の一以上の株式の総数を保有する関係その他の政令で定める特別の関係のある者を含む。）の関係者（当該事業者及びその役員又は職員である者その他の政令で定める者をいう。(2)において同じ。）の数の割合が三分の一を超えていること。
　　　(2)　理事の数のうちに占める同一の業種（政令で定める事業の区分をいう。）に属する事業を行う事業者の関係者の数の割合が二分の一を超えていること。
3　前項の規定にかかわらず、次のいずれかに該当する法人及び公益活動を行う団体（以下「法人等」という。）は、第1項の認定を受けることができない。
　一　暴力団員による不当な行為の防止等に関する法律第2条第6号に規定する暴力団員又は暴力団員でなくなった日から5年を経過しない者（以下「暴力団員等」という。）が、その事業活動を支配する法人等
　二　暴力団員等をその業務に従事させ、又はその業務の補助者として使用するおそれのある法人等
　三　役員のうち次のいずれかに該当する者のある法人等
　　①　禁固以上の刑に処せられ、又はその刑の執行を受けることがなくなった日から3年を経過しない者
　　②　暴力団員等
　四　政治団体（政治資金規正法（昭和二十三年法律第百九十四号）第3条第1項に規定する政治団体をいう。）

【説明】
　本法は、消費者契約法第13条に倣い、適格環境団体要件を定めたものである。

第四部　環境及び文化財保護のための団体による訴訟等に関する法律案

　このような規定を置くと、適格環境団体が極めて少数になることが考えられるため、厳格な要件を要求すべきではないとの意見があったが、制度導入当初においてはさしあたり消費者団体訴訟制度に近い形での提案とした。また、適格環境団体の認定要件が政令等に委任され、消費者契約法よりも厳格な要件を規定されることを避ける観点から、消費者契約法第13条と同様の規定を置くこととしている。

　また、本条第3項第一号から第三号までは、団体訴権を与えられるべきでない反社会的性格を持つ団体を適格環境団体から排除したものである。本条第3項第四号は、消費者契約法第13条第5項第5号との整合性を図り、政治団体を除外するものである。

　なお、本条には、消費者契約法第13条第4項に該当する条項は設けていない。これは、適格環境団体が、行政を被告とする訴訟をも提起するため、潜在提起被告から適格環境団体の業務規程を通じた規律を受けることを避けるためである。

（財産上の利益の受領禁止）
第10条　適格環境団体は、次に掲げる場合を除き、団体訴訟の相手方（相手方となる可能性のある者を含む。以下同じ。）から、団体訴訟等によってする請求に関し、寄附金、賛助金その他名目のいかんを問わず、金銭その他の財産上の利益を受けてはならない。
　一　団体訴訟等に係る判決等（判決並びに確定判決と同一の効力を有するもの及び第7条各項の申立てについての決定を含む。以下この項において同じ。）又は民事訴訟法（平成八年法律第百九号）第七十三条第一項の決定により訴訟費用（和解及び事実上の和解の費用を含む。）を負担することとされた相手方から当該訴訟費用に相当する額の償還として財産上の利益を受けるとき。
　二　第20条の規定により、弁護士報酬等を負担することとされた相手方から当該弁護士報酬等に相当する額の償還として財産上の利益を受けるとき。
2　適格環境団体の役員又は職員は、団体訴訟等によってする請求に係る相手方から、団体訴訟等に定める請求に関し、寄附金、賛助金その他名目のいかんを問わず、金銭その他の財産上の利益を受けてはならない。
3　適格環境団体、その役員又は職員は、団体訴訟等によってする請求に係る相手方から、団体訴訟等に定める請求に関し、寄附金、賛助金その他名目のいかんを問わず、金銭その他の財産上の利益を第三者に受けさ

第4章　適格環境団体

せてはならない。

【説明】

　本条は、消費者契約法第28条に倣い、財産上の利益の受領を禁止するものである。

（認定の申請）
第11条　第9条第2項の申請は、次に掲げる事項を記載した申請書を内閣総理大臣等に対して提出しなければならない。
　一　名称及び住所並びに代表者の氏名
　二　事務所の所在地
　三　認定の区分
　四　前三号に掲げるもののほか、政令で定める事項
2　前項の申請書には、次に掲げる書類を添付しなければならない。
　一　定款
　二　現に環境保護活動等又は文化財保護活動等を適正に行っていることを証する書類
　三　業務規程
　四　役員及び職員に関する次に掲げる書類
　　イ　氏名、役職及び職業を記した書類
　　ロ　住所、略歴その他政令で定める事項を記載した書面
　五　第9条第4項各号に該当しないことを誓約する書面
　六　その他政令で定める書類

【説明】

　本条は、消費者契約法第14条に倣ったものである。

（認定の公示）
第12条　内閣総理大臣等は、第9条第1項の認定をしたときは、適格環境団体の名称及び事務所の所在地、認定の区分を公示しなければならない。
2　内閣総理大臣等は、第14条の規定による届出があったとき及び適格環境団体の認定又は更新をしたときは、その旨を公示しなければならない。

【説明】

本条は、消費者契約法第 16 条に倣ったものである。

> （認定の有効期間）
> 第 13 条　適格環境団体の認定は、当該認定の日から起算して五年以上十年以内において政令で定める期間とする。
> 2　前項の有効期間の満了後引き続き適格環境団体の認定を受けようとする適格環境団体は、その有効期間の更新を受けなければならない。
> 3　前項の有効期間の更新を受けようとする適格環境団体は、第 1 項の満了の日の九十日前から六十日前までの間（以下「更新申請期間」という。）に、内閣総理大臣等に有効期間の更新の申請をしなければならない。ただし、災害その他やむを得ない事由により更新申請機関にその申請をすることができないときは、この限りでない。
> 4　前項の申請があった場合において、第 1 項の有効期間の満了の日までにその申請に対する処分がされないときは、従前の認定は、同項の有効期間の満了後もその処分がされるまでの間は、なお効力を有する。
> 5　前項の場合において、第 2 項の有効期間の更新がされたときは、その認定の有効期間は、従前の認定の有効期間の満了の日の翌日から起算するものとする。
> 6　第 9 条、第 11 条及び前条の規定は、第 2 項の有効期間の更新について準用する。ただし、第 11 条第 2 項各号に掲げる書類については、既に内閣総理大臣等に提出されている当該書類の内容に変更がないときは、その添付を省略することができる。

【説明】

本条は、消費者契約法第 17 条に倣ったものである。

> （変更の届出）
> 第 14 条　適格環境団体は、活動を停止したとき又はその名称若しくは事務所の所在地を変更したときは、政令で定めるところにより、その旨を届け出なければならない。

【説明】

本条は、消費者契約法第 18 条に倣ったものである。

第5章　訴訟手続の特例

（認定の取消し）
第15条　内閣総理大臣等は、適格環境団体について、次のいずれかに掲げる事由があるときは、第9条第1項の認定を取り消すことができる。
一　偽りその他不正の手段により第9条第1項の認定又は第13条の更新を受けたとき。
二　第9条第3項各号に掲げる要件のいずれかに適合しなくなったとき。
三　第10条に違反し、金銭その他の財産上の利益を受けたとき。
四　団体訴訟に関し、訴訟の相手方と通謀して請求の放棄又は国民の利益を害する内容の和解をしたとき。

【説明】
　認定の取消しについては規定を置かず、一般理論に委ねることすべきとの意見もあったが、本条文案では、消費者契約法第34条に倣い、規定を置くこととしている。

第5章　訴訟手続の特例

（書面による事前の請求）
第16条　適格環境団体は、団体訴訟を提起しようとするときは、その訴えの被告となるべき者に対し、あらかじめ、請求の要旨及び紛争の要点その他法務省令で定める事項を記載した書面により請求をし、かつ、その到達した時から一週間を経過した後でなければ、その訴えを提起することができない。ただし、当該被告となるべき者がその差止請求を拒んだときは、この限りでない。
2　前項の請求は、その請求が通常到達すべきであった時に、到達したものとみなす。

【説明】
　本条は、消費者契約法第41条に倣い、行政庁や事業者に対し、早期に事実関係を把握して自ら是正する機会を与え、早期の紛争解決を図る趣旨である。

（訴額）
第17条　この法律の規定に基づく訴訟について、民事訴訟費用等に関す

る法律第 4 条の定める訴訟の目的の価額の算定については、財産権上の請求でない請求に係る訴えとみなす。

【説明】
　本条は、消費者契約法第 42 条に倣い、解釈上の疑義が生じないように、非財産権上の請求とみなす趣旨を設けたものである。

（移送）
第 18 条　裁判所は、本法の規定に基づく訴訟が提起された場合であって、他の裁判所に同一又は同種の訴訟が係属している場合においては、団体の事務所の所在地、尋問を受けるべき証人の住所、争点又は証拠の共通性その他の事情を考慮して、相当と認めるときは、申立てにより又は職権で、当該訴えに係る訴訟の全部又は一部について、当該他の裁判所又は他の管轄裁判所に移送することができる。

【説明】
　本条は、重複訴訟の処理につき、消費者契約法第 44 条に倣ったものである。
　本条は、複数の団体による複数提訴がされた場合に、紛争の一回的解決を図って判決内容の抵触を避け、訴訟不経済を軽減する配慮から、審理を集中させるために裁量移送を認めたものである。裁量移送については、行政事件訴訟法第 13 条において規定しているが、本条は特則である。

（弁論等の併合）
第 19 条　請求の内容及び相手方が同一である請求に係る団体訴訟が同一の第一審裁判所又は控訴裁判所に数個同時に係属するときは、その弁論及び裁判は、併合してしなければならない。ただし、審理の状況その他の事情を考慮して、他の請求に係る訴訟と弁論及び裁判を併合してすることが著しく不相当であると認めるときは、この限りでない。
2　前項本文に規定する場合には、当事者は、その旨を裁判所に申し出なければならない。

【説明】
　本条は、重複訴訟の処理につき、消費者契約法第 45 条に倣ったものである。
　本制度では、同一の請求内容・同一相手方の訴訟が、複数の団体によって同時

第5章　訴訟手続の特例

期に行われる可能性がある。紛争の一回的解決を図り、判決内容の抵触を避け、訴訟不経済を軽減する配慮から、審理を集中させるために裁判所に弁論等の併合強制をさせることとした。

裁判所に併合強制する点で行政事件訴訟法第16条における併合の特則である。

本法に基づく団体訴訟（客観訴訟）が重複することと併せて、団体訴訟と主観訴訟とが重複することも考えられる。この場合には、主観訴訟と団体訴訟の訴訟要件が異なり、特に主観訴訟において原告適格等が問題となるケースにおいては、移送及び併合を行うと無駄に時間を費消することが考えられるため、併合強制は好ましくないと考える。

なお、弁論を併合した場合の原告相互の主張や証拠の取扱い、及び判決効については、現行の訴訟法と同様に考える。そのため、原告ごとに判決が異なることがありうるが、その場合、行政機関は、いずれかの原告との関係で取消し判決等を受ければ、当該処分を行うことはできないことになる。

（公表）
第20条　裁判所は、次に掲げる場合には、団体訴訟等について規則で定めるところにより、遅滞なく、その旨及びその内容その他法令で定める事項を内閣総理大臣等に通知するとともに、電磁的方法（電子情報処理組織を使用する方法その他の情報通信の技術を利用する方法をいう。）を利用して同一の情報を閲覧することができる状態に置く措置であって法令で定めるものを講じなければならない。
一　訴えの提起があったとき。
二　判決の言渡しがあったとき。
三　前号の判決に対する上訴の提起又は同号の決定に対する不服の申立てがあったとき。
四　裁判上の和解が成立したとき。

【説明】

団体訴訟が提起されたり、判決の言渡しがあったりした場合に、裁判所がホームページ等でその事実を公表すべきことを定めたものである。これにより、関連する適格環境団体による別訴提起や訴訟参加、重複訴訟について適切な処理をする機会を与える趣旨である。また、制度運用の適正についてのチェックも期待しうる。

この点、本訴訟により権利義務関係に影響を受ける第三者の手続保障の観点か

ら、強制参加させる制度等を設けるべきとの意見があったところ、主観訴訟における三面関係訴訟でもそのような規定が設けられていないことからさしあたり不要としているが、本条による公表はそのような第三者に防御の機会を与える意味も有する。

> （弁護士報酬等の負担の特例）
> 第21条　裁判所は、団体訴訟を提起した適格環境団体が勝訴（一部勝訴も含む。）した場合において、その委任した弁護士又は弁護士法人に報酬を支払うべきときは、敗訴した被告に対し、申立てにより、事案の難易、弁護士の労力その他の事情を勘案し、その報酬額の範囲内で相当と認められる額を支払わせることができる。
> 2　裁判所は、前項の規定にかかわらず、請求の内容、事案の解決その他の事情を勘案して相当と認めるときは、原告の負担すべき弁護士又は弁護士法人に対する報酬の全部又は一部を、申立てにより、被告となった行政庁に対し、支払わせることができる。
> 3　裁判所は、民事訴訟法第61条及び同法第64条の規定にかかわらず、請求の内容、事案の解決その他の事情を勘案して相当と認めるときは、訴訟費用の全部又は一部を、被告に対し、支払わせることができる。

【説明】

　団体訴訟と同じ民衆訴訟である地方自治法第242条の2第12項と同様に、弁護士報酬等の負担の特例を設けるものとする。

　第2項、第3項は、勝訴の場合だけでなく、原告が形式上敗訴したが、勝訴的な内容での和解が成立した場合や、訴訟継続中に被告が処分の訴訟外で処分の取消しを行った場合、職権取消しがされた場合、既成事実ができたり、期間が経過して、訴えの利益が消滅したり、適格環境団体の訴えに相当の理由がある場合などにおいても、行政の適法性を確保するという客観訴訟としての性格から、裁判所の判断で、弁護士費用と訴訟関係費用を被告側に負担させることができるものとする趣旨である。

　住民訴訟における弁護士報酬は、別訴を提起しなければならないため、原告住民と弁護士の負担は重い。そこで、本法案では、同じ裁判の中で弁護士報酬、訴訟費用の負担について明確で合理的な判断をし、一回的解決ができるようにしたものである。

　この点、住民訴訟4号請求の場合には、勝訴額を基準とすることができる（最

第6章 罰 則

判平21・4・23参照）が、団体訴訟では、許可の取消しなどが中心なので、訴えで請求する額が不明確であり、事案に応じ、訴訟活動の状況等を考慮しつつ、適切な金額を裁判所において決定すべきである。

　一般論としてこの制度が実現すれば、この分野に関しては、団体訴訟とすれば原告適格による訴訟資格の限定が大幅に緩和され、また、勝訴すれば弁護士費用を負担する必要もなくなることから、訴訟が団体訴訟にシフトし、主観訴訟から団体訴訟への行政訴訟の大幅な移行が期待される。

（行政事件訴訟法等の準用）
第22条　団体訴訟等及び適格環境団体が行う不服申立てに関し、この法律に定めがない事項については、行政事件訴訟法及び民事訴訟法を適用する。

第6章　罰　則

第23条　適格環境団体の役員及び職員が、団体訴訟等に規定する請求の相手方から、寄附金、賛助金その他名目のいかんを問わず、当該適格環境団体において団体訴訟等に規定する請求をしないこと若しくはしなかったこと、訴えの放棄をすること若しくはしたこと、その相手方との間でその訴えに係る和解をすること若しくはしたこと又はその訴えに係る訴訟を終了させたことの報酬として、金銭その他財産上の利益を受け、又は第三者（当該適格環境団体を含む。）に受けさせたときは、三年以下の懲役又は三百万円以下の罰金に処する。
2　前項の利益を供与した者も、同項と同様とする。
3　第1項の場合において、犯人又は情を知った第三者が受けた財産上の利益は、没収する。その全部又は一部を没収することができないときは、その価額を追徴する。

【説明】
　本条は、消費者契約法第49条に倣い、制度の信頼性を確保するための規定である。

第24条　偽りその他不正の手段により第9条第1項の認定又は第13条の

> 更新を受けた者は、百万円以下の罰金に処する。

【説明】

本条は、消費者契約法第 50 条第 1 号に倣ったものであり、制度の信頼性を確保する趣旨である。

> 第 25 条　第 11 条第 1 項の申請書又は同条第 2 項各号に掲げる書類に虚偽の記載をして提出した者は、五十万円以下の罰金に処する。

【説明】

本条は、消費者契約法第 51 条第 1 号に倣ったものであり、制度の信頼性を確保する趣旨である。

【編者】

阿部泰隆（あべ　やすたか）　弁護士、神戸大学名誉教授
斎藤　浩（さいとう　ひろし）　弁護士、立命館大学教授

信山社ブックス
5
行政法

❀ ※ ❀

行政訴訟第2次改革の論点

2013（平成25）年11月28日　第1版第1刷発行
8635-9：P432　￥3,600E：012-010-002

編　者　阿　部　泰　隆
　　　　斎　藤　　　浩
発行者　今井　貴　稲葉文子
発行所　株式会社　信　山　社
　　　　　　　　編集第2部

〒113-0033 東京都文京区本郷6-2-9-102
Tel 03-3818-1019　Fax 03-3818-0344
info@shinzansha.co.jp
東北支店　仙台市青葉区子平町11-1号208・112
笠間才木支店　〒309-1611 茨城県笠間市笠間515-3
Tel 0296-71-9081　Fax 0296-71-9082
笠間来栖支店　〒309-1625 茨城県笠間市来栖2345-1
Tel 0296-71-0215　Fax 0296-72-5410
出版契約2013-8635-9-01011 Printed in Japan

Ⓒ阿部泰隆・斎藤浩, 2013　　印刷・製本／東洋印刷・牧製本
ISBN978-4-7972-8635-9 C3332　分類323.910-b013

JCOPY　〈(社)出版者著作権管理機構　委託出版物〉
本書の無断複写は著作権法上での例外を除き禁じられています。複写される場合は、
そのつど事前に、(社)出版者著作権管理機構（電話03-3513-6969, FAX 03-3513-6979,
e-mail: info@jcopy.or.jp）の許諾を得てください。

◆**ヨーロッパ人権裁判所の判例**
　　戸波江二・北村泰三・建石真公子・小畑郁・江島晶子 編集代表
・ボーダーレスな人権保障の理論と実際。解説判例80件に加え、概説・資料も充実。来たるべき国際人権法学の最先端。

◆**ドイツの憲法判例〔第2版〕**
　　ドイツ憲法判例研究会 編　栗城壽夫・戸波江二・根森健 編集代表
・ドイツ憲法判例研究会による、1990年頃までのドイツ憲法判例の研究成果94件を収録。ドイツの主要憲法判例の分析・解説、現代ドイツ公法学者系譜図などの参考資料を付し、ドイツ憲法を概観する。

◆**ドイツの憲法判例Ⅱ〔第2版〕**
　　ドイツ憲法判例研究会 編　栗城壽夫・戸波江二・石村修 編集代表
・1985～1995年の75にのぼるドイツ憲法重要判決の解説。好評を博した『ドイツの最新憲法判例』を加筆補正し、新規判例も多数追加。

◆**ドイツの憲法判例Ⅲ**
　　ドイツ憲法判例研究会 編　栗城壽夫・戸波江二・嶋崎健太郎 編集代表
・1996～2005年の重要判例86判例を取り上げ、ドイツ憲法解釈と憲法実務を学ぶ。新たに、基本用語集、連邦憲法裁判所関係文献、1～3通巻目次を掲載。

◆**フランスの憲法判例**
　　フランス憲法判例研究会 編　辻村みよ子 編集代表
・フランス憲法院（1958～2001年）の重要判例67件を、体系的に整理・配列して理論的に解説。フランス憲法研究の基本文献として最適な一冊。

◆**フランスの憲法判例Ⅱ**〈2013年最新刊〉
　　フランス憲法判例研究会 編　辻村みよ子 編集代表
・2000年以降のDC判決、近年のQPC判決など、80件を越える重要判決を解説。統合欧州での、フランスの人権保障、統治機構の最新の動向を捉えた貴重な一冊。

◆　**講座 憲法の規範力**　◆
〔全5巻〕

第1巻　規範力の観念と条件〔2013.8刊〕
　　　　編集代表　古野豊秋・三宅雄彦

第2巻　憲法の規範力と憲法裁判〔2013.8刊〕
　　　　編集代表　戸波江二・畑尻 剛　　第3巻～第5巻続刊

― 信山社 ―

日本立法資料全集

行政手続法制定資料

■平成5年■ 塩野宏・小早川光郎 編
(1)～(10)　仲 正・北島周作 解説

【制定資料を網羅的に考証・解説する】

行政手続法制定資料(1) 議事録編Ⅰ
菊版・上製　ISBN978-4-7972-0291-5 C3332

行政手続法制定資料(2) 議事録編Ⅱ
菊版・上製　ISBN978-4-7972-0292-2 C3332

行政手続法制定資料(3) 議事録編Ⅲ
菊版・上製　ISBN978-4-7972-0293-9 C3332

行政手続法制定資料(4) 要綱案関係資料編Ⅰ
菊版・上製　ISBN978-4-7972-0294-6 C3332

行政手続法制定資料(5) 要綱案関係資料編Ⅱ
菊版・上製　ISBN978-4-7972-0295-3 C3332

行政手続法制定資料(6) 参考資料編Ⅰ
菊版・上製　ISBN978-4-7972-0296-0 C3332

行政手続法制定資料(7) 参考資料編Ⅱ
菊版・上製　ISBN978-4-7972-0297-7 C3332

行政手続法制定資料(8) 参考資料編Ⅲ
菊版・上製　ISBN978-4-7972-0298-4 C3332

行政手続法制定資料(9) 参考資料編Ⅳ
菊版・上製　ISBN978-4-7972-0299-1 C3332

行政手続法制定資料(10) 参考資料編Ⅴ
菊版・上製　ISBN978-4-7972-0300-4 C3332

行政法研究

宇賀克也 責任編集

第3号　2013.9刊行

━━━ 信山社 ━━━

阿部泰隆 著

◆ 市長「破産」
　　——法的リスクに対応する自治体法務顧問と司法の再生
◆ 行政書士の業務——その拡大と限界
◆ 最高裁上告不受理事件の諸相　2
◆ 行政法の解釈　2

◆ 行政法研究Ⅰ〜Ⅳ　遠藤博也著作集（全4巻）
　　遠藤博也 著
◆ 行政裁量とその統制密度（増補版）
　　宮田三郎 著
◆ 行政訴訟と権利論
　　神橋一彦 著
◆ リスクと協働の行政法
　　山田　洋 著
◆ 裁量統制の法理と展開
　　——イギリス裁量統制論
　　深澤龍一郎 著

◆ 防災法
　　生田長人 著
◆ 都市法入門講義
　　生田長人 著
◆ 都市行政法精義Ⅰ
　　碓井光明 著

信山社